Datenvisualisierung im praktischen Einsatz

Desireé Abbott ist ist seit 2016 im Bereich Datenvisualisierung tätig. Sie hat einen sehr vielseitigen Hintergrund, der von ein wenig Kunst und Wirtschaft bis in die Naturwissenschaft und Analytik reicht, und sie versteht es, mit einer Vielzahl unterschiedlichster Menschen zu kommunizieren. Sie hat einen Bachelor in Physik von der Purdue University und einen Master in Physik von der University of California in Davis.

Von klein auf hat Desireé Abbott eine Vorliebe für die Gestaltung schöner Dinge. Darum ist die Datenvisualisierung für sie die perfekte Verbindung von Mathematik und Technik mit dem Kreativen und Schönen. Seit sie mit einem Masterabschluss aus ihrem Promotionsstudium entkommen ist, hat sie in verschiedenen Produktanalyse-, Business-Intelligence- und Softwareentwicklungsteams gearbeitet. Seit 2022 ist sie als Beraterin tätig und 2023 machte sie sich selbstständig. Sie ist auch Trainerin eines erfolgreichen und hoch bewerteten Kurses auf Coursera, dem ersten von fünf Einführungskursen zur Datenvisualisierung mit Tableau, der an der University of California in Davis produziert wurde. Sie hat verschiedene Workshops zum Thema Datenvisualisierung geleitet, darunter einen für das Water Resource Control Board des Bundesstaats Kalifornien.

Desireé Abbott wohnt derzeit mit ihrem Mann und ihren beiden Katzenbabys in der East Bay vor den Toren von San Francisco, Kalifornien. Wenn sie nicht gerade arbeitet, häkelt sie gerne, spielt Klavier oder versucht, ihre Pflanzen am Leben zu halten, und sie spielt jede Woche Dungeons & Dragons mit ihrem Mann und ihrem engen Freundeskreis.

Desireé Abbott

Datenvisualisierung im praktischen Einsatz

Ansprechende Diagramme und Dashboards gestalten

dpunkt.verlag

Desireé Abbott

Übersetzung: Isolde Kommer, Christoph Kommer
Lektorat: Alissa Melitzer, Sandra Bollenbacher
Copy-Editing: Petra Heubach-Erdmann, Düsseldorf
Satz: inpunkt[w]o, Wilnsdorf, *www.inpunktwo.de*
Herstellung: Stefanie Weidner
Umschlaggestaltung: Eva Hepper, Silke Braun
Druckerei: mediaprint solutions GmbH, 33100 Paderborn

Bibliografische Information der Deutschen Nationalbibliothek
Die Deutsche Nationalbibliothek verzeichnet diese Publikation in der Deutschen Nationalbibliografie; detaillierte bibliografische Daten sind im Internet über *https://www.dnb.de* abrufbar.

ISBN:
Print 978-3-98889-035-1
PDF 978-3-98890-244-3
ePub 978-3-98890-245-0

1. Auflage 2025

dpunkt.verlag GmbH
Wieblinger Weg 17
69123 Heidelberg
E-Mail: *hallo@dpunkt.de*

Hinweis:
Dieses Buch wurde mit mineralölfreien Farben auf PEFC-zertifiziertem Papier aus nachhaltiger Waldwirtschaft gedruckt. Der Umwelt zuliebe verzichten wir zusätzlich auf die Einschweißfolie.
Hergestellt in Deutschland.

PEFC-zertifiziert
Dieses Buch stammt aus nachhaltig bewirtschafteten Wäldern und kontrollierten Quellen
PEFC
PEFC/04-31-0810
www.pefc.de

Schreiben Sie uns:
Falls Sie Anregungen, Wünsche und Kommentare haben, lassen Sie es uns wissen: *hallo@dpunkt.de*.

5 4 3 2 1 0

Für meinen Mann, der meinte, dass ich dieses Buch
»Graphs Gone Wild« nennen sollte.

Für meine Mutter, meine enthusiastischste und treueste Cheerleaderin.

Und für Lyra.

Inhaltsübersicht

Inhaltsverzeichnis

Vorwort

Als ich auf dem College darüber nachdachte, was ich später einmal werden wollte, wusste ich noch gar nichts über Datenvisualisierung. Die gab es noch nicht als Hauptfach oder Fachrichtung und war sicherlich nichts, was junge Menschen anstrebten. Mich begeisterte die Schönheit des Weltalls und ich war richtig gut in Mathe, also entschied ich mich für ein Physikstudium, um den Aufbau des Universums zu ergründen.

Für alle, die es vielleicht nicht wissen: Physik ist äußerst anspruchsvoll, und ohne Promotion kann man in diesem Bereich im Grunde genommen keine Karriere machen. Nachdem ich in 25 Jahren Schule und Studium immer nur Einser bekommen hatte, rutschte ich in meinem ersten Semester an der Graduiertenschule mit zwei Dreiern und einer Drei Minus direkt auf die akademische Bewährungsliste.

So geriet ich in eine Art Sinnkrise, und nach zwei quälenden Jahren wurde mir klar, dass ich mich in den Typ Doktorandin verwandelt hatte, die ich während meiner gesamten Hochschullaufbahn immer wieder beobachtet hatte – eine, die ihren Fachbereich, ihre Arbeit, die Physik im Allgemeinen und schließlich auch sich selber hasst. Und das, obwohl ich mir geschworen hatte, niemals so werden zu wollen. Ich entschied mich, mein drittes Studienjahr mit einem Master abzuschließen, anstatt meine Promotion weiterzuverfolgen. Dann würde ich »in die Industrie gehen«, um Geld zu verdienen und glücklich zu sein. (Spoiler: Mission erfüllt!)

Wie ich bereits erwähnt habe, kann man mit so einem dürftigen Master-Abschluss nicht wirklich »Physik machen«. Also musste ich kreativ werden und trotzdem einen gut bezahlten Job finden. Schließlich hatte ich haufenweise Studienkredite abzubezahlen, und etwas zu essen wollte ich mir nebenher ja auch noch leisten können. Ich landete bei einem kleinen Tech-Unternehmen in San Francisco im Bereich Datenanalyse. Hier waren meine Fähigkeiten zum kritischen Denken und meine Erfahrung mit Daten und Experimenten gefragt. Ich lernte während der Arbeit SQL, und das Abenteuer in der freien Marktwirtschaft begann!

Etwa anderthalb Jahre später bekam ich zum ersten Mal Wind vom Thema Datenvisualisierung. Im Jahr 2014 hörte ich erstmals von einem Programm namens »Tableau«, das sich angeblich hervorragend für Analysen und Berichte eignete. Da ich aber eigentlich nicht so unbefangen an die jeweils neuesten technischen Errungenschaften herangehe (weniger aus Angst vor Neuem, sondern eher aus Angst vor

Enttäuschungen), schenkte ich dem Programm zunächst keine große Beachtung. Das änderte sich erst, als ich bei einem Unternehmen zu arbeiten begann, das Tableau für seine Analysen einsetzte. Natürlich ließen sich in Tableau viel einfacher automatisierte Berichte erstellen und die Ergebnisse statistischer Experimente bereitstellen, als dies in Excel jemals möglich gewesen wäre. Und von diesem Zeitpunkt an war ich Feuer und Flamme.

Als ich mehr und mehr mit Tableau arbeitete, baten mich meine Stakeholder zusehends, dieses oder jenes in ihre Dashboards zu integrieren. Dank meines damaligen Managers lernte ich Möglichkeiten, das Gewünschte umzusetzen, statt zu erwidern: »Das ist nicht machbar – keine Ahnung, wie das gehen soll.« Sobald ich auf etwas stieß, mit dem ich noch nicht vertraut war, studierte ich Blogs, verfolgte Anleitungen und durchforstete Forenbeiträge. Und so fand ich letztlich immer eine Lösung.

Im Jahr 2015 ergriff ich die Chance zur Teilnahme an meiner ersten Tableau-Konferenz, auf der ich noch mehr über diese ganze »Datenvisualisierungs-Sache« lernen konnte. Von dort kehrte ich voller Enthusiasmus für die Erstellung besserer Diagramme und Grafiken zurück. Hauptgrund dafür war die Teilnahme an einer Veranstaltung mit dem Titel: »Pimp My Viz 2: Electric Boogaloo« (das ist kein Scherz). Ich lernte, wie ich ein Diagramm etwas auflockern konnte, sodass es Spaß machte, es zu betrachten, und wie ich meine Tooltipps übersichtlicher gestalten konnte, um mein Publikum nicht zu verwirren. Mitte 2016 war ich dann bereit, mich vollständig auf die Visualisierung von Daten zu konzentrieren, und genau das habe ich getan. Wie sich herausstellte, passt die Datenvisualisierung sehr gut zu mir, da sie meine Liebe zu schönen Dingen mit meiner Leidenschaft für Mathematik verbindet – viel besser, als die Physik dies je konnte.

Im Laufe der Zeit engagierte ich mich immer stärker in der Datenvisualisierungs-Community und meine Fähigkeiten verbesserten sich ständig. Im Jahr 2019 fiel mein öffentliches Tableau-Portfolio einigen Leuten von der University of California in Davis ins Auge. Sie fragten mich, ob ich ihnen bei der Überarbeitung eines Videotrainings über die Grundlagen der Datenvisualisierung mit Tableau helfen würde, das sie auf Coursera anboten, und ich sagte zu. In den folgenden sechs Monaten schrieb ich alle Skripte und Beispielaufgaben neu und erstellte auch die abschließenden Assessment-Fragen selbst. Dann folgten an zwei Tagen im Herbst die Videoaufnahmen im Studio. Und nachdem der Kurs in der Postproduktion den letzten Schliff erhalten hatte, wurde er im Frühjahr 2020 veröffentlicht.

Zwei Jahre später erhielt ich eine E-Mail von Manning Publications. Dort war man auf mein Portfolio und den Coursera-Kurs aufmerksam geworden. Sie baten um ein Treffen mit mir, um über die Bedürfnisse der Tech-Community zu sprechen – die Nachricht klang so unverfänglich, dass ich sie fast als Spam abgetan hätte. Aber dann wurde mir klar, dass Manning ein seriöser Verlag ist, von dem ich sogar schon ein Buch besaß, das ich auch sehr mochte (nämlich *D3.js in Action*). Ich stimmte dem Treffen zu, und am Ende fragten sie mich, ob ich ein Buch über Datenvisualisierung schreiben wolle. Meine Antwort war selbstverständlich: »Ähm, ja, ich möchte ein Buch schreiben!« Aber mein Buch sollte nicht auf ein bestimmtes Tool ausgerichtet sein, und auch wenn ich mitunter künstlerische Ambitionen hege, ist das nicht meine größte Stärke im Bereich der Datenvisualisierung. Denn diese liegt vielmehr in den *alltäglichen* Herausforderungen.

Die Datenvisualisierung hat den Sprung aus der Tabellenkalkulation in die Apps, in Computerspiele und das Head-up-Display in Ihrem Auto geschafft. In unserem Alltag sind wir von Daten umgeben – Daten darüber, wie wir unsere Zeit verbringen, wie viel wir schlafen (oder auch nicht), wie gesund wir sind (oder auch nicht), wie schlimm der Verkehr ist, welche Punktzahl wir in unseren Games erzielt haben, wie viel Geld wir gespart oder ausgegeben haben. *Das* war es, was ich vermitteln wollte, und darum soll es hier jetzt also gehen.

Ich widme Ihnen mein Herzensprojekt: *Datenvisualisierung im praktischen Einsatz*.

Dank

Ein Buch zu schreiben, ist enorm viel Arbeit. Das ist wohl allgemein bekannt, aber so lange man es nicht selbst versucht, weiß man es eben doch nicht wirklich. Irgendwann musste ich mir die unvermeidliche Frage stellen, was ich mir eigentlich dabei gedacht hatte, mich auf diesen Schlamassel einzulassen. Und stellte erleichtert fest, dass es Menschen gab, die mich liebevoll unterstützten und mir halfen, weiterzumachen – auch wenn ich zwischendrin das Gefühl hatte, als würde ich nie fertig werden und niemals wieder ein normales Leben führen können. Diesen besonderen Menschen möchte ich hier danken.

Meiner Mutter – vom Offensichtlichen einmal abgesehen, wo wäre ich nur ohne dich? Schon seit ich denken kann, warst du immer meine eifrigste Cheerleaderin und engagierteste Korrekturleserin. Worte reichen nicht, um zu beschreiben, wie viel mir deine beständige Liebe, Stärke und Unterstützung bedeuten.

Meinem Mann – dafür, dass du mich immer zum Lachen bringst und mich anspornst, weiterzumachen, auch wenn ich buchstäblich kurz vor dem Aufgeben war. Du bist mein Fels in der Brandung, und danke, dass du es hingenommen hast, über viele lange Monate hinweg nur Fertiggerichte aus der Mikrowelle zu essen.

Meinen Brüdern Jeffrey und Bradley und zahlreichen Freundinnen und Freunden (Armela Keqi, Ali Mansheim, Ryan Applegate, Claire Kahrs, Erin Ferrari, Kyle Yetter, Samantha Li, Alexandria Washington, Maya Sandler, Carol Dunn, Gloria Schultens, Damien Watson, Andrea Millea, Patrick Browning, Mike Hanks), die mich immer fragten, wie es mit dem Schreiben vorangeht, und die mir aufmerksam zuhörten, wenn ich über dieses oder jenes Kapitel oder einen Teil des Schreibprozesses schwadronierte, oder die mir einfach nur zuhörten, wenn ich darüber klagte, wie sehr ich meine Einkaufstouren im Baumarkt vermisste.

Dem Rest meiner Familie – Frank, Dad, Selena, Kimberly, Frankie, Lauren, Caleb, Hannah, Ben und dem kleinen Frankie. Ihr seid die beste Sippe, die sich ein Mädchen nur wünschen kann. Ich bin so dankbar für den ganzen Spaß und die Freude, die wir immer zusammen haben.

Nik Hanselmann, meinem lieben, technikbegeisterten Designer-Freund – du hast meine merkwürdigen Datenvisualisierungsfragen und mein Geschwätz über Jahre hinweg geduldig ertragen und mir beim Kapitel über Interaktionsdesign so großzügig und umsichtig geholfen, damit meine Ausführungen nichts Fehlerhaftes oder Irreführendes enthalten.

Neil Richards und Anabelle Rincon – dafür, dass ihr euch auf der TC23 freiwillig die Zeit genommen habt, mein Buch zu lesen, und es dann in den sozialen Medien gelobt habt. Ich hatte schreckliche Angst, jemanden darum zu bitten, und die Tatsache, dass ihr beide euch freiwillig gemeldet habt, bedeutet mir unglaublich viel.

Den Leuten von NorCal Slalom – für eure liebevolle Unterstützung in mehr als einem Jahr, das ich für die Fertigstellung dieses Buchs gebraucht habe. Ihr seid zu zahlreich, um euch alle aufzuzählen, aber ein besonderer Gruß geht an Eugene, Aprajita, Megan, Bryce, Marco, Peter, Avra, Luis und Boris.

Meinem Fachlektor Michael Petrey – er hat sich die Zeit genommen, sich mit mir zu treffen, und seinen Feedback-Stil so angepasst, dass er einer Anfängerin wie mir entsprach. Ebenso danke ich ihm dafür, dass er mich stets auf Kurs gehalten hat.

Und schließlich meinem Lektor Doug Rudder – deine Schreibbegleitung war die ganze Zeit über einfach fantastisch und ich bin überaus dankbar für unsere Zusammenarbeit. Danke für deine freundliche Art und dafür, dass du kein Drill-Sergeant bist. Ich danke auch dem Produktionsteam von Manning, das geholfen hat, dieses Buch in seine endgültige Form zu bringen.

Allen Rezensenten – Mariano Junge, Renato Sinohara, Dieter Späth, Oliver Korten, Kiran Anantha, Arun Kumar, Stuart Schmukler, Alex Lucas, Maureen Metzger, Raghav, Domenico Vistocco, James Tyo, Tobias Kilian, Maxim Volgin, Giampiero Granatella, Giri Swaminathan, George Carter, Fabian Barulli, Jonathan Camara, Flavio Lombardo, John Guthrie und Marvin Schwarze. Dank eurer Vorschläge ist dieses Buch noch besser geworden.

Über dieses Buch

Datenvisualisierung im praktischen Einsatz ist ein leicht verständlicher und Software-unabhängiger Leitfaden für die Gestaltung schöner und nützlicher Diagramme und Schaubilder. Das Buch gibt zunächst eine Einführung in wichtige Grundkonzepte und befasst sich dann eingehend mit verschiedenen Kernbereichen, die die Datenvisualisierung als Ganzes ausmachen. Danach folgt ein Schritt zurück, um die Umsetzung von Visualisierungsprojekten von Anfang bis Ende zu betrachten.

Wer dieses Buch lesen sollte

Zunächst einmal gilt: Wenn Sie etwas Neues lernen, bleibt es am besten hängen, wenn Sie das Gelernte gleich anwenden. Daher sollten Sie sich spätestens bis zum Kapitel 4 ein Projekt ausdenken, falls Sie nicht bereits zu Beginn der Lektüre eines im Kopf haben.

Dieses Buch wurde unter der Annahme geschrieben, dass die Leserin oder der Leser über einen technischen oder analytischen Hintergrund verfügt und sich zumindest ein wenig mit Daten oder Datenanalyse beschäftigt. Egal, ob Sie Wirtschaftsanalyst, Wissenschaftlerin, Softwareentwickler oder irgendetwas dazwischen sind, in all diesen Fällen werden Sie dieses Buch wahrscheinlich nützlich finden. Sollten Sie im Designbereich oder einem anderen Kreativberuf arbeiten, kennen Sie wahrscheinlich schon viele der hier vorgestellten Gestaltungskonzepte. Aber Sie könnten wahrscheinlich noch einiges über die Anwendung dieser Konzepte zur Visualisierung quantitativer Informationen lernen.

Oder vielleicht passt auch gar keines der genannten Beispiele auf Sie und Sie wollen einfach nur etwas Neues lernen! Auch dann sind Sie herzlich willkommen. Ich habe mir große Mühe gegeben, dieses Buch so zu schreiben, dass alle Menschen die Konzepte und Inhalte verstehen (und hoffentlich auch genießen) können, unabhängig von ihrem Hintergrund.

Wie dieses Buch aufgebaut ist: ein Wegweiser

Dieses Buch ist in drei Teile mit insgesamt neun Kapiteln gegliedert. Teil 1 liefert eine Einführung in die Datenvisualisierung und einige zentrale Konzepte, die im gesamten Buch verwendet werden. Überspringen Sie diesen Teil nicht!

- *Kapitel 1* – Eine Einführung in die Datenvisualisierung und die Werkzeuge, die typischerweise zur Visualisierung von Daten in digitalen Medien verwendet werden.
- *Kapitel 2* – Hier behandle ich die Gestaltgesetze und die präattentiven Attribute. Beide sind von entscheidender Bedeutung, um zu verstehen, wie wir Menschen Informationen aus unserer Umwelt aufnehmen.
- *Kapitel 3* – Eine kurze Einführung in Daten und quantitative Informationen, einschließlich einiger wichtiger Datentypen und -strukturen. Das Kapitel richtet sich insbesondere an diejenigen, die bisher keine oder nur wenig Berührungspunkte mit Daten hatten.

Teil 2 befasst sich eingehend mit den verschiedenen Aspekten der Gestaltung mit und für Daten:

- *Kapitel 4* – Eine eingehende Diskussion über alles, was mit Farblehre zu tun hat, ausgehend von einer wissenschaftlichen Betrachtung des Lichts und der Farbwahrnehmung durch unsere Augen. Im Anschluss lernen Sie, Farbpaletten zu erstellen, mit denen Sie Daten und Informationen für Ihr Publikum schnell und leicht verständlich codieren können.
- *Kapitel 5* – Eine umfassende Diskussion über Typografie und Schriftarten und deren korrekten Einsatz, um den Tonfall eines Projekts festzulegen und eine Hierarchie zu schaffen, die die Nutzerinnen und Nutzer unterschwellig durch die Visualisierung führt.
- *Kapitel 6* – Ausgehend von einer gründlichen Erörterung der Frage, was ein gutes Diagramm ausmacht, untersuche ich einige häufig verwendete Diagrammtypen und zeige Ihnen, wie Sie ihre Wirksamkeit optimieren können.
- *Kapitel 7* – Hier geht es um Interaktionsdesign und seinen bestmöglichen Einsatz, um unserem Publikum vertiefte Erfahrungen mit unseren Visualisierungen zu bieten. Dazu gehört auch die Fragestellung, wann wir besser auf Interaktivität verzichten sollten.

Teil 3 hilft Ihnen, sich in Situationen und Szenarien aus der Praxis zurechtzufinden, denen Sie in Ihren Datenvisualisierungsprojekten begegnen werden:

- *Kapitel 8* – Ich spiele eine Fallstudie durch, damit Sie den vollständigen Prozess der Planung, des Designs und der Erstellung einer Visualisierung verstehen.
- *Kapitel 9* – Eine kurze Diskussion über die häufigsten Hürden und Hindernisse, die Ihnen bei der Erstellung von Visualisierungen für Dritte begegnen können, einschließlich der Frage, wie Sie diese überwinden können.

Sie brauchen dieses Buch nicht von vorne bis hinten zu lesen, um von seinem Inhalt zu profitieren. Allerdings empfehle ich Ihnen dringend, zuerst die Kapitel 1 bis 3 der Reihe nach zu lesen. Anschließend können Sie den Rest des Buchs nach Herzenslust durchblättern.

Teil 1

Visuelle Informationen haben fast schon etwas von Zauberei.

David McCandless

Im Eingangskapitel dieses Buchs zeige ich Ihnen einige Visualisierungsbeispiele aus verschiedenen Zeiten. Dann erläutere ich einige der zahlreichen Tools zur Erstellung von Visualisierungen. In Kapitel 2 behandle ich die Grundlagen der im Buch vorgestellten Designkonzepte. Ich zeige, wie unser Gehirn bereits auf unbewusster Ebene Informationen wahrnimmt und organisiert. Kapitel 3 behandelt die unterschiedlichen Datentypen und Datenstrukturen, die Ihnen bei der Visualisierung begegnen werden. Darauf bauen die datenbezogenen Konzepte in diesem Buch auf.

1 Hallo, Datenvisualisierung!

In diesem Kapitel

- Einführung in die Datenvisualisierung
- Was dieses Buch bietet und was nicht
- Ihr Publikum kennenlernen
- Beispiele für Datenvisualisierung im Wandel der Zeit
- Populäre Tools zur Erstellung von Visualisierungen

Datenvisualisierung ist allgegenwärtig und taucht manchmal an ganz unerwarteten Orten auf. Haben Sie in letzter Zeit Computerspiele gespielt? Ich wette, dass Sie dort in irgendeiner Form eine Darstellung der verbleibenden Gesundheit Ihres Spielcharakters, Ihres Fortschritts beim Erreichen eines Ziels oder eine Karte gesehen haben, die Ihnen die Umgebung und möglicherweise alle bereits von Ihnen besuchten Orte zeigt.

Visualisierungen bereiten nicht nur Freude, sondern können auch entscheidend für den Erfolg eines Einzelnen, einer Organisation oder sogar einer gesamten Gesellschaft sein. Im 19. Jahrhundert revolutionierte Florence Nightingale die Medizin, indem sie die Daten, die sie über Jahre hinweg in Militärkrankenhäusern gesammelt hatte, visuell aufbereitete. Als sie ihre Ideen den Entscheidungsträgern vortrug und diese ihr entgegneten, dass Derartiges bei ihnen nicht üblich sei, konnte sie bei ihnen erst durch die Präsentation einer Visualisierung ihrer Daten ein Umdenken bewirken.

Gut gestaltete Visualisierungen können Leben retten und ganze Branchen revolutionieren. Andererseits können sie Ihnen aber auch verraten, wie viele Leben Ihr kleiner roter Klempner noch hat, bevor Sie das Spiel erneut beginnen müssen. ;-)

In diesem ersten Kapitel erhalten Sie eine kurze Einführung in die Thematik der Datenvisualisierung. Darauf folgt eine umfassende Übersicht über den Aufbau dieses Buchs, und ich erläutere Ihnen, warum das Verständnis der Zielgruppe von zentraler Bedeutung ist, wenn es darum geht, eine effektive Visualisierung zu konzipieren und zu erstellen. Im Anschluss folgt ein Blick auf einige historische

Beispiele für Datenvisualisierungen sowie eine Auseinandersetzung mit einigen der gängigsten Werkzeuge zu ihrer Erstellung.

1.1 Was ist Datenvisualisierung?

Wenn Sie dieses Buch aus eigener Motivation in die Hand genommen haben, stehen die Chancen gut, dass Sie bereits eine Vorstellung vom Thema Datenvisualisierung haben. Vielleicht sitzen Sie aber auch im Wartezimmer einer Arztpraxis, und dies ist die einzige Lektüre, die Ihnen zur Verkürzung Ihrer Wartezeit zur Verfügung steht (diese Ärztin würde ich gerne kennenlernen!). In jedem Fall möchte ich Ihnen hier eine prägnante Definition anbieten: Datenvisualisierung bezieht sich auf die visuelle Vermittlung von numerischen oder quantitativen Informationen. Wenn ich erkläre, was ich beruflich mache, und mein Gegenüber bei der Erwähnung des Begriffs »Datenvisualisierung« einen fragenden Gesichtsausdruck zeigt (schließlich ist dies ein recht langes Wort), erläutere ich in der Regel, dass ich Diagramme und Schaubilder erstelle. Dann fällt meist der Groschen. In der Datenvisualisierung arbeiten wir mit Diagrammen, Grafiken, Karten und gelegentlich sogar mit Bildern und Icons, um Zahlen in visuelle Informationen zu übersetzen – es heißt ja, ein Bild sage mehr als tausend Worte, nicht wahr? Hierbei können Sie jedes Medium nutzen: Print, interaktive Webseiten, statische Infografiken, Buntstifte auf Papier oder sogar dreidimensionale Objekte wie Knetmasse und vieles mehr. Ich bin mir sicher, dass Sie sogar einen interpretierenden Tanz aufführen könnten, wenn Sie sich dazu berufen fühlen. Wenn Sie bestimmte Grundsätze befolgen, wird Ihre Visualisierung möglicherweise deutlich effektiver sein als manche andere, doch letztlich sind alles Formen der Visualisierung. Es gibt keine absoluten Vorgaben für die Umsetzung, sodass Ihnen letztlich keine Grenzen gesetzt sind. Wenn Sie stets Ihr Publikum im Blick behalten und es in den Mittelpunkt stellen, werden Sie erfolgreich sein.

1.2 Was können Sie von diesem Buch erwarten?

Ich hoffe sehr, dass Ihnen dieses Buch als praktischer, leicht verständlicher und unterhaltsamer Leitfaden für die Erstellung ansprechender und nützlicher Datenvisualisierungen dienen kann, die unser tägliches Leben bereichern und neue Erkenntnisse bieten. Ich möchte aber auch betonen, dass es kein Handbuch zum Umgang mit einem bestimmten Tool oder zum Erlernen einer Programmiersprache ist. Ich gehe hier keine Programmierbeispiele durch und es gibt keine Übungen am Ende jedes Kapitels oder Abschnitts. Schritt-für-Schritt-Anleitungen stehen hier nicht im Vordergrund. Dieses Buch ist ein werkzeugunabhängiger Leitfaden über die Prinzipien guten Designs, die für die Visualisierung von Daten gelten. Diese Konzepte können Sie in jeder Phase eines beliebigen Datenvisualisierungsprojekts anwenden, egal wie groß es ist und welches Werkzeug oder Medium Sie verwenden.

In jedem Fall werden Sie am meisten von diesem Buch profitieren, wenn Sie bereits an einem Datenvisualisierungsprojekt arbeiten – sei es aus Spaß an einem persönlichen Projekt (die Data-Viz-Community wimmelt von gleich gesinnten Nerds, die in ihrer Freizeit gerne Diagramme und Grafiken erstellen) oder im Rahmen Ihrer beruflichen Tätigkeit, was ebenfalls viel Freude bereiten kann. Der erste Buchteil (Kapitel 1–3) bildet die Grundlage für die beiden nachfolgenden Teile. Daher empfehle ich Ihnen, diesen Abschnitt zuerst zu lesen (schließlich steht er am Anfang). Im zweiten Teil vertiefe ich in den Kapiteln 4 bis 7 jeweils einen Aspekt der Visualisierung, damit Sie verstehen, wie er funktioniert und warum er wichtig ist. Jedes Kapitel schließt mit einem praktischen Teil, in dem die Gestaltungsprinzipien auf die eigentliche Visualisierungsarbeit angewendet werden. Im letzten Teil, in den Kapiteln 8 und 9, beschreibe ich den Prozess der Erstellung einer Datenvisualisierung detailliert von Anfang bis Ende, und Sie erhalten wertvolle Tipps zur Fehlerbehebung sowie zum Umgang mit Projekten, die schieflaufen. Ich habe versucht, dieses Buch so zu gestalten, dass Sie viel daraus mitnehmen können, egal wo auf Ihrer Visualisierungsreise Sie sich befinden, und dass Sie auch Kapitel überspringen können und sie nicht der Reihe nach lesen müssen. Dennoch empfehle ich, mit den Kapiteln 1–3 zu beginnen.

1.3 Daten-Storytelling: Kenne dein Publikum

Das Wichtigste, was Sie bei der Erstellung einer Visualisierung berücksichtigen müssen, ist Ihr Publikum. Alles dreht sich um Ihre Zielgruppe – vergessen Sie das niemals! Sie können die schönste Visualisierung entwerfen, die neuesten Techniken verwenden und den besten Praktiken folgen, aber wenn sie nicht den Bedürfnissen Ihres Publikums entspricht, haben Sie Ihre Zeit umsonst investiert. Dazu gehört auch, dass das Publikum die Botschaft und die Geschichte, die Sie vermitteln möchten, tatsächlich versteht. Ich kann nicht oft genug betonen: Egal, wie viel Mühe, Engagement und Leidenschaft Sie in Ihre Arbeit investieren, nichts davon zählt, wenn Ihr Publikum Ihre Visualisierung nicht nachvollziehen kann. Ersparen Sie sich unnötige Enttäuschungen und suchen Sie frühzeitig und regelmäßig den Dialog mit Ihrer Zielgruppe, um herauszufinden, was sie benötigt. Halten Sie diesen Kontakt während des gesamten Entwicklungsprozesses aufrecht, damit Sie auf Fragen eingehen und keine Funktionen entwickeln, die zu komplex sind, als dass Ihr Publikum sie rasch erfassen könnte.

Um es auf den Punkt zu bringen: Sie müssen wissen, wer Ihr Publikum ist, und ebenso wichtig ist es, zu wissen, wer es nicht ist. Wollten Sie schon einmal mit Ihrer gesamten Familie essen gehen? Dann haben Sie bestimmt schmerzlich in Erinnerung, wie schwierig es sein kann, sich für ein Restaurant oder eine Bar zu entscheiden, die allen zusagt. Ihre Mutter mag italienische Küche, Ihr Vater bevorzugt gute alte Hausmannskost, Ihre Geschwister wollen etwas Exotisches wie äthiopische oder thailändische Speisen, während Sie einfach nur etwas essen möchten – verdammt noch mal. Was auch immer Sie wählen, es wird nicht allen schmecken. Selbst wenn Sie ein außergewöhnliches Restaurant wählen, das alle erdenklichen

Gerichte unter der Sonne anbietet, ist es wahrscheinlich, dass keine der Speisen wirklich überzeugt, sodass alle enttäuscht sind. Wenn Sie es allen recht machen wollen, werden Sie letztlich niemanden zufriedenstellen.

Selbst für dieses Buchprojekt, das mich auch in meiner Freizeit intensiv beschäftigt – die ich ansonsten mit dem Streamen meiner Lieblingsserien verbringen würde –, ist es von entscheidender Bedeutung, mein Publikum zu kennen. Ich stelle mir vor, dass Sie Datenanalystin oder -analyst sind oder in einem verwandten Bereich tätig sind und Visualisierungen erstellen müssen, jedoch nicht über das erforderliche Design-Know-how verfügen. Es spielt keine Rolle, wie hart oder lange ich arbeite, wie eloquent meine Formulierungen und wie ansprechend meine Beispiele gestaltet sind oder wie viele Menschen mir gestatten, ihre herausragenden Visualisierungen zu reproduzieren – all dies ist irrelevant, wenn meine angenommene Zielgruppe nichts aus meinen Ausführungen lernt. Stellen Sie stets die Bedürfnisse Ihres Publikums über Ihre eigenen.

Mit dieser Erkenntnis im Hinterkopf unternehme ich eine kurze Zeitreise durch die Entwicklung der Datenvisualisierung und Sie lernen anschließend einige der heute am häufigsten verwendeten Werkzeuge zur Erstellung von Datenvisualisierungen kennen.

1.4 Einige Beispiele für historische Visualisierungen

Ich erspare Ihnen eine umfassende Geschichtsstunde und blättere stattdessen gemeinsam mit Ihnen durch ein metaphorisches Fotoalbum, das einige bahnbrechende historische Visualisierungen zeigt. Die Geschichte eines Fachgebiets vermittelt eine Vorstellung von den Entwicklungen und Fortschritten, die wir bis heute erzielt haben oder auch nicht. Dies kann eine wertvolle Inspiration für Ihre aktuelle Arbeit sein.

1.4.1 Datenvisualisierung in der Vorgeschichte

Obwohl die Datenvisualisierung nicht ganz so alt ist wie die Kunst, hat sie überraschenderweise eine ähnlich lange Geschichte wie die Astronomie. Tatsächlich reichen die Höhlenmalereien von Lascaux in Südfrankreich bis in die Altsteinzeit zurück. Wie Martin Sweatman und Alistair Coombs in ihrem 2018 im *Athens Journal of History* veröffentlichten Artikel über das antike Wissen zur Präzession der Tagundnachtgleichen schreiben, zeigen einige der Malereien möglicherweise Sternbilder und dokumentieren das Datum einer »Begegnung mit dem Tauriden-Meteorstrom«. Abbildung 1.1 zeigt einen Teil der Schachtszene, auf der links ein Nashorn zu sehen ist, gefolgt von einem Mann mit einem Vogelkopf. Darüber befindet sich ein Vogel, möglicherweise eine Ente oder Gans. Rechts ist ein Wisent oder Auerochse abgebildet und an der gegenüberliegenden Wand (nicht im Bild) ein Pferd. Sweatman und Coombs gehen davon aus, dass es sich nicht nur um Tierdarstellungen handelt, sondern um Sternkonstellationen. Das Nashorn soll das heutige Sternbild Stier repräsentieren, der Bison/Auerochse das heutige Sternbild Steinbock, die Ente/Gans die Waage und das Pferd das heutige Sternbild Löwe.

Abb. 1.1 *Die Schachtszene an den Höhlenwänden von Lascaux, auf der links ein Nashorn, in der Mitte ein Vogel – möglicherweise eine Ente oder eine Gans – und rechts ein Wisent abgebildet sind. An einer anderen Wand (nicht abgebildet) ist zudem ein Pferd zu sehen. Coombs und Sweatman vermuten, dass es sich dabei um Sternbilder handeln könnte, die auf bestimmte Daten hinweisen. (Quelle: Alistair Coombs, mit freundlicher Genehmigung)*

In späterer Zeit finden wir die Visualisierung quantitativer Informationen auch in den *Quipu* oder sprechenden Knoten wieder, die in Abbildung 1.2 dargestellt sind und von den Inka im heutigen Peru ab etwa 2600 v. Chr. verwendet wurden. Solche Quipu dienten zur Aufzeichnung unterschiedlichster Daten, von Volkszählungen bis hin zu Steuerinformationen.

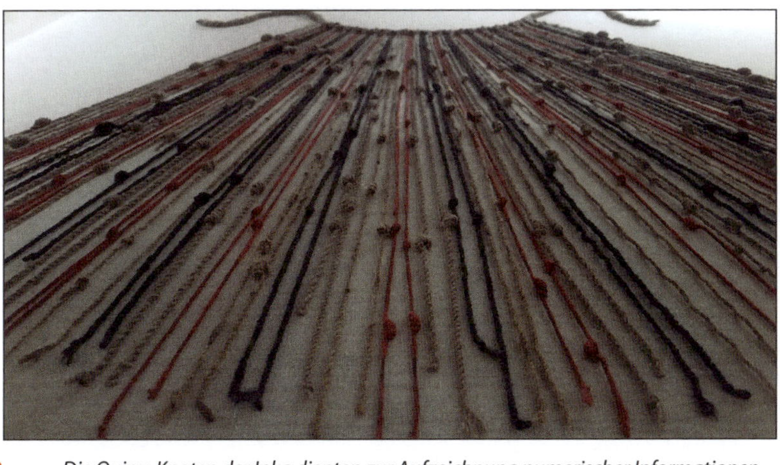

Abb. 1.2 *Die Quipu-Knoten der Inka dienten zur Aufzeichnung numerischer Informationen (von Volkszählungsdaten bis hin zu Steuern). (Pi3.124, CC BY-SA 4.0 https://creativecommons.org/licenses/by-sa/4.0, über Wikimedia Commons)*

1.4.2 Karten

Die frühesten *dokumentierten* Visualisierungen sind zweifellos Karten. Ein Beispiel hierfür ist die Turiner Papyruskarte aus den 1150er-Jahren vor Christus in Ägypten (siehe Abb. 1.3). Die fast drei Meter lange Karte, die vom Künstler Amennakhte angefertigt wurde, zeigt präzise die Standorte von Gold und Gesteinsmaterial, die für den Bau der Statuen von König Ramses IV. benötigt wurden.

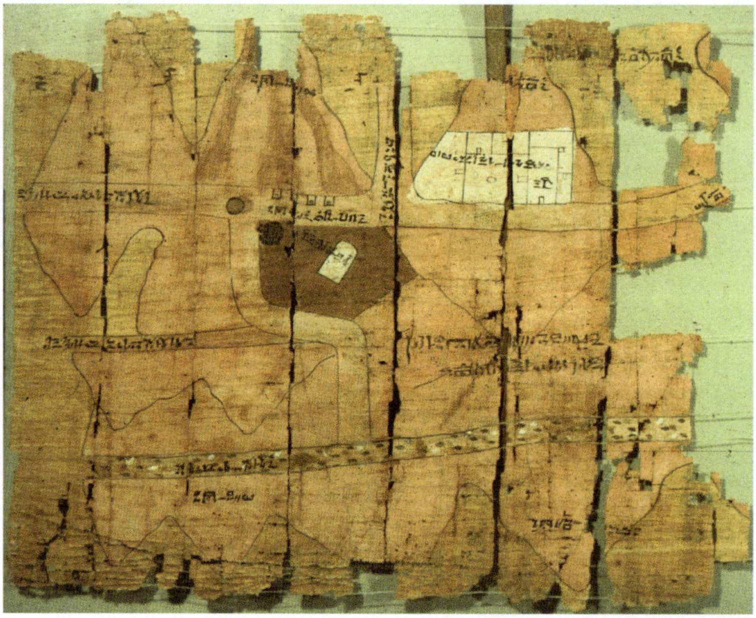

Abb. 1.3 *Die von Amennakhte gezeichnete Karte des Turiner Papyrus stammt aus der Zeit zwischen 1156 und 1150 v. Chr. und zeigt Straßen durch den östlichen Teil der ägyptischen Wüste in Hammamat. (Gemeinfrei, über Wikimedia Commons)*

In den kommenden Jahrtausenden wurden die bemerkenswertesten Fortschritte in der Datenvisualisierung auf dem Gebiet der Kartografie erzielt. Um das 10. oder 11. Jahrhundert herum finden sich jedoch erneut Hinweise darauf, dass die Menschen astronomische Informationen über die Bewegungen der Planeten am Himmel dokumentierten. Um das Jahr 1500 begannen unter anderem Kartografen, Navigatoren und Astronomen in der östlichen und westlichen Welt, regelmäßig Instrumente und Werkzeuge einzusetzen, um geografische und astronomische Positionen sowie weitere physikalische Größen präzise zu messen.

1.4.3 Die frühe Neuzeit

Um das Jahr 1600 dringen wir in den Bereich der Bilddiagramme vor. Dies wird eindrucksvoll durch die »Interactive Timeline of the Most Iconic Infographics« von RJ Andrews veranschaulicht, die unter der Adresse *http://history.infowetrust.com*

zu finden ist. Diese interaktive Zeitleiste bietet eine hervorragende Übersicht und ich lade Sie ein, sich selbst ein Bild davon zu machen.

Einer meiner persönlichen Favoriten aus RJs Zeitleiste ist die Darstellung von Napoleons Marsch während des Russland-Feldzugs im Jahr 1812, wie in Abbildung 1.4 illustriert. Diese Karte vereint gleich sechs verschiedene Datendimensionen auf einem einzigen Blatt: Sie zeigt die Truppenstärke, die zurückgelegte Distanz, die Temperaturen, die geografischen Koordinaten, die Marschrichtung sowie den zeitlichen Verlauf. Je mehr Erfahrung Sie in der Datenvisualisierung sammeln, desto mehr werden Sie diese bemerkenswerte Leistung der grafischen Darstellung zu schätzen wissen!

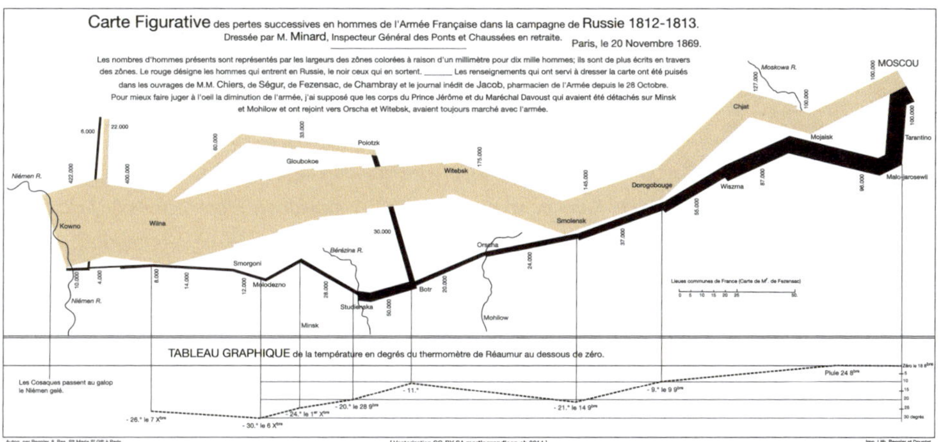

Abb. 1.4 *Das berühmteste Werk von Charles Minard: eine Karte von Napoleons Russland-Feldzug im Jahr 1812, die sechs Datendimensionen auf einem einzigen Blatt vereint (Quelle: Martin Grandjean, CC BY-SA 3.0, über Wikimedia Commons)*

1.4.4 Florence Nightingale

Vielleicht sind Sie bereits mit der Geschichte von Florence Nightingale vertraut. Die adelige Engländerin gilt als Pionierin der modernen Krankenpflege. Zwischen 1854 und 1856 sammelte und dokumentierte sie Daten aus ihren eigenen Erfahrungen als Krankenschwester im Krimkrieg. Basierend auf diesen Daten über die Bedingungen im Lazarett in Skutari erstellte sie eine Vielzahl von Visualisierungen, um sich für verbesserte Verhältnisse in den Militärkrankenhäusern einzusetzen. In Abbildung 1.5 ist eine ihrer bekanntesten Gegenüberstellungen zweier Polar-Area-Diagramme dargestellt, ein von ihr entwickelter Diagrammtyp, der heute auch als »Rosendiagramm« bekannt ist. In diesen Diagrammen verdeutlichte sie, dass die häufigste Todesursache unter den Soldaten nicht die Kriegsverletzungen (rot dargestellt), sondern vermeidbare Krankheiten (blau dargestellt) waren. Derartige Kreisdiagramme sind heutzutage etwas umstritten, da das menschliche Auge Winkel nicht sehr gut einschätzen kann (mehr dazu später). Unabhängig von Ihrer persönlichen Einstellung zu dieser Darstellungsform haben sie jedoch einen bedeutenden Wandel bewirkt.

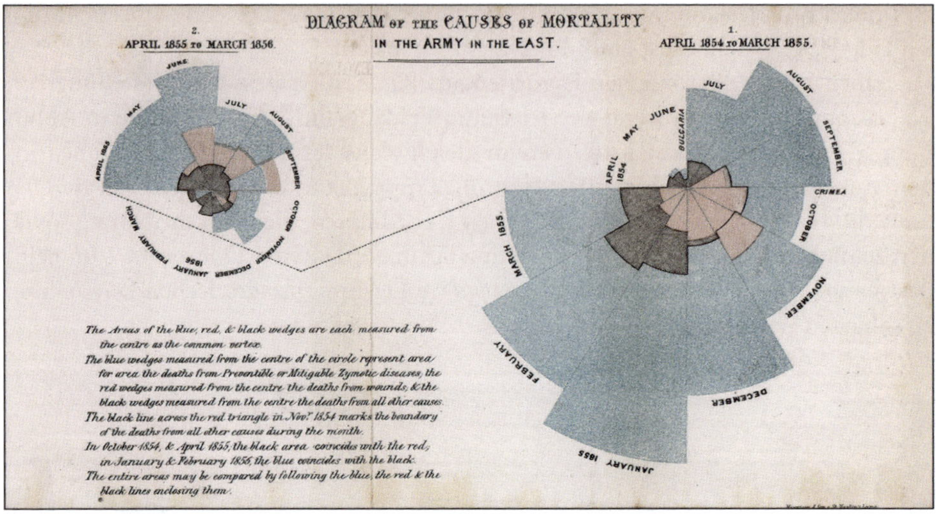

Abb. 1.5 *Das bekannteste Diagrammpaar von Florence Nightingale, das die Todesursachen von Soldaten während des Krimkriegs veranschaulicht: Vermeidbare Krankheiten sind in Blau und Kampfwunden in Rot dargestellt. (Quelle: Florence Nightingale, gemeinfrei, über Wikimedia Commons)*

Mit ihren Daten und Visualisierungen war Nightingale eine frühe Verfechterin von Händewaschen und Hygiene in Krankenhäusern, schon lange bevor die Keimtheorie aufkam. Sie setzte sich unermüdlich bei den einflussreichsten Persönlichkeiten ihrer Zeit ein und versandte ihre selbst verlegten Werke an Ärzte, Kriegsämter, Mitglieder des Unter- und Oberhauses und sogar an Königin Victoria selbst. Durch ihr Engagement initiierte sie umfassende Veränderungen, deren Auswirkungen bis in die Gegenwart spürbar sind.

1.4.5 Die spätere Neuzeit

Die Zeit schreitet voran, und wir bewegen uns ins 20. und 21. Jahrhundert. Meinen Lebensunterhalt bestreite ich hauptsächlich mit der Erstellung interaktiver, webbasierter Datenvisualisierungen, und so finde ich es wirklich erstaunlich, dass man bis in die 1980er-Jahre zu Stift und Papier greifen musste, um eine Datenvisualisierung zu erstellen. Das erste Tabellenkalkulationsprogramm für die breite Öffentlichkeit kam erst mit VisiCalc 1979 auf dem Apple II und 1981 auf dem IBM-PC auf den Markt (ja, so lange besteht die große Rivalität bereits). Auch heute noch ist dies der beliebteste Weg, um Daten in Erkenntnisse umzuwandeln: Man kann Finanzfachleute nicht von der guten alten Kalkulationstabelle trennen, es sei denn, man entreißt sie ihren kalten, leblosen Händen.

Da ich bereits das Thema Tabellenkalkulation angesprochen habe, gehe ich nun auf die Werkzeuge zur Erstellung von Datenvisualisierungen ein.

1.5 Datenvisualisierungstools

Wie in Abschnitt 1.1 erwähnt, können Sie als Medium oder Werkzeug für die Datenvisualisierung nahezu alles verwenden, was eine visuelle Darstellung ermöglicht. Obwohl auch Knetmasse und interpretierende Tänze hierzu durchaus zulässige Medien wären, möchte ich mich in diesem Buch auf zweidimensionale und zumeist rechnergestützte Medien konzentrieren.

Jedes Jahr führt die Data Visualization Society (DVS) eine Umfrage zu Trends und Entwicklungen im Bereich der Datenvisualisierung durch, bei der regelmäßig nach den verwendeten Tools gefragt wird. Abbildung 1.6 zeigt den prozentualen Anteil der Befragten, die in jedem Jahr angeben, ein bestimmtes Tool zu nutzen. Jedes Tool wird durch einen Kreis dargestellt, wobei der prozentuale Anteil der Befragten sowohl durch die horizontale Position als auch durch die Größe des Kreises visualisiert wird. Bei der Interpretation der Veränderungen in der Rangliste der Tools im Vergleich zum Vorjahr ist Vorsicht geboten. Diese Verschiebungen lassen nicht zwangsläufig Rückschlüsse auf die tatsächliche Beliebtheit der einzelnen Werkzeuge zu. Sie können auch auf Unterschiede in der Zusammensetzung der Befragten zurückzuführen sein oder auf die Verfügbarkeit des Tools in der Mehrfachauswahlliste.

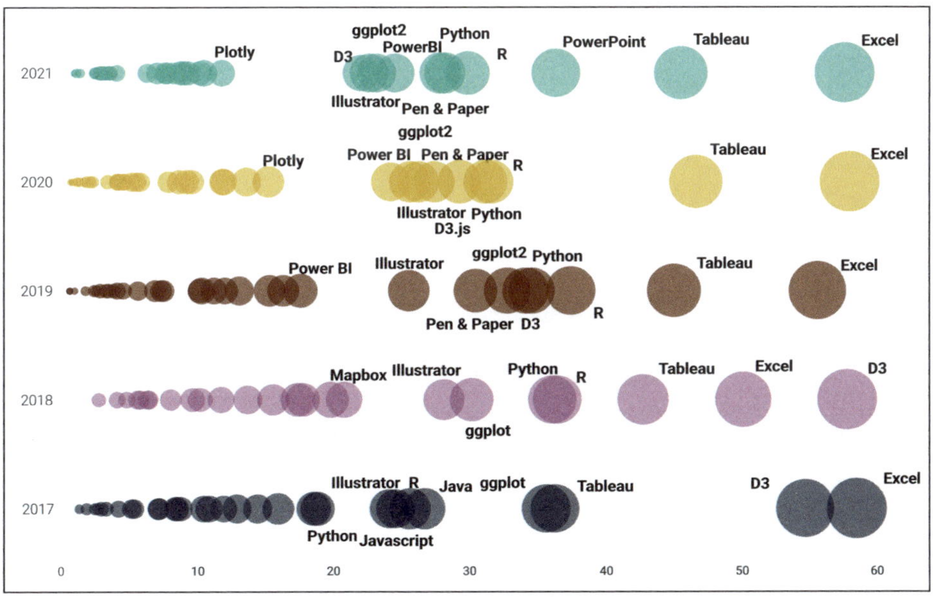

Abb. 1.6 *Die beliebtesten Technologien nach Jahr (Prozentsatz der Befragten) gemäß der jährlichen Umfrage der Data Visualization Society (DVS) zur Entwicklung der Branche. (Quelle: Data Visualization Society, mit freundlicher Genehmigung)*

Es ist nicht weiter schlimm, wenn Sie mit den in Abbildung 1.6 dargestellten Werkzeugen nicht vertraut sind. In diesem Abschnitt stelle ich einige davon näher vor.

Um Ihnen jedoch zumindest einen Überblick über die enthaltenen Werkzeuge zu geben, habe ich die beschrifteten Werkzeuge in Tabelle 1.1 nach Typ kategorisiert.

Art des Werkzeugs	Beliebte Werkzeuge in Abbildung 1.6
Tabellenkalkulation	Excel
BI-Werkzeuge	Tableau, Power BI
Code	D3 (auch bekannt als D3.js oder d3 oder d3.js), Python, R, ggplot, ggplot2, Plotly, Java
Grafiksoftware	Illustrator
Andere	Stift und Papier, Mapbox, PowerPoint

Tab. 1.1 *Eine Aufschlüsselung der in Abbildung 1.6 gekennzeichneten Tools*

1.5.1 Tabellenkalkulationen

Wie aus Abbildung 1.6 hervorgeht, ist Microsoft Excel das beliebteste Tool für die Datenvisualisierung. Lediglich im Jahr 2018 fiel es einmalig auf Platz 2 zurück. Die Beliebtheit von Excel ist durchaus nachvollziehbar: Nahezu jeder hat auf dieses Programm in irgendeiner Form Zugriff, und deshalb ist die Einstiegshürde äußerst niedrig. Man muss lediglich einige Daten hineinkopieren oder eintippen, und schon lässt sich mit nur zwei Klicks ein Diagramm erstellen. Das resultierende Diagramm mag zwar nicht besonders ansprechend sein, erfüllt jedoch dennoch seine Funktion (siehe Abb. 1.7).

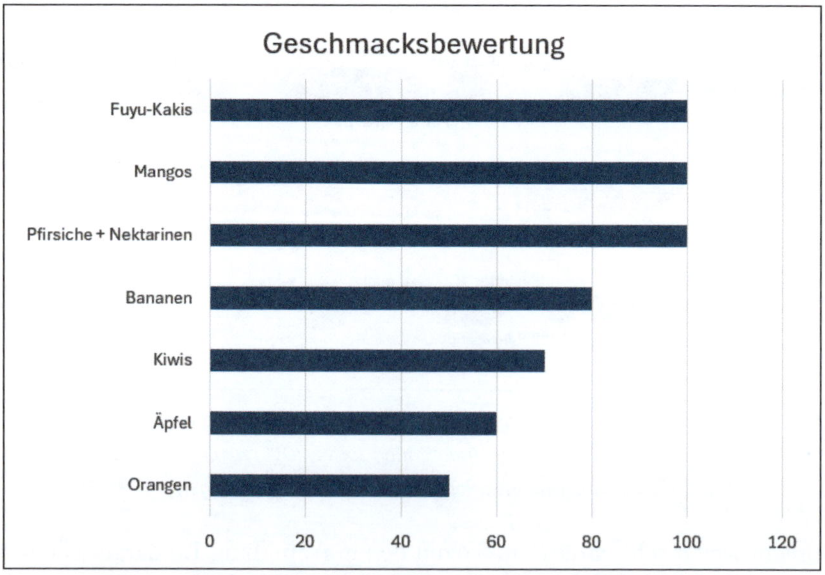

Abb. 1.7 *Ein Balkendiagramm, das ich in Excel unter Verwendung der Standardeinstellungen erstellt habe*

Möchten Sie bei der Erstellung von Diagrammen mehr Aufwand betreiben? Tabellenkalkulationsprogramme bieten Ihnen alles, was Sie dafür benötigen. (Das gilt auch für solche, die nicht von Microsoft stammen.) Sie können komplexe Berechnungen für Ihr Diagramm durchführen, Titel, Achsen, Formatierungen und Legenden anpassen sowie mit Daten im Long- oder Wide-Format, mit (quasi) Big Data oder mit kleineren Datensätzen arbeiten. Es gibt einen Grund, warum Finanzexpertinnen und -experten so fest an diesen Programmen festhalten: Sie sind wie MacGyver, und Tabellenkalkulationen sind ihr Schweizer Taschenmesser der Datenanalyse.

1.5.2 Business-Intelligence-Tools

Ich bezeichne Business-Intelligence-(BI-)Tools gerne als »gedopte Tabellenkalkulationsprogramme«, da sie in vielerlei Hinsicht die Möglichkeiten von Tabellenkalkulationen aufgreifen und erheblich erweitern. Wie in Abbildung 1.6 zu sehen ist, war Tableau in den fünf Jahren der DVS-Umfrage das beliebteste BI-Tool und gehörte zu den drei am häufigsten genannten Tools insgesamt. Power BI, das Datenvisualisierungstool von Microsoft und der größte Konkurrent von Tableau, erfreut sich aufgrund der niedrigeren Einstiegshürde zunehmender Beliebtheit, insbesondere im öffentlichen Sektor. Darüber hinaus gibt es auch konkurrierende Produkte wie Looker (von Google), Domo und Qlik, um nur einige zu nennen.

Abbildung 1.8 zeigt meine Obst-Beispieldaten in einem Diagramm, das ich in Tableau mit nur wenigen Klicks und einigen Drag-and-drop-Aktionen erstellt habe. Auch damit werde ich keine Preise gewinnen, aber es ist ansprechender als das Excel-Diagramm in Abbildung 1.7. Die Größe der Balken im Verhältnis zum Leerraum dazwischen empfinde ich als weniger störend, und die Gitternetzlinien sind deutlich heller, wodurch sie in den Hintergrund treten.

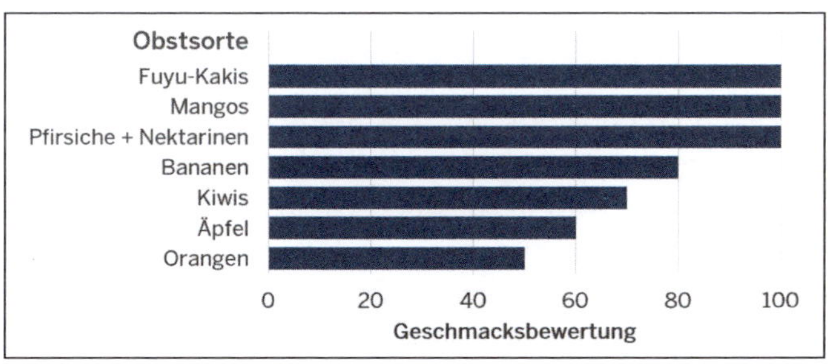

Abb. 1.8 *Ein in Tableau mit den Standardeinstellungen erzeugtes Balkendiagramm*

BI-Tools können die bevorzugte Wahl sein, wenn Sie eine interne Visualisierung für ein Unternehmen erstellen. Viele BI-Tools bieten eine Unternehmensversion mit Funktionen zur Veröffentlichung und Freigabe sowie einer automatischen Aktualisierung der Datenquellen. Dies ist besonders vorteilhaft für die Erstellung regelmäßiger Berichte, da es Analystinnen und Visualisierungsexperten viel Zeit spart. Statt Abfragen zu aktualisieren und Diagramme per E-Mail zu versenden, können Sie diese anderweitig nutzen. Oft gibt es die Möglichkeit für Stakeholder, einen Bericht zu abonnieren, sodass sie automatisch Aktualisierungen und computergenerierte Screenshots nach einem festgelegten Zeitplan in ihren Posteingang oder auf andere Kommunikationsplattformen erhalten. Ebenfalls vorteilhaft ist, dass BI-Tools meist deutlich mehr Daten verarbeiten können als selbst die umfangreichsten Tabellen.

Und schließlich können Sie in vielen BI-Tools auch programmieren. Natürlich hängt das auch von Ihren technischen Fähigkeiten ab, aber je mehr Sie programmieren, desto individueller können Sie Ihr Endprodukt gestalten. Grafische Benutzeroberflächen ohne Code bieten in der Regel weniger Flexibilität bei der Formatierung, während Produkte, die eine stärkere Anpassung ermöglichen, oft mehr Code und komplexere Berechnungen erfordern.

1.5.3 Code

Wenn Sie bereits in der Softwareentwicklung tätig sind, gehören Tabellenkalkulationsprogramme und BI-Tools wahrscheinlich nicht zu Ihren bevorzugten Werkzeugen. Denn Sie wissen genau, dass Sie mit selbst geschriebenem Code die größtmögliche Kontrolle über die Optik und das Verhalten Ihrer Visualisierungen bekommen. Die gute Nachricht ist, dass es auch innerhalb der Programmierung verschiedene Schwierigkeitsgrade und Steuerungsmöglichkeiten gibt: Sie können vorhandene Bibliotheken nutzen, die auf die von Ihnen gewünschte Funktionalität zugeschnitten sind, oder Sie können Ihre eigenen Funktionen, Klassen und Objekte von Grund auf neu erstellen. Wenn ich programmiere, und damit bin ich sicher nicht allein, versuche ich oft, auf bestehende Bibliotheken zurückzugreifen – warum sollte ich das Rad neu erfinden? Nur wenn ich das Benötigte einmal nicht finde, schreibe ich eigenen Code. Auch wenn dieser manchmal an die »Pinterest-Fails« im Internet erinnert, erreiche ich damit dennoch genau die gewünschten Visualisierungen.

In diesem Abschnitt behandle ich zwei Arten der Visualisierungsentwicklung mit Code: Front-End-Webbibliotheken und Statistikpakete. Ich möchte mich bei denjenigen entschuldigen, die nur sehr wenig Erfahrung in der Programmierung haben, denn dieser Abschnitt wird technischer sein als nahezu alles andere in diesem Buch. Die Grundlagen des Programmierens zu vermitteln, gehört nicht zu meinem Aufgabenbereich, und von mir würden Sie die ohnehin nicht lernen wollen. Ich verspreche Ihnen, dass in diesem Buch nicht programmiert wird. Wenn dies also zu weit außerhalb Ihrer Komfortzone liegt, können Sie gerne zu Abschnitt 1.5.4 übergehen.

Front-End-Webbibliotheken

Front-End-Webentwicklung ist heutzutage weitgehend ein Synonym für JavaScript. Wenn Sie damit leben können, nicht genau steuern zu können, wann die verschiedenen Bestandteile Ihres Codes ausgeführt werden, dann sollten Sie mit der asynchronen Natur von JavaScript recht gut zurechtkommen.

Eine der beliebtesten und leistungsfähigsten Datenvisualisierungsbibliotheken für JavaScript ist das kostenlose und quelloffene d3.js, auch bekannt als D3 oder d3, was für »Data-Driven Documents« steht. Die Bibliothek wurde von Michael Bostock, Vadim Ogievetsky und Jeffrey Heer von der Stanford Visualization Group der Stanford University entwickelt und 2011 veröffentlicht. Zum Zeitpunkt der Drucklegung dieses Buchs ist Bostock nach wie vor der bei Weitem aktivste Mitwirkende am d3-Repository auf GitHub, das unter *https://github.com/d3/d3* zu finden ist. D3 basiert auf den Standards Scalable Vector Graphics (SVG), HTML5 und CSS und ist im gesamten Web in Aktion zu sehen, beispielsweise in Visualisierungen der *New York Times*.

Abbildung 1.9 zeigt erneut meine Obstdaten, jedoch dieses Mal in einem möglichst einfachen, in d3 erzeugten Balkendiagramm. Dazu waren nur rund 50 Codezeilen erforderlich. Das erscheint vielleicht etwas viel, aber d3 kann tatsächlich etwas umständlich in der Handhabung sein.

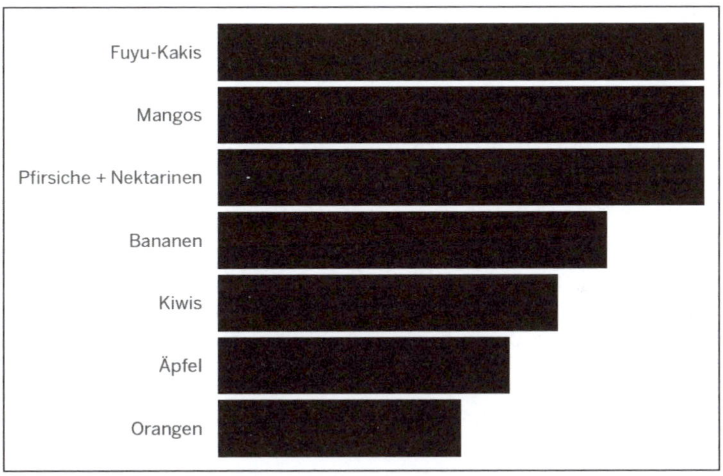

Abb. 1.9 *Ein mit d3.js erstelltes einfaches Balkendiagramm*

Frühere Versionen von d3 waren eher monolithisch, da man die gesamte Bibliothek importieren musste, selbst wenn man nur einige Teile davon verwenden wollte. Als ich anfing, d3 zu nutzen, erstellte ich ganze Webseiten ausschließlich mit der d3-Syntax (abgesehen von den grundlegenden Elementen, die erforderlich sind, um ein leeres HTML-Dokument zu erstellen). Dies war mein Einstieg in JavaScript, und jede Front-End-Entwicklerin wird Ihnen bestätigen, dass dies eine äußerst ungewöhnliche Art zum Erlernen der Sprache ist.

Heutzutage können Entwicklerinnen und Entwickler d3 modular verwenden und lediglich die Komponenten auswählen, die sie für die Erstellung ihrer Visualisierungen benötigen oder verwenden möchten. Dies erleichtert die Integration in Web-Frameworks wie React oder Angular erheblich, da es sonst zu einem Machtkampf um die Kontrolle über die Seite kommen kann, sobald der Code im Browser ausgeführt wird.

Ich persönlich liebe d3, weshalb ich damit auch viele der Grafiken in diesem Buch erstellt habe. Die Lernkurve ist zwar recht steil, aber sobald man die Muster und Vorgehensweisen verinnerlicht hat, hat man als Entwicklerin das Gefühl, dass einem die ganze Welt zu Füßen liegt und es nichts gibt, was man nicht umsetzen könnte.

Statistikpakete

Wenn Ihnen JavaScript mit seiner Asynchronität nicht so gut gefällt, ziehen Sie möglicherweise Python oder R vor. Python ist eine vollständige Programmiersprache und R eine speziell für statistische Analysen entwickelte Softwareumgebung. Beide sind kostenlos und quelloffen, genießen in ihrer jeweiligen Community fast Kultstatus und eignen sich hervorragend für die Datenvisualisierung. Ich selbst bin ein Fan von Python, da ich hiermit schon vor vielen Jahren in meinem Physikstudium angefangen habe, auch wenn ich in der Zwischenzeit ein wenig mit R herumprobiert habe. Sowohl R als auch Python verfügen über eine sehr leicht verständliche und zugängliche Syntax, was zu ihrer großen Beliebtheit beiträgt. Wenn Sie Statistiker oder Datenwissenschaftlerin sind, kennen Sie R wahrscheinlich bereits; falls nicht, bevorzugen Sie womöglich eher Python. An verfügbaren Bibliotheken schätzen R-Nutzerinnen insbesondere ggplot/ggplot2 (wie Sie vielleicht in Abbildung 1.6 über Datenvisualisierungstools gesehen haben) und Shiny, während Python-Nutzern viele andere Optionen zur Verfügung stehen, darunter Seaborn, Plotly und Matplotlib.

Abbildung 1.10 zeigt meine Obstdaten, dieses Mal jedoch visualisiert mit der Python-Bibliothek Matplotlib und lediglich etwa 18 Zeilen Code, einschließlich 9 Zeilen mit meinen Obstdaten. Ich sollte jedoch an dieser Stelle anmerken, dass diese Balken nicht horizontal sind, da ich dafür nur ein sehr komplexes Programmierbeispiel gefunden habe. Eine solche Komplexität hätte den Zweck dieser Übung zunichtegemacht, weshalb ich mich dagegen entschieden habe.

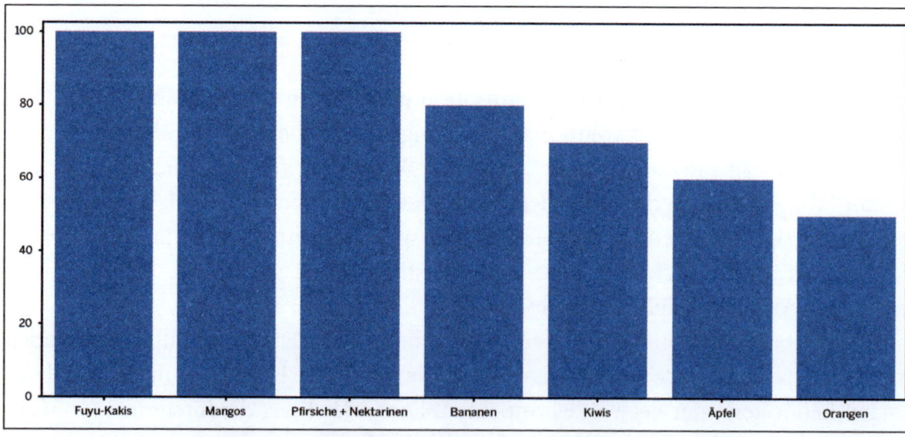

Abb. 1.10 *Ein Balkendiagramm, das mit der Python-Bibliothek Matplotlib unter Verwendung der Standardeinstellungen erstellt wurde*

Was mir an Python besonders gefällt, ist die allgegenwärtige Hommage an die britische Comedy-Truppe Monty Python. Obwohl ich eigentlich eher ein Fan von Mel Brooks bin, schätze ich all die kleinen Easter Eggs, die in der Python-Sprache und -Dokumentation zu finden sind. Ein Beispiel dafür ist die integrierte Entwicklungsumgebung (IDE) namens IDLE, die angeblich für »Integrated Development and Learning Environment« (Integrierte Entwicklungs- und Lernumgebung) steht, aber zufälligerweise war Eric Idle eines der Mitglieder der Truppe. ;-) Ich glaube, ich bin einer der wenigen Menschen auf der Welt, die IDLE noch kennen, denn mittlerweile sind die Jupyter- und IPython-Notebooks sehr beliebt.

Wenn Sie es bis zum Ende dieses Abschnitts geschafft haben, können Sie sich selbst auf die Schulter klopfen, denn damit haben Sie den wahrscheinlich technisch anspruchsvollsten Teil dieses Buchs bewältigt. Gut gemacht! Um es noch einmal zu betonen: Dieses Buch zwingt Sie nicht zum Programmieren. Wenn Sie also Code zur Erstellung von Visualisierungen verwenden möchten, steht Ihnen das frei. Wenn Sie hingegen lieber auf andere Methoden zurückgreifen möchten, gibt es zahlreiche Alternativen.

1.5.4 Design-Software

Nach der Programmierung kommt die letzte und am wenigsten berechnungslastige Möglichkeit, Visualisierungen auf einem Computer zu erstellen: Design-Software. Bevor ich im Detail darauf eingehe, welche Software wofür geeignet ist, bietet sich jetzt die Gelegenheit, die Konzepte von Raster- und Vektorgrafiken zu erläutern.

Im Grunde genommen bestehen *Rasterbilder* aus einer Vielzahl farbiger Pixel, also winziger einfarbiger Quadrate. Wenn man weit herauszoomt, erscheinen sie als zusammenhängendes Bild, ähnlich wie das pointillistische Gemälde in Abbildung 1.11. Ein Rasterbild mit niedriger Auflösung enthält nur wenige Pixel pro Quadratzoll, während ein Bild mit hoher Auflösung deutlich mehr Pixel pro Quadratzoll aufweist. Zu den typischen Dateiformaten für Rasterbilder gehören JPEG, PNG, GIF und BMP.

Im Gegensatz dazu bestehen *Vektorgrafiken* im Wesentlichen aus einer Reihe von Anweisungen, die festlegen, wo ein imaginärer Stift die Seite berühren und wohin er sich bewegen soll, bis er die Anweisung erhält, sich von der Seite zu lösen. Es handelt sich um eine Reihe von *Pfaden*, die mit Farbe gefüllt oder ungefüllt sein können, sowie um Anweisungen zur Breite und Farbe der Konturen, die der Stift zeichnet, falls überhaupt welche vorhanden sind. Zu den typischen Dateiformaten für Vektorgrafiken gehören SVG, EPS und PDF.

Abb. 1.11 *Ein Sonntag auf La Grande Jatte, Georges Seurat, 1884. Das vergrößerte Detail zeigt, dass die einzelnen Farbpunkte den Pixeln eines Rasterbilds ähneln. (Quelle: Georges Seurat, gemeinfrei, über Wikimedia Commons)*

Das Besondere an Vektorgrafiken ist, dass die Auflösung kaum eine Rolle spielt – sie können beliebig vergrößert oder verkleinert werden und behalten dennoch ihre Genauigkeit, da es lediglich auf die relative Position des Stifts auf der Seite ankommt. Wie Sie sich vorstellen können, wird ein geschlossener Pfad ohne Kontur anders skaliert als ein offener Pfad mit einer Kontur, da die Breite der Kontur in einer festen Pixelanzahl angegeben wird, wie in Abbildung 1.12 dargestellt.

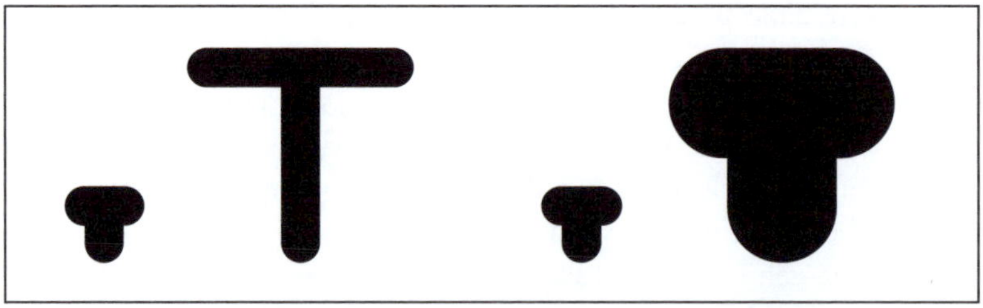

Abb. 1.12 *Unterschied zwischen der Skalierung eines offenen Pfads mit einer 20-px-Kontur (links) und der Skalierung eines geschlossenen Pfads ohne Kontur (rechts)*

Es geht hier nicht darum, ob ein Grafiktyp besser ist als der andere, sondern vielmehr darum, dass sie unterschiedlich sind. Die verschiedenen Design-Software-Anwendungen sind in der Regel entweder auf die Bearbeitung von Raster- oder Vektorgrafiken spezialisiert, jedoch nicht auf beides. Adobe Photoshop ist die bevorzugte Lösung zum Erstellen und Bearbeiten von Rasterbildern, während Adobe Illustrator die klassische Wahl für Vektorgrafiken darstellt. Auf Unternehmensebene verfügen zwar viele Designabteilungen über Adobe-Lizenzen, jedoch gestaltet Adobe die Zusammenarbeit zwischen Designerinnen und Designern sowie mit anderen Beteiligten nicht gerade einfach. Daher ist Figma meine bevorzugte Lösung für Vektorgrafiken, die bei Bedarf auch als Rasterbilder exportiert werden können.

Figma kann in einem Webbrowser auf jedem beliebigen Gerät verwendet werden. Mit einer kostenpflichtigen Lizenz steht zudem eine Desktop-App zur Verfügung. Das Programm basiert auf einem Freemium-Zahlungsmodell, was bedeutet, dass Sie nahezu alle Funktionen kostenfrei im Browser nutzen können. Allerdings sind die Dateianzahl und die Möglichkeiten zur Zusammenarbeit mit anderen Nutzerinnen und Nutzern eingeschränkt.

Ich verwende Figma sehr gerne aufgrund seiner intuitiven Benutzeroberfläche und der plattformübergreifenden Verfügbarkeit. Die wahre Stärke des Programms entfaltet sich jedoch besonders, wenn ich mit anderen an einer Datei zusammenarbeite. Sie und eine beliebige Anzahl von Personen können gleichzeitig dieselbe Datei öffnen, Änderungen vornehmen und die Anpassungen der anderen sowie deren Cursor in Echtzeit verfolgen. Zudem bietet Figma eine umfassende Kommentarfunktion, mit der andere Mitwirkende markiert und benachrichtigt werden können. Diese werden dann direkt zu der Stelle auf der (unendlichen) Arbeitsfläche geleitet, an der der Kommentar hinterlassen wurde.

Figma eignet sich nicht nur hervorragend zur Erstellung von Vektorgrafiken und zur Zusammenarbeit, sondern stellt auch ein ausgezeichnetes Prototyping-Tool dar, das den gesamten Designprozess optimal unterstützt – von Wireframing bis hin zu realitätsnahen, interaktiven Prototypen. Wenn Sie in Figma ein Element erstellen, können Sie auf dieses Element klicken und die entsprechenden CSS-Tags (Cascading Style Sheets, die zentrale Methode zur Gestaltung von Webseiten, einschließlich Farbe, Animationen, Textausrichtung und Schriftarten) einsehen. Dadurch lassen sich die finalen Webelemente exakt so gestalten, wie sie im Mockup dargestellt sind – für die Front-End-Webentwicklung einfach traumhaft.

Schließlich entscheiden sich viele professionelle Datenvisualisiererinnen und -visualisierer, wie beispielsweise jene, die beeindruckende, maßgeschneiderte Visualisierungen für große Nachrichtenagenturen erstellen, für d3, da es die Datenverarbeitung erheblich erleichtert. Anschließend importieren sie die resultierende SVG-Datei in Adobe Illustrator oder Figma, wo sie alle erforderlichen Feinabstimmungen vornehmen können, die entweder zu komplex waren oder die sie nicht mittels Code umsetzen wollten.

Abbildung 1.13 zeigt das Ergebnis, wenn man an dem d3-Balkendiagramm aus Abbildung 1.9 in Figma innerhalb weniger Minuten einige unglückliche Anpassungen vornimmt:

- Die Namen der Früchte wurden lila eingefärbt.
- Die Obstnamen wurden rechtsbündig ausgerichtet.
- Den Balken wurden Schlagschatten und abgerundete Ecken hinzugefügt.
- Die Balken wurden mit einem dreifarbigen, gewinkelten Farbverlauf gefüllt (bitte zu Hause nicht nachmachen!).

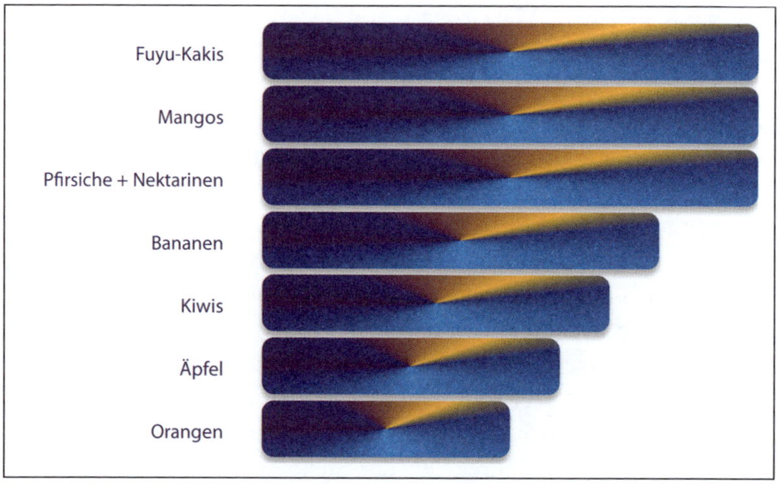

Abb. 1.13 *Das in d3 erstellte und in Figma aktualisierte Balkendiagramm*

Hätte ich all diese Verrücktheiten auch mit D3 umsetzen können? Sicherlich, aber ich wollte demonstrieren, dass man in Figma sehr schnell und unkompliziert unglaubliche Dinge erreichen kann.

1.6 Zusammenfassung

- Datenvisualisierung – die visuelle Vermittlung von Informationen – ist allgegenwärtig!
- Das Wichtigste bei der Erstellung einer Visualisierung ist, *die Zielgruppe zu kennen.*
- Datenvisualisierung hat eine lange Tradition – schon in Höhlenmalereien finden sich Darstellungen von Sternpositionen, und im Lauf der Geschichte wurden immer komplexere, handgezeichnete Diagramme mit großer praktischer Relevanz entwickelt. Mit dem Einzug der Computer hat sich die Welt der Datenvisualisierung dann noch einmal grundlegend gewandelt. Heute haben alle Interessierten die Möglichkeit, selbst ansprechende und aussagekräftige Visualisierungen zu erstellen und zu verstehen.
- Bei der Wahl der geeigneten Werkzeuge für Datenvisualisierungen müssen Sie einen Kompromiss zwischen Benutzerfreundlichkeit und Gestaltungsfreiheit eingehen:
  - Tabellenkalkulationen wie Excel sind weit verbreitet und einfach zu bedienen, bieten jedoch nur begrenzte Möglichkeiten, das Erscheinungsbild der Visualisierungen zu beeinflussen.
  - Am anderen Ende des Spektrums steht die Programmierung, die zwar maximale Kontrolle über die Visualisierung, aber auch eine deutlich höhere Einstiegshürde aufweist.
- Mithilfe eines Vektorgrafikprogramms wie Adobe Illustrator oder Figma können Sie im SVG-Format vorliegende Visualisierungsdateien importieren und dort relativ einfach umfangreiche Designänderungen vornehmen. Allerdings funktioniert dies nur für statische Visualisierungen und nicht für Diagramme, die bei jedem Seitenaufruf dynamisch generiert werden sollen.
- Unter den vielen digitalen Werkzeugen zur Erstellung von Datenvisualisierungen sollte es zumindest eines geben, das für Sie geeignet ist. Aber denken Sie daran: Nur weil ein Werkzeug gerade populär ist, heißt das noch lange nicht, dass es auch für Ihre spezielle Aufgabe oder für Sie persönlich geeignet ist.

2 Wie wir Informationen wahrnehmen

In diesem Kapitel

- Präattentive Attribute wie Farbe, Form, räumliche Positionierung und Bewegung
- Gestaltgesetze der gemeinsamen Region, Nähe, Ähnlichkeit, Symmetrie, verbundene Elemente, Geschlossenheit und Kontinuität

Das Gehirn ist ein wahres Wunderwerk. Wie es die von unseren Augen aufgenommenen Lichtmuster in konkrete Informationen und Daten umwandelt, geht weit über den Rahmen dieses Buchs hinaus. In diesem Kapitel möchte ich Ihnen zeigen, wie das Gehirn diese Lichtmuster priorisiert und kategorisiert. Sie lernen etwas über *präattentive Attribute*, also jene Dinge, die unser Gehirn in dem ganzen optischen Datenstrom als Erstes wahrnimmt (z. B. Farbe, Form, räumliche Position und Bewegung). Schließlich geht es um die Gestaltgesetzen, die zeigen, wie sich zahlreiche Einzelteile zu einem Ganzen verbinden, das mehr ist als ihre Summe: gemeinsame Region, Nähe, Ähnlichkeit, Symmetrie, Verbindung, Geschlossenheit und Kontinuität.

2.1 Präattentive Attribute

Bekäme ich jedes Mal einen Dollar, wenn mir ein Stakeholder oder eine Kundin sagt: »Geben Sie mir einfach eine Tabelle, ich will nur die Zahlen sehen« oder »Zeigen Sie mir einfach die Daten, mehr brauche ich nicht«, könnte ich wahrscheinlich vorzeitig in Rente gehen und hauptberufliche Katzenmutti werden. Na gut, ganz so oft kam es vielleicht auch wieder nicht vor, aber mir – mit meiner Leidenschaft für Datenvisualisierung – tut es jedes Mal in der Seele weh, wenn ich so etwas höre. Ihre erste Lektion in Sachen Datenvisualisierung lautet also, dass Ihre Stakeholderinnen und Kunden nicht immer wissen, wie sie ihre Anforderungen an die visuelle Aufbereitung der Daten formulieren sollen. Wenn Sie sofort und ohne nachzufragen oder etwas tiefer zu bohren, abliefern wie bestellt, dann kann es sehr gut passieren, dass Ihre Visualisierung die eigentlichen Fragen gar nicht richtig beantworten kann. Ein Beispiel: Wenn Sie einfach blindlings gehorchen und Ihrem Auftraggeber wie gewünscht eine nüchterne Datentabelle liefern, dann wird sein Gehirn wahrscheinlich angesichts der gleichförmigen Wand aus Zahlen ein wenig überfordert sein. Erstellen Sie stattdessen eine entsprechende Visualisierung, dann machen Sie sich die präattentiven Attribute Farbe, Form, räumliche Position und Bewegung zunutze. Diese Attribute erleichtern es dem Gehirn Ihres Stakeholders, die von Ihnen präsentierten Informationen zu entschlüsseln und aufzunehmen.

2.1.1 Farbe

Nehmen wir zum Beispiel an, Sie arbeiten mit einem großen Fahrradverleiher in London zusammen, der die Beliebtheit seines Mietradangebots im Jahr 2017 untersuchen möchte. Sie erhalten sehr detaillierte Anweisungen und werden gebeten, die in Abbildung 2.1 gezeigte Tabelle über die durchschnittliche Dauer der Fahrradvermietungen nach Tageszeit (in den Zeilen) und Wochentag (in den Spalten) zu erstellen. Die Verantwortlichen möchten wissen, wann die Leute kurze Fahrten von maximal 16 Minuten unternehmen. Skeptisch, wie Sie sind, sehen Sie sich Ihre erstellte Tabelle an, bevor Sie sie weitergeben. Sie fragen sich, ob Sie überhaupt ablesen können, in wie vielen der Zeitfenster die durchschnittliche Mietdauer maximal 16 Minuten beträgt.

Das macht nicht so richtig Spaß, oder? Aber dann erinnern Sie sich, etwas über präattentive Attribute gelesen zu haben. Sie bringen ein wenig Farbe ins Spiel, um zu zeigen, zu welchen Zeiten die durchschnittliche Mietdauer nur maximal 16 Minuten betrug, so wie in Abbildung 2.2 dargestellt.

Std.	Montag	Dienstag	Mittwoch	Donnerstag	Freitag	Samstag	Sonntag
0	27	28	23	27	27	23	24
1	28	31	27	32	30	27	27
2	29	41	31	35	43	34	27
3	28	30	30	32	25	28	29
4	32	25	22	23	22	32	34
5	29	18	16	16	17	19	25
6	26	14	13	13	13	13	22
7	20	15	14	14	14	14	19
8	22	15	15	15	15	14	18
9	24	17	15	16	15	15	21
10	27	22	19	19	19	20	24
11	29	25	21	20	21	22	25
12	29	23	19	19	19	20	26
13	30	23	19	18	19	20	28
14	30	24	21	22	21	22	28
15	29	24	20	21	22	22	29
16	27	20	18	19	19	20	28
17	27	17	16	17	18	18	26
18	26	18	16	17	18	19	25
19	24	18	16	17	18	20	23
20	23	17	15	17	17	19	23
21	22	18	15	19	18	20	23
22	21	18	15	18	18	22	23
23	23	20	15	19	19	22	24

Abb. 2.1 *Die Tabelle zeigt die durchschnittliche Mietdauer in Minuten, aufgeschlüsselt nach Tageszeit und Wochentag. Zugrunde liegen Open Data von Transport for London (TfL). Enthält OS-Daten unter © Crown Copyright und Crown Database Rights 2016 sowie Kartendaten von Geomni UK unter © Copyright und Datenbankrechten 2019.*

Std.	Montag	Dienstag	Mittwoch	Donnerstag	Freitag	Samstag	Sonntag
0	27	28	23	27	27	23	24
1	28	31	27	32	30	27	27
2	29	41	31	35	43	34	27
3	28	30	30	32	25	28	29
4	32	25	22	23	22	32	34
5	29	18	16	16	17	19	25
6	26	14	13	13	13	13	22
7	20	15	14	14	14	14	19
8	22	15	15	15	15	14	18
9	24	17	15	16	15	15	21
10	27	22	19	19	19	20	24
11	29	25	21	20	21	22	25
12	29	23	19	19	19	20	26
13	30	23	19	18	19	20	28
14	30	24	21	22	21	22	28
15	29	24	20	21	22	22	29
16	27	20	18	19	19	20	28
17	27	17	16	17	18	18	26
18	26	18	16	17	18	19	25
19	24	18	16	17	18	20	23
20	23	17	15	17	17	19	23
21	22	18	15	19	18	20	23
22	21	18	15	18	18	22	23
23	23	20	15	19	19	22	24

Abb. 2.2 *Dieselbe Tabelle wie in Abbildung 2.1, allerdings sind hier alle Werte kleiner als oder gleich 16 in Rot dargestellt.*

Das ist viel besser! Durch den gezielten Farbeinsatz entsteht sofort eine Aussage, denn das Gehirn sieht und erkennt die Farbe, noch bevor es Ihnen überhaupt bewusst wird: Die Fahrradfahrten waren wochentags zur morgendlichen Berufsverkehrszeit und aus irgendeinem Grund auch dienstagabends am kürzesten. Hätten Sie dem Kunden nur wie gewünscht eine einfache Zahlentabelle geliefert und sich nicht die (äußerst geringe) Mühe gemacht, ein wenig Farbe hineinzubringen, so hätte er diese Aussage wohl kaum so mühelos erkennen können. Derart eingesetzte Farben eignen sich hervorragend zur Darstellung kategorialer oder qualitativer Informationen, z. B. zur Kennzeichnung von Verkaufsregionen oder der Tatsache, dass eine Zahl über oder unter einem bestimmten Schwellenwert liegt. Ich möchte aber auch anmerken, dass die reine Nutzung von Farben zur Kennzeichnung nicht ideal ist, da manche Menschen Schwierigkeiten mit der Unterscheidung von Farben haben. In diesem Beispiel ließe sich die Farbe mit einem anderen Merkmal (z. B. der Schriftgröße) kombinieren, um noch stärkere Aufmerksamkeit auf sich zu ziehen. Jedenfalls können solche Verbesserungen die Kundinnen und Kunden derart überzeugen, dass sie Ihnen ewig dankbar sind und Sie bei künftigen Projekten schon früher in den Gestaltungsprozess einbeziehen.

2.1.2 Form

Nachdem Sie den Kunden mit Ihren Designkenntnissen beeindruckt haben, möchte er nun mit Ihrer Hilfe noch weitere Muster in seinen Daten entdecken. Statt auf die Mietdauer sollen Sie Ihr Augenmerk nun auf die Anzahl der Vermietungen an allen Werktagen zusammen richten.

Zuerst filtern Sie den Samstag und den Sonntag heraus und zeigen die Gesamtzahl der Ausleihen nach Uhrzeit an (siehe Abb. 2.3). Die Stunde nach 8 Uhr sticht ziemlich schnell als die beliebteste Nutzungszeit an Wochentagen heraus, einfach weil der Wert mit sieben anstelle von fünf Stellen fast hundert Mal so groß ist wie jener der unbeliebtesten Tageszeit. Da die Zahlen alle rechtsbündig ausgerichtet sind und in derselben Größeneinheit vorliegen (wir vergleichen also nicht etwa 1 Million mit 529.000), kann man meist schon anhand ihrer Länge (also ihrer Form) erkennen, dass der morgendliche Pendelverkehr im Vergleich zum übrigen Tagesverlauf recht schnell zunimmt. Aber wie verdeutlichen Sie die tatsächlich zugrunde liegenden Muster noch besser?

Sie könnten es noch einmal mit dem Farbtrick versuchen, was möglicherweise auch funktionieren würde. Farbe allein ist aber nicht optimal, um eine solche Geschichte zu erzählen. Stattdessen entscheiden Sie sich für eine Balkendarstellung der Werte (Abb. 2.4).

0	51.196
1	29.290
2	17.992
3	11.705
4	12.255
5	32.437
6	167.861
7	525.615
8	1.006.436
9	529.435
10	264.990
11	257.442
12	326.321
13	336.133
14	324.030
15	353.452
16	482.249
17	863.976
18	789.263
19	460.393
20	287.209
21	198.057
22	152.234
23	101.425

Abb. 2.3
Tabelle mit der Gesamtzahl der Vermietungen an Wochentagen (ohne Samstag und Sonntag) nach Uhrzeit

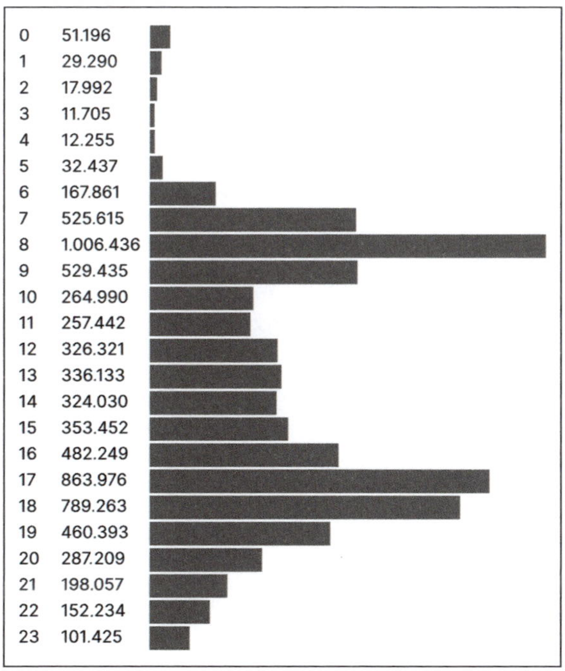

Abb. 2.4
Waagerechtes Balkendiagramm mit der Gesamtzahl der Vermietungen an Wochentagen (ohne Samstag und Sonntag) nach Uhrzeit

Es ist leicht zu erkennen, dass die Fahrten morgens fast aus dem Nichts kommend schnell ansteigen, während die Fahrten abends allmählich abnehmen, wenn sich die Tage dem Ende zuneigen und die Londonerinnen und Londoner vom Pub oder nach einem langen Arbeitstag nach Hause fahren. Solch ein Einsatz der Form (also der Größe) eines Elements eignet sich hervorragend zur Darstellung quantitativer Informationen, insbesondere in Verbindung mit einer linearen Skala (im Gegensatz zu einer nicht linearen Skala wie einer logarithmischen Skala).

2.1.3 Räumliche Positionierung

Die nächste Frage, die sich im Kontext der Fahrradvermietung aufdrängt, haben Sie sich vermutlich schon selbst gestellt (so erging es zumindest mir). Um die Arbeitsweg-Hypothese zu bestätigen, muss bekannt sein, wo die werktäglichen Fahrradausleihen beginnen und enden.

Und siehe da, der Datensatz enthält die Längen- und Breitengrade des jeweiligen Fahrtbeginns und -endes. Bei geografischen Daten wie diesen denken wir natürlich sofort an eine Karte – und wer wäre schließlich nicht begeistert von einer tollen Karte? Das ergibt auch Sinn, denn wie Sie in Kapitel 1 gelernt haben, ist die Datenvisualisierung tief in der Kartografie verwurzelt. In Abbildung 2.4 erkennen Sie, dass zwischen 7 und 9 Uhr morgens und zwischen 16 und 19 Uhr nachmittags die beliebtesten Zeiten sind. Dies definieren Sie also als Ihre Berufsverkehrsfahrten. Anschließend können Sie eine Bubble-Map erstellen, indem Sie entsprechende Kreise an den Verleihstationen an den Start- und Endpunkten der Fahrten platzieren und ihre Größe nach dem Anteil an »Berufsverkehrsfahrten«, die an dieser Station beginnen bzw. enden, bemessen. Daraus ergibt sich die in Abbildung 2.5 dargestellte Karte. Die Startstationen sind darauf links und die Endstationen rechts, die morgendlichen Fahrten oben und die abendlichen Fahrten unten eingezeichnet. Insgesamt befinden sich die morgens beginnenden Fahrten oben links und die abends endenden Fahrten unten rechts, die beiden anderen Varianten liegen dazwischen.

Links oben sehen Sie zu Beginn der morgendlichen Anmietungen eine weitgehend gleichmäßige Größenverteilung der Kreise über ganz London hinweg, aber rechts oben konzentrieren sich die Endpositionen der morgendlichen Anmietungen dann mit größeren Kreisen eher im Zentrum von London. Unten sehen Sie so ziemlich den gegenteiligen Trend, wenn die Menschen nach Hause zurückkehren: Ein größerer Anteil an Ausleihen beginnt im Stadtzentrum und diese enden dann einigermaßen gleichmäßig verteilt in den Außenbezirken.

Über eine räumliche Positionierung lassen sich am besten quantitative Informationen wie Längen- und Breitengrad oder X- und Y-Werte in einem Streudiagramm darstellen. Sie kann aber auch zur Unterscheidung von Kategorien eingesetzt werden, wie Sie später noch bei den Gestaltgesetzen sehen werden.

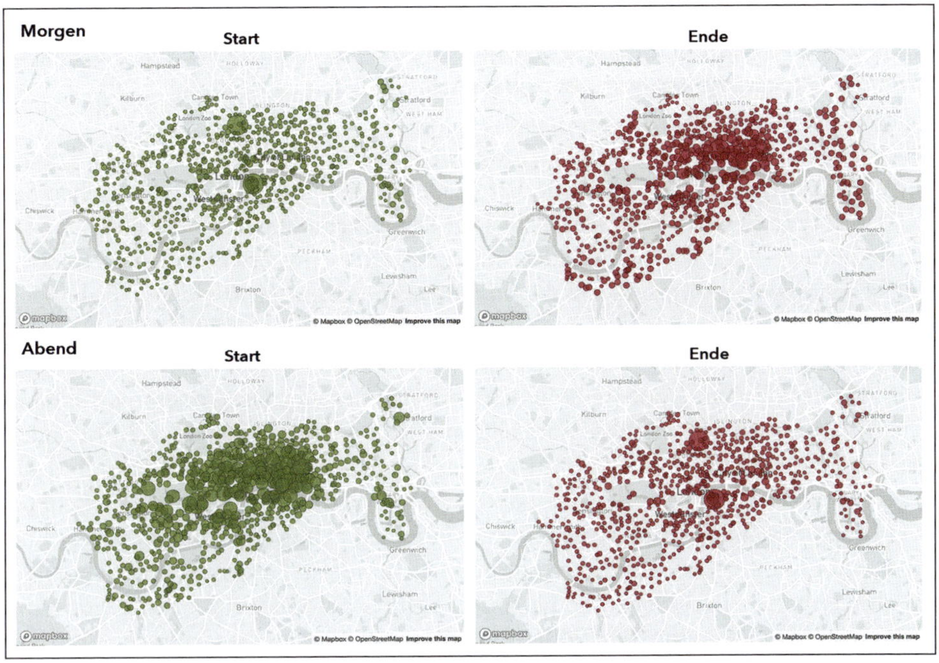

Abb. 2.5 *Karten von London mit morgendlichen Anmietungen in der ersten und abendlichen Anmietungen in der zweiten Zeile. Die Standorte der Start- und Endstationen befinden sich in den Spalten links bzw. rechts. Die Ausgangspunkte der morgendlichen Anmietungen sind demnach oben links, die Endstationen der abendlichen Anmietungen unten rechts dargestellt. Die beiden anderen Kombinationen befinden sich entsprechend dazwischen. (Kartengrundlage © Mapbox © OpenStreetMap. Siehe https://www.mapbox.com/about/maps und https://www.openstreetmap.org/copyright.)*

2.1.4 Bewegung

Einfach um einen umfassenden Überblick über die Möglichkeiten der Datenvisualisierung zu verschaffen, nehmen Sie einmal an, dass der Londoner Fahrradvermieter wirklich Aufmerksamkeit erregen möchte. Er ist begeistert von der Arbeit, die Sie mit Farbe, Form und räumlicher Positionierung geleistet haben, und wünscht sich, dass Sie für den letzten Teil des Projekts noch einmal alle Register ziehen. Toben Sie sich aus. Probieren Sie alles aus, um zu sehen, was funktioniert. Sie haben also absolute Narrenfreiheit und beschließen daher, bei dieser Gelegenheit endlich auch einmal das letzte präattentive Attribut einzusetzen: Bewegung. (Noch nie hat mich eine Kundin oder ein Stakeholder um eine animierte Visualisierung gebeten, aber bitte seien Sie so nett und spielen Sie mit.)

Ein eher kontroverses Beispiel für die Verwendung von Bewegung in der Datenvisualisierung ist das Phänomen der »Bar Chart Races«, das die Welt der Datenvisualisierung 2019 und 2020 im Sturm eroberte. Ein schönes Beispiel dafür liefert der bekannte d3-Entwickler Mike Bostock unter *https://observablehq.com/@d3/bar-chart-race*. Natürlich eignen sich miteinander im Rennen befindliche Balkendiagramme nicht zur Analyse, aber sie erregen auf jeden Fall Aufmerksamkeit. Und meiner Meinung nach ist eine Darstellung, die die Aufmerksamkeit so vieler Menschen erregt, durchaus einen Versuch wert. Aber ich will mir hier natürlich keinen Ärger einhandeln – bevor Sie sich also wieder dem Kunden zuwenden, sehen Sie sich ein anderes, weniger heikles Beispiel für die Verwendung von Bewegung an: das World Health Chart von Gapminder, das durch den schwedischen Arzt Hans Rosling bekannt wurde (*https://www.gapminder.org/fw/world-health-chart*). Es handelt sich um ein Blasendiagramm, das für sämtliche Jahre zwischen 1799 und 2023 (zum Zeitpunkt der Entstehung dieses Buchs; das Chart wird regelmäßig aktualisiert) das durchschnittliche Pro-Kopf-Einkommen eines Landes auf der x-Achse und die Lebenserwartung auf der y-Achse darstellt, mit einer Blase für jedes der 200 Länder. Die Größe der Blasen richtet sich nach der Bevölkerungszahl des Landes und die Farbe nach der Region, in der das Land liegt. Wenn Sie auf die Abspieltaste unter dem Diagramm klicken, sehen Sie schnell wie gebannt zu, wie die Blasen steigen und fallen und sich im Laufe der Jahre hin und her bewegen. Gespannt beobachten Sie die dramatischen Einbrüche der Lebenserwartung auf der ganzen Welt Ende der 1910er-Jahre und Anfang der 1940er-Jahre durch die Spanische Grippe und die beiden Weltkriege. Man fragt sich unweigerlich, wie dieses Schaubild wohl in 10, 20 oder 50 Jahren aussehen wird.

Mit dieser frischen Inspiration im Hinterkopf möchte ich mir ein Beispiel am World Health Chart nehmen und die Bubble-Map etwas animieren. Das Ergebnis finden Sie auf meiner GitHub-Seite: *https://callmedeeray.github.io/animated-map*. Weil der Originaldatensatz so umfangreich ist, habe ich ihn auf die morgendliche Stoßzeit an einem einzigen Tag im Jahr 2017 beschränkt.

Wie Sie sehen, eignet sich Bewegung nicht für eine detaillierte Analyse, aber sie ist faszinierend. Aus großer Macht erwächst große Verantwortung, also nutzen Sie diese Option mit Bedacht. Abschließend lässt sich sagen, dass die direkte Datenanimation nicht die einzige Möglichkeit ist, Bewegung in Ihre Visualisierungen einzubauen. Einige Tools wie Tableau und d3 ermöglichen etwa animierte Übergänge, wenn sich die Daten ändern, z. B. wenn ein Filter aus- oder abgewählt wird. In einigen Fällen lenkt das vielleicht eher ab, in anderen wiederum ist es sehr nützlich. Gehen Sie also nach bestem Wissen und Gewissen vor und fragen Sie im Zweifelsfall bei den Zielpersonen nach, ob sie solche Animationen als vorteilhaft empfinden.

Nun ist das Kundenprojekt abgeschlossen und die Liste der präattentiven Attribute abgearbeitet. Als Nächstes möchte ich mich den Gestaltgesetzen zuwenden. Diese helfen dabei, die Anordnung von Elementen so zu gestalten, dass sie eine klare Botschaft vermitteln.

2.2 Gestaltgesetze

Auf dem Gebiet des Designs beschreiben wir mithilfe von Gestaltgesetzen, wie das Gehirn bei unserer Wahrnehmung der Umwelt Muster erkennt und Komplexes vereinfacht. Die nachfolgende Auflistung erhebt keinen Anspruch auf Vollständigkeit. Auch die Suchergebnisse einer Web-Suche nach »Gestaltgesetze« können sich nicht auf eine bestimmte Anzahl einigen (Abb. 2.6).

Achtung Designer
https://achtung-designer.com › Design & Inspiration
Gestaltgesetze: 7 genialen Regeln für tolle Designs
Deshalb ist es wichtig zu verstehen, wie Menschen visuelle Informationen erleben und interpretieren. Die **Gestaltgesetze** der Wahrnehmung helfen dir dabei. Diese ...

Intotheminds
https://www.intotheminds.com › blog › datenvisualisieru...
Wie Sie die 8 Gestaltgesetze auf die Datenvisualisierung ...
24.04.2024 — Es **gibt** 8 **Gestaltgesetze**. Anstatt **viel** Zeit darauf zu verwenden, sie Ihnen zu erklären, werde ich Ihnen einige konkrete Beispiele nennen. 1 ...

MOYA Marketing
https://www.moya-marketing.de › gesetze-guter-gestaltu...
Gesetze guter Gestaltung – Teil 1
04.10.2018 — Die 10 Gestaltgesetze der Wahrnehmung · **01 Gesetz der Nähe** · 02 Gesetz des gemeinsamen Schicksals · 03 Gesetz der verbundenen Elemente · 04 Gesetz ...

krähativ
https://www.kraehativ-design.de › Blog
Gestaltpsychologie
Angewendet wurden dabei die 6 **Gestaltgesetze** der Wahrnehmung. Wer die Gestaltpsychologie drauf hat, kann die Wahrnehmung einer bestimmten Zielgruppe durch die ...

Abb. 2.6 *Suchergebnisse für eine Abfrage nach »Gestaltgesetze«*

2.2.1 Gesetz der gemeinsamen Region

Elemente in abgegrenzten Gebieten werden als zusammengehörig empfunden. Für ordnungsliebende Menschen gibt es nichts Schöneres, als Dinge in Kisten zu packen. Ich muss gestehen, dass ich bei meinem bevorzugten Streaminganbieter unheimlich gerne diese Aufräumsendungen anschaue, in denen sie im Haus oder der Wohnung einer Person den ganzen alten Kram wegwerfen und die verbleibenden Dinge dann in durchsichtigen Behältern auf Regale stellen, sodass man sofort sieht, was alles drin ist. Und voilà, die Leute sind *total* glücklich! Dieses Prinzip wirkt deshalb so ansprechend, weil es unserem Gehirn verdeutlicht, dass *diese* Dinge zusammengehören. Gleich und Gleich gesellt sich gern, so wie in Abbildung 2.7, in der die Punkte im rechten Bereich harmonisch innerhalb einer Umrandung vereint sind.

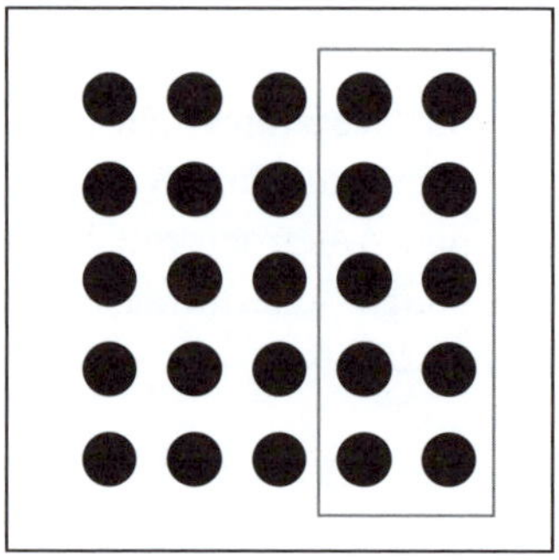

Abb. 2.7

Gesetz der gemeinsamen Region

Das gilt auch für die Datenvisualisierung. Sobald Sie einen Rahmen um bestimmte Elemente ziehen, signalisieren Sie: »Diese Dinge hier stehen in einem engeren Zusammenhang zueinander als all jene, die außerhalb dieses Rahmens liegen.«

2.2.2 Gesetz der Nähe

Elemente mit geringen Abständen zueinander werden als zusammengehörig wahrgenommen. Selbst wenn Objekte nur nahe beieinanderliegen, werden sie als zusammengehörig oder als Teil derselben Gruppe angesehen (Abb. 2.8). Denken Sie an das letzte Mal, als Sie die Münzen in Ihrem Sparschwein gezählt haben. Zuerst haben Sie alles auf den Tisch gekippt und die einzelnen Münzen dann ihrem Nennwert nach in Gruppen unterteilt. Ganz links die Zwei-Euro-Stücke, dann weiter rechts die Ein-Euro-Stücke, die 50-Ct-Stücke – und so weiter, bis Sie alles sortiert und gezählt hatten. Auf Kästchen konnten Sie hier verzichten, denn Ihr Gehirn wusste, dass näher beieinanderliegende Münzen mehr miteinander zu tun haben als weit auseinanderliegende.

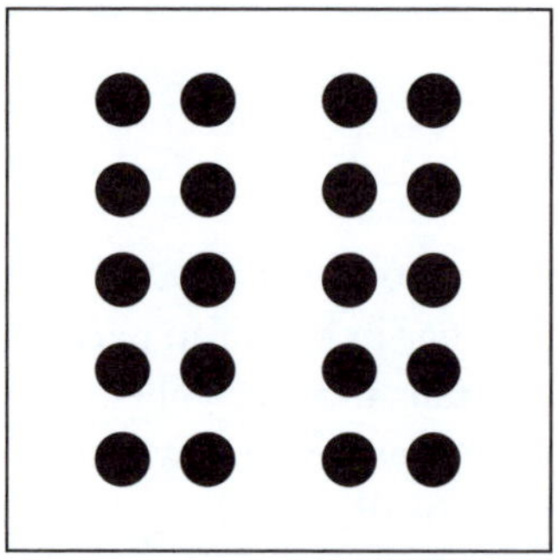

Abb. 2.8

Gesetz der Nähe

Das Gleiche gilt, wenn Sie eine Visualisierung zusammenstellen, z. B. ein Diagramm, das Sie mit einem erklärenden Text oder Legenden versehen möchten. Selbstverständlich platzieren Sie diesen Text dann in der Nähe des entsprechenden Diagramms (oder die Beschriftungen neben den entsprechenden Datenpunkten), denn so kann Ihr Publikum die Informationen ganz natürlich mit der richtigen Visualisierung verbinden.

2.2.3 Gesetz der Ähnlichkeit

Einander ähnliche Elemente werden eher als zusammengehörig erlebt als einander unähnliche. In ähnlicher Weise (Sie erkennen den Wortwitz?) betrachten Sie gleich aussehende Dinge als miteinander verwandt oder als Teil derselben Gruppe. Das funktioniert beispielsweise sehr gut bei Streudiagrammen. Hier möchten Sie vielleicht mehrere Kategorien (oder Dimensionen, wie ich es später bei der Erläuterung der Anatomie von Daten nennen werde) auf den gleichen Achsen darstellen, um zu sehen, wie diese miteinander korrelieren. Wenn Sie jede Kategorie mit einer anderen Form darstellen, erkennt Ihr Publikum sofort, dass alle Kreise zu einer Kategorie gehören, die Dreiecke zu einer anderen, die Quadrate zu einer dritten und so weiter. Die Formen müssen dazu weder nahe beisammen liegen noch gleich groß sein, denn solange die Formen identisch sind, ordnet das Gehirn sie einer gemeinsamen Kategorie zu (Abb. 2.9).

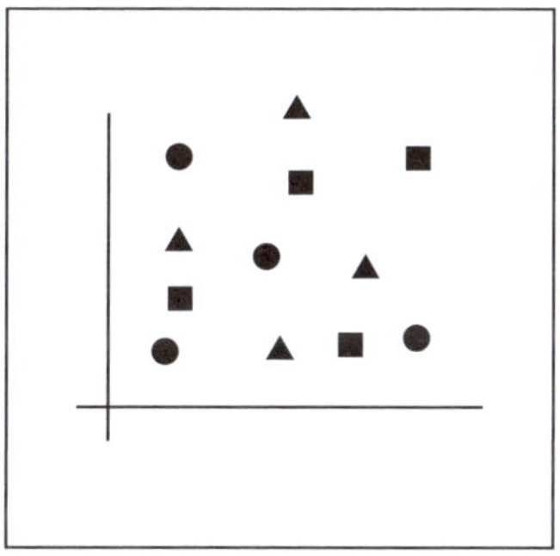

Abb. 2.9
Gesetz der Ähnlichkeit

2.2.4 Gesetz der Symmetrie

Elemente werden eher als Gruppe aufgefasst, wenn sie symmetrisch zueinander stehen. Wenn Sie an Symmetrie denken, fallen Ihnen vielleicht nur spiegelbildliche Abbildungen ein, aber es gibt insgesamt drei verschiedene Arten von Symmetrie, und zwar durch Spiegelung, Drehung und Verschiebung.

Spiegelung

Die Spiegelsymmetrie ergibt sich aus einer Spiegelung: Wenn Element B ein Spiegelbild von Element A ist, betrachtet unser Gehirn natürlich beide als zusammengehörig. Zum Ausdruck kommt diese Art von Symmetrie bei einem Schmetterlingsdiagramm, das zu meinen persönlichen Favoriten gehört. Wenn Sie zwei Datenkategorien haben – beispielsweise zwei Altersgruppen, wie etwa die Millennials und die Generation Z – und ein (fiktives) Histogramm dazu erstellen wollten, wie viele Avocados jede Gruppe monatlich kauft, dann könnte dies etwa so wie in Abbildung 2.10 aussehen.

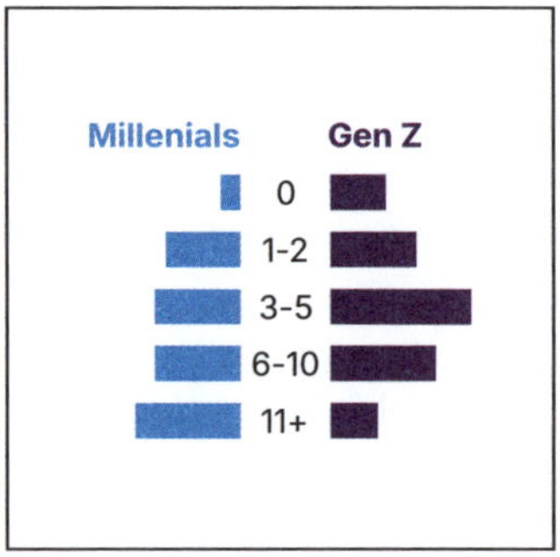

Abb. 2.10
Gesetz der Symmetrie: Spiegelung

Drehung

Bei der Drehsymmetrie ergeben sich die Elemente B, C, D und E aus der Rotation von Element A um eine gemeinsame Achse in gleichmäßigen Intervallen. Diese Art von Symmetrie wird in radialen Diagrammen verwendet, die mit Polarkoordinaten (Radius, Winkel) anstelle von kartesischen Koordinaten (x, y) erstellt werden. Diese Diagramme eignen sich gut zur Darstellung zyklischer Daten, wie zum Beispiel Monaten, Jahres- oder Tageszeiten. In dem Beispiel mit dem Londoner Fahrradverleih hätten Sie ein radiales Balkendiagramm wie in Abbildung 2.11 erstellen können. Die Tageszeiten sind kreisförmig angeordnet, und außerdem sieht es aus wie eines der Rosendiagramme von Florence Nightingale. (Aber nur weil Sie es können, heißt das nicht, dass Sie ein solches Diagramm auch unbedingt einsetzen sollten.)

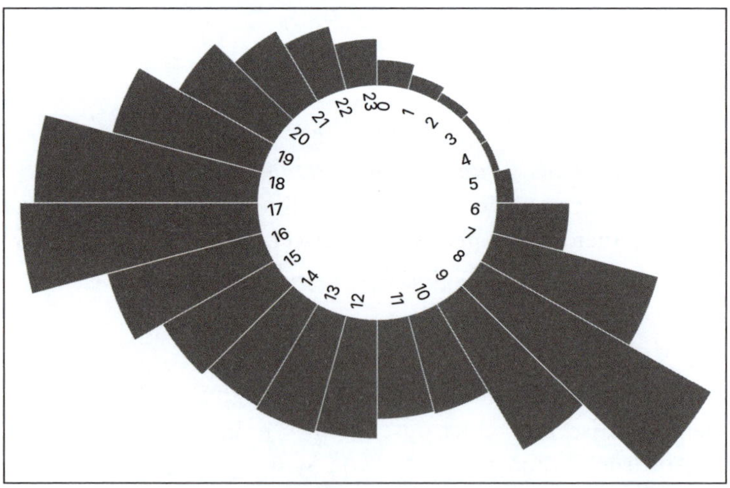

Abb. 2.11 *Gesetz der Symmetrie: Drehung*

Verschiebung

Bei der Verschiebungs- oder Translationssymmetrie entstehen die Elemente B, C, D und E durch Wiederholung von Element A in regelmäßigen Abständen und unter Beibehaltung der gleichen Ausrichtung. Diese Art von Symmetrie kommt in den sogenannten Small Multiples zum Tragen, die sehr gut dafür geeignet sind, ein einfaches Diagramm (Liniendiagramme sind dafür bestens geeignet) in zigfacher Ausfertigung für viele Datenkategorien darzustellen, wie z. B. für verschiedene Länder oder für Unternehmen in einer bestimmten Branche. Am besten funktioniert das, wenn die einzelnen Werte weniger ausschlaggebend sind als vielmehr die relativen Unterschiede zwischen den Kategorien, denn die Details sind relativ schlecht zu erkennen, aber das Gehirn sucht von sich aus gerne nach Mustern im Meer aus Diagrammen.

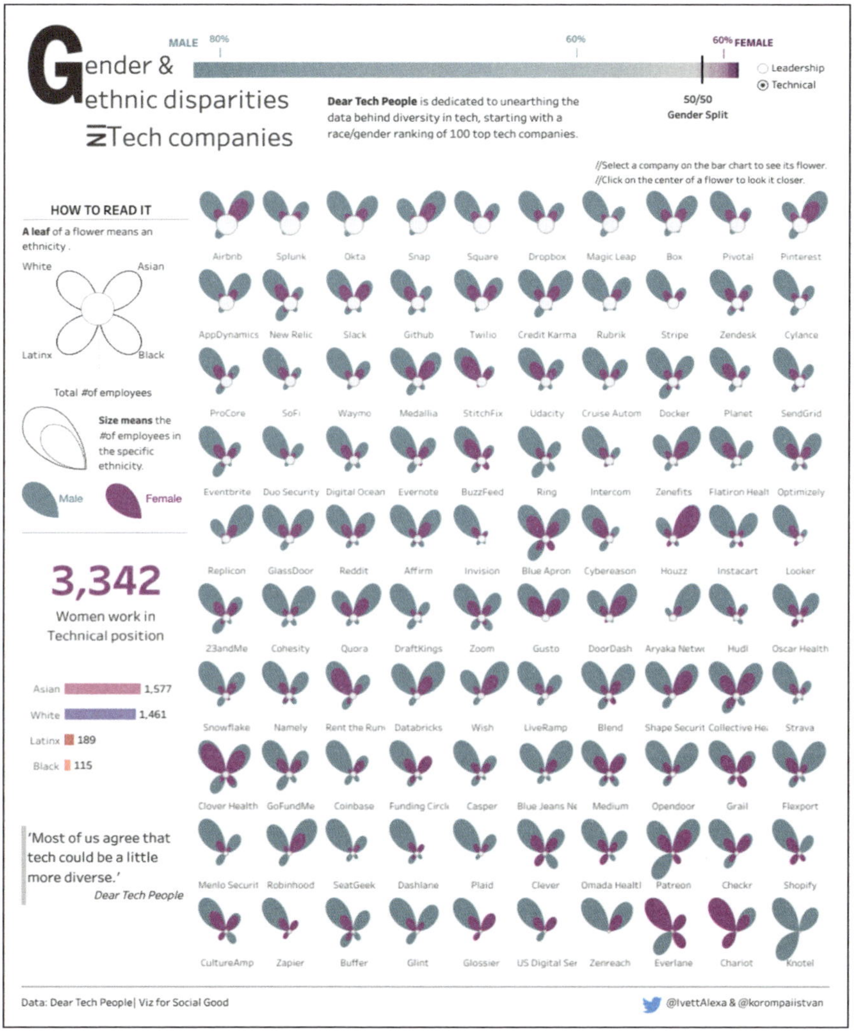

Abb. 2.12 *Gesetz der Symmetrie: Verschiebung (Quelle: Ivett Kovacs, mit freundlicher Genehmigung. Interaktive Version siehe http://mng.bz/G9rV)*

Zu meinen Lieblingsbeispielen für die Translationssymmetrie gehört die von Ivett Kovacs erstellte Übersicht über geschlechtsspezifische und ethnische Ungleichheiten in Technologieunternehmen (Abb. 2.12). Hier wurden sehr viele Informationen auf vergleichsweise geringem Raum untergebracht. Die Darstellung ist zwar komplex und es dauert einige Zeit, sie zu verstehen, aber die einheitliche Verschiebungssymmetrie macht es schließlich doch möglich. Dies ist sicher keine »alltägliche« Visualisierung, auf die man rasch einmal einen Blick werfen könnte. Vielmehr ist es eine kunstvolle und maßgeschneiderte Darstellung, die dazu einlädt, ihre Details nach und nach immer genauer zu erfassen und zu erkennen. Ich empfehle Ihnen, genau das einmal mit der interaktiven Online-Version zu versuchen.

2.2.5 Gesetze der verbundenen Elemente, der Geschlossenheit und der Kontinuität

Die folgenden drei Gestaltgesetze möchte ich gerne zusammenfassen, weil sie im Grunde genommen sehr eng miteinander verwandt sind.

Gesetz der verbundenen Elemente

Elemente werden eher als Gruppe aufgefasst, wenn sie miteinander verbunden sind. Wenn Elemente miteinander verbunden sind, muss Ihr Gehirn keine großen Klimmzüge mehr unternehmen, um zu erraten, dass sie zusammenhängen und zur selben Gruppe gehören. Am einfachsten lässt sich dies an einer der einfachsten Arten der Datenvisualisierung veranschaulichen: dem einfachen Liniendiagramm, für das Datenpunkte aufgezeichnet und dann mithilfe einer Linie verbunden werden. Wenn Sie zwei Datenkategorien aufzeichnen, kämen Sie natürlich nicht auf die Idee, die Punkte der unterschiedlichen Kategorien miteinander zu verbinden! Sie würden die Punkte einer Kategorie mit einer Linie verbinden und die Punkte der anderen Kategorie mit einer weiteren Linie (Abb. 2.13).

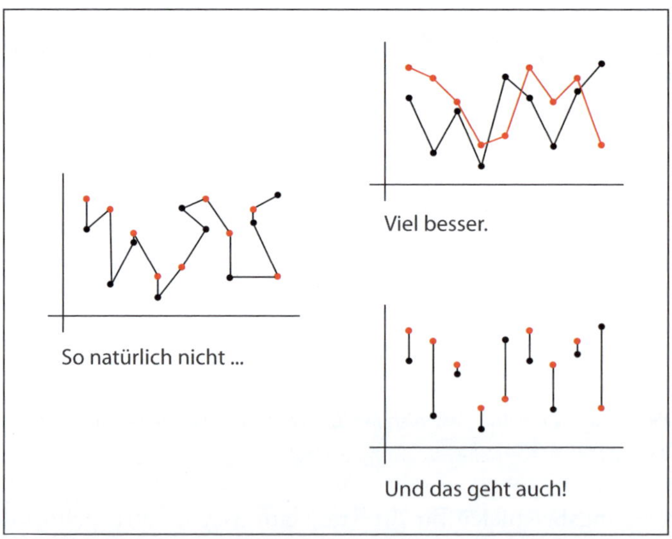

Abb. 2.13 *Gesetz der verbundenen Elemente*

Gesetz der Geschlossenheit

Unser Gehirn vervollständigt unbewusst unvollständige Elemente. Unser Gehirn nimmt lieber vollständige Formen wahr, also füllt es mögliche Lücken zwischen Elementen aus, um ein Gesamtbild zu erhalten. Es mag Ihnen vielleicht gar nicht auffallen, aber Sie kennen das aus dem Alltag, zum Beispiel aus der Logogestaltung. Haben Sie schon einmal die Logos von IBM, dem WWF, Adobe oder dem USA Network gesehen? (Wir dürfen die Logos dieser Organisationen hier zwar nicht abbilden, aber Sie finden sie bei Bedarf problemlos mit Ihrer Suchmaschine.) Beachten Sie, dass Sie trotz der fehlenden Umrisse die Buchstaben in IBM, den Panda im WWF-Logo, das A im Adobe-Logo und das S im USA-Network-Logo leicht erkennen können. Im Bereich der Datenvisualisierung ist das beste Beispiel für dieses Gesetz ein Ringdiagramm, das den prozentualen Fortschritt eines Vorgangs anzeigt, so wie in Abbildung 2.14. Obwohl ein Stück fehlt, weiß man, dass es sich um einen Teil eines vollständigen Rings handelt.

Abb. 2.14
Gesetz der Geschlossenheit

Gesetz der Kontinuität

Elemente werden eher als Gruppe aufgefasst, wenn sie entlang einer Linie oder Kurve verlaufen. Dieses Gesetz hat sehr viele praktische Anwendungen im Bereich Design und Datenvisualisierung! Sogar der Text in diesem Buch folgt diesem Prinzip: Unter den Wörtern sind keine Linien gezogen, da aber alle Buchstaben auf derselben Grundlinie liegen, können wir sie sehr gut lesen. In der Datenvisualisierung lässt sich das Gesetz der Kontinuität etwa bei horizontalen oder vertikalen Balkendiagrammen effektiv einsetzen: Die absteigende Anordnung der Balken nach Länge erleichtert dem Publikum die Erfassung und das Verständnis der dargestellten Informationen erheblich, solange die Sortierung der Kategorien nicht selbst von entscheidender Bedeutung ist. (Ein Zeitreihen-Diagramm sollten Sie nicht nach Balkenlänge sortieren, weil dann die chronologische Abfolge der Zeitpunkte durcheinandergeraten würde.) Das Gesetz der Kontinuität greift dabei sowohl am Balkenursprung in Form einer geraden Linie als auch an den Balkenenden in Form einer diagonalen Linie.

Eine kleine Anmerkung an dieser Stelle: Sie könnten die Balken natürlich grundsätzlich auch in aufsteigender Reihenfolge sortieren; meist ist aber der längste Balken der wichtigste. Tun Sie also Ihrem Publikum einen Gefallen und platzieren Sie das Wichtigste an der prominentesten Stelle Ihrer Visualisierung, also bei waagerechten Balkendiagrammen oben und bei senkrechten Balkendiagrammen (auch Säulendiagramme genannt) links (siehe Abb. 2.15). Mehr darüber erfahren Sie in späteren Kapiteln.

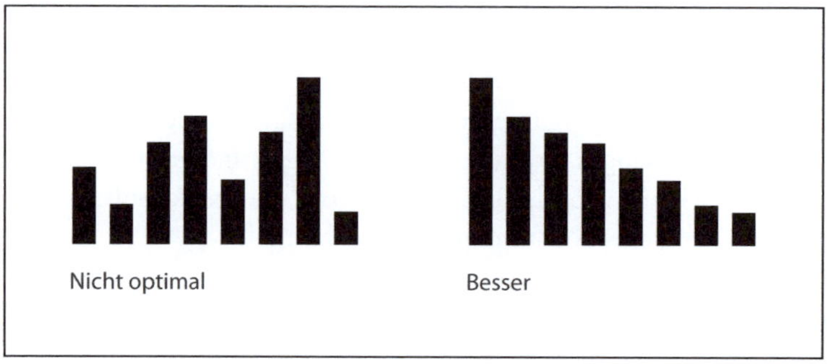

Abb. 2.15 *Gesetz der Kontinuität*

Und nein, Sie bilden sich das nicht ein: Hier gibt es wirklich eine große Ähnlichkeit zum Gesetz der Geschlossenheit. Man kann sich das so vorstellen, dass das Gesetz der Kontinuität die Wahrnehmung von durchgängigen, offenen Linien beschreibt, wohingegen das Gesetz der Geschlossenheit auf geschlossene Umrisse zutrifft.

2.3 Zusammenfassung

- Das präattentive Attribut der Farbe kann Ihnen helfen, die Aufmerksamkeit in einem Meer von ansonsten ähnlichen Datenpunkten auf wichtige Werte zu lenken oder qualitative Informationskategorien besser voneinander abzugrenzen.
- Sie können das Attribut der Form, also etwa die Länge oder Größe eines Elements, zur einfachen Darstellung quantitativer Informationen verwenden. In ähnlicher Weise eignet sich das Attribut der räumlichen Position zur Darstellung des geografischen Standorts oder des numerischen Werts einer Kennzahl in einem Streudiagramm.
- Das präattentive Attribut der Bewegung lässt sich in der Datenvisualisierung nicht immer auf einfache Weise vorteilhaft einsetzen. Aus diesem Grund sollten Sie es sparsam verwenden, um eine maximale Wirkung zu erzielen.
- Die Gestaltgesetze der gemeinsamen Region und der Nähe bieten effektive Möglichkeiten zur Gruppierung zusammengehöriger Objekte oder Elemente in einer Visualisierung.
- Ähnliche Objekte, wie etwa solche mit derselben Form, werden ganz natürlich als Mitglieder derselben Gruppe angesehen. Besonders wirkungsvoll ist dies in Kombination mit Spiegel-, Dreh- oder Verschiebungssymmetrie, die dem Publikum hilft, die Informationen in Ihrer Visualisierung dank sich wiederholender Muster schnell zu erfassen.
- Dem Gestaltgesetz der verbundenen Elemente folgend wertet unser Gehirn Verbindungen automatisch als Anzeichen dafür, dass eine Gruppe von Elementen zusammengehört. Diese Tatsache ergibt sich aus den Gesetzen der Geschlossenheit und Kontinuität, da wir unbewusst Lücken in geschlossenen Konturen und offenen Pfaden füllen, um die Objekte zu vervollständigen.

3 Es dreht sich alles um die Daten

In diesem Kapitel

- Wo und wie Daten erfasst werden
- Ein grundlegendes Verständnis von Daten
- Datenwerte (diskret vs. kontinuierlich, sequenziell vs. kategorial)
- Die Speicherung von Daten in Zeilen und Spalten
- Die Verschachtelung von Daten in Schlüssel-Wert-Paaren

In Kapitel 2 haben Sie einige grundlegende Gestaltungsprinzipien und -konzepte kennengelernt, die ich in diesem Buch durchgängig anwenden werde. In diesem Kapitel stehen die Daten im Mittelpunkt. Damit alle dieselbe Vorstellung davon haben, zeige ich zuerst einmal, wo in der freien Wildbahn Daten gefunden werden können. Anschließend beantworte ich die Frage »Was sind Daten?« und erörtere verschiedene grundlegende Datentypen. Danach lernen Sie, wie man Datenwerte beschreibt und ob sie diskret oder kontinuierlich, sequenziell oder kategorial sind. Abschließend folgt ein Blick auf die beiden wichtigsten Datenstrukturen, die Ihnen beim Visualisieren begegnen werden: Tabellen und verschachtelte Daten.

3.1 Woher Sie Daten erhalten

Vielleicht haben Sie neben der Arbeit etwas Freizeit und wollen eine Visualisierung erstellen – das finde ich super! Dabei haben Sie aber meist keinen Zugang zu den Daten, die von der IT-Abteilung verwaltet und Ihnen dann auf dem Silbertablett serviert werden. Wie gehen Sie jetzt also vor?

Für den ersten Schritt zur Umsetzung einer Visualisierung gibt es zwei Möglichkeiten:

1. Sie haben eine tolle Idee und eine Geschichte, die Sie erzählen möchten, benötigen jedoch Daten.
2. Sie verfügen über interessante Daten, müssen jedoch erst noch eine passende Geschichte dazu finden.

Manchmal kommen die Daten zuerst, manchmal die Geschichte – das klassische Henne-Ei-Problem. Gehen wir zunächst davon aus, dass Sie bereits eine Geschichte oder eine Idee haben. Die nächste Hürde ist also, herauszufinden, wie Sie die benötigten Daten bekommen.

3.1.1 Open Data

Arbeiten Sie mit Open Data! Falls Sie noch nie davon gehört haben: Als Open Data – oder »offene Daten« – bezeichnet man Daten, die im Internet verfügbar sind und von jedermann genutzt werden dürfen. Sie sind im Grunde genommen ideal für alle, die in ihrer Freizeit gerne recherchieren. Einige dieser Daten werden unter bestimmten Bedingungen bereitgestellt, beispielsweise nur für nichtkommerzielle Zwecke, während andere für jeden Zweck verwendet werden dürfen, jedoch eine Quellenangabe erfordern. Wenn Sie also in den Besitz offener Daten gelangen, informieren Sie sich unbedingt über die jeweiligen Bedingungen, bevor Sie die Daten in die Welt hinausposaunen oder anderen Ihre großartigen Visualisierungen zeigen. Mein Portfolio umfasst etwa einige Visualisierungen, die zu meinen Lieblingsprojekten gehören, deren Daten jedoch nicht mein geistiges Eigentum sind. Daher kann ich sie in diesem Buch nicht zeigen, obwohl die Daten frei zugänglich sind.

Offene Daten können als Datei-Download oder in Form einer *Programmierschnittstelle* (API) vorliegen. Eine API ist im Grunde eine Website, die ausschließlich für den Computerzugriff und nicht für den menschlichen Gebrauch konzipiert ist. Wenn ein von Ihnen entwickeltes Programm mit einer API interagiert oder kommuniziert, spricht man von einem »API-Aufruf«. Meiner Erfahrung nach verhalten sich APIs ähnlich wie Menschen – jede für sich hat ihre Eigenarten, Besonderheiten und Marotten. Die meisten Programmiersprachen verfügen über eigene Methoden zur Programmierung von API-Aufrufen. Auch in Ihrer bevorzugten Programmiersprache sollte es also einen einfachen Weg geben, die gewünschten Daten abzurufen.

Um offene Daten zu finden, geben Sie einfach in Ihrer bevorzugten Suchmaschine Ihr Thema gefolgt von »Open Data« ein. Im Anhang habe ich einige meiner Lieblingsressourcen aufgelistet.

Hier möchte ich anmerken, dass Sie möglicherweise sogar Ihre eigenen Daten kostenfrei aus einer API beziehen können. Die nächste Hürde ist also herauszufinden, wie Sie die benötigten Daten bekommen. Viele Anwendungen machen Ihre Daten zum Teil ihres Produkts. Das gilt etwa für diverse Gesundheits- und Fitness-

Apps. Einige dieser Anwendungen bieten offene Schnittstellen an, auf die Sie in Ihrem Code zugreifen können, um große oder kleine Teile Ihrer eigenen Daten von ihren Servern abzurufen.

3.1.2 Daten kaufen

Vielleicht haben Sie online einen Datensatz gefunden, der nicht kostenlos ist. Obwohl es zunächst ungewöhnlich erscheinen mag, Daten zu kaufen, sind diese Datensätze oft sehr sauber und gut gepflegt und enthalten aussagekräftige Erklärungen zu den einzelnen Datenfeldern. Man bekommt schließlich meistens das, wofür man bezahlt hat, oder? In manchen Fällen beinhaltet die erworbene Lizenz sogar unbefristete Aktualisierungen, sodass Ihre Visualisierung immer auf dem neuesten Stand bleibt, solange Sie die Lizenz aufrechterhalten.

Ein Beispiel für einen kostenpflichtigen Datensatz, der buchstäblich *interessant* sein könnte, sind Points of Interest (POIs), wie Sie sie beispielsweise bei Carto (*www.carto.com*) finden können. Diese könnten Informationen über Restaurants, öffentliche Parks, Denkmäler, Sehenswürdigkeiten oder sogar Sammlungen der größten Dinge der Welt enthalten, wie z. B. den größten Korb der Welt, der sich im Hauptsitz der Longaberger Basket Company in Newark, Ohio, befindet. Das Gebäude ist tatsächlich in Form eines riesigen Korbes gestaltet, den ich selbst mit eigenen Augen gesehen habe – allerdings nur zufällig im Vorbeifahren, ehrlich!

3.1.3 Daten sammeln

Manchmal ist Ihr Projekt so persönlich oder einzigartig, dass es dazu weder kostenlose noch kostenpflichtige Daten gibt, nicht einmal über eine API Ihrer Lieblings-App. In diesem Fall müssen Sie die Daten selbst erheben. Sobald Sie herausgefunden haben, wie Sie dies tun können (z. B. durch eine Umfrage, durch Web-Scraping – also durch Programmcode, der automatisch Informationen von einer Webseite abruft –, durch manuelles Notieren von Informationen oder auf ganz andere Weise), stellt sich nur noch die Frage, wo und wie Sie die Daten speichern. Am liebsten speichere ich selbst erhobene Daten in Google Sheets, da diese Webanwendung auf all meinen Geräten verfügbar ist, einige nette Funktionen bietet, die in anderen cloudbasierten Tabellenkalkulationen nicht vorhanden sind, und weil sie völlig kostenlos ist.

Wenn Sie selbst Daten erheben, müssen Sie sich vor Beginn der Datensammlung einige Gedanken über Ihr *Datenmodell* machen – über die Struktur Ihrer Daten also. Dazu gehören die Datentypen, die Sie speichern möchten, und eine Beschreibung der einzelnen Datenpunkte.

Denken Sie an Kapitel 1 und all die Balkendiagramme über verschiedene Obstsorten zurück. Gehen wir einen Schritt zurück in die Vergangenheit: Ich hatte mir vorgenommen, immer, wenn ich ein Stück Obst aß, Daten zu sammeln und aufzuzeichnen, um auf dieser Grundlage später eine Übersicht zu erstellen. Mein früheres Ich beschloss, für das Datenmodell die gegessene Obstsorte, das Datum und eine Punktzahl zwischen 1 und 100 zu notieren, die angibt, wie schmackhaft ich die Frucht fand, wobei 1 absolut erbärmlich und 100 einfach göttlich war. Und weil ich gerne Ordnung halte, hatte ich sicherlich auch eine ID-Nummer hinzugefügt, die ich später bei Bedarf als eindeutige Kennung verwenden wollte. Im weiteren Verlauf dieses Kapitels werde ich auf diese Daten eingehen und erläutern, wie sie gespeichert und beschrieben werden können. Ich beginne also mit der Beantwortung der Frage: »Was sind das überhaupt für Daten?«

3.2 Dimensionen und Kennzahlen

Ein Datensatz ist, wenn man es genau nimmt, eine Reihe von Informationen über etwas. Die Informationen, die ich über jede Frucht gesammelt habe – die Obstsorte, das Datum, an dem ich sie gegessen habe, die Geschmacksbewertung und die ID-Nummer –, werden als *Dimensionen und Kennzahlen* meiner Daten bezeichnet.

Dimensionen sind in der Regel beschreibend und geben Auskunft über die Eigenschaften eines Datenpunkts, während Kennzahlen Aspekte sind, die sich leicht quantifizieren oder aggregieren lassen, etwa durch Addition oder Mittelwertbildung. Schauen Sie sich also die von mir gesammelten fruchtigen Informationen an und entscheiden Sie, ob es sich im Einzelnen jeweils um eine Dimension oder eine Kennzahl handelt:

- *Obstsorte* – Es wäre schwierig, die Namen der Früchte zu addieren oder zu mitteln. Die Obstsorte dient zur Beschreibung der von mir gegessenen Früchte, also handelt es sich hierbei eindeutig um eine Dimension.
- *Verzehrdatum* – Dieser Punkt ist etwas komplexer, denn ich könnte den frühesten oder spätesten Termin ermitteln, an dem ich jede Obstsorte gegessen habe. Aber das würde ich nicht wirklich als quantifizierbar bezeichnen. Datumsangaben sind in der Regel beschreibend, daher lassen sie sich am besten als Dimensionen kategorisieren.
- *Geschmacksbewertung* – Man könnte argumentieren, dass hier der Geschmack der Frucht beschrieben wird, aber es geht um Quantifizierbarkeit. Auch wenn ich die Punktzahlen technisch gesehen zusammenzählen könnte, wäre das ziemlich sinnlos. Aber Durchschnitt (oder arithmetisches Mittel), Median, Modus, Minimum, Maximum – all diese statistischen Kenngrößen lassen sich durchaus auf Punktwertungen anwenden. Hier handelt es sich ganz klar um eine Kennzahl.
- *ID* – Dies ist zwar eine Zahl, aber würden wir sie wirklich aggregieren wollen, etwa durch Addition oder Berechnung des Durchschnitts? Nein, das würde keinen Sinn ergeben, also ist die ID-Nummer eine Dimension.

Zur Erstellung einer Visualisierung benötigen Sie in der Regel mindestens eine Kennzahl, also etwas, das Sie quantifizieren können, und eine Dimension, also etwas, das die Menge beschreibt und sie von anderen Mengen abhebt. Wenn Sie sich das Obst-Datenmodell ansehen, können Sie intuitiv erkennen, dass es dort verschiedene Arten von Werten gibt. Obwohl es sich in beiden Fällen um Dimensionen handelt, würden Sie das Feld »Obstsorte« nicht genauso behandeln wie das Feld »Datum«. Sobald Sie Ihre Dimensionen und Kennzahlen kennen, müssen Sie auch genau wissen, welche Datentypen sie enthalten, da Visualisierungstools und wir selbst sie je nach Datentyp unterschiedlich behandeln.

3.3 Eine Einführung in die Datentypen

Ich möchte an dieser Stelle nicht näher auf den Unterschied zwischen einem float32 und einem BigInt eingehen (das überlasse ich Ihnen, liebe Leserinnen und Leser, falls es Sie interessiert. So viele Daten über Obst habe ich außerdem auch wieder nicht gesammelt!). Stattdessen möchte ich die Unterschiede zwischen Zeichenketten, Zahlen, Datumsangaben und booleschen Werten erörtern, denn diese bilden die Grundbausteine für komplexere Datenstrukturen.

3.3.1 Zeichenketten (Strings)

Eine Zeichenkette ist einfach ein Stück Text, etwa ein Wort oder ein Buchstabe. Das Feld »Obstsorte« in den Obstdaten ist eindeutig eine Zeichenkette, aber auch alle anderen Felder lassen sich als Zeichenketten behandeln. Dazu werden sie normalerweise in Anführungszeichen gesetzt. Im Folgenden finden Sie einige Beispiele für Zeichenketten:

```
"Athena"
"Fuyu-Kakis"
"L"
"42"
"25. Oktober 2022"
```

Beachten Sie, dass es *nicht* wirklich hilfreich wäre, die anderen Felder neben der Obstsorte als Zeichenketten zu behandeln. Zeichenketten werden immer alphabetisch sortiert und bei Zahlen oder Datumsangaben wollen Sie das normalerweise nicht. Haben Sie schon einmal versucht, Ihren Dateinamen eine Zahl voranzustellen und dann Ihre Dateien zu sortieren? Dann wissen Sie sicherlich, dass das bis zur Zahl 9 prima funktioniert. Danach erhalten Sie dann etwa Folgendes: 1, 10, 11, 2, 3, 4, 5, 6, 7, 8, 9. Bestimmt können Sie sich vorstellen, welches Desaster die alphabetische Sortierung von Datumsangaben nach sich ziehen würde! Ja, es lässt sich zwar alles als Zeichenkette behandeln, aber dann sollten Sie vorsichtig sein, es sei denn, es sind tatsächlich nur Buchstaben enthalten.

3.3.2 Zahlen

Wir alle wissen, was eine Zahl ist. Zahlen erhalten natürlich eine Sonderbehandlung, weil wir mit ihnen rechnen können. Für unsere Datenvisualisierungszwecke können wir Zahlen in ganze Zahlen und Dezimalzahlen unterteilen – jede weitere Kategorisierung wie BigInt oder float32 beschreibt im Grunde nur, wie groß die Zahl ist oder wie viele Dezimalstellen sie aufweist.

Nur für den Fall, dass Sie den Matheunterricht ab der Mittelstufe verschlafen haben: Ganze Zahlen sind Zahlen ohne Kommastellen, wie wir sie etwa zum Zählen verwenden (inklusive negativer Werte). Eine Dezimalzahl hingegen hat einen Wert zwischen zwei ganzen Zahlen und kann durch Hinzufügen oder Entfernen von Nachkommastellen jede gewünschte Genauigkeit erhalten. Beim Runden wird jede Dezimalstelle, die größer oder gleich 5 ist, aufgerundet, und alles, was kleiner als 5 ist, wird abgerundet.

Bei den Obstdaten ist die ID-Nummer eine ganze Zahl (obwohl man damit keine Berechnungen anstellen sollte, da es sich um einen Bezeichner handelt). Die Geschmacksbewertung kann, auch wenn ich keine Dezimalstellen angegeben habe, als Dezimalzahl behandelt werden – das wäre etwa zur Berechnung des Durchschnittswerts von Nutzen.

3.3.3 Daten

Datumsangaben sind ein besonderer Fall: Sie können sehr knifflig sein, da nicht alle Tools oder Programmiersprachen sie als eigenen Datentyp behandeln. In SQL und BI-Tools gibt es einen speziellen Datentyp für Datumsangaben mit (*datetime*) oder ohne (*date*) Uhrzeiten und manchmal auch Zeitzonen. JavaScript selbst verfügt jedoch über keinen solchen Datentyp (Datumsangaben sind dort nur Strings), sodass Sie entweder die integrierte Klasse *Date* oder eine externe Bibliothek verwenden müssen, um Datumsangaben korrekt zu behandeln. Das liegt daran, dass Datumsangaben und datumsähnliche Dinge anders sortiert, formatiert und konvertiert werden müssen als Zeichenketten oder Zahlen, wie Sie bereits im Zusammenhang mit Zeichenketten erfahren haben. Die Monate des Jahres wollten Sie nicht einfach in alphabetischer Reihenfolge sortieren, weil das einfach keinen Sinn ergeben würde. Stattdessen ist der Januar als Monat etwas ganz anderes als die Zeichenkette `"Januar"`.

Abgesehen von der Sortierung können *date-* und *datetime*-Daten je nach persönlichen Vorlieben oder Lokalisierung auf unzählige Arten formatiert werden. Hier einige Beispiele für ein und dasselbe Datum in verschiedenen Datumsformaten:

```
1. Januar 2022
01. Januar 2022
2022-01-01
01/01/2022
Samstag, 1. Januar 2022, 12:00 Uhr
Fri Dec 31 2021 16:00:00 GMT-0800 (Pacific Standard Time)
2022-01-01T00:00:00.000Z
```

3.3.4 Boolesche Werte

In den Obstdaten gibt es zwar keine solchen Werte, aber der »Boolean« ist ein bescheidener und gleichermaßen mächtiger Datentyp. Er kann einen von zwei Werten annehmen: wahr oder falsch. Ja, genau! boolesche Werte sind äußerst effizient bei der Datenspeicherung und -verarbeitung und bilden die Grundlage für logische »Wenn«-Statements wie: »Wenn ich erkenne, dass etwas wahr ist, dann werde ich dies tun; andernfalls werde ich jenes tun.« Die Bedeutung dieser Logik in der Datenanalyse kann nicht hoch genug eingeschätzt werden. Müssen Sie einen bestimmten Datenbestandteil wie eine besonders kleine Schneeflocke behandeln? Nehmen Sie eine if-Anweisung. Sie wollen einen wirklich ungewöhnlichen Filter erstellen? Bauen Sie eine richtig verrückte if-Anweisung. Sie müssen einen Datensatz mehrfach als Schleife durchlaufen? Auch das lässt sich per if-Anweisung umsetzen.

Die einzelnen Datentypen zu verstehen, ist von entscheidender Bedeutung, denn innerhalb einer Dimension oder Kennzahl müssen alle Werte denselben Datentyp haben, unabhängig davon, welches Visualisierungstool Sie verwenden. Wenn Sie eine Dimension mit einer Million Zahlen haben und sich eine einzige Zeichenkette hineinmogelt, muss jeder Wert in der gesamten Dimension als Zeichenkette behandelt werden, was entweder Fehlermeldungen im Tool aufwirft und/oder die Darstellung zerstört.

Unabhängig davon, ob es sich bei einer Information um eine Dimension oder eine Kennzahl und um welchen Datentyp es sich handelt, wirkt sich die Art und Weise, wie wir die Werte *beschreiben*, darauf aus, wie wir diese Werte *visualisieren*. Darüber möchte ich als Nächstes berichten.

3.4 Datenwerte beschreiben

Neben dem richtigen Datentyp und der Unterscheidung zwischen Dimension und Kennzahl müssen Sie auch weiterführende Überlegungen darüber anstellen, welche Werte diese Daten annehmen könnten. Dies kann Ihnen dabei helfen, die beste Visualisierungsmethode auszuwählen. Besonders wichtig sind dabei die Fragen, ob es sich um *diskrete* oder *kontinuierliche* Daten handelt und ob die Reihenfolge der Kategorien entscheidend ist, d. h. ob die Daten *sequenziell* oder *kategorial* sind.

3.4.1 Diskret vs. kontinuierlich

Die Unterscheidung zwischen diskreten und kontinuierlichen Informationen ist bedeutsam, weil bei der Datenvisualisierung oft bestimmte Diagrammtypen für diskrete Informationen und andere Diagrammtypen für kontinuierliche Informationen verwendet werden. (Hinweis: Wenn es hier um »diskret« geht, meine ich Daten mit separaten und unterschiedlichen Werten, nicht etwa irgendwelche vertraulichen Informationen.) Das Gegenteil von diskret ist kontinuierlich, das wären dann also Informationen, die jeden beliebigen Wert entlang eines Spektrums haben können. Im Fall der Obstdaten sind die ID-Nummern diskrete ganzzahlige Werte, während die Geschmacksbewertung kontinuierlich ist, weil sie entweder eine ganze Zahl oder eine Dezimalzahl sein kann.

Nicht nur numerische Größen können entweder diskret oder kontinuierlich sein. Dasselbe Prinzip lässt sich auch auf Datums- und Zeitangaben anwenden. Betrachtet man beispielsweise eine Zeitskala von Jahrhunderten, so erscheinen Daten auf Tagesebene im Grunde kontinuierlich. Ebenso sind auf einer Skala von Monaten oder sogar Wochen Daten auf Stunden- oder Minutenebene im Wesentlichen als kontinuierlich zu betrachten. Darüber hinaus lassen sich sicherlich noch weitere Alltagsbeispiele finden, bei denen etwas zunächst diskret erscheint, sich bei genauerer Betrachtung aber als kontinuierlich herausstellt – oder umgekehrt, Dinge, die auf den ersten Blick kontinuierlich wirken, in Wirklichkeit aber diskrete Eigenschaften aufweisen.

Erinnern Sie sich an all die Balkendiagramme, die ich in Kapitel 1 für den Obstdatensatz erstellt habe? Und daran, dass ich keine Liniendiagramme daraus gemacht habe? Das hatte einen guten Grund: In Kapitel 2 ging es um das Gestaltgesetz der verbundenen Elemente. Miteinander verbundene Elemente werden tendenziell als Gruppe wahrgenommen. Liniendiagramme eignen sich daher besser für kontinuierliche Dimensionen. Hätten ich also unbedingt ein Liniendiagramm für die Obstdaten erstellen wollen, wäre es sinnvoller gewesen, die Geschmackswerte im Zeitverlauf darzustellen. Das hätte eine gute Möglichkeit geboten, zu zeigen, wann bestimmte Früchte auf dem Höhepunkt ihrer Saison sind – vorausgesetzt, ich hätte genügend Daten dafür gesammelt.

Auf der anderen Seite eignen sich Balkendiagramme bestens für diskrete Dimensionen. Für so ziemlich jeden diskreten Datensatz ist das Balkendiagramm meist eine gute Wahl, so auch für meine Obstdaten. Balkendiagramme sind geradezu das Standardwerkzeug der Datenvisualisierung. Sie sind ungemein vielseitig einsetzbar und in der Regel sehr einfach zu lesen und zu erstellen. Hätte ich versucht, für den Obstdatensatz ein Liniendiagramm zu erstellen, wie es in Abbildung 3.1 auf der linken Seite dargestellt ist, wäre das nicht überzeugend gewesen. Die Darstellung als Balkendiagramm auf der rechten Seite funktioniert hier eindeutig besser.

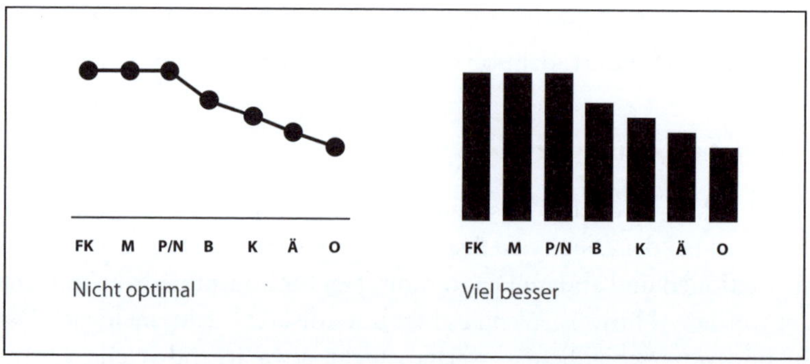

Abb. 3.1 *Die linke Darstellung der Obstdaten als Liniendiagramm funktioniert einfach nicht. Die einzelnen Obstsorten können nicht als kontinuierliche Größe dargestellt werden. Die Darstellung als Balkendiagramm (rechts) funktioniert dagegen wesentlich besser.*

Führen Sie einen einfachen Test durch, wenn Sie sich unsicher sind, ob eine bestimmte Dimension in Ihren Daten diskret oder kontinuierlich ist: Überlegen Sie, was passieren würde, wenn Sie einige Beschriftungen in der Mitte der Achse weglassen würden. Wenn das Diagramm auch dann noch gut funktioniert, wenn nur der erste und der letzte Wert beschriftet sind, haben Sie es wahrscheinlich mit einer kontinuierlichen Dimension zu tun. Unser Gehirn ergänzt die fehlenden Werte dann ganz intuitiv. Sind die fehlenden Informationen aber entscheidend für die Zuordnung des jeweiligen Datenpunkts, dann haben Sie es mit einer diskreten Dimension zu tun. Hätte ich in dem Balkendiagramm in Abbildung 3.1 die Bezeichnung »Kiwis (K)« weggelassen, könnten Sie aus »Bananen (B)« und »Äpfeln (A)« nicht ableiten, dass die fehlende Bezeichnung »Kiwis« sein sollte. Die Dimension »Obstsorte« ist also definitiv diskret.

Dieser einfache Test hilft Ihnen, die Natur Ihrer Daten – ob diskret oder kontinuierlich – besser einzuschätzen. Dies ist eine wichtige Grundlage, um später die geeigneten Visualisierungstechniken auswählen zu können.

3.4.2 Sequenziell vs. kategorial

Eine weitere Möglichkeit, Informationen zu betrachten, ist die Frage, ob sie sequenziell oder kategorial sind – also ob die Reihenfolge der Werte wichtig ist oder nicht. Bei einer sequenziellen Dimension ist die Reihenfolge der Werte so entscheidend, dass es bestenfalls merkwürdig und schlimmstenfalls unsinnig wäre, sie in einer anderen Reihenfolge darzustellen. Kontinuierliche Dimensionen sind daher immer sequenziell. Diskrete Dimensionen können hingegen sowohl sequenziell als auch kategorial sein. Beispiele für sequenzielle Dimensionen in meinem Obstdatensatz wären etwa die ID-Nummern der Früchte oder die Daten, an denen ich sie gegessen habe. Auch die Geburtsreihenfolge von Geschwistern, die Entscheidungsstufen in einem Sales-Funnel, Werte auf einer Schmerzskala oder unterschiedliche Generationen sind Beispiele für sequenzielle Daten. Ebenso können Antworten auf manche Fragen einer Umfrage eine sequenzielle Dimension darstellen.

Lassen wir die Früchte einmal beiseite – sicherlich kennen Sie diese sequenziellen Umfragen, bei denen Sie beispielsweise auf einer Skala von 0 bis 10 angeben sollen, wie wahrscheinlich es ist, dass Sie einem Freund oder einer Kollegin ein Produkt empfehlen würden. Wenn Sie dann die Anzahl der Personen anzeigen, die jede Antwort gewählt haben, wäre es nicht die beste Lösung, Ihr Balkendiagramm in absteigender Reihenfolge der Balkenlänge zu sortieren. Denn dann könnten Sie nicht mehr erkennen, in welche Richtung die Meinungen der Befragten tendieren – ob diese also eher positiv oder eher negativ gestimmt sind.

Net-Promoter-Score-Umfragen

Um es kurz zusammenzufassen: Dieser Fragetyp misst den sogenannten »Net Promoter Score« oder kurz NPS®. Wenn die Befragten 9 oder 10 wählen, gelten sie als »Promoter«. Wählen sie 7 oder 8, sind sie neutral, und wählen sie 0–6, werden sie als »Detraktoren« eingestuft. Um den Gesamt-NPS zu berechnen, wird der Prozentsatz der Befragten, die sich positiv geäußert haben, genommen und dann der Prozentsatz derjenigen, die sich negativ geäußert haben, davon abgezogen. Der verbleibende Prozentsatz ist die Punktzahl des NPS, sie kann zwischen 100 (alle lieben das Produkt!) und -100 (alle verabscheuen es!) liegen.

Ein weiteres Beispiel für eine sequenzielle, aber nicht numerische Dimension ist die sogenannte *Likert-Skala*. Dabei wählen die Befragten aus fünf Antwortoptionen aus, die unterschiedliche Grade der Zustimmung zu einer Aussage widerspiegeln, wie in Abbildung 3.2 dargestellt. Die Likert-Skala wurde in den 1930er-Jahren von dem amerikanischen Psychologen Rensis Likert entwickelt.

Ich finde dieses Buch bisher wirklich toll.

Wählen Sie eine Antwortmöglichkeit.

a) Ich stimme voll und ganz zu

b) Ich stimme zu

c) Ich stimme weder zu noch stimme ich nicht zu

d) Ich stimme nicht zu

e) Ich stimme überhaupt nicht zu

Abb. 3.2 *Eine Frage mit Antworten auf einer Likert-Skala. (Ich hoffe, Sie haben a gewählt.)*

In einem späteren Kapitel werde ich einige interessante Möglichkeiten zur Visualisierung dieser Art von Umfragedaten behandeln. Für den Moment möchte ich nur festhalten, dass die Reihenfolge bei diesen Antworten entscheidend ist: Die Antwortwerte sind somit als *sequenzielle Daten* zu betrachten.

Wenn eine Dimension in den Daten nicht sequenziell ist, weil die Reihenfolge der Werte keine Rolle spielt, dann handelt es sich wahrscheinlich um *kategoriale* Daten. Kategoriale Daten bestehen, wie Sie bestimmt schon erraten haben, aus *Kategorien*. Die Obstsorte im Obstdatensatz ist ein Beispiel für eine kategoriale Dimension. Aber auch Haar- oder Augenfarbe, Länder, Studienabschlüsse, regionale Sprachunterschiede wie die Antwort auf die Frage, ob jemand »Limo« oder »Brause« sagt, Restauranttypen in Ihrer Gegend oder die Herkunft des Datenverkehrs auf einer Website sind Kategorien, deren Sortierreihenfolge nicht wirklich wichtig ist. Kategoriale Daten lassen sich in Visualisierungen hervorragend mit Farben oder Formen kombinieren, solange es nicht mehr als sieben Kategorien gibt. Ich versuche mich sogar auf maximal fünf zu beschränken, um auf der sicheren Seite zu sein. Bei mehr als sieben Kategorien wird die Visualisierung schnell unübersichtlich und verwirrend. Außerdem wird es schwierig, eine Palette ausreichend deutlich unterscheidbarer Farben (oder Formen) zu finden. Zudem kann unser Kurzzeitgedächtnis nicht so viele Informationen gleichzeitig speichern. Wenn Sie also ein Diagramm mit mehr als sieben Farbkategorien sehen, dann achten Sie genau darauf, wie schwierig die Aussage der Visualisierung zu verstehen ist. Darauf gehe ich in einem späteren Kapitel noch näher ein. Zunächst zeige ich, wie für eine Visualisierung vorgesehene Daten üblicherweise strukturiert oder gespeichert werden.

3.5 Datenstrukturen

Natürlich könnte Ihnen jede Datenexpertin noch zahlreiche weitere Datenstrukturen nennen. Für unsere Zwecke lege ich den Fokus jedoch auf die beiden gängigsten Formate, die Sie in der Praxis am häufigsten antreffen werden: die *tabellarische* und die *verschachtelte* Struktur. Nach meiner langjährigen Erfahrung mit Visualisierungen sind diese beiden Datenstrukturen so fundamental wichtig, dass es sich nicht lohnt, an dieser Stelle tiefer auf andere Formate einzugehen.

3.5.1 Tabellarische Daten

Die mit Abstand häufigste Art von Daten, mit denen Sie im Zusammenhang mit Ihren Visualisierungen konfrontiert werden, sind *tabellarische Daten*. Damit sind Daten gemeint, die in Tabellen gespeichert sind, bestehend aus Spalten und Zeilen. Schon früh in meiner Laufbahn als Analystin habe ich gelernt, »in Tabellen zu denken«. Das hat mir beim Erstellen von Visualisierungen, insbesondere in Verbindung mit BI-Tools, enorm geholfen. Das Erlernen von SQL war dabei von entscheidender Bedeutung. Durch SQL musste ich in Begriffen wie Zeilen, Spalten, Verknüpfungen und Aggregationen denken. Wenn Sie sich also ernsthaft mit Datenvisualisierung befassen und ein BI-Tool verwenden möchten, empfehle ich Ihnen dringend, einen kurzen Crashkurs in SQL zu belegen. Online finden Sie sicherlich kostenlose Kurse dazu. SQL gehört zu den einfachsten Sprachen, die Sie je lernen werden.

Wenn Sie Daten in einer Tabelle speichern, bezeichnen die Spaltennamen die Dimensionen und Kennzahlen Ihrer Daten, während die einzelnen Zeilen die Datenpunkte enthalten. Nehmen Sie beispielsweise den Obstdatensatz, den ich in Abschnitt 3.1.3 vorgestellt habe. Wenn Sie diese Daten in eine Tabelle überführen, erhalten Sie eine Struktur wie in Tabelle 3.1 dargestellt.

Obst-ID	Obstsorte	Geschmack	Verzehrdatum
1	Äpfel	60	2. Juni 2022
2	Kiwis	70	9. Juli 2022
3	Mangos	100	15. August 2022
4	Orangen	50	30. August 2022
5	Fuyu-Kakis	50	17. September 2022
6	Pfirsiche + Nektarinen	100	20. September 2022
7	Pfirsiche + Nektarinen	95	23. September 2022
8	Bananen	80	24. September 2022
9	Bananen	75	25. September 2022
10	Mangos	100	25. September 2022
11	Fuyu-Kakis	100	3. Oktober 2022

Tab. 3.1 *Eine Tabelle mit hypothetischen Daten, die ich in letzter Zeit über den Geschmack einzelner Früchte gesammelt habe*

Beim Umgang mit einer Datentabelle ist es zunächst wichtig, die *Granularität* der Tabelle zu verstehen, also was genau eine einzelne Zeile darstellt.

Nehmen wir als Beispiel Ihre Online-Banking-App. Wenn Sie sich die Transaktionen ansehen, repräsentiert jede Zeile eine einzelne Transaktion. An anderer Stelle finden Sie möglicherweise eine Tabelle mit einer täglichen Granularität. Jede Zeile dieser Tabelle enthält detaillierte Informationen zu den an diesem Tag getätigten Transaktionen sowie den entsprechenden Ausgabenbetrag (hierbei handelt es sich um *aggregierte* Daten, d. h. summierte oder zusammengefasste Informationen). Auf der Startseite könnte sich eine Übersichts- oder Snapshot-Tabelle befinden, die pro Konto eine Zeile mit dem aktuellen Kontostand sowie dem Datum und Betrag der letzten Transaktion ausweist. Es ist wichtig, die Granularität dieser Tabellen zu kennen, da Tabellen mit unterschiedlicher Granularität separat behandelt werden müssen. Sollte ein Fehler auftreten und eine Tabellenzeile versehentlich dupliziert werden, kann dies ein wahres Chaos anrichten!

Die Granularität der Tabelle 3.1 liegt bei einer Zeile pro Frucht, da jede Zeile eine einzelne Frucht repräsentiert, die ich gegessen habe. Jede Zeile ist also eine Beobachtung einer einzelnen Frucht, mit Spalten, die die Dimensionen und Maße enthalten, die diese Frucht beschreiben und quantifizieren. Im Gegensatz dazu enthielten die Balkendiagramme in Kapitel 1 keine IDs oder Datumsangaben. Stattdessen basierten sie auf einer aggregierten Ansicht der Daten in Tabelle 3.1. Wenn ich eine Tabelle nur für die aggregierten Daten erstellen würde, sähe sie etwa so aus wie Tabelle 3.2.

Obstsorte	Geschmack
Fuyu-Kakis	100
Mangos	100
Pfirsiche + Nektarinen	100
Bananen	80
Kiwis	70
Äpfel	60
Orangen	50

Tab. 3.2 *Die aggregierte Datentabelle, die allen Balkendiagrammen in Kapitel 1 zugrunde liegt*

Die Granularität der Tabelle 3.2 entspricht einer Zeile pro Obstsorte. Ich würde diese Tabelle als aggregierte oder zusammengefasste Tabelle bezeichnen, da sie das Ergebnis der Aggregation bzw. der Zusammenfassung der Zeilen aus Tabelle 3.1 darstellt. Um von Tabelle 3.1 zu Tabelle 3.2 zu gelangen, habe ich für jede Obstsorte eine Zeile erstellt, die jeweils den maximalen Geschmackswert enthält. Anschließend habe ich die Zeilen nach absteigendem Geschmackswert und nachrangig dann noch alphabetisch sortiert.

Die Tabellen 3.1 und 3.2 stellen ausgesprochen *kleine* Datenmengen dar. Im Gegensatz dazu werden Datensätze, die für einen Menschen nicht mehr vollständig erfassbar sind (z. B. eine Tabelle ähnlich zu Tabelle 3.1, aber für jede einzelne Frucht, die ich jemals verzehrt habe), als Big Data bezeichnet. Viele Big-Data-Tabellen bestehen aus Beobachtungsdaten mit einer Granularität von einer Zeile pro Beobachtung, etwa pro Besuch, Nutzer oder Werbeimpression. In solchen Tabellen dienen die Spalten dazu, die einzelnen Beobachtungen detailliert zu beschreiben, ähnlich wie in der Transaktions-Tabelle Ihres Online-Bankings. In diesem Kontext ist ein eindeutiger Primärschlüssel von zentraler Bedeutung – eine Spalte, die lediglich der eindeutigen Identifikation jeder Zeile dient. Aus rechentechnischer Sicht ist eine ganzzahlige Primärschlüssel-Spalte vorzuziehen, es kann aber auch eine alphanumerische Zeichenfolge verwendet werden. Mögliche Praxisbeispiele für Primärschlüssel wären etwa die Sozialversicherungsnummer (wenngleich dies aufgrund von Datenschutzbedenken nicht empfehlenswert ist), die Führerscheinnummer, das Autokennzeichen oder die Fahrzeug-Identifikationsnummer (FIN). Diese IDs sind eindeutig mit Ihnen (oder Ihrem Auto) verknüpft und können problemlos als Primärschlüssel in entsprechenden Tabellen, etwa bei Zulassungsbehörden, genutzt werden.

Eine weitere gängige Form der Datenspeicherung, die Ihnen bei der Arbeit an Datenvisualisierungen begegnen kann, sind *verschachtelte Daten*.

3.5.2 Verschachtelte Daten

Verschachtelte Daten, also Daten, die nicht in der klassischen tabellarischen Form von Zeilen und Spalten gespeichert werden, ähneln einer Matrjoschka-Puppe, wie Sie sie vielleicht aus Ihrer Kindheit kennen. In einer von SQL dominierten Welt sind solche verschachtelten Datenstrukturen eher unüblich, da sie sich nicht nahtlos in die starre Zeilen-und-Spalten-Logik relationaler Datenbanken einfügen. Unabhängig davon, ob Sie nur vorsichtig in die Welt der Programmierung eintauchen oder sich kopfüber hineinstürzen, werden Sie früher oder später auf verschachtelte Daten stoßen – höchstwahrscheinlich in Form von JSON, der JavaScript Object Notation.

Erinnern Sie sich an die grundlegenden Datentypen, die ich bereits beschrieben habe – Zahlen, Zeichenketten, boolesche Werte und manchmal auch Datumswerte? Beim Programmieren kann es vorkommen, dass wir einige dieser Datenelemente gruppieren möchten, damit wir verschiedene Operationen auf die gesamte Gruppe gleichzeitig anwenden und/oder einfacher auf sie verweisen können, indem wir eine einzige Variable (oder einen Namen) anstelle von mehreren verwenden. Wie lässt sich das bewerkstelligen? Mit Arrays!

Arrays

Stellen Sie sich ein Array wie eine dieser Tablettenboxen für die tägliche Medikamentendosis vor – statt aber Kapseln und Pillen aufzunehmen, enthält jedes der kleinen Fächer einen Datenwert. Ein eindimensionales Array enthielte nur ein einzelnes Fach für jeden der sieben Tage oder vielleicht vier Fächer für einen einzigen Tag:

```
["Sonntag", "Montag", "Dienstag", "Mittwoch", "Donnerstag", "Freitag", "Samstag"]
["Morgen", "Mittag", "Abend", "Nacht"]
```

In JSON-Daten werden Arrays stets durch eckige Klammern `[ ]` gekennzeichnet, wobei die einzelnen Elemente durch Kommas voneinander getrennt sind. Darüber hinaus müssen alle Elemente eines Arrays den gleichen Datentyp aufweisen – wenn also ein Element eine Zeichenkette (String) ist, müssen es alle anderen Elemente ebenfalls sein.

Ein zweidimensionales Array wäre in diesem Kontext vergleichbar mit einer Pillenbox mit mehreren Fächern für jeden Wochentag. Angenommen, die zweidimensionale Pillenbox hätte vier Fächer für jeden Tag – in diesem Fall bestünde das übergeordnete Array aus sieben kleineren Arrays, jeweils einem pro Wochentag.

```
[
    ["Morgen", "Mittag", "Abend", "Nacht"],
    ["Morgen", "Mittag", "Abend", "Nacht"],
    ["Morgen", "Mittag", "Abend", "Nacht"],
    ["Morgen", "Mittag", "Abend", "Nacht"],
    ["Morgen", "Mittag", "Abend", "Nacht"],
    ["Morgen", "Mittag", "Abend", "Nacht"],
    ["Morgen", "Mittag", "Abend", "Nacht"]
]
```

Um die Anzahl der Dimensionen zu erhöhen, können Sie einfach weitere Boxen in jedem Fach beziehungsweise eben neue Arrays in Array-Elementen unterbringen.

Objekte

Wie Sie sich vorstellen können, kann eine derartige Verschachtelung von Arrays unhandlich und verwirrend werden. Ohne entsprechenden Kontext könnte man sich beim vorherigen zweidimensionalen Beispiel fragen, warum es sieben Kopien desselben Arrays mit jeweils vier Elementen gibt. Wenn Sie diese Arrays jedoch innerhalb eines *Objekts* platzieren, können Sie ihnen aussagekräftige Namen zuweisen. Auf diese Weise wird die Struktur deutlich verständlicher:

```
{
"Sonntag": ["Morgen", "Mittag", "Abend", "Nacht"],
"Montag": ["Morgen", "Mittag", "Abend", "Nacht"],
"Dienstag": ["Morgen", "Mittag", "Abend", "Nacht"],
"Mittwoch": ["Morgen", "Mittag", "Abend", "Nacht"],
"Donnerstag": ["Morgen", "Mittag", "Abend", "Nacht"],
"Freitag": ["Morgen", "Mittag", "Abend", "Nacht"],
"Samstag": ["Morgen", "Mittag", "Abend", "Nacht"]
}
```

Ein Objekt muss von geschweiften Klammern umgeben sein, wobei jedes Paar aus Schlüssel und Wert durch ein Komma getrennt sein muss. Sie können auch ein Komma nach dem letzten Paar einfügen, wenn Sie möchten, aber es ist nicht notwendig.

Dieses Name-Element-Paar ist das Herzstück der verschachtelten Daten und wird als *Schlüssel-Wert-Paar* bezeichnet. Links steht der Schlüssel, gefolgt von einem Doppelpunkt, und auf der rechten Seite der Wert. Die *Schlüssel* eines Objekts in JSON-Daten müssen immer Strings sein und von doppelten Anführungszeichen (") umgeben sein. Die *Werte* können Zeichenketten, Zahlen, boolesche Werte, Arrays oder Objekte sein. Ein Wert kann auch *null* sein, d. h. einfach nichts, nicht zugewiesen, leer.

Das Besondere an JSON ist, dass ein und derselbe Datensatz auf vielfältige, aber gleichwertige Arten organisiert werden kann. In diesem einfachen Beispiel wird die aggregierte Version der Obstdaten als ein Objekt mit sieben Schlüssel-Wert-Paaren dargestellt, wobei die Schlüssel die Obstsortennamen und die Werte die jeweiligen Geschmacksbewertungen sind:

```
{
    "Fuyu-Kakis": 100,
    "Mangos": 100,
    "Pfirsiche + Nektarinen": 100,
    "Bananen": 80,
    "Kiwis": 70,
    "Äpfel": 60,
    "Orangen": 50
}
```

Dieses Format könnte Ihnen als Teil eines Code-Beispiels begegnen, da es sehr einfach von Hand einzugeben ist. Es enthält nur das Nötigste, um ein Balkendiagramm mit einem Balken pro Obstsorte zu erstellen, wobei die Länge des Balkens auf der Geschmacksbewertung basiert.

In einer etwas komplexeren Welt könnte die Darstellung der Daten wie folgt aussehen:

```
{
    "1": { "Obstsorte": "Fuyu-Kakis", "Geschmacksbewertung": 100 },
    "2": { "Obstsorte": "Mangos", "Geschmacksbewertung": 100 },
    "3": { "Obstsorte": "Pfirsiche + Nektarinen", "Geschmacksbewertung": 100 },
    "4": { "Obstsorte": "Bananen", "Geschmacksbewertung": 80 },
    "5": { "Obstsorte": "Kiwis", "Geschmacksbewertung": 70 },
    "6": { "Obstsorte": "Äpfel", "Geschmacksbewertung": 60 },
    "7": { "Obstsorte": "Orangen", "Geschmacksbewertung": 50 }
}
```

In diesem zweiten Beispiel ist jedes der sieben Schlüssel-Wert-Paare des Objekts ein Index, der mit einem Objekt gepaart ist, in dem zwei weitere Schlüssel-Wert-Paare verschachtelt sind. (Dieser Index ist ähnlich einer eindeutigen Identifikationsnummer, aber nicht zu verwechseln mit der ID-Nummer aus den disaggregierten Daten.) Das erste Paar steht für den Namen der Frucht, das zweite für die Geschmacksbewertung. Diese Darstellung ist zwar relativ einfach manuell einzugeben, aber nicht so effizient wie das erste Beispiel. Ein solches Objekt könnte auch durch eine Schleife im Programmcode erstellt worden sein, die andere Daten mehrfach durchläuft. In diesem Fall befindet sich das Objekt womöglich auch nicht im Endzustand, sondern es könnten zu einem späteren Zeitpunkt im Code noch weitere Informationen hinzugefügt werden, etwa für einen *Tooltipp* (ein Element, das angezeigt wird, wenn der Mauszeiger über ein bestimmtes Element bewegt wird).

Ein drittes, noch komplexeres Beispiel zeigt, wie das Obst-Objekt aussehen könnte, wenn es aus dem Internet heruntergeladen wurde:

```
{
    "Titel": "Obstsorten",
    "Version": 1.1,
    "Daten": [
        {
            "Frucht_Name": "Fuyu-Kakis",
            "Geschmack_Bewertung": 100
        },
        {
            "Frucht_Name": "Mangos",
            "Geschmack_Bewertung": 100
        },
        {
            "Frucht_Name": "Pfirsiche + Nektarinen",
            "Geschmack_Bewertung": 100
        },
```

```
            {
                "Frucht_Name": "Bananen",
                "Geschmack_Bewertung": 80
            },
            {
                "Frucht_Name": "Kiwis",
                "Geschmack_Bewertung": 70
            },
            {
                "Frucht_Name": "Äpfel",
                "Geschmack_Bewertung": 60
            },
            {
                "Frucht_Name": "Orangen",
                "Geschmack_Bewertung": 50
            }
        ]
    }
```

Auf der obersten Ebene gibt es drei Schlüssel-Wert-Paare: den Titel mit seinem String-Wert, die Version mit ihrem numerischen Wert sowie die Daten mit ihrem Array-Wert. Im Daten-Array ist jedes Element ein weiteres Objekt, das zwei Schlüssel-Wert-Paare enthält: den Namen der Frucht als Zeichenkette und die Geschmacksbewertung als Zahlenwert.

Wie Sie vielleicht bemerkt haben, verwenden alle diese verschachtelten Beispiele die aggregierten Obstdaten. Wenn Sie die Granularität von jeder Obstsorte zu jeder einzelnen verzehrten Frucht ändern wollten, würden diese verschachtelten Datenstrukturen komplexer werden. Dies liegt daran, dass es dann mehr Beobachtungen und zusätzliche Felder – etwa ein Datumsfeld – geben würde. Das einfachste Beispiel mit den sieben Schlüssel-Wert-Paaren für Name und Geschmack würde mit den Beobachtungsdaten überhaupt nicht funktionieren. Deshalb ist es wichtig, dass Sie die Aufzeichnung und Speicherung von Daten sorgfältig durchdenken und vorausplanen. Es ist in der Regel sinnvoller, mit einer feineren Granularität zu beginnen und die Daten dann bei Bedarf zu aggregieren, als den umgekehrten Weg zu gehen!

3.6 Zusammenfassung

- Im digitalen Zeitalter gibt es eine Fülle von Daten, die kostenlos oder gegen Gebühr zugänglich sind. Im Zweifel können Sie Ihre Daten auch selbst erheben.
- Dimensionen sind beschreibende Merkmale, während Kennzahlen quantifizierbare oder aggregierbare Größen sind.
- Datenwerte können Zeichenketten, Zahlen, boolesche Werte, null (gar nichts) oder Datumsangaben sein. Komplexere Datenstrukturen wie Arrays und Objekte werden durch Kombination mehrerer Grundtypen gebildet.
- Innerhalb einer Dimension oder Kennzahl müssen alle Werte denselben Datentyp haben.
- Eine Datenvisualisierung besteht in der Regel aus mindestens einer Kennzahl (der darzustellenden Größe) und einer Dimension (dem beschreibenden Merkmal).
- Bei tabellarischen Daten muss zunächst die Struktur der Tabelle bestimmt werden, das heißt, was eine einzelne Zeile repräsentiert.
- Liniendiagramme eignen sich gut für kontinuierliche Daten, Balkendiagramme für diskrete Daten. Dies sind jedoch keine strikten Regeln, solange das Publikum die Aussage der Visualisierung versteht.
- Frei verfügbare Daten liegen meist in tabellarischer oder verschachtelter Form vor (in letzterem Fall in der Regel im JSON-Format).
- Bei der Datenspeicherung ist es sinnvoller, mit feingranularen Daten zu beginnen und diese später zu aggregieren, als umgekehrt.

Teil 2

In Kapitel 7 erzähle ich Ihnen, wie mein Chef mich nach nur zwei Jahren Berufserfahrung als Produktanalystin vor Tableau setzte und sagte: »Erstellen Sie mir ein Dashboard.« Während ich mich da irgendwie durchwurstelte, kam ich nicht ein einziges Mal auf die Idee, mir Gedanken über die Gestaltung der resultierenden Diagramme zu machen. Selbst als ich immer mehr Berichte für ihn erstellte, habe ich nie darüber nachgedacht, ob meine Zielgruppe vielleicht noch andere Bedürfnisse als die von mir gelieferten Daten hatte. Das sollte sich erst rund ein Jahr später mit dem Besuch meiner ersten Tableau-Konferenz ändern. Endlich begann ich zu verstehen, wie wichtig gutes Design ist. Aber ich hatte nicht die geringste Ahnung, wie ich mich in diese neue Welt einarbeiten sollte, ohne wieder die Schulbank zu drücken. Zum Thema Design mit und für Daten gab es damals nur sehr wenige Ressourcen. Sie, liebe Leserin, lieber Leser, haben Glück: Der zweite Teil dieses Buchs soll genau diese Ressource für Sie sein.

Kapitel 4 befasst sich eingehend mit der Lehre von Licht und Farbe im Zusammenhang mit der Datenvisualisierung. In Kapitel 5 erfahren Sie alles, was Sie über Typografie und Textgestaltung wissen müssen, um den Blick durch Ihre Visualisierungen zu lenken. Das bescheidenste aller Visualisierungselemente, das Diagramm, kommt in Kapitel 6 zur Sprache. Dort lernen Sie, was gute Diagramme von weniger überzeugenden Varianten unterscheidet. Schließlich erhalten Sie in Kapitel 7 einen Crashkurs in Interaktionsdesign und erfahren, wie und wann Sie in Ihren Designs Interaktivität einsetzen sollten.

4 Farben auswählen

In diesem Kapitel

- Subtraktives und additives Farbmodell
- Gängige Farbräume
- Vorgefertigte Farbpaletten nutzen und eigene erstellen
- Inklusive Farben auswählen

Ich weiß nicht, wie es Ihnen geht, aber ich habe Schwierigkeiten, Farben intuitiv miteinander zu kombinieren. Kein Scherz – tatsächlich bewahre ich einen kleinen Farbkreis im Kleiderschrank auf, um mein Outfit für die seltenen Anlässe zusammenzustellen, zu denen ich mein Haus verlasse, um etwas anderes zu tun, als nur Lebensmittel einzukaufen. Aber lassen Sie sich davon nicht entmutigen – in der Datenvisualisierung gibt es erprobte Methoden, um ansprechende Farbpaletten zu erstellen. Ich kann also nicht versprechen, dass ich Ihnen in diesem Kapitel ein Geheimrezept für die perfekte Farbpalette (also eine Gruppe von Farben, die gut zusammenpassen) liefern kann. Stattdessen vermittle ich Ihnen ein grundlegendes Verständnis der wichtigsten Farbmodelle, Farbräume und Gestaltungsprinzipien. Lassen Sie sich also auf dieses Kapitel ein – es wird Ihnen helfen, Farben besser zu verstehen und in Ihren Datenvisualisierungen optimal einzusetzen. Und wer weiß, vielleicht hilft Ihnen das Gelernte ja sogar bei der Auswahl Ihrer Kleidung!

Dieses Kapital behandelt eingehend alle Aspekte der Farbe. Zunächst stehen die beiden grundlegenden Modelle der Farbtheorie und die jeweiligen Primärfarben im Mittelpunkt. Anschließend folgen einige gängige Farbräume, die Ihnen bei der Erstellung von Datenvisualisierungen begegnen werden. Dazu gehören verschiedene Möglichkeiten zur Quantifizierung und Codierung von Farben. Des Weiteren geht es um verschiedene Arten von Farbpaletten, die sich zur Darstellung der unterschiedlichen Daten eignen. Ich zeige Ihnen, wo Sie vorgefertigte Farbpaletten finden können und wie Sie selbst Farbkombinationen erstellen. Ein wichtiger

Aspekt ist auch, wie Sie Farben so auswählen, dass sie von einem möglichst großen Publikum wahrgenommen werden können. Dazu gehören die Berücksichtigung von Barrierefreiheitsrichtlinien für Farbsehschwächen und andere Sehbehinderungen sowie die Bedeutung von Farben in unterschiedlichen Kulturen.

4.1 Ein wenig (oder vielleicht auch eine Menge) Farbtheorie

Der Begriff *Farbtheorie* mag zunächst etwas einschüchternd klingen, insbesondere wenn Sie sich bisher nicht intensiv mit Designthemen auseinandergesetzt haben. Lassen Sie sich davon aber nicht abschrecken. Die Farbtheorie besteht in Wirklichkeit aus einer Reihe von grundlegenden Prinzipien, die dabei helfen, Farben auszuwählen, die gut miteinander harmonieren und der Zielgruppe die richtige Botschaft vermitteln. Es handelt sich also keineswegs um esoterisches Geschwätz, sondern um ein wissenschaftlich fundiertes Konzept, das insbesondere in der Optik, also der Physik des Lichts verwurzelt ist. Genau in dieser Disziplin absolvierte ich übrigens eines der coolsten Physikpraktika in meinem gesamten Studium.

Machen Sie sich bereit, denn ich werde Ihre Sichtweise auf Farben nun grundlegend verändern. Erinnern Sie sich noch daran, wie Ihnen als Kind im Kunstunterricht in der Grundschule beigebracht wurde, dass Rot, Blau und Gelb die drei Grundfarben sind und alle anderen Farben durch deren Kombination entstehen können? Das war leider nicht ganz korrekt. Ja, Sie haben richtig gelesen: Rot, Blau und Gelb sind nicht die reinen Primärfarben, aus denen sich wie beigebracht alle anderen Farben mischen lassen. Die nächste Frage, die Sie sich sicherlich stellen werden, ist: »Was sind denn dann die tatsächlichen drei Grundfarben?«

Nun, ich muss Ihnen leider mitteilen, dass die Sache etwas komplexer ist. Sehen Sie, es gibt zwei grundlegende Möglichkeiten, über Farbe zu sprechen oder sie einzusetzen: als Licht (auf dem Bildschirm) und als tatsächliche Farbe (auf Papier oder einem anderen Trägermaterial). Im Grunde genommen handelt es sich dabei um zwei verschiedene Farbmodelle: ein additives Modell im Fall von Licht und ein *subtraktives Modell* im Fall von Farbe.

4.1.1 Das additive Farbmodell

Lassen wir die Grund- und Primärfarben für einen Moment beiseite, um uns stattdessen dem Physikunterricht in der Schule oder vielleicht im Studium zu widmen. Licht ist eine elektromagnetische Welle. Ja, ich weiß, dass sich Licht auch wie ein Teilchen, ein Photon, verhalten kann, aber in diesem Buch geht es nur um das Wellenverhalten von Licht. Das elektromagnetische Spektrum umfasst alle denkbaren Wellenlängen, aber für unser menschliches Auge ist nur ein kleiner Bereich daraus sichtbar. Diesen Wellenlängenbereich nennt man das *sichtbare Spektrum*.

Unterschiedliche Lichtwellenlängen interagieren auf verschiedene Weise mit ihrer Umgebung. Zum Beispiel absorbieren die unterschiedlichen Zapfenzellen in unseren Augen diese verschiedenen Wellenlängen in unterschiedlichen Mengen, was dazu führt, dass wir die verschiedenen Farben wahrnehmen können. Anhand des Akronyms ROGGBIV können Sie sich die Reihenfolge der sieben Hauptfarben im sichtbaren Spektrum merken: Rot, Orange, Gelb, Grün, Blau, Indigo und Violett.

Das Licht-Farbmodell wird als additiv bezeichnet, weil die *Addition* aller Farben das Maximum an Licht ergibt, das dann tatsächlich weiß erscheint. Wenn Sie sich das nicht vorstellen können, denken Sie an das letzte Mal, als Sie nach einem Regenschauer einen Regenbogen gesehen haben. Die Sonne strahlt in erster Linie weißes Licht aus, und wenn es genau richtig auf die Feuchtigkeit in der Luft trifft, wirken die Wassertropfen wie ein Prisma. Trifft ein Sonnenstrahl auf einen Wassertropfen (oder ein Prisma), wird der Lichtstrahl so gebrochen, dass er den Tropfen in einem anderen Winkel verlässt. Dabei interagieren die verschiedenen Wellenlängen des Lichts unterschiedlich mit der Umgebung, sodass die einzelnen Farben (Wellenlängen) beim Eintritt in den Tropfen und beim Verlassen des Tropfens in unterschiedlichen Winkeln gebrochen werden. Auf diese Weise wird das weiße Licht nach seinen Wellenlängen in seine einzelnen Spektralfarben aufgeteilt (siehe Abb. 4.1). Das Ergebnis ist ein Regenbogen!

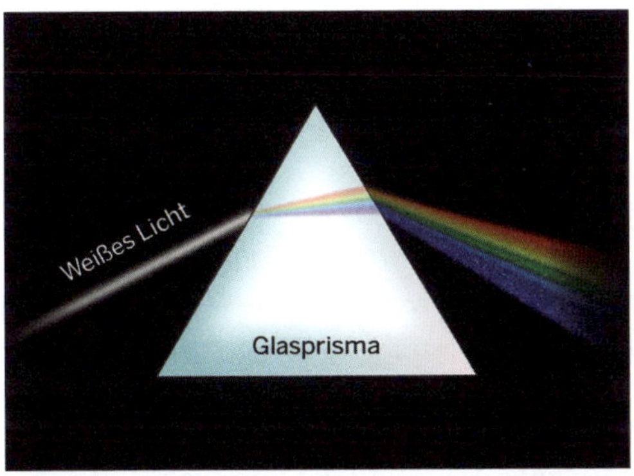

Abb. 4.1
Ein Strahl weißen Sonnenlichts tritt in ein Prisma ein und tritt als Regenbogen aus, weil das Prisma die verschiedenen Wellenlängen im weißen Licht trennt. (Quelle: Prism-rainbow.svg: Suidrootderivative work. Sceptre, CC BY-SA 3.0, via Wikimedia Commons. Die Beschriftungen habe ich hinzugefügt.)

Genau dieses Phänomen untersuchte Sir Isaac Newton eingehend. Er führte dazu Experimente durch, bei denen er einen Sonnenstrahl, der durch ein Loch in der Jalousie seines abgedunkelten Zimmers fiel, durch ein Prisma lenkte. Die Ergebnisse dieser und vieler anderer optischer Experimente veröffentlichte Newton 1704 in seiner Abhandlung über Licht mit dem Titel *Opticks*. Bei diesem Experiment wurde Newton von einem Assistenten mit scharfen Augen unterstützt. Während Newton selbst das Prisma hielt, wies er den Assistenten an, den entstehenden Regenbogen in die einzelnen Spektralfarben zu unterteilen, die er erkennen konnte (siehe Abb. 4.2).

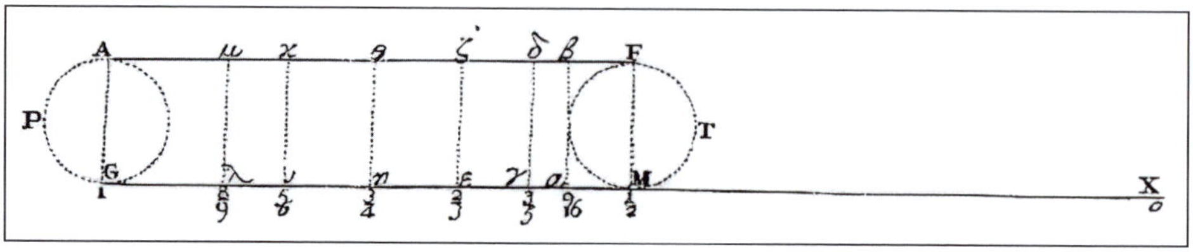

Abb. 4.2 *Das von Newton und seinem Assistenten aufgezeichnete Spektrum, unterteilt in Farbintervalle, die Newton mit einer Musikskala verglich (Quelle: Isaac Newton, gemeinfrei, via Project Gutenberg)*

Newton verglich die resultierenden Farbintervalle mit einer Tonleiter, deren zyklische Natur ihn dazu veranlasste, das Spektrum um einen Kreis anzuordnen. Daraus entstand der erste Farbkreis überhaupt (Abb. 4.3). Ja, Sie haben richtig gelesen: Der berühmte Sir Isaac Newton ist nicht nur für den fallenden Apfel, die Gravitationstheorie und die Infinitesimalrechnung bekannt, sondern er erfand auch den Farbkreis. Gab es überhaupt etwas, was Newton nicht konnte?

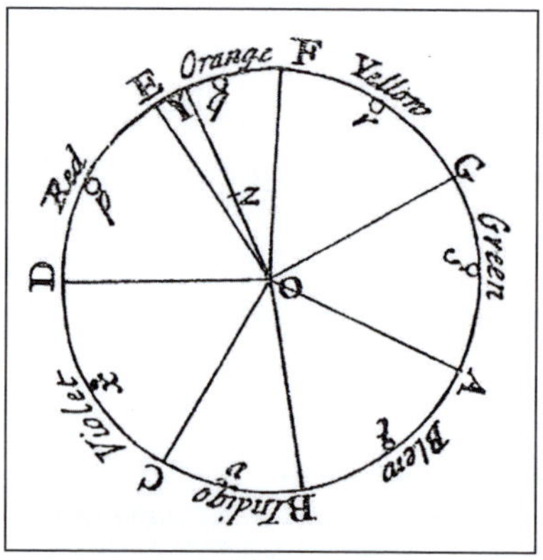

Abb. 4.3 *Newtons Farbkreis, der Farbbeziehungen durch die Verbindung zur Musik vermittelt. Die Buchstaben A bis G auf der Außenseite stehen für die 7 + 1 (zurück zum A) Töne der chromatischen Tonleiter. (Quelle: Isaac Newton, gemeinfrei, via Project Gutenberg)*

In seinem Werk *Opticks* demonstriert Newton die Möglichkeit, Farben mithilfe seines Farbkreises in mathematischer Hinsicht zu kombinieren und die resultierende Mischfarbe vorherzusagen. Er beschreibt es folgendermaßen: »Nehmen wir an, eine Farbe setzt sich aus diesen homogenen Farben zusammen, aus einem Teil Violett, einem Teil Indigo, zwei Teilen Blau, drei Teilen Grün, fünf Teilen Gelb, sechs Teilen Orange und zehn Teilen Rot.« Diese Farbkomposition bedeutet nach seinen weiteren Ausführungen, dass an jedem der Punkte in der Mitte des Bogens, der dieser Farbe entspricht, ein Kreis gezeichnet wird, wie in Abbildung 4.3 durch die kleinen Kreise innerhalb des Rands des großen Kreises dargestellt und mit x, v, t, s, r, q und p bezeichnet. Die Größe (Fläche) jedes kleinen Kreises entspricht der Anzahl der von ihm angegebenen Teile. Newton fand dann den Schwerpunkt dieser Kreise (d. h. eine durchschnittliche Position, gewichtet nach den Flächen der Kreise) an dem mit z bezeichneten Punkt und zog eine Linie vom Mittelpunkt des großen Kreises durch z bis zum Rand des Kreises, um zu zeigen, »dass die Farbe, die aus diesen Bestandteilen zusammengesetzt ist, ein Orange ist, das etwas mehr ins Rot als ins Gelb tendiert.«

Auf diese Weise nutzte Newton seinen Farbkreis, um vorherzusagen, welche Farbe sich aus der Kombination verschiedener anderer Farben ergeben würde. Die mathematische Herleitung ist dabei etwas lückenhaft (was Newton selbst in einem späteren Absatz einräumt), aber anekdotisch gesehen hatte er recht.

Im nächsten Abschnitt gehe ich noch einmal genauer auf Newtons Farbkreis ein, insbesondere darauf, wie man effektive Farbpaletten für Datenvisualisierungen auswählt. Zuvor müssen Sie jedoch die Grundlagen der Primärfarben verstehen. Auf dieser Basis kann dann eine moderne und genauere Version des Farbkreises erstellt werden.

Lassen wir Newton für einen Moment beiseite und betrachten Sie stattdessen das sichtbare Spektrum des Lichts mit Ihren eigenen Augen. Anstatt es als einzelne Farbstreifen wahrzunehmen, sehen Sie darin eher einen kontinuierlichen Farbverlauf (Abb. 4.4).

Abb. 4.4
Ein Foto des sichtbaren Spektrums, das zeigt, dass es eher schwierig ist, sich auf eine Farbanzahl festzulegen (Quelle: Maxim Bilovitskiy, CC BY-SA 4.0, via Wikimedia Commons)

Offensichtlich gibt es im kontinuierlichen Farbspektrum in Abbildung 4.4 nicht genau sieben Farben. Aufgrund der fließenden Farbübergänge ist es schwierig, eine exakte Anzahl an Farben zu bestimmen – es könnten eher fünf, zehn oder sogar mehr sein. Anstatt zu versuchen, die genaue Zahl der Farben zu ermitteln, probieren Sie einmal, das Bild so weit wie möglich auf wenige dominante Farbgruppen oder -bereiche zu reduzieren. Dazu können Sie die Seite weit von Ihrem Gesicht weghalten und Ihre Augen etwas zusammenkneifen. Anschließend nehmen Sie wieder Ihren normalen Sehabstand ein und fokussieren erneut auf die Buchseite.

4.1.2 Die Primärfarben des Lichts

Wenn Sie beim Betrachten des Farbspektrums drei Farbzonen ausgemacht haben – herzlichen Glückwunsch. Diese drei Regionen werden als Rot, Grün und Blau kategorisiert. Und wissen Sie was? Das sind die echten Licht-Primärfarben, für die ansonsten alles gilt, was Sie in der Schule über Primärfarben gelernt haben. Wenn Sie diese drei Farben kombinieren, erhalten Sie weißes Licht. Und wenn Sie zwei davon kombinieren, entsteht eine sogenannte *Sekundärfarbe*. Das bedeutet, dass Sie nicht alle Farben im Spektrum addieren müssen, um weißes Licht zu erhalten. Sie brauchen eigentlich nur die drei Primärfarben Rot, Grün und Blau.

Mein Ehemann ist ein wunderbarer Mensch und unterstützte einen Impulskauf im Wert von fast 30 Dollar im Namen der Wissenschaft, damit ich mir beim Schreiben dieses Kapitels selbst beweisen konnte, dass Rot, Grün und Blau tatsächlich die Licht-Primärfarben sind. So ausgerüstet mit weißem Papier und einem brandneuen Satz farbiger Taschenlampen, darunter je eine rote, blaue und grüne, machte ich ein kleines Fotoshooting, dessen Ergebnis Sie in Abbildung 4.5 sehen.

Abb. 4.5
Um mir selbst und Ihnen zu beweisen, dass Rot, Grün und Blau tatsächlich die Licht-Primärfarben sind, habe ich ein kleines Fotoshooting mit meinem neuen Satz farbiger Taschenlampen durchgeführt. Außen sehen Sie die drei Primärfarben. Dort, wo sich jeweils zwei Primärfarben überlappen, entstehen die Sekundärfarben. In der Mitte, wo alle drei Lichter aufeinandertreffen, erkennen Sie schließlich das weiße Licht. Raffiniert!

Ich habe also das additive Farbmodell für Lichtfarben erklärt und Sie haben in Abbildung 4.5 mit eigenen Augen gesehen: Rotes + grünes Licht ergibt Gelb, rotes + blaues Licht ergibt Magenta und grünes + blaues Licht ergibt Cyan. Behalten Sie diese Erkenntnisse im Hinterkopf, während ich nun das subtraktive Farbmodell vorstelle, das für Mal- und Druckfarben sowie ähnliche Anwendungen gilt. Dieses Verständnis ist wichtig, wenn Sie Visualisierungen für den Druck erstellen!

4.1.3 Das subtraktive Farbmodell

Denken Sie noch einmal an den Physikunterricht zurück (Ha! Und Sie dachten, wir wären mit der Physik fertig!), in dem Sie etwas über Licht und Farbe gelernt haben. Vielleicht erinnern Sie sich daran, dass Licht grundsätzlich ein Nebenprodukt eines Prozesses ist, bei dem Energie freigesetzt wird. Wird also in einem Objekt keine Energie freigesetzt, strahlt es auch kein eigenes Licht ab. Solche inaktiven Objekte können nur wahrgenommen werden, wenn sie das von einer anderen Quelle ausgesandte Licht reflektieren. Das bedeutet, dass die Farbe eines inaktiven Objekts sowohl von der chemischen Zusammensetzung des Objekts als auch von der Farbe des darauf einfallenden Lichts abhängt.

Ja, das ist in der Tat ein etwas komplexes Thema. Wenn weißes Licht auf einen Gegenstand trifft und dieser für unser Auge rot erscheint, bedeutet das, dass der Gegenstand das gesamte blaue und grüne Licht absorbiert und nur das rote Licht zu uns zurückwirft. Ähnlich verhält es sich, wenn ein Objekt grün erscheint: Es absorbiert das rote und blaue Licht und reflektiert nur das grüne Licht zu uns. Zum besseren Verständnis sehen Sie sich Abbildung 4.6 an.

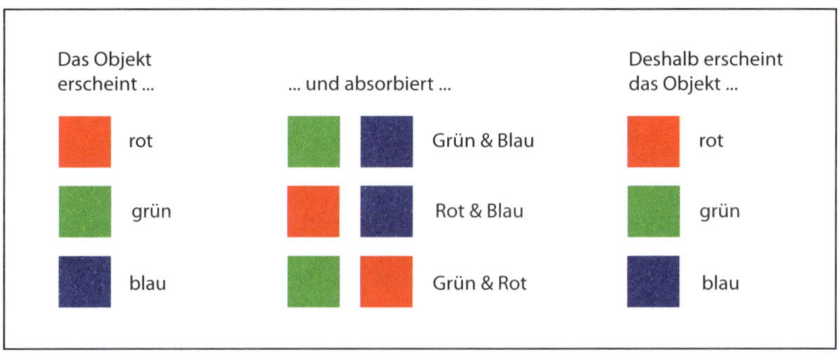

Abb. 4.6 *Diese Grafik veranschaulicht, welche Lichtfarben von Objekten der additiven Primärfarben absorbiert und reflektiert werden.*

Eigentlich ganz einfach – aber wie erhalten wir nun mehr als drei Farben? Wenn wir rote und grüne Farbe mischen, könnten wir aufgrund unserer Erfahrungen mit gemischten Lichtfarben erwarten, dass wir Gelb erhalten. Dies ist jedoch nicht der Fall. Die rote Farbe absorbiert das grüne Licht und die grüne Farbe absorbiert das rote Licht. Wenn wir sie also mischen, absorbiert die resultierende Farbe das Rot, das Grün *und* das Blau. Wir hätten dasselbe Problem, wenn wir versuchen würden, auf diese Weise Cyan oder Magenta zu erzeugen. Was ist da los?

Die Farben, die wir als Sekundärfarben bezeichnen und die durch die Addition von Licht zweier verschiedener (additiver) Primärfarben entstehen, sind die *subtraktiven* Primärfarben: Cyan (C), Magenta (M) und Gelb (Y). Deshalb besteht Druckfarbe aus CMY oder CMYK, wobei das K für Schwarz steht. Abbildung 4.7 veranschaulicht die Beziehung zwischen dem additiven und dem subtraktiven Farbmodell. Diese Abbildung zeigt auch, dass die Kombination von zwei additiven Primärfarben mehr Licht erzeugt, während die Kombination von zwei subtraktiven Primärfarben weniger Licht erzeugt (daher die Bezeichnung *subtraktives* Modell).

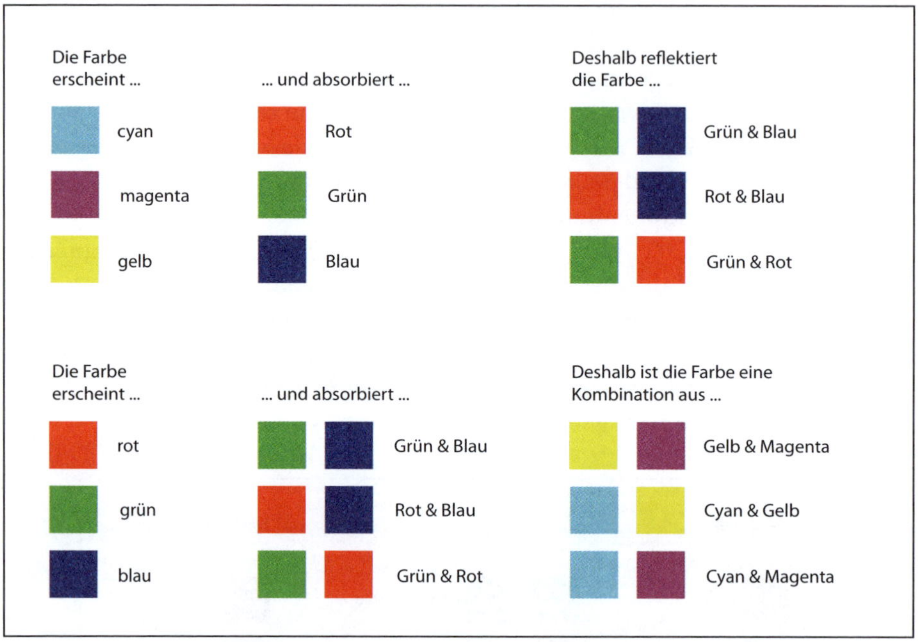

Abb. 4.7 *Diese Abbildung veranschaulicht das Verhältnis zwischen den Primärfarben des Druckfarbmodells (Cyan, Magenta, Gelb) und den Primärfarben des additiven Farbmodells (Rot, Grün, Blau).*

Das CMYK-System wird normalerweise nur im Druck verwendet. Da es in diesem Buch hauptsächlich um digitale Medien geht, wird darum im Folgenden das additive Farbmodell behandelt.

4.1.4 Farbsehschwäche

Farbsehschwäche ist ein wichtiger Aspekt, den es bei der Gestaltung von Datenvisualisierungen zu berücksichtigen gilt. Etwa einer von zwölf Männern (8 %) und eine von 200 Frauen (0,5 %) leben mit einer Form der Farbsehschwäche. Das bedeutet, dass unter 100 Ihrer männlichen Bekannten wahrscheinlich etwa acht Personen betroffen sind. Das sind eine Menge Leute! Aber was bedeutet es, farbfehlsichtig zu sein?

In unseren Augen gibt es drei Arten von Zapfenzellen, die jeweils Licht in einem anderen Teil des sichtbaren Spektrums absorbieren. Daher werden sie nach ihren Absorptionsspektren benannt: kurz-, mittel- und langwellig (in Bezug auf die relativen Wellenlängen des Lichts, das sie absorbieren) oder Blau, Grün und Rot (für die Farben, aus denen diese Regionen bestehen).

Abbildung 4.8 zeigt eine normalisierte Darstellung dieser Empfindlichkeiten der drei Zapfentypen. Die Tatsache, dass unser Auge die drei Primärfarben des Lichts mischt, um Farben wahrzunehmen, wird als *Trichromasie* bezeichnet. Menschen, bei denen alle drei Zapfentypen funktionieren, werden als *Trichromaten* bezeichnet.

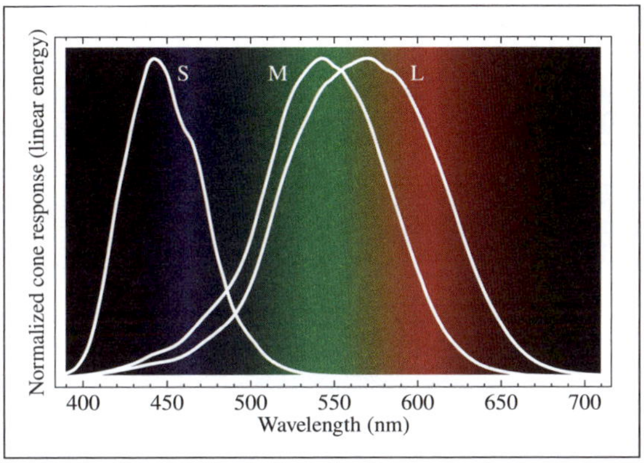

Abb. 4.8 *Diese Grafik zeigt in normalisierter Darstellung, welche Wellenlängenbereiche des sichtbaren Lichts von den verschiedenen Zapfentypen in unseren Augen absorbiert werden. Die Buchstaben S, M und L stehen für diejenigen Bereiche kurz-, mittel- und langwelligen Lichts, in denen die stärkste Absorption stattfindet und die uns daher auch als Blau, Grün und Rot geläufig sind. (Quelle: BenRG, Public domain, via Wikimedia Commons)*

Wenn ein Zapfentyp nicht funktioniert, spricht man von *Dichromasie*. Wenn zwei Zapfentypen nicht funktionieren, bezeichnet man dies als *Monochromasie*. Wenn keiner der drei Zapfentypen funktioniert, was dazu führt, dass gar keine Farben wahrgenommen werden können, liegt eine *Achromatopsie* vor.

Es gibt drei Arten von Dichromasie: Personen mit *Protanopie* können nur blaues und grünes Licht wahrnehmen (Rotblindheit). Personen mit *Deuteranopie* können nur blaues und rotes Licht wahrnehmen (Grünblindheit). Und Personen mit *Tritanopie* können nur rotes und grünes Licht wahrnehmen (Blaublindheit). Es ist auch möglich, dass alle drei Zapfentypen zwar funktionieren, aber die Empfindlichkeit eines Zapfentyps verändert oder geschwächt ist. In solchen Fällen verschiebt sich entweder der Rotzapfen in Richtung des Grün-Peaks (Farbsehschwäche: *Protanomalie*), sodass Rottöne eher grün erscheinen, oder der Grünzapfen verschiebt sich in Richtung des Rot-Peaks (*Deuteranomalie*), sodass Grüntöne eher rot erscheinen. Von der dritten Art, der *Tritanomalie*, betroffene Personen haben Schwierigkeiten, den Unterschied zwischen Blau und Grün sowie zwischen Gelb und Rot zu erkennen.

Das sind in der Tat viele neue Fachbegriffe. Einige davon lassen sich anhand von Abbildung 4.9 in der Praxis betrachten. Was sehen Menschen mit Farbsehschwäche ungefähr?

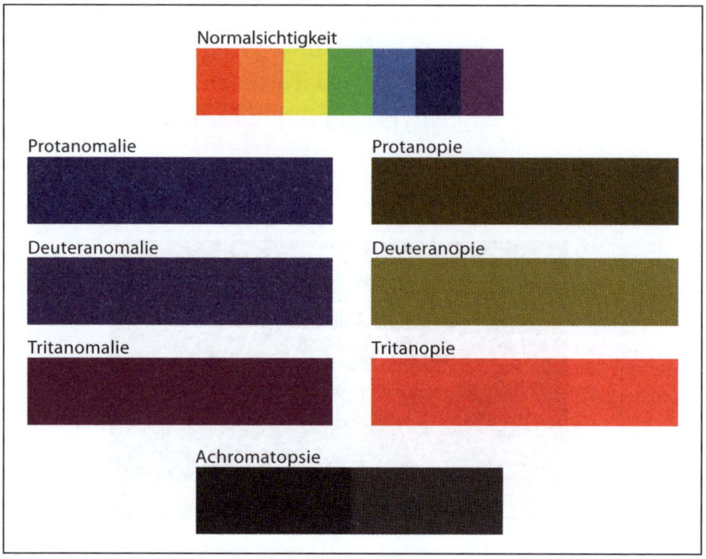

Abb. 4.9 *Eine approximative Darstellung der verschiedenen Arten von Farbsehschwäche*

Die bei Weitem häufigste Form der Farbsehschwäche ist die Deuteranomalie, bei der die Absorption des grünen Zapfens in Richtung Rot verschoben ist, sodass Grüntöne eher rötlich erscheinen. Tritanomalie und Tritanopie sind deutlich seltener und scheinen tatsächlich auf eine einzige genetische Mutation zurückzuführen zu sein, die zu unterschiedlichen Graden der Sehschwäche führt, und nicht auf zwei verschiedene Sehschwächetypen [1] (Went & Pronk, 1985). Bei Interesse finden Sie in der Literatur Studien, die die Prävalenz der verschiedenen Arten von Farbsehschwäche katalogisieren. Diese Studien sind meist eurozentrisch, was jedoch wahrscheinlich darauf zurückzuführen ist, dass diese Sehschwächen generell selbst ziemlich eurozentrisch sind. Eine vollständige Monochromasie ist noch seltener, sodass es nahezu unmöglich ist, Informationen über ihre Prävalenz zu finden. Weitere Details zur Prävalenz der einzelnen Arten von Farbsehschwäche finden Sie in Abbildung 4.10.

Während Sie munter an der Erstellung schöner Datenvisualisierungen für Ihre Kundinnen, Stakeholder, den Freundes- und Familienkreis sowie für sich selbst arbeiten, ist es wichtig, zu berücksichtigen, wie die von Ihnen gewählten Farben von Ihrem Publikum wahrgenommen werden. Ich werde später in diesem Kapitel darauf eingehen, wie Sie sicherstellen können, dass möglichst viele Menschen Ihre Visualisierungen auf Basis der von Ihnen verwendeten Farben interpretieren und verstehen können.

Nachdem Sie nun einen Einblick in die Funktionsweise des Farbsehens gewonnen haben, geht es im nächsten Abschnitt darum, Ihr neu erworbenes Wissen in die Praxis umzusetzen. Zuerst werden die Farbräume behandelt.

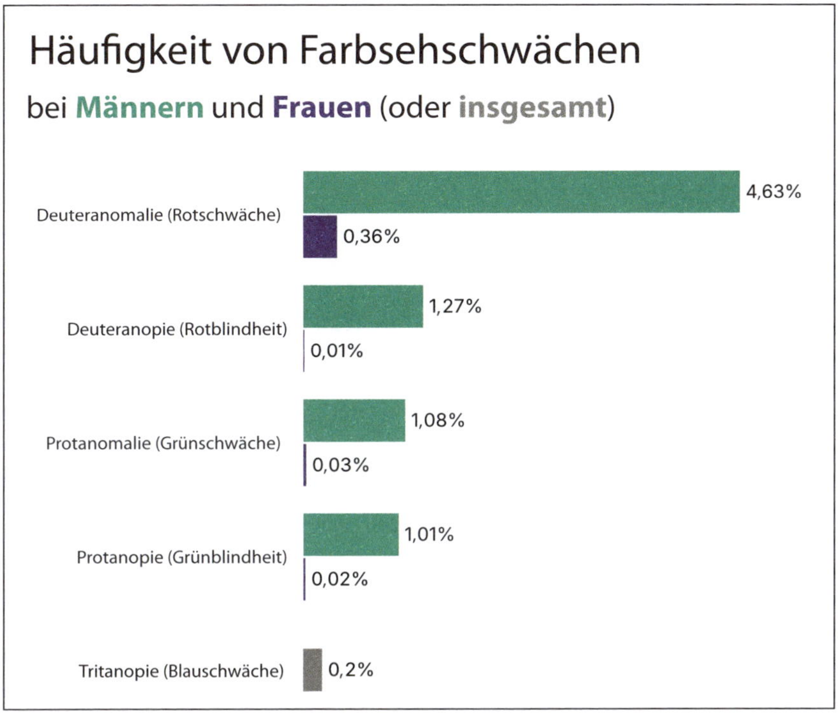

Abb. 4.10 *Darstellung der geschätzten Prävalenz der einzelnen Typen von Farbsehschwäche. Die Zahlen für Protanomalie und Deuteranomalie stammen von Sharpe et al. [2], während die Angaben zur Tritanomalie von Went und Pronk [1] übernommen wurden. (Ein besonderer Dank geht an den Augenarzt, der mir geholfen hat, eine Quelle für die Prävalenz der Tritanomalie zu finden!)*

4.2 Farbräume

In der Farbtheorie gibt es zwar Konzepte wie den Regenbogen, die beiden Primärfarbensätze und den Farbkreis – so weit, so einfach. Allerdings ist die Realität deutlich komplexer. Wenn Sie versuchen, eine beliebige Farbe allein mit drei Primärfarben zu erzeugen, wird das nicht funktionieren. Denn Farbe ist mehr als nur der *Farbton*, also der Bereich des Farbkreises oder des sichtbaren Spektrums, in den diese Farbe fällt, d.h. ihr reines Pigment. Das ist normalerweise auch gemeint, wenn jemand nach der Lieblingsfarbe gefragt wird. Bevor es mit den verschiedenen Farbräumen losgeht, denen Sie in Ihren Datenvisualisierungen begegnen werden, möchte ich Sie zunächst mit einigen weiteren nützlichen Begriffen bekannt machen.

- *Farbton*. Wie bereits erwähnt, ist der Farbton im Wesentlichen nur der Name einer Farbe (z.B. Rot, Blau, Lila, Cyan), also das, was ein fünfjähriges Kind als Farbe bezeichnen würde.

- *Luminanz oder Helligkeit.* Die Luminanz beschreibt, wie dunkel oder hell eine Farbe ist. Daher wird sie auch als Helligkeit bezeichnet. Ein höherer Wert ergibt eine hellere Farbe, während ein niedrigerer Wert für eine dunklere Farbe steht (siehe Abb. 4.11).

Abb. 4.11 *Die Helligkeit oder Luminanz einer Farbe reicht von Schwarz bei 0 % bis Weiß bei 100 %.*

- *Sättigung oder Chroma bzw. Buntheit.* Die Sättigung beschreibt die Intensität oder Reinheit einer Farbe im Gegensatz zu Grau. Sie ist sehr eng mit der Chroma oder Buntheit einer Farbe verbunden, was grundsätzlich die für verschiedene Lichtquellen normalisierte Sättigung ist. Die Sättigung einer Farbe reicht von Grau (keine Sättigung) bis zur reinsten Version der Farbe selbst (höchste Sättigung), wie in Abbildung 4.12 dargestellt.

Abb. 4.12 *Die Sättigung oder Chroma einer Farbe reicht von Grau bei 0 % bis zur reinen Farbe bei 100 %.*

- *Farbraum.* Die meisten Farbräume werden durch drei Werte oder Achsen definiert, ähnlich wie im euklidischen Raum der Mathematik mit den kartesischen Koordinaten X, Y und Z. In der Tat stellen die wirklich hartgesottenen Farbwissenschaftlerinnen Farbräume genau so dar. Moderne Farbräume sind sehr mathematisch, und ihre Darstellungen sehen oft aus wie Dinge, die man in fortgeschrittenen Analysis-Kursen lernt, mit all ihren ungewöhnlichen Formen, die um verschiedene Achsen gedreht sind. Sie sind sehr schwer im Kopf zu visualisieren, wenn man sie nicht auf dem Papier sieht. Als ich mich zum ersten Mal wirklich mit Farbe und Farbtheorie beschäftigte und von verschiedenen Farbräumen las, dachte ich, das sei total verrückt. Wie kann eine Reihe von Farben je nach Quantifizierung unterschiedlich aussehen? Farbe ist doch Farbe, oder? Spoiler: Nein. Wenn Sie diesen Abschnitt faszinierend finden, empfehle ich Ihnen, sich selbst mit der Farbwissenschaft zu beschäftigen. Es ist sehr interessant und verblüffend, und es gibt eine Menge Material dazu. Es gibt auch viel mehr Farbräume als die vier, die ich in diesem Abschnitt vorstellen werde, und jeder einzelne hat eingefleischte Fans, auf die Sie stoßen werden, wenn Sie sich näher mit dem Thema befassen.

4.2.1 RGB-Farbraum

Der am häufigsten verwendete Farbraum in der Datenvisualisierung ist zweifellos der RGB-Farbraum. Dieser basiert auf den drei Primärfarben des Lichts, die auch von Computerbildschirmen verwendet werden. Eine Farbe im RGB-Raum wird üblicherweise durch ein Zahlentripel dargestellt, bei dem jeder Wert zwischen 0 und 255 liegt. Zum Beispiel repräsentiert (0,255,255) die Farbe Cyan (da im additiven Farbmodell Grün + Blau = Cyan gilt), und (99,48,145) stellt ein schönes Violett dar (siehe Abb. 4.13). Diese Quantifizierung von Farben ähnelt dem Gedankenexperiment von Newton, bei dem er verschiedene Mengen von Farben um seinen Farbkreis addierte.

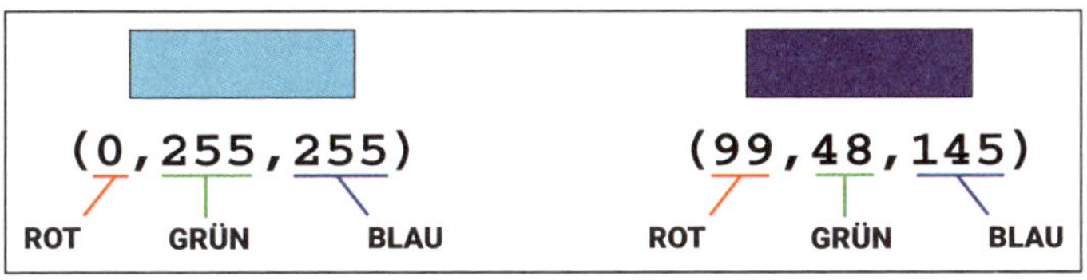

Abb. 4.13 *Zwei Farben in RGB-Notation*

Aber warum 0 bis 255? Gute Frage!

Dieser quantitative Ansatz zur Farbdarstellung in Computersystemen basiert auf dem additiven Farbmodell, bei dem Rot, Grün und Blau die Primärfarben des Lichts sind. Jeder dieser drei Primärfarbwerte wird durch 1 Byte – also 8 Bits – an Informationen repräsentiert. Ein Bit kann entweder den Wert 1 oder 0 annehmen, was einer einzelnen Dimension entspricht – also entweder vorhanden oder nicht vorhanden. Mit 8 Bits, die ein Byte bilden, gibt es $2^8 = 256$ mögliche Anordnungen von Einsen und Nullen. Da die Zählung wie in der Informatik üblich bei 0 beginnt, können diese Anordnungen von 0 bis 255 durchnummeriert werden.

Da 256 das Quadrat von 16 ist (16 x 16 = 256), ist es praktisch und spart ein paar Tastenanschläge, die RGB-Farbwerte zur Basis 16 oder *hexadezimal* darzustellen, wie in Abbildung 4.14 gezeigt.

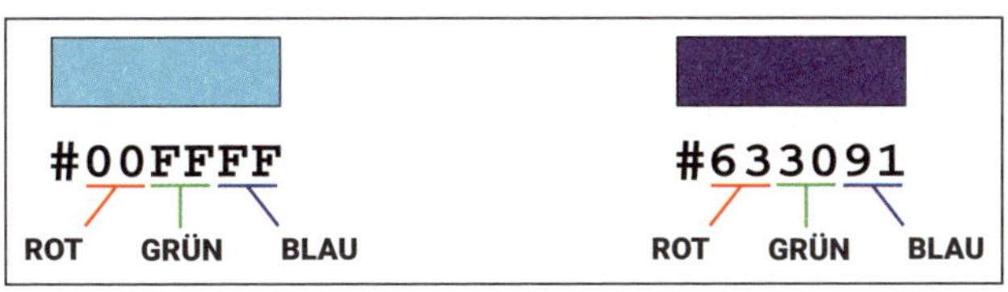

Abb. 4.14 *Die gleichen beiden Farben aus der vorherigen Abbildung, diesmal jedoch in der kompakteren Schreibweise als hexadezimale Zahlentripel.*

Hexadezimal vs. Dezimal

Normalerweise schreiben wir Zahlen in Dezimalschreibweise, also unter Verwendung der Ziffern 0 bis 9. Dieses Zahlensystem basiert auf der Basis 10, da wir bei 10 eine neue Stelle für die Zehnerzahl setzen, wie wir es von klein auf gelernt haben. Zum Beispiel wird die Zahl 99 in der Dezimalschreibweise durch eine 9 an der Zehnerstelle und eine 9 an der Einerstelle dargestellt. Dies ergibt sich, indem wir 99 durch 10 teilen und den Quotienten 9 sowie den Rest 9 in die entsprechenden Stellen eintragen.

Anstatt das Dezimalsystem mit den Ziffern 0 bis 9 zu verwenden, können wir auch ein Zahlensystem mit der Basis 16 nutzen, das als *Hexadezimalsystem* oder kurz Hex bezeichnet wird.

Im Hexadezimalsystem verwenden wir die Ziffern 0 bis 9 sowie die Buchstaben A bis F, um Werte von 0 bis 15 darzustellen. Wenn wir also bei 10 ankommen, setzen wir statt einer neuen Ziffer den Buchstaben A ein. Zum Beispiel wird die Zahl 15 in Hexadezimalschreibweise durch ein einzelnes F dargestellt. Und die Zahl 16 ist hexadezimal geschrieben 10, da wir eine 1 an die 16er-Stelle und eine 0 an die 1er-Stelle setzen. Um 255 in Hexadezimalschreibweise auszudrücken, teilen wir durch 16 und erhalten 15 mit einem Rest von 15. Wir setzen also ein F an die 16er-Stelle und ein weiteres F an die 1er-Stelle. Damit erhalten wir FF (oder ff, da bei Hexadezimalzahlen die Groß-/Kleinschreibung keine Rolle spielt).

Jede der drei Farbachsen kann Werte zwischen 0 und 255 annehmen. Somit umfasst der RGB-Farbraum insgesamt $256^3 = 16.777.216$ mögliche Farbwerte. In der Praxis ist mir noch kein Visualisierungstool untergekommen, das zur Definition einer bestimmten Farbe nicht sowohl die direkte Angabe von RGB-Werten (z. B. 255,255,255) als auch die kompaktere Hexadezimal-Schreibweise (z. B. #FFFFFF) akzeptiert hätte.

4.2.2 HSB- oder HSV-Farbraum

Der HSB-Farbraum (Hue = Farbton, Saturation = Sättigung, Brightness = Helligkeit) bzw. HSV-Farbraum (Hue, Saturation, Value) ist seit 2024 in den Farbwählern von Mac und Windows verfügbar, jedoch noch nicht in CSS (Cascading Style Sheets) integriert. Wenn Sie sich hauptsächlich mit Webentwicklung beschäftigen, können Sie diesen Abschnitt daher möglicherweise überfliegen und dem nächsten Abschnitt mehr Aufmerksamkeit widmen.

Der HSB-Farbraum wurde 1974 von dem Elektro- und Computeringenieur Alvy Ray Smith entwickelt, der später auch an der Gründung der Computerabteilung von Lucasfilm sowie des Animationsstudios Pixar beteiligt war. Im HSB-System wird dem Farbton (Hue) eine Zahl zwischen 0 und 360 zugewiesen, die seiner Position auf einem Farbkreis entspricht. Dabei liegt reines Rot bei 0° (und auch bei 360°, da 0° = 360°, wie aus dem Mathematikunterricht bekannt). Abbildung 4.15 veranschaulicht diesen Farbkreis.

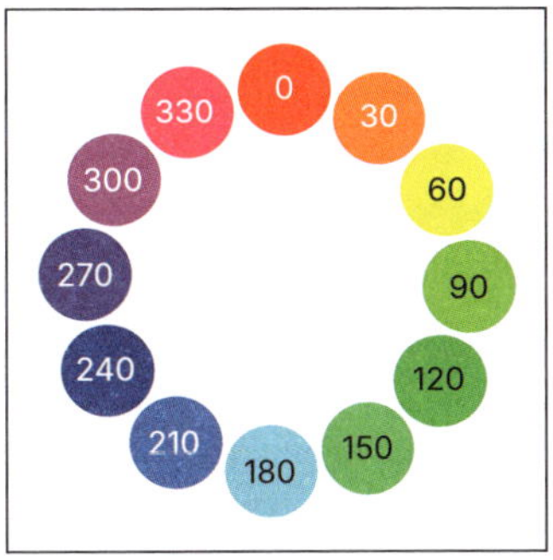

Abb. 4.15
Der HSB-Farbkreis (konstante Sättigung und Helligkeit von 100 %) mit beschrifteten Farbtonwerten

Mich fasziniert an diesem HSB-Farbsystem, dass der Farbton (Hue) einem Winkel auf einem Farbkreis entspricht. Dadurch kann man sich recht intuitiv vorstellen, was mit einer Farbe passiert, wenn sich der Farbton nach oben oder unten verschiebt. Nehmen wir zum Beispiel ein Grün mit einem Farbton von 120 (entspricht RGB [0,255,0] oder #00FF00 in Hexadezimalschreibweise). Wenn ich den Farbton auf 150 erhöhe, verschiebt sich die Farbe mehr in Richtung Blau, wird also etwas kühler und sanfter. Verringere ich den Farbton hingegen auf 90, verschiebt er sich mehr in Richtung Gelb und wird dadurch etwas wärmer.

Im HSB-Farbraum reicht die Sättigung (Saturation) von 0 % für Grautöne bis 100 % für die volle, lebendigste Darstellung einer Farbe. Dies lässt sich auch in ganzen Zahlen von 0 bis 100 ausdrücken. Abbildung 4.16 veranschaulicht diesen Sättigungsbereich für vier verschiedene Farbtöne (Hue-Werte) und jeweils vier unterschiedliche Sättigungsstufen.

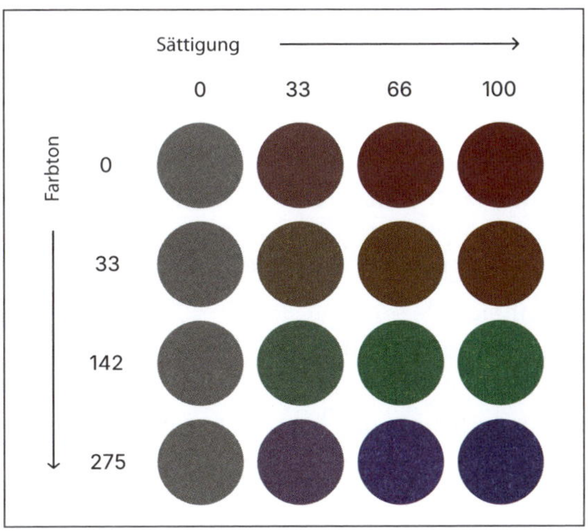

Abb. 4.16 *Die Veränderung von Farbton (Hue) und Sättigung (Saturation) im HSB-Farbraum. Hier wird deutlich, dass die Erhöhung der Sättigung für einen bestimmten Farbton bei Grau mit 0 % beginnt und zu immer lebhafteren, gesättigteren Farben führt, wenn die Sättigung bis zu 100 % gesteigert wird.*

Damit folgt der letzte Parameter im HSB-Farbraum – die Helligkeit (Brightness). Diese reicht ebenfalls von 0 % bis 100 % (oder kann auch in ganzen Zahlen von 0 bis 100 dargestellt werden). Bevor ich näher darauf eingehe, möchte ich Ihnen in Abbildung 4.17 zeigen, was passiert, wenn Sie einen einzelnen Farbton (in diesem Fall 0, also Rot) nehmen und dann die Sättigung und Helligkeit verändern.

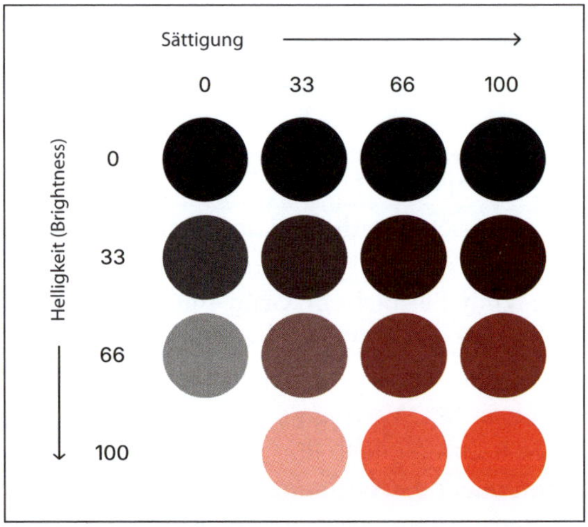

Abb. 4.17 *Diese Grafik veranschaulicht die Veränderung von Sättigung (Saturation) und Helligkeit (Brightness) im HSB-Farbraum. Hier wird deutlich, dass eine Helligkeit (Brightness) von 0 % unabhängig von der Sättigung (Saturation) oder dem Farbton (Hue) zu Schwarz führt. Eine Helligkeit von 100 % ergibt hingegen nur dann Weiß, wenn die Sättigung 0 % beträgt.*

Wenn die Helligkeit also 0 % beträgt, ist die resultierende Farbe unabhängig vom Farbton oder der Sättigung immer Schwarz. Es ist, als befänden Sie sich in einem Raum mit einigen roten und weißen Farbtupfern, wie in den unteren linken und rechten Ecken von Abbildung 4.17 dargestellt, und hätten das Licht ausgeschaltet. Egal wie leuchtend das Rot oder rein das Weiß ist – ohne jegliches Licht (also bei 0 % Helligkeit) erscheint beides schwarz. Stellen Sie hingegen das weiße Licht auf volle Leistung, so erscheinen die Farbtupfer in ihrer maximal möglichen Leuchtkraft bzw. Reinheit.

Stellen Sie sich vor, Sie fügen in Ihrer Küche Lebensmittelfarbe zu einem hellen Kuchenteig hinzu. Ein einzelner Tropfen aus der roten Flasche färbt den Teig nur schwach. Je mehr Tropfen Sie hinzugeben, desto intensiver wird die rote Färbung. Wenn Sie dies im Dunkeln tun, sehen Sie zunächst nichts. Sobald Sie jedoch einen weißen Strahler mit Dimmer auf den Teig richten, wird die Farbintensität umso deutlicher sichtbar, je mehr Sie die Helligkeit erhöhen. Mischen Sie schließlich die gesamte Flasche rote Farbe in den Teig eines einzelnen Muffins und stellen die Helligkeit auf Maximum, sieht das Ergebnis wahrscheinlich aus wie der rote Kreis unten rechts in Abbildung 4.17.

4.2.3 HSL-Farbraum

Wenn Sie hauptsächlich für das Web entwickeln und weniger Business-Intelligence-Tools oder Designsoftware verwenden, könnte der HSL-Farbraum – Hue (Farbton), Saturation (Sättigung) und Lightness (Helligkeit) – von Interesse für Sie sein.

Aktuell, also im Jahr 2024, ist der HSL-Farbraum in CSS (Cascading Style Sheets) verfügbar, nicht jedoch in den Farbauswahlfunktionen von Mac und Windows. Wie praktisch, nicht wahr ...?

Zum Glück sind sich die Farbräume HSL und HSB sehr ähnlich, sodass wir den HS-Teil überspringen und uns direkt auf den Unterschied zwischen Lightness und Brightness, also L und B, konzentrieren können. Werfen Sie zunächst einen Blick auf Abbildung 4.18, eine leicht veränderte Version von Abbildung 4.17. Hier wird statt der Brightness die Lightness variiert, während Farbton und Sättigung konstant bleiben.

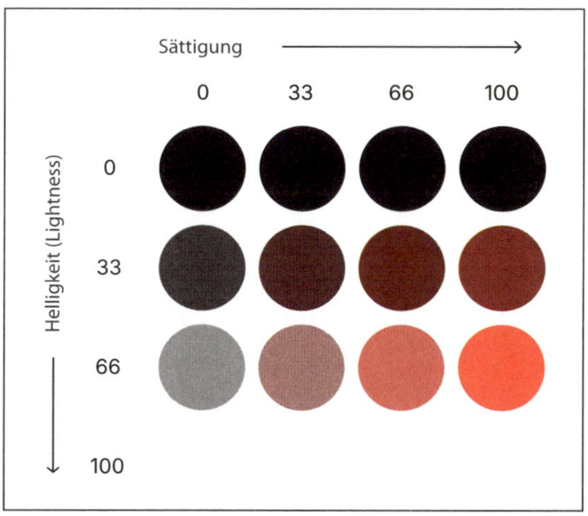

Abb. 4.18 *Die Grafik veranschaulicht die Beziehung zwischen Sättigung (Saturation) und Helligkeit (Lightness). Daraus wird ersichtlich, dass eine Helligkeit von 0 unabhängig von der Sättigung (oder dem Farbton) zu Schwarz führt. Umgekehrt resultiert eine Helligkeit von 100 unabhängig von der Sättigung (oder dem Farbton) in Weiß.*

In Abbildung 4.18 wird deutlich, dass eine Helligkeit von 100 für jeden Farbton oder jede Sättigung zu Weiß führt, während eine Helligkeit von 0 stets Schwarz ergibt. Wie erhalten wir also ein kräftiges Rot? In Abbildung 4.19 wurde Abbildung 4.18 eine weitere Zeile für 50 % Helligkeit hinzugefügt.

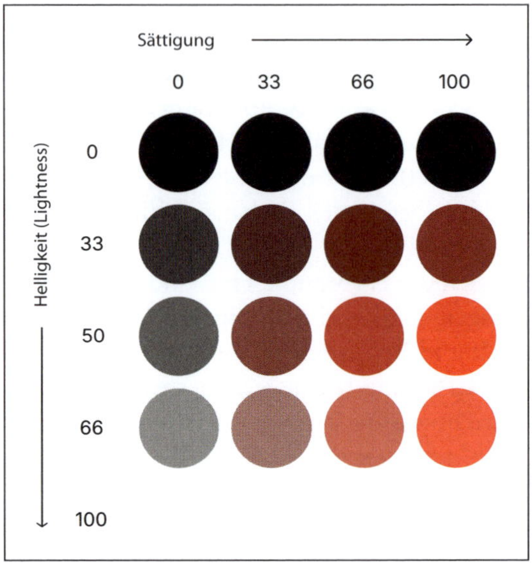

Abb. 4.19 *Voilà, ein echtes Rot – in der mittleren Reihe ganz rechts, bei 100 % Sättigung (Saturation) und 50 % Helligkeit (Lightness)*

Aus dieser Abbildung geht hervor, dass im HSL-Farbsystem Schwarz (0 % Helligkeit) und Weiß (100 % Helligkeit) die Gegenpole darstellen. Die »wahre« Farbe, also die Farbe mit 100 % Sättigung, befindet sich genau in der Mitte bei 50 % Helligkeit.

Gut – lassen Sie uns den nächsten Farbraum behandeln, bevor wir zu den Farbpaletten kommen.

4.2.4 Der CIELAB- oder L*a*b*-Farbraum

Der CIELAB-Farbraum, auch bekannt als L*a*b*, ist technisch und mathematisch sehr viel komplexer als die bisher beschriebenen Farbräume. Dieser Farbraum wurde von der Internationalen Beleuchtungskommission (CIE, *Commission Internationale de l'Éclairage*) als geräteunabhängiger Farbraum entwickelt. Das bedeutet, dass seine Farben immer gleich definiert sind, unabhängig davon, ob sie in Printmedien, auf einem Computermonitor oder anderweitig dargestellt werden.

Der CIELAB-Farbraum wird durch drei Koordinaten definiert: L* oder Helligkeit, die von Schwarz (0) bis Weiß (100) reicht, genau wie bei HSL. Die Koordinate a* definiert die Rot-Grün-Achse, wobei negative Werte in Richtung Grün und positive Werte in Richtung Rot gehen. Die Koordinate b* definiert die Blau-Gelb-Achse, wobei negative Werte in Richtung Blau und positive Werte in Richtung Gelb gehen. Technisch gesehen gibt es keine Grenzen, wie weit die negativen oder positiven Werte von a* und b* gehen können, aber normalerweise liegen sie zwischen –128 und 127.

Abbildung 4.20 zeigt einen kleinen Ausschnitt des CIELAB-Farbraums bei einer Helligkeit (L*) von 75.

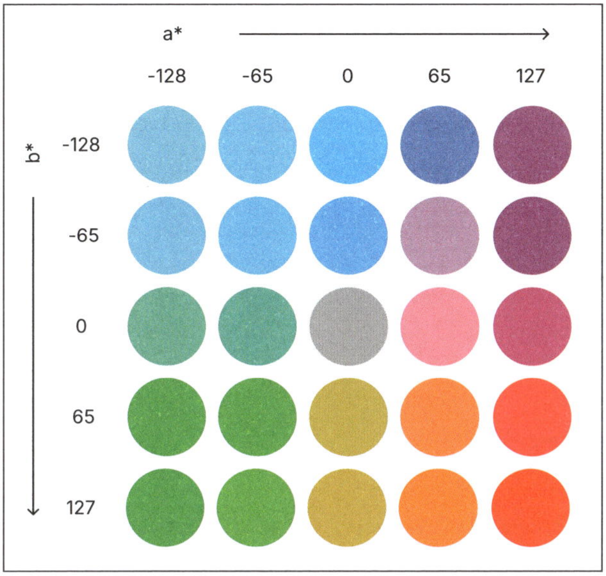

Abb. 4.20 *Ein Bereich des CIELAB-Farbraums bei L* = 75*

Werfen Sie nur der Vollständigkeit halber in Abbildung 4.21 einen Blick auf CIELAB bei L* = 25.

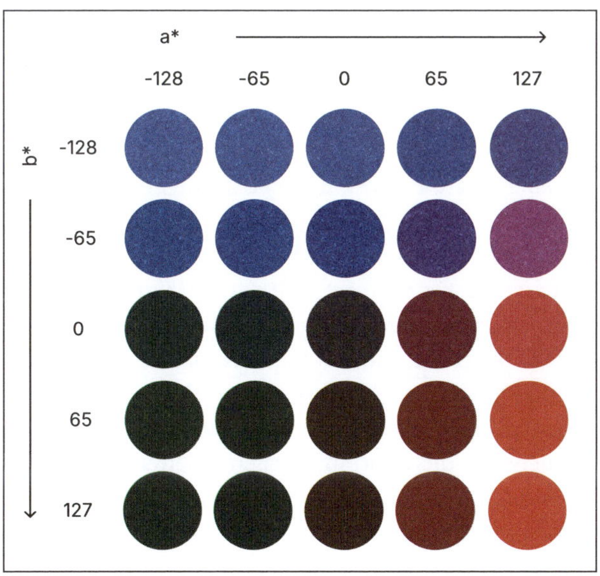

Abb. 4.21 *So sieht derselbe Ausschnitt aus, wenn er auf L* = 25 verschoben wird.*

CIELAB ist zwar in den üblichen Farbwählern nicht direkt verfügbar, aber es gibt Farbkonverter-Tools, mit denen sich CIELAB-Farben ganz einfach in gängigere Farbräume umrechnen lassen. Für die Erstellung der Abbildungen 4.20 und 4.21 habe ich das Tool *Colorizer* verwendet, das Sie im Anhang dieses Buchs finden können.

Wenn Sie die Grundlagen zu Farbräumen verinnerlicht haben, wird es Ihnen deutlich leichter fallen, Farbkombinationen für Ihre Datenvisualisierungen auszuwählen und anzupassen. Bei der Erstellung der Grafiken zur Veranschaulichung dieses Kapitels habe ich in Figma zwischen verschiedenen Farbräumen hin- und hergewechselt. Manchmal habe ich mit Hexadezimalfarben begonnen, da ich die Werte für Rot, Grün und Blau direkt einstellen kann, ohne zwischen verschiedenen Feldern wechseln zu müssen. Wenn ich die Farbe dann anpassen muss, wechsle ich zu HSB, da ich den Farbton einfach durch Drehen eines Reglers ändern kann. Die Anpassung von Helligkeit und Sättigung ist hier intuitiv, da ich weiß, welche Auswirkungen diese Änderungen haben. Ich möchte dieses Wissen nun in der Praxis anwenden, um geeignete Farbkombinationen bzw. -paletten für Datenvisualisierungen auszuwählen.

4.3 Verschiedene Arten von Farbpaletten und wie man sie erstellt

Bevor wir uns mit Farbpaletten befassen, möchte ich Ihnen einen wichtigen Rat zum Einsatz von Farbe in Datenvisualisierungen geben: Erstellen Sie Ihre Visualisierung zunächst in Schwarz-Weiß und fügen Sie dann gezielt Farbe hinzu, wenn es erforderlich ist. Dieses »*get it right in black and white*« ist der eigentliche Schlüssel zum sinnvollen Einsatz von Farbe, und ich werde Sie im Laufe des Buchs immer wieder daran erinnern. Da Sie nun ein Experte bzw. eine Expertin für Farbwissenschaft und -räume sind und Farbtöne sowie Sättigung nach Belieben anpassen können, werden Sie sicherlich versucht sein, all die schönen Farben, die Sie erzeugen können, in Ihre nächste Visualisierung einzubauen. Bitte widerstehen Sie dieser Versuchung! Schlecht eingesetzte Farbe kann eine ansonsten großartige Visualisierung völlig ruinieren.

In Ihren Datenvisualisierungen können Sie an verschiedenen Stellen Farben verwenden: für den Text, die Datenwerte selbst, den Hintergrund Ihrer Diagramme und Visualisierungen, für Bilder oder Symbole sowie für Nicht-Datenelemente wie Ränder, Achsenlinien oder das Gitternetz. In Kapitel 3 habe ich unterschiedliche Arten von Daten und Dimensionen beschrieben: diskrete und kontinuierliche sowie sequenzielle und kategoriale Werte. Hier möchte ich nun auf die entsprechenden Farbpaletten eingehen: auf die kontinuierlichen Paletten, die wiederum in sequenzielle und *divergierende* Paletten unterteilt werden können, sowie auf kategoriale (oder auch qualitative) Paletten. Lassen Sie uns also beginnen, gezielt Farbe in Datenvisualisierungen einzusetzen!

4.3.1 Kontinuierliche Paletten

Kontinuierliche Farbpaletten (auch als Farbskalen bekannt) eignen sich am besten für kontinuierliche Datenwerte. Sie entstehen, indem Sie eine einzelne Kurve (nicht zwangsläufig eine gerade Linie) durch einen Farbraum ziehen und alle Farben entlang dieser Kurve verwenden. Wenn Sie auf diese Weise kontinuierliche Daten mittels kontinuierlicher Farbverläufe abbilden, wollen Sie dabei sowohl die Reihenfolge als auch die Werte der Daten vermitteln. Alle kontinuierlichen Farbskalen in diesem Abschnitt wurden mithilfe der Bibliothek D3.js erstellt. Mein Quellcode-Repository finden Sie im Anhang.

Sequenzielle Paletten

Erinnern Sie sich an Kapitel 3: Das Vorhandensein sequenzieller Datenwerte bedeutet, dass die Reihenfolge dieser Werte wichtig ist – und das ist bei kontinuierlichen Daten im Grunde immer der Fall. Die einfachste Möglichkeit zu Erstellung einer solchen Farbpalette besteht darin, einen einzelnen Farbton zu nehmen und entweder seine Sättigung (von Grau bis Vollfarbe) oder seine Helligkeit (von Weiß oder Schwarz bis Vollfarbe) zu variieren, wie in Abbildung 4.22 dargestellt – Weiß für helle und Schwarz für dunkle Hintergründe. Dabei entspricht die Menge der Farbe der Menge der Daten: Mehr Farbe steht für größere Datenwerte, während weniger Farbe (in Richtung Schwarz oder Weiß) kleineren Datenwerten entspricht.

Abb. 4.22 *Eine kontinuierliche sequenzielle Farbpalette erstellen Sie im HSL-Farbraum wie folgt: Wählen Sie einen Farbton von 270 Grad. Variieren Sie dann die Sättigung von 0 % (keine Farbe) bis 100 % (volle Farbe). Gleichzeitig variieren Sie die Helligkeit von 100 % (Weiß) bis 50 % (volle Farbe).*

Es kann verlockend sein, bei der Erstellung einer sequenziellen Farbpalette nur die Sättigung zu variieren. Allerdings wird es deutlich einfacher, die Visualisierung auch in Schwarz-Weiß »richtig hinzubekommen«, wenn Sie sowohl die Helligkeit als auch die Sättigung verändern. Darüber hinaus ist dies eine gute Möglichkeit, eine Palette zu erstellen, die auch für Menschen mit Farbsehschwäche geeignet ist – solange der Kontrast zum Hintergrund stimmt (mehr dazu später). Wenn Sie den Kontrast noch weiter erhöhen möchten, ohne dabei die unteren Datenpunkte im Hintergrund zu verlieren, können Sie stattdessen mehrere Farbtöne für Ihren sequenziellen Farbverlauf verwenden, wie in Abbildung 4.23 dargestellt.

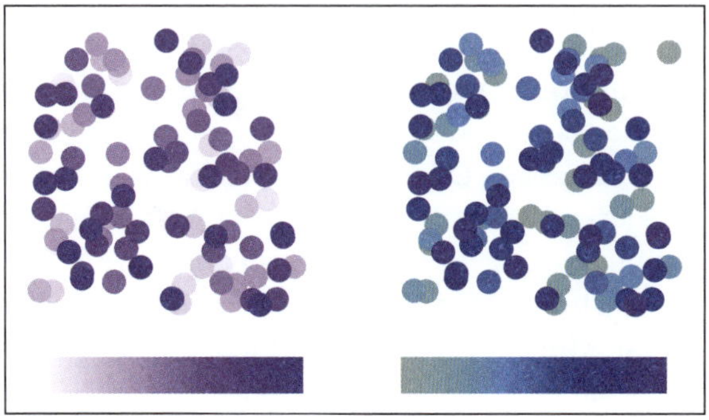

Abb. 4.23 *Der Unterschied zwischen einer sequenziellen Farbpalette mit nur einem Farbton (links) und einer solchen mit zwei Farbtönen (rechts). Beim Verlauf mit nur einem Farbton verlieren sich die Datenpunkte mit niedrigeren Werten leicht im Hintergrund, wenn der Kontrast nicht ausreicht. Um solche Probleme zu vermeiden, können Sie stattdessen einen Verlauf mit zwei Farbtönen verwenden. Wie in der rechten Abbildung zu sehen, ist es nun deutlich einfacher erkennbar, wo sich die höheren Datenwerte befinden.*

Durch die Verwendung von zwei Farbtönen anstelle von nur einem wird sichergestellt, dass alle Datenwerte eine Farbe haben – statt nur schwarz, weiß oder grau dargestellt zu werden, wie in der rechten Palette in Abbildung 4.23. Achten Sie darauf, sowohl die Helligkeit/Luminanz als auch den Farbton zu variieren. Dies trägt dazu bei, dass Ihre Farben für Menschen mit eingeschränkter Farbwahrnehmung besser voneinander unterscheidbar sind. Denken Sie daran, dass Ihr Diagramm auch in Schwarz-Weiß korrekt dargestellt werden muss! Durch die Variation von Helligkeit und Farbton stellen Sie sicher, dass die Farben in Graustufen unterscheidbar sind und die Skala intuitiv zu interpretieren ist: Die hellere Farbe entspricht kleineren Datenwerten, die dunklere Farbe größeren Datenwerten.

Wie bereits erwähnt, bedeutet ein Verlauf mit zwei Farbtönen im Wesentlichen, dass Sie zwei Ausgangsfarben wählen und dann eine Linie zwischen ihnen in einem bestimmten Farbraum zeichnen. Ehrlich gestanden ist dies in diesem Buch eine der interessantesten Anwendungen von Farbräumen, da eine Linie zwischen zwei Farbtönen in verschiedenen Farbräumen völlig unterschiedliche Farbsätze ergibt. Das ist wirklich faszinierend! Der obere Teil von Abbildung 4.24 zeigt dieses Phänomen anhand von zwei Farbräumen, die Sie in Abschnitt 4.2 kennengelernt haben. Der untere Teil der Abbildung veranschaulicht es anhand von zwei neuen Farbräumen, die derzeit in D3 verfügbar sind.

Manchmal können mehrere Farbtöne zu viel für die Geschichte sein, die Sie mit Ihrer Visualisierung erzählen wollen, insbesondere wenn Sie eine eher ernsthafte Thematik darstellen möchten. In solchen Fällen sollten Sie sich besser auf einen einzigen Farbton beschränken.

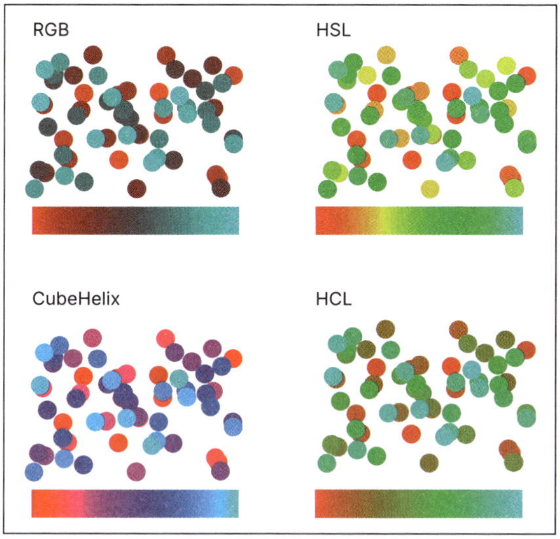

Abb. 4.24
Durch die Verwendung verschiedener Farbräume können Sie aus denselben beiden Farben vier verschiedene Paletten erstellen, links ein Bonbon-Apfelrot und rechts ein dunkles Cyan. Glauben Sie mir nicht? Schauen Sie sich die äußersten linken und rechten Seiten des Farbbalkens an, und Sie werden erkennen, dass es sich wirklich um dieselben zwei Farben handelt!

Divergierende Paletten

Für kontinuierliche Daten, die sich um einen aussagekräftigen Einzelwert drehen, eignen sich divergierende Farbpaletten besonders gut. Eine solche Palette verwendet drei Farbtöne: einen Farbton für die niedrigsten Datenwerte, einen für die höchsten Datenwerte und einen Farbton (in der Regel entsättigt und heller) für den aussagekräftigen Mittelpunkt.

Eine divergierende Farbskala ist unglaublich effektiv für Anwendungen, bei denen es um Abweichungen von einem zentralen Referenzwert geht. Beispiele hierfür wären Darstellung von Abweichungen von einer Durchschnittstemperatur, Abweichungen von einem Umsatzziel, das Kräfteverhältnis zwischen politischen Parteien, Einkommen ober- und unterhalb der Armutsgrenze und so weiter. Technisch gesehen könnten Sie in solchen Fällen auch eine sequenzielle Farbpalette verwenden. Allerdings hilft eine divergierende Skala, die Gegensätze effektiver darzustellen, da sie die beiden Extreme hervorhebt, wie in Abbildung 4.25 zu sehen ist.

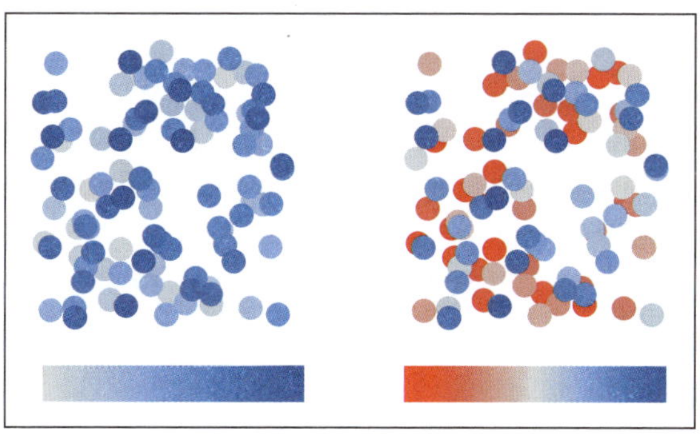

Abb. 4.25
Die sequenzielle Palette auf der linken Seite eignet sich gut dazu, die größeren Werte in den Daten hervorzuheben. Die divergierende Palette rechts macht es hingegen einfacher, beide Extreme – sowohl die niedrigen als auch die hohen Werte – für denselben Datensatz zu erkennen.

Wenden Sie divergierende Paletten aber vorsichtig an, denn sie können den »Schwarz-Weiß-Test« kaum bestehen.

4.3.2 Diskrete Paletten

Es gibt zwei Hauptarten von diskreten Farbpaletten für Datenvisualisierungen: Zum einen gibt es abgestufte oder diskrete Versionen der zuvor erwähnten kontinuierlichen Farbpaletten. Zum anderen gibt es kategoriale oder qualitative Farbpaletten, die – Sie haben es erraten – speziell für die Darstellung kategorialer Daten geeignet sind.

Abgestufte Versionen kontinuierlicher Paletten

Es gibt zwei Einsatzgebiete für eine abgestufte Version einer kontinuierlichen Farbpalette: Zum einen könnten kontinuierliche Daten vorliegen, Sie möchten aber die Werte in Kategorien oder Segmenten entlang eines kontinuierlichen Spektrums darstellen. Dafür gibt es verschiedene Gründe, etwa wenn Sie die Verwendung von Farben vereinfachen oder zeigen möchten, wie die Daten verteilt sind, zum Beispiel in Quartilen. Nehmen wir als Beispiel die divergierende Farbpalette aus Abbildung 4.25. Anstatt einen kontinuierlichen Farbverlauf zu verwenden, können Sie diesen in drei Segmente unterteilen, um etwa niedrige, mittlere und hohe Werte darzustellen (siehe Abb. 4.26).

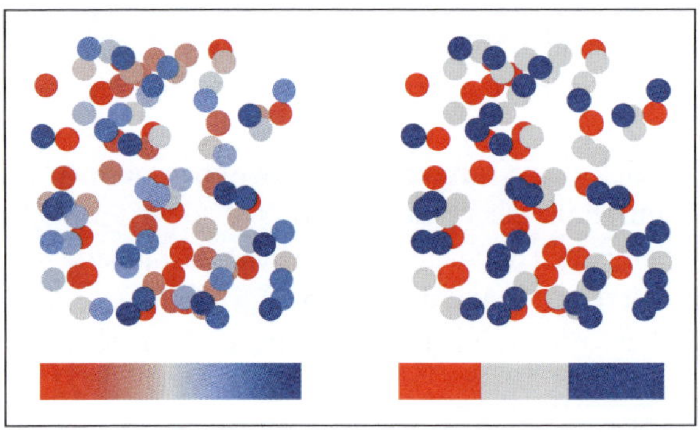

Abb. 4.26
Die kontinuierliche divergierende Farbskala aus Abbildung 4.25 kann in drei diskrete Farbsegmente für niedrige, mittlere und hohe Werte unterteilt werden.

Der zweite Fall, in dem eine abgestufte Version einer kontinuierlichen Farbpalette sinnvoll sein kann, ist, wenn Ihre Daten zwar geordnet, aber nicht kontinuierlich sind. Auch in solchen Fällen können Sie eine sequenzielle oder divergierende Palette verwenden, je nachdem, wie die Datenwerte und Ihr Kommunikationsziel beschaffen sind. Ein gutes Beispiel hierfür sind Likert-Skalen. Abbildung 4.27 zeigt ein Diagramm, das die Ergebnisse der theoretischen Likert-Frage aus Kapitel 3 visualisiert.

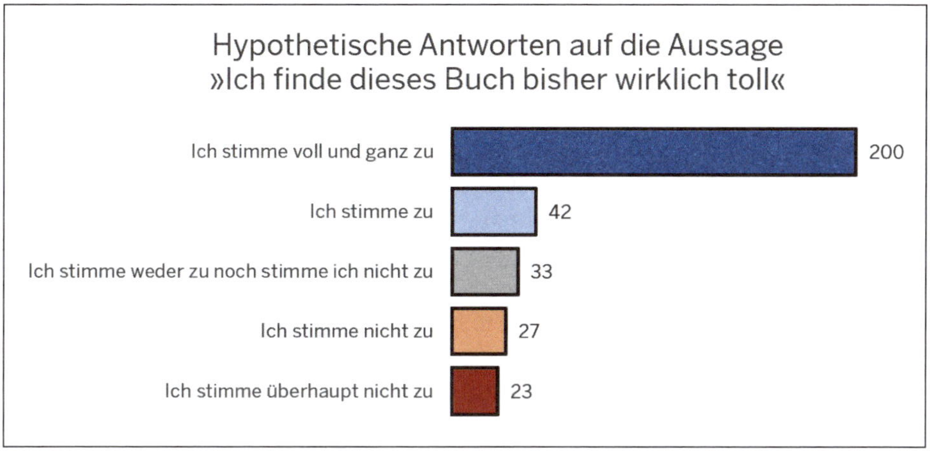

Abb. 4.27 *Eine divergierende Farbpalette, die sich hervorragend für die Visualisierung von Likert-Skalendaten und für Menschen mit Farbsehschwäche eignet. Die Palette verwendet fünf Farbstufen.*

In Abbildung 4.27 wären Farben zwar wahrscheinlich nicht zwingend notwendig gewesen, um die Ergebnisse der Likert-Skala darzustellen. Allerdings erleichtern die Farben es in diesem Fall, die Stimmung jeder Antwortmöglichkeit auf einen Blick zu erfassen, ohne die Wörter im Detail lesen zu müssen. Durch den gezielten und umsichtigen Einsatz von Farbe wird die Aussagekraft der Daten also nicht beeinträchtigt. Darüber hinaus habe ich bei der Farbauswahl darauf geachtet, dass sie auch für Menschen mit Farbsehschwäche gut geeignet sind!

Kategoriale Paletten

Ich habe mir die Erörterung der kategorialen Farbpaletten für den Schluss aufgehoben, da sie in der Tat die anspruchsvollste Kategorie darstellen. Vielleicht dachten Sie, dass es bei den kontinuierlichen Paletten schon viele Regeln und Einschränkungen gab? Dann schnallen Sie sich an, denn bei den kategorialen Paletten gibt es noch einiges mehr zu beachten.

Wenn Sie sich dafür entscheiden, Daten professionell zu visualisieren, werden Sie unweigerlich auf Stakeholder und Kundinnen treffen, die ein Diagramm mit einer Vielzahl an Kategorien für sinnvoll halten – und für jede Kategorie eine eigene Farbe haben möchten. Diese Situation kommt so häufig vor, dass man daraus wahrscheinlich ein Trinkspiel machen könnte: »Einen Schluck für jeden Kunden, der jemals von Ihnen ein Diagramm mit mehr als einem Dutzend Farben haben wollte.« Und die Kundschaft will das tatsächlich auch, in der Annahme, dass all diese Farben sich nicht in ein buntes Durcheinander verwandeln, sondern stattdessen die Möglichkeit bietet, jede Kategorie klar von den anderen zu unterscheiden. Spoiler: *Das funktioniert leider nicht!* In Kapitel 6 werde ich einige Alternativen vorstellen, die dieses »Regenbogen-Spaghetti«-Problem lösen können.

Die Herausforderung bei der Auswahl kategorialer Farbpaletten besteht selbst bei kleineren Datensätzen darin, Farben zu finden, die mehrere Kriterien erfüllen: Zum einen müssen die Farben zusammen ästhetisch ansprechend wirken, den richtigen Ton und die richtigen Emotionen vermitteln. Dabei ist zu beachten, dass die Farbwirkung kulturell unterschiedlich sein kann – darauf werde ich später noch genauer eingehen. Gleichzeitig dürfen die Farben nicht zu kontrovers oder missverständlich sein, etwa wie Blau und Rosa. Und sie müssen sich deutlich voneinander unterscheiden, damit sie von Menschen mit und ohne Farbsehschwäche leicht erkannt werden können. Ein zusätzlicher Bonus wäre es, wenn die Farben auch eindeutig benannt werden können. Das erleichtert es dem Publikum, über die Visualisierung zu sprechen, insbesondere wenn es sich nicht um Designerinnen oder Künstler handelt, die mit Farbbezeichnungen wie »Gebranntes Siena« oder »Ziegelrot« vertraut sind und die Unterschiede zwischen solchen Farbtönen erkennen können.

Okay, genug der Warnungen. Suchen wir uns ein paar schöne Farben aus!

4.3.3 Kategoriale Farbpaletten erstellen

Es gibt im Internet etwa 943.567.231 Tools (natürlich scherze ich, aber es sind in der Tat sehr viele, und jeden Tag kommen mehr hinzu), die Sie bei der Erstellung von Farbpaletten unterstützen. Im Anhang habe ich meine persönlichen Favoriten unter diesen Tools aufgeführt. An dieser Stelle möchte ich jedoch auch auf einige verschiedene Arten von Farbpaletten-Tools eingehen. So haben Sie die nötigen Informationen, um das für Sie am besten geeignete Werkzeug zu finden, wenn Sie es das nächste Mal benötigen – für den Fall, dass Sie im Anhang nicht das Passende entdecken.

Farbwahl auf der Grundlage der Farbtheorie treffen

Tatsächlich gibt es praktische Anwendungen für all die Konzepte, die ich zuvor in diesem Kapitel beschrieben habe – ich würde Sie nach einem solchen Ausflug in die Tiefen der Farbtheorie doch nicht einfach hängen lassen. Eine der gängigsten und bekanntesten Methoden, um Farbpaletten auf Basis der Farbtheorie zu erstellen, ist die Verwendung eines Farbkreises. Dabei wählen Sie (oder ein entsprechendes Tool) eine Reihe von Farben aus, die entweder gleichmäßig verteilt oder zumindest im Farbkreis ausbalanciert sind und gut zusammenpassen, wie in Abbildung 4.28 dargestellt.

In Abbildung 4.28 finden Sie einige Begriffe, die ich bisher noch nicht erläutert habe. Es ist jedoch wichtig, diese Konzepte zu kennen, bevor Sie sich in der Praxis mit der Verwendung eines Farbkreises zur Auswahl von Farbschemata beschäftigen. *Komplementärfarben* liegen sich im Farbkreis genau gegenüber, wie in der oberen linken Ecke der Abbildung dargestellt. *Geteilte Komplementärfarben*, unten links, bedeuten, dass Sie eine Farbe auf einer Seite des Kreises auswählen und dann eine gerade Linie zur Farbe auf der gegenüberliegenden Seite ziehen. Anstatt diese Gegenfarbe zu verwenden, wählen Sie stattdessen die beiden Farben aus, die unmittelbar neben der Gegenfarbe liegen. *Analogfarben*, oben rechts, liegen nebeneinander auf dem Farbkreis. Dabei müssen Sie sich – anders als in der Abbildung gezeigt – nicht auf nur drei Farben beschränken. Schließlich zeigt die untere rechte Ecke ein *triadisches Farbschema*, bei dem ein gleichseitiges Dreieck auf dem Farbkreis erstellt wird.

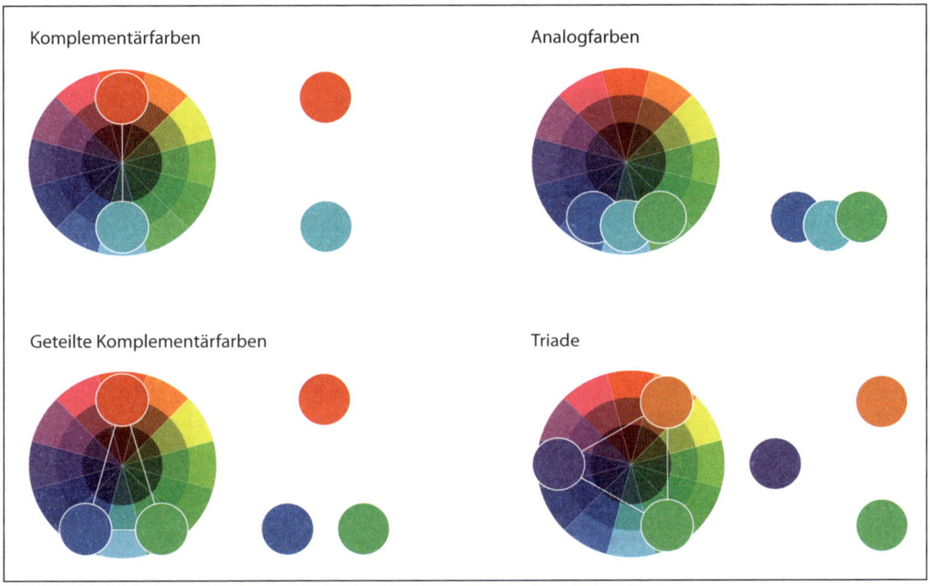

Abb. 4.28 *Einige der gängigsten Schemata zur Erstellung von Farbpaletten aus einem Farbkreis*

Farben aus einem Foto oder einem Gemälde auswählen

Eine besonders interessante Möglichkeit, kategoriale Farbpaletten zu erstellen, ist die Auswahl von Farben aus Fotos oder Gemälden, insbesondere wenn Sie Naturaufnahmen verwenden. Schließlich finden sich in der Natur einige außergewöhnlich schöne und harmonische Farbkombinationen. Denken Sie an die letzten Male, als Sie einen atemberaubenden Sonnenaufgang oder -untergang, ein Feld voller Wildblumen vor einem strahlend blauen Himmel, eine Unterwasserlandschaft in den Tropen oder einen nebligen Morgen in den Bergen gesehen haben. Ehrlich gestanden habe ich diese Möglichkeit in meiner eigenen Arbeit bisher nicht ausreichend genutzt, aber ich bin überzeugt, dass sie ein enormes Potenzial hat. In Abbildung 4.29 sehen Sie ein Foto, das ich aufgenommen und dann in ein Farbpaletten-Tool eingespielt habe. Das Tool hat daraus eine sehr stimmungsvolle und harmonische Palette erstellt.

Abb. 4.29 *Ein Foto eines Sonnenuntergangs in Kihei, Hawaii, und eine daraus generierte Palette*

Für die Erstellung der Farbpalette habe ich das Tool *Art Palette* von Google verwendet. Ich musste lediglich mein Foto hochladen und auf eine Schaltfläche klicken, um eine erste Palette zu generieren. Allerdings war ich mit den Farben, die das Tool zunächst ausgegeben hat, nicht ganz zufrieden, da sie meiner Meinung nach nicht kontrastreich genug waren. Daher nutzte ich die Möglichkeit, die einzelnen Farbpunkte hin- und herzuziehen, um eine passendere Kombination zu finden.

Begleitfarben auf Basis einer oder mehrerer Grundfarben generieren

Eine weitere Kategorie von Farbpaletten-Tools sind diejenigen, die auf Basis einer oder mehrerer Grundfarben zufällige Begleitfarben generieren. Ich persönlich nutze solche Tools am häufigsten, auch wenn es damit manchmal schwierig sein kann, eine besonders umfangreiche Palette oder eine Palette zu erstellen, die für Menschen mit Farbsehschwäche geeignet ist. Diese Tools eignen jedoch sich hervorragend, wenn Sie beispielsweise mit einer einzigen Markenfarbe arbeiten müssen und darauf aufbauend eine ganze Farbskala erstellen möchten. Oder wenn Sie einfach Ihre Lieblingsfarben in einer Visualisierung verwenden und diese um weitere, passende Farbtöne ergänzen wollen. Manche Tools bieten sogar die Möglichkeit, Barrierefreiheitsrichtlinien (mehr dazu in Kürze) zu berücksichtigen – das ist sehr praktisch und hilfreich. In Abbildung 4.30 habe ich das Tool Coolors verwendet, das im Anhang aufgeführt ist. Da mein Mann und ich Lila und Grün sehr mögen, habe ich Farbtöne dieser Lieblingsfarben als Grundlage gewählt. Coolors konnte darauf aufbauend drei weitere, gut passende Farben generieren.

Wollte ich die Farbpalette aus Abbildung 4.30 für eine Datenvisualisierung verwenden, würde ich wahrscheinlich einige Anpassungen vornehmen, um sicherzustellen, dass nichts unbeabsichtigt betont wird. Zum einen ist das Grün in der Palette recht kräftig, sodass ich die Helligkeit dieser Farbe vermutlich etwas reduzieren würde. Außerdem müsste ich prüfen, ob sich die Farbtöne ausreichend voneinander unterscheiden, insbesondere für Menschen mit Farbsehschwäche. Das Orange und das Rot könnten für Personen mit einer Form von Rotfehlsichtigkeit eventuell zu ähnlich erscheinen. Insgesamt ist diese Palette jedoch ein guter Ausgangspunkt.

Abb. 4.30 *Eine Palette mit fünf Farben, die ich zufällig aus zwei vorgegebenen Farben mit dem Tool Coolors generiert habe*

Abschließende Anmerkungen zu kategorialen Paletten

Wie bereits erwähnt, sind kategoriale Farbpaletten besonders anspruchsvoll zu handhaben, da es hier viele verschiedene Faktoren zu berücksichtigen gilt. Seien Sie also geduldig mit sich selbst. Ein wichtiger Tipp ist, dass Sie sich nicht zwangsläufig an einen bestimmten Farbraum halten müssen, wenn Sie mit dem integrierten Farbwähler Ihres Computers arbeiten. Nehmen wir an, Sie haben eine vorgefertigte Palette online ausgewählt und die Hex-Codes der Farben in Ihr Datenvisualisierungstool übernommen. Nachdem Sie die Farben auf Ihre Daten angewandt haben, stellen Sie fest, dass einige Farben stärker ins Auge fallen als andere, was unerwünschte Betonungen verursacht, wie in Abbildung 4.31 zu sehen. In einem solchen Fall können Sie Ihren Farbwähler beispielsweise von Hex auf HSB umstellen und dann die Sättigung der störenden Farben verringern. So werden sie weniger auffällig.

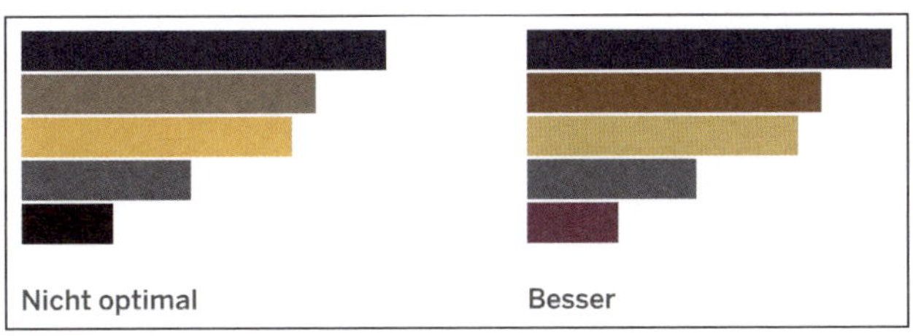

Abb. 4.31 *Ausgehend von der aus meinem Sonnenuntergangsfoto generierten Farbpalette (links) habe ich ein paar einfache Änderungen an Sättigung und Helligkeit vorgenommen, ohne die Farbtöne zu verändern, und am Ende habe ich die Palette rechts erhalten.*

In Abbildung 4.31 sehen Sie links die Farbpalette, die ich aus meinem Sonnenuntergangsfoto erstellt habe. Das Gelb sticht etwas zu stark hervor. Außerdem hebt sich der fast schwarze Balken ganz unten vor einem weißen Hintergrund nicht deutlich genug vom blauen Balken ganz oben ab. Auch der hellbraune Balken (der zweite von oben) könnte eine Anpassung vertragen, da er meiner Meinung nach etwas zu nah am Gelb liegt. Um zur Palette auf der rechten Seite zu gelangen, habe ich mich zunächst dem Gelb gewidmet. Durch eine Reduzierung der Sättigung konnte ich das Problem der unbeabsichtigten Hervorhebung beheben. Als ich dann den fast schwarzen unteren Balken in Angriff nehmen wollte, stellte ich beim Öffnen des Farbwählers in Figma fest, dass er gar nicht blau war, sondern einen Magenta-Farbton aufwies, wie Sie in Abbildung 4.32 sehen können!

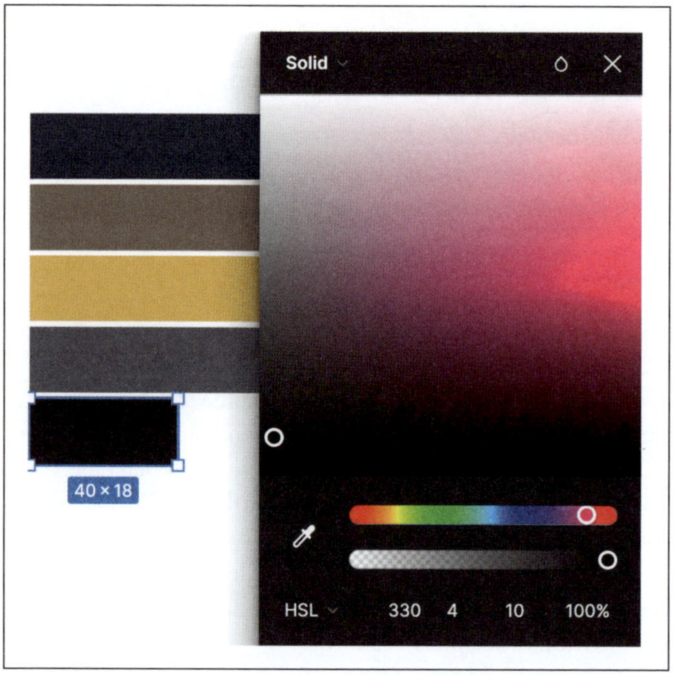

Abb. 4.32 *Siehe da, diese fast schwarze Farbe ist in Wirklichkeit ein sehr dunkler und entsättigter Magenta-Farbton!*

Um den Magenta-Farbton zu verstärken, habe ich die Sättigung und Helligkeit von 4 beziehungsweise 10 auf 30 beziehungsweise 40 erhöht. Schließlich habe ich den ursprünglichen Ockerton auf der linken Seite durch erneutes Erhöhen der Sättigung und Helligkeit in einen Braunton auf der rechten Seite umgewandelt. Und schon hatte ich eine Palette von Farben, die zwar noch vom Sonnenuntergang-Bild inspiriert sind, aber besser ausbalanciert und trotzdem gut voneinander unterscheidbar sind. Als ich diesen Abschnitt schrieb, zeigte ich Abbildung 4.31 einer Person mit einer Farbsehschwäche und zu meinem Leidwesen erklärte sie mir, dass sie die unteren beiden Balken links leichter unterscheiden könne als die rechten. Dies soll Ihnen eine Lehre sein, wenn Sie bei der Auswahl von Farbpaletten für Ihre Visualisierungen mit konkurrierenden Prioritäten konfrontiert werden. Manchmal können wir es einfach nicht allen recht machen und müssen uns zwischen einer ungewollten Betonung oder einer weniger inklusiven Palette entscheiden. Es gibt keine absolut richtige oder falsche Wahl – damit komme ich zum nächsten Abschnitt, der sich mit der Auswahl von Farben befasst, die für möglichst viele Menschen gut aussehen (und unterscheidbar sind). Lesen Sie also weiter!

4.4 Inklusive Farbpaletten

Wenn Sie jemals einen Gegenstand mit Rädern eine kleine Rampe am Bordstein vor einem Lebensmittelgeschäft hinuntergerollt haben, sei es ein Einkaufswagen, ein Kinderwagen, eine Sackkarre, ein Rollstuhl oder etwas ganz anderes, dann haben Sie von einem barrierefreien, inklusiven Design profitiert. Denn dadurch wird das Leben aller Menschen verbessert! In diesem Abschnitt geht es darum, wie man bei der Gestaltung von Datenvisualisierungen Rücksicht auf Farbsehschwäche und andere (dauerhafte und vorübergehende) Arten von Sehbehinderungen nimmt. Außerdem müssen wir die Bedeutung von Farben in anderen Kulturen berücksichtigen.

4.4.1 Farbsehschwächen berücksichtigen

Empathie für Ihr Publikum ist die beste Voraussetzung für die Entwicklung inklusiver Designs. Versuchen Sie, sich in die Lage der Nutzerinnen und Nutzer zu versetzen und die Welt (und das Design) aus ihrer Perspektive zu betrachten – das ist ein wichtiger Schritt in Richtung eines inklusiven Designs. Es gibt zahlreiche kostenlose Desktop-Apps und Browser-Plugins, die Ihnen dabei helfen können, sich besser in die Situation von Personen mit verschiedenen Formen der Farbsehschwäche hineinzuversetzen. Die Tools legen dazu einen Farbfilter über Ihre Arbeit. Diese Hilfsmittel sind zwar auch nur eine Annäherung an die tatsächliche Wahrnehmung, aber sie sind auf jeden Fall besser, als gar nichts zu unternehmen.

In einem Wettbewerb unter den beliebtesten Datenvisualisierungsmethoden und -funktionen um die größten Probleme in Bezug auf Farbwahrnehmungsstörungen ginge die Palette aus den Ampelfarben Rot, Gelb und Grün definitiv als Gewinnerin hervor. Diese Farbkombination soll vermitteln, dass Rot schlecht ist oder Aufmerksamkeit erfordert, Gelb steht für mittelmäßig bis möglicherweise besorgniserregend und Grün ist gut und erfordert keine weiteren Maßnahmen. Wenn Sie sich an die vorherigen Abschnitte über Farbsehschwäche erinnern, haben Menschen mit Defiziten in ihren roten oder grünen Farbrezeptoren jedoch Schwierigkeiten, Rot und Grün auseinanderzuhalten, wenn die Farbwahl nicht optimal ist. Wenn Sie mir nicht glauben, werfen Sie einen Blick auf die Simulation der Deuteranomalie und Deuteranopie in Abbildung 4.33.

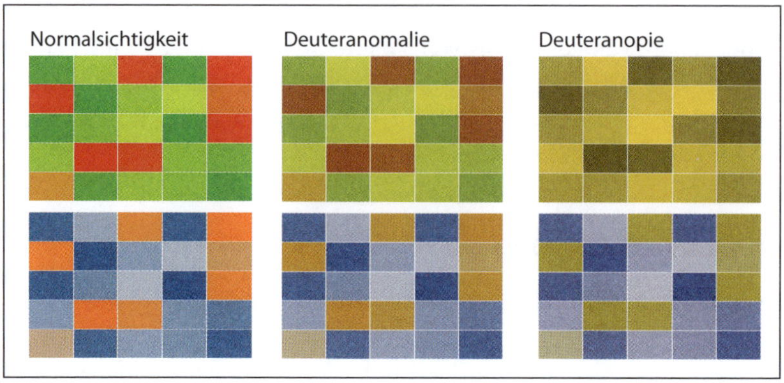

Abb. 4.33 *Oben sehen Sie eine klassische Ampelfarben-Palette, die auf eine Heatmap angewendet wurde, und wie diese für jemanden mit Deuteranomalie (Mitte) und Deuteranopie (rechts) aussieht. Die untere Reihe präsentiert eine für Menschen mit Farbsehschwäche besser geeignete Palette aus Orange, Grau und Blau anstelle von Rot, Gelb und Grün unter den gleichen Simulationsbedingungen. Denken Sie daran, dass die Deuteranomalie die häufigste Form der Farbsehschwäche ist, bei der sich das Absorptionsmaximum der Grünzapfen zum roten Ende des Spektrums hin verschiebt, wodurch Grün eher rötlich erscheint. Bei der Deuteranopie sind die Grünzapfen hingegen überhaupt nicht funktionsfähig.*

Durch die Verwendung einer geeigneteren Palette aus Orange, Grau und Blau können Personen mit Farbsehschwäche die Unterschiede, die eine divergierende Farbskala so gut darstellen kann, viel leichter erkennen, wie unten in Abbildung 4.33 dargestellt. Manchmal jedoch, egal wie sehr man sich bemüht, kann es vorkommen, dass ein Kunde oder eine Stakeholderin auf der Verwendung der Ampelfarben für eine visuelle Darstellung besteht. In solchen Fällen gibt es ein paar Dinge, die Sie tun können, um Menschen mit Farbsehschwäche das Leben zu erleichtern:

- Versuchen Sie, die roten und grünen Komponenten räumlich voneinander zu trennen, entweder durch einen Rahmen oder eine andere Farbe.
- Wählen Sie Rot- und Grüntöne mit sehr unterschiedlicher Helligkeit oder Leuchtkraft.
- Beschränken Sie die Anzahl der Farben insgesamt: Wie mir ein Leser mit Farbsehschwäche sagte, ist ein Ampelfarbschema mit vielen Schattierungen jeder Farbe viel schwieriger zu interpretieren als eines mit nur drei Farben.

Es ist jedoch etwas oberflächlich und subjektiv, sich ausschließlich auf Farbfilter zu verlassen, um Visualisierungen für Menschen mit Farbsehschwächen besser zugänglich zu machen. Schließlich verlassen Sie sich an diesem Punkt nur auf Ihre eigene Sehkraft und Interpretation – in der Hoffnung, dass das von Ihnen Gesehene und Interpretierte für ein sehr breites Publikum anwendbar ist. Dieser Ansatz kann zwar in den meisten Fällen funktionieren, aber vielleicht auch nicht, und wirklich wissen werden Sie es nie. Halten Sie sich deshalb stattdessen besser an bewährte Richtlinien. Hier kommen die WCAG (Web Content Accessibility Guidelines) ins Spiel.

4.4.2 Die Web Content Accessibility Guidelines und Farbe

Die Web Content Accessibility Guidelines (WCAG) bestehen aus einer Reihe von Richtlinien, die vom World Wide Web Consortium (W3C) festgelegt wurden. Dieses Gremium ist am ehesten mit einer Kontrollinstanz für das Internet vergleichbar. Diese Richtlinien sollen Entwicklerinnen und Designern dabei helfen, das Web für so viele Menschen wie möglich zugänglich zu machen, wozu Menschen mit körperlichen und kognitiven Einschränkungen gehören, aber auch Menschen, die sehr eingeschränkte Geräte wie Screenreader und mobile Geräte verwenden. Zum Zeitpunkt der Erstellung dieses Buchs befindet sich WCAG noch in der zweiten Hauptversion, WCAG 2.1. Ende 2021 wurde jedoch bekannt gegeben, dass WCAG 3.0 in der Entwicklung ist und WCAG 2 schließlich ablösen wird. Da die Version 3.0 noch nicht veröffentlicht wurde, halte ich mich hier an Version 2.1.

Die Web Content Accessibility Guidelines 2.1 basieren auf vier grundlegenden Prinzipien: Das Web muss *wahrnehmbar*, *bedienbar*, *verständlich* und *robust* sein. Diese Prinzipien sind in insgesamt 13 Richtlinien unterteilt, für die es wiederum 78 Erfolgskriterien gibt. Anhand dieser Erfolgskriterien können Entwicklerinnen und Designer überprüfen, ob sie die jeweilige Richtlinie erfüllt haben. Für jedes Erfolgskriterium gibt es eine bestimmte *Konformitätsstufe*: A, AA oder AAA. Diese Stufen spiegeln die Dringlichkeit wider, mit der Entwickler und Designerinnen zur Einhaltung der Richtlinie aufgefordert werden. Stufe A ist ein *Muss* und stellt das absolute Minimum dar, damit die meisten Menschen die Website sehen, bedienen und verstehen können. Stufe AA *sollte* angestrebt werden, um noch mehr Menschen zu erreichen. Schließlich bedeutet Stufe AAA, dass Sie diese Richtlinie *einhalten können*. Sie ist anspruchsvoll, und selbst das W3C empfiehlt nicht, die Konformität der Stufe AAA als allgemeine Richtlinie für ganze Websites zu verlangen, da nicht alle Erfolgskriterien dieser Stufe für alle Inhalte erfüllbar sind. In Fällen, in denen die Website die festgelegten Standards nicht erfüllt, können Sie Alternativen bereitstellen, die den Standards entsprechen. Zum Beispiel könnten Sie eine Farbpalette, die Sie unbedingt verwenden möchten oder müssen, die aber den WCAG-Richtlinien nicht entspricht, durch einen Umschalter zu einer barrierefreien Palette ergänzen. Dann könnten die Benutzerinnen und Benutzer bei Bedarf zu einer barrierefreien Palette wechseln, wodurch Ihre Website dann mit der Farbrichtlinie konform wäre.

In diesem Kontext stellt sich die Frage, inwieweit die WCAG-Richtlinien auch für den Einsatz von Farben in Datenvisualisierungen gelten. Bei der Beantwortung dieser Frage werde ich mich auf das Prinzip der Wahrnehmbarkeit stützen. Den vollständigen Text der WCAG 2.1 finden Sie unter *https://www.w3.org/TR/WCAG21*.

Innerhalb des Prinzips der Wahrnehmbarkeit der WCAG 2.1 gibt es vier Richtlinien: Textalternativen, zeitbasierte Medien, Anpassbarkeit und Unterscheidbarkeit. Die Verwendung von Farbe in Datenvisualisierungen fällt direkt unter die Richtlinie 1.4 zur Unterscheidbarkeit, die besagt, dass es den Nutzerinnen und Nutzern erleichtert werden soll, Inhalte zu sehen und zu hören, wozu unter anderem die Trennung von Vordergrund und Hintergrund gehört. Innerhalb dieser Richtlinie 1.4 gibt es insgesamt 13 Erfolgskriterien, bei denen unser Fokus auf den fünf für den Farbeinsatz relevanten liegt: Verwendung von Farbe, Kontrast (Minimum), Kontrast (verbessert), visuelle Darstellung und Nicht-Text-Kontrast.

Erfolgskriterium 1.4.1 der WCAG 2.1 (Stufe A) zur Verwendung von Farbe besagt, dass wir uns als absolutes Minimum nicht allein auf Farbe verlassen dürfen, um Informationen zu vermitteln. Das bedeutet nicht, dass Sie niemals Farbe verwenden dürfen, um Informationen zu übermitteln, aber wenn Sie dies tun, müssen Sie sie (für die Konformität der Stufe A) mit mindestens einem anderen Indikator oder einem präattentiven Attribut kombinieren. Zur Erinnerung: Die präattentiven Attribute sind Farbe, Form, räumliche Position und Bewegung. Bei der Verwendung von Bewegung in Ihren Datenvisualisierungen sollten Sie – wie in Kapitel 2 erwähnt – besonders vorsichtig sein, da dies leicht zu mehr Verwirrung führen und das Publikum überfordern kann. Daher sollten Sie sich zu Beginn darauf beschränken, Farbe entweder mit Position oder Form (wie Größe, Länge etc.) zu kombinieren. Im Zweifelsfall sollten Sie auch in Betracht ziehen, eine Beschriftung hinzuzufügen.

Erfolgskriterium 1.4.3 der WCAG 2.1 (Konformitätsstufe AA) befasst sich mit einem Mindestkontrast, der auch in der Datenvisualisierung eine wichtige Rolle spielt. Demnach sollten Textfarben mindestens ein Kontrastverhältnis von 4,5:1 zum Hintergrund aufweisen. Bei großformatigem Text und Bildern (alles, was breiter als 3 Pixel ist, wie etwa die meisten Visualisierungselemente wie Diagrammbalken) genügt dagegen bereits ein Kontrastverhältnis von mindestens 3:1 zum Hintergrund. Wenn Ihre Schriftart einen Rahmen um den Text enthält oder Sie einen Rahmen zu Elementen in Ihrer Visualisierung hinzufügen (z. B. einen feinen schwarzen Rahmen um einen blauen Balken auf grauem Hintergrund), ändert sich der Kontrast. In diesem Fall würde das Kontrastverhältnis zwischen der Rahmenfarbe und der Hintergrundfarbe berechnet werden, anstatt zwischen der Farbe des Visualisierungselements und der Hintergrundfarbe, wie in Abbildung 4.34 dargestellt.

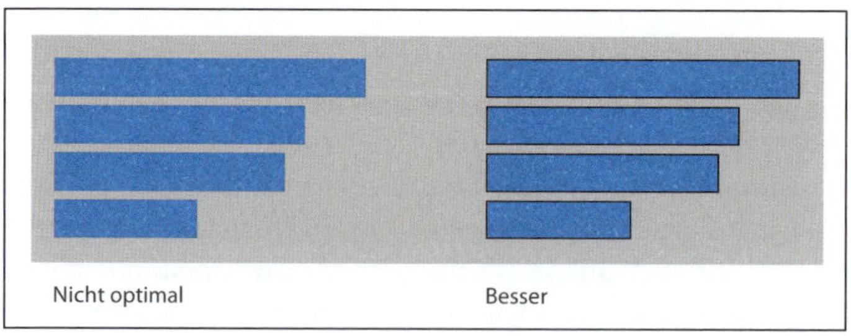

Abb. 4.34 *Die blauen Balken auf der linken Seite haben keinen Rahmen, sodass der Kontrast zwischen dem Blau und dem Hellgrau 1,93:1 beträgt. Dies liegt deutlich unter dem WCAG-Konformitätsniveau von mindestens 3:1 für die Stufe AA. Wird jedoch ein dunkelgrauer Rahmen hinzugefügt, erfolgt die Kontrastberechnung vom Rahmen zum Hintergrund. Der Kontrast zwischen dem Rahmen in dunklerem und dem Hintergrund in hellerem Grau beträgt nun satte 8,7:1 und übertrifft damit die Vorgaben der Konformitätsstufe AA fast um das Doppelte.*

Die Berechnung des Kontrastverhältnisses nach WCAG erfolgt anhand der Formel (L1 + 0,05) / (L2 + 0,05), wobei L1 die relative Leuchtdichte der helleren Farbe und L2 die relative Leuchtdichte der dunkleren Farbe ist. Hinter diesen relativen Leuchtdichten steckt eine Menge Mathematik. Obwohl die Berechnung an sich nicht allzu komplex ist, verwenden Sie wahrscheinlich lieber einen bereits vorhandenen Rechner, anstatt die Formel selbst anzuwenden. Meinen bevorzugten Kontrastrechner finden Sie im Anhang dieses Buchs. Alternativ können Sie auch die Website *www.accessible-colors.com* nutzen.

Das Erfolgskriterium 1.4.6 (AAA) erweitert das Kriterium 1.4.3 mit höheren Kontrastanforderungen. Für kleinere Farbflächen muss ein Kontrastverhältnis von mindestens 7:1 zum Hintergrund eingehalten werden. Für größere Farbflächen (über 3 Pixel breit) muss der Kontrast zum Hintergrund mindestens 4,5:1 betragen.

Das Erfolgskriterium 1.4.8 (AAA) befasst sich mit der visuellen Darstellung von Textblöcken (Absätzen), die normalerweise nicht in automatisierten Datenvisualisierungen vorkommen, wohl aber in Ad-hoc-Analysen (d. h. statischen Visualisierungen, die aus einem einmaligen Datenabruf resultieren) und Infografiken. Die meisten Punkte dieses Kriteriums beziehen sich auf typografische Aspekte und werden daher in Kapitel 5 behandelt. Ein Unterpunkt besagt jedoch, dass die Nutzerinnen und Nutzer die Text- und Hintergrundfarben selbst so einstellen können sollen, dass sie ihren individuellen Lesbarkeitsanforderungen entsprechen. Diese Anforderung gilt vor allem für die Web- und Softwareentwicklung und weniger für diejenigen, die mit Tabellenkalkulationen und BI-Tools arbeiten.

Das Erfolgskriterium 1.4.11 (AA) ist das letzte und zugleich neueste farbspezifische Kriterium in Richtlinie 1.4. Es befasst sich mit dem Kontrast von Nicht-Text-Elementen. Der erste der beiden Punkte besagt im Wesentlichen, dass Farben von Elementen wie Schaltflächen und Navigationselementen einen Kontrast von mindestens 3:1 zu angrenzenden Farben aufweisen müssen, es sei denn, sie sind deaktiviert oder ihr Erscheinungsbild wird von der Anwendung gesteuert, die den Inhalt anzeigt, und lässt keine Kontrolle zu. Der zweite Punkt gilt speziell für Datenvisualisierungen (hey, unser Thema!) und besagt, dass der Kontrastwert von 3:1 für aneinander angrenzende Farbflächen für jeden Teil der Visualisierung erforderlich ist, den die Nutzerinnen und Nutzer erkennen müssen, um die Visualisierung korrekt zu interpretieren. Das betrifft beispielsweise Balken in einem Balkendiagramm, Segmente in einem Kreisdiagramm oder Linien in einem Liniendiagramm.

Nach dieser Auseinandersetzung mit Inklusion in Bezug auf Einschränkungen geht es im nächsten Abschnitt um Inklusion in Bezug auf kulturelle Vielfalt.

4.4.3 Farben in verschiedenen Kulturen

In der Kunst und in der Anthropologie wird die Idee, dass Farben in verschiedenen Kulturen unterschiedliche Bedeutungen haben können, als Farbsymbolik bezeichnet. Angesichts der großen kulturellen Vielfalt in unserer Welt und der relativ begrenzten Anzahl an verfügbaren Farbtönen können Sie sich leicht vorstellen, dass eine einzelne Farbe in zahlreichen Kulturen jeweils unterschiedliche Bedeutungen entwickeln kann. Das erinnert daran, wie verschiedene historische Kulturen am selben Himmel unterschiedliche Sternbilder erkannten.

Zu Beginn meiner Karriere im Bereich der Datenvisualisierung bin ich auf die Website *Information is Beautiful* von David McCandless gestoßen (dem Urheber der jährlichen Data-Viz-Awards mit dem gleichen Namen). Die erste Visualisierung, die mir dort ins Auge stach, war seine Arbeit über 84 verschiedene Interpretationen von etwa zehn Farben in zehn Kulturen. Die Grafik ist zu groß und detailliert, um sie hier abzudrucken, aber sie dient auch als Titelbild des Buchs *Information is Beautiful* und lässt sich leicht finden, indem man »colours in culture information is beautiful« in eine Suchmaschine eingibt. In dieser faszinierenden Visualisierung wird schnell deutlich, dass die Bedeutung einer Farbe keineswegs intuitiv ist. Daher sollten Sie vorsichtig sein, bevor Sie davon ausgehen, dass Ihr Publikum eine Farbe so interpretiert wie Sie selbst. Betrachten Sie zum Beispiel die Farbe des Todes. Während Schwarz in der japanischen, indianischen und westlich/amerikanischen Kultur allgemein als Farbe des Todes gilt, übernehmen laut McCandless' Quellen bei Hindus und in China Weiß, in Arabien Silber und in (zumindest einigen) südamerikanischen Kulturen Grün diese Rolle. Interessanterweise ist Rot sowohl die Farbe der Extravaganz als auch der Hitze, und Schwarz ist in McCandless' Visualisierung in *allen* Kulturen die Farbe des Bösen. Dennoch wäre es wünschenswert, irgendwann eine inklusivere Version dieser Grafik zu sehen, da sie die Kontrast- und Farbrichtlinien der WCAG auf spektakuläre Weise missachtet.

4.5 Zusammenfassung

- Es gibt zwei Farbmodelle: das additive Farbmodell für farbiges Licht (bei dem eine Kombination von Farben mehr Licht aussendet) und das subtraktive Farbmodell für Druckfarben und ähnliche Materialien (bei dem eine Kombination von Farben weniger Licht reflektiert).
- Jedes Farbmodell hat seine eigenen Primärfarben: Rot, Grün und Blau für das additive Farbmodell, Cyan, Magenta und Gelb für das subtraktive Modell.
- Der RGB-Farbraum mit seinen Grundfarben Rot, Grün und Blau wird von Computermonitoren verwendet und ist daher in der Datenvisualisierung am weitesten verbreitet. RGB-Farben lassen sich auch als hexadezimale Zahlentripel ausdrücken.
- Ihre Visualisierungen sollten so angelegt sein, dass sie auch *in Schwarz-Weiß funktionieren*, Farbe können Sie danach immer noch hinzufügen.
- Der gezielte und sinnvolle Einsatz von Farbe erfordert sorgfältige Überlegung und Planung. Glücklicherweise gibt es Tools, die Sie bei der Farbauswahl unterstützen.
- Im Sinne der inklusiven Gestaltung sollten Sie im Zweifel auch eine Beschriftung hinzufügen, um Ihre Botschaft zu vermitteln.
- Eine bestimmte Farbe hat nicht für jede Person in allen Kulturen die gleiche Bedeutung.

5 Typografie

In diesem Kapitel

- Grundbegriffe der Typografie
- Schriftauswahl für bessere Lesbarkeit optimieren
- Mit Typografie den Charakter Ihrer Entwürfe gestalten
- Informationshierarchie mithilfe von Typografie darstellen
- Inklusive Schriftarten auswählen

Zu Zeiten des Desktop-Publishing machte mir die Arbeit mit Schriften sehr viel Spaß. Damals schlug mir Microsoft Publisher oft Paare von Schriftarten vor, die sehr unterschiedlich aussahen, aber gut zusammenpassen sollten – eine für Überschriften und eine andere für den Fließtext. Diese Schriftschemata waren mir genauso rätselhaft wie die vorgeschlagenen Farbpaletten. Woher kamen diese Empfehlungen und wie sollte man wissen, welche Schriftarten gut zueinanderpassen und welche nicht? Das Zusammenstellen von Schriftarten erfordert, genau wie die zu bestimmten Speisen passende Auswahl von Wein oder Schokolade, Übung und solide Kenntnisse der notwendigen Grundlagen. Es ist keine triviale Aufgabe, sondern bedarf eines gewissen Verständnisses für Typografie.

In diesem Kapitel werden Sie zunächst einige typografische Grundbegriffe kennenlernen. Anschließend erfahren Sie, wie Sie die Lesbarkeit Ihres Textes optimieren können. Danach geht es darum, wie verschiedene Schriftarten unterschiedliche Stimmungen erzeugen können. Sie lernen, wie Sie Typografie einsetzen, um subtil eine Hierarchie der Wichtigkeit zu kommunizieren, und warum Sie inklusive Schriftarten auswählen sollten, um ein möglichst breites Publikum anzusprechen. Okay, los geht's.

5.1 Typografische Grundbegriffe

Die Typografie blickt auf eine lange und bewegte Geschichte zurück. Ihre Ursprünge reichen bis ins 11. Jahrhundert nach China, wo bereits bewegliche Lettern verwendet wurden. Im Laufe der Zeit hat sich natürlich auch ein umfangreiches Vokabular an Fachbegriffen entwickelt. Ich werde an dieser Stelle nicht zu tief in die Details eintauchen, aber einen kurzen geschichtlichen Überblick möchte ich Ihnen doch geben.

Ähnlich wie bei Farben gibt es auch in der Typografie einige wichtige Begriffe, die Sie kennen sollten, bevor Sie sich mit dem Rest dieses Kapitels beschäftigen. Diese Liste ist bei Weitem nicht vollständig! Weitere relevante typografische Fachbegriffe finden Sie beispielsweise auf der Website *https://www.typolexikon.de*.

5.1.1 Zeichen

Ein Zeichen ist ein einzelnes Element einer Schriftart, jede kleinste Einheit, die im traditionellen Bleisatz eine eigene Letter erhalten hätte: Buchstaben, Ziffern, Interpunktionszeichen, Währungssymbole und so weiter.

5.1.2 Schriftart und Font

Wie bei vielen anderen Begriffen hat sich die Unterscheidung zwischen einer Schriftart und einem Font im Laufe der Zeit nahezu vollständig verwischt, sodass diese beiden Begriffe heute oft synonym verwendet werden. Genau genommen bezieht sich der Begriff »Schriftart« auf die grafische Gestaltung der Buchstaben und Zeichen (zum Beispiel Arial, Times, Baskerville, Comic Sans), während der Begriff »Font« eine digitale Schriftdatei meint, die wiederum in verschiedenen Schriftschnitten kursiv, fett usw. vorliegen kann (mehr zu diesen Merkmalen folgt in Kürze). Abbildung 5.1 soll dies veranschaulichen.

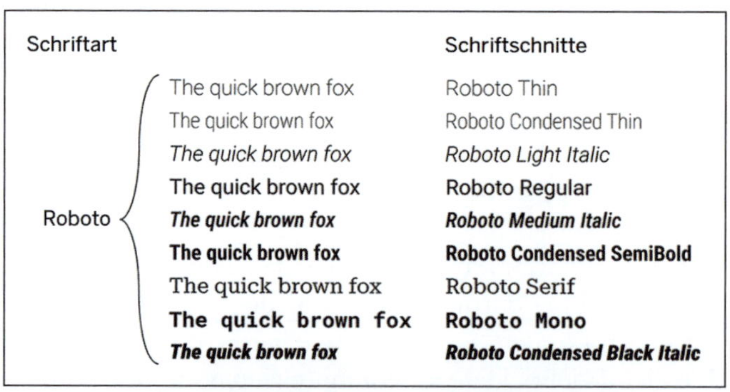

Abb. 5.1 *Verschiedene Schnitte der Schriftart Roboto, alle in derselben Größe*

5.1.3 Serif vs. serifenlos

Eine *Serife* ist eine kleine Verzierung, ein feiner Strich oder eine Linie am Ende eines offenen Buchstabens. Schriftarten mit Serifen werden als *Serifenschriften* bezeichnet, während Schriftarten ohne Serifen als *serifenlos* oder *sans-serif* bezeichnet werden. Das Wort »sans« stammt aus dem Französischen und bedeutet »ohne«. Abbildung 5.2 veranschaulicht ein Beispiel.

Abb. 5.2 *Links die Schriftart Roboto in ihrer Serifenvariante (die Serifen sind rot markiert). Rechts daneben sehen Sie die häufiger verwendete serifenlose Variante von Roboto.*

5.1.4 Schriftstärke

Die *Schriftstärke* bezieht sich auf die Breite der Striche, aus denen die Zeichen bestehen. Sie kann sowohl als Bezeichnung (zum Beispiel light, regular, extra bold) als auch als Zahlenwert (zum Beispiel 300, 400 oder 800) ausgedrückt werden, wie in Abbildung 5.3 dargestellt.

The quick brown fox	Roboto Thin	100
The quick brown fox	Roboto ExtraLight	200
The quick brown fox	Roboto Light	300
The quick brown fox	Roboto Regular	400
The quick brown fox	**Roboto Medium**	**500**
The quick brown fox	**Roboto SemiBold**	**600**
The quick brown fox	**Roboto Bold**	**700**
The quick brown fox	**Roboto ExtraBold**	**800**
The quick brown fox	**Roboto Black**	**900**

Abb. 5.3 *Alle Schriftgewichte von Roboto*

5.1.5 Kursivschrift

Die Kursivschrift hat ihren Ursprung im Italien des 15. und 16. Jahrhunderts (der englische Begriff für »kursiv« ist »italic«). Laut *typolexikon.de* handelt es sich um »eine nach rechts geneigte Schriftstilvariante«. Sie dient dazu, den Text zu betonen. Ursprünglich basiert die Kursivschrift auf halbkursiven Formen und steht im direkten Gegensatz zur aufrechten Schrift. Echte Kursivschriften werden separat gestaltet und weisen Formen und Merkmale auf, die in der aufrechten Schrift nicht vorkommen. Dies unterscheidet sie von *pseudokursiven Schriftschnitten*, die lediglich gekippte oder schräggestellte Versionen der aufrechten Buchstabenform darstellen. Eine Veranschaulichung finden Sie in Abbildung 5.4.

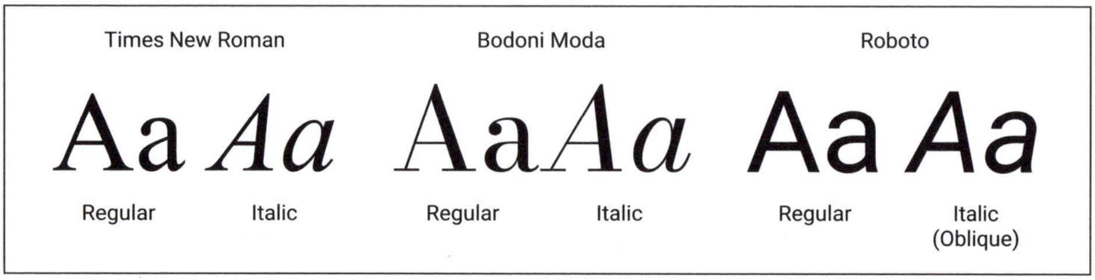

Abb. 5.4 *Die regulären und kursiven Formen von drei verschiedenen Schriftarten*

5.1.6 Schriftgröße

Ich höre Sie förmlich sagen: »Das ist doch selbsterklärend, Desireé.« Wenn es nur so wäre! Wie bei vielen Aspekten der Typografie gibt es auch bei der Schriftgröße subtile Nuancen. Zunächst einmal möchte ich klären, welche Einheiten zur Messung der Schriftgröße verwendet werden. Die Einheit *Punkt*, abgekürzt pt, wird seit Jahrhunderten im Druck eingesetzt und ist auch heute noch gebräuchlich. Ursprünglich entsprach ein Punkt etwa 1/72,28 Zoll oder 72,28 Punkten pro Zoll, wobei die genaue Größe je nach Jahr, Region und Druckerei variierte. Mit dem Aufkommen des Desktop-Publishing in den 1990er-Jahren wurde dieser Wert jedoch gerundet und auf 72 Punkte pro Zoll (d. h. Dots per Inch oder DPI) standardisiert.

Ein Hinweis zu CSS und Webentwicklung

Die Einheit Punkt ist also äußerst praktisch: Sie ist bequem, bekannt, weit verbreitet und mittlerweile auch für den Druck standardisiert. In der Front-End-Webentwicklung und in CSS sind die Maßeinheiten jedoch komplexer, sei es für Schriftgrößen, die Breite und Höhe von Elementen, Ränder, Abstände usw. In CSS gibt es neben dem Punkt auch andere Maßeinheiten wie Pixel (abgekürzt px, wobei 1 Punkt 1,333 Pixel entspricht) und Pica (abgekürzt pc, wobei 1 Pica 12 pt entspricht). Beide sind absolute Maße, das heißt, sie haben immer dieselbe Größe und können auf eine physikalische Größe wie einen Zoll bezogen werden. Darüber hinaus existieren skalierbare oder relative Einheiten wie em (relativ zur Schriftgröße des übergeordneten Elements) und rem (relativ zur Schriftgröße des HTML-Elements) sowie viele weitere. In den MDN Web Docs, einem heute als Open-Source-Projekt geführten Nachfolger des ursprünglichen Mozilla Developer Network, heißt es: »Der Vorteil der Verwendung relativer Einheiten besteht darin, dass man bei sorgfältiger Planung die Größe von Text oder anderen Elementen relativ zu allem anderen auf der Seite skalieren kann.« Erinnern Sie sich an das Kriterium 1.4.8 der WCAG 2.1, über das ich in Kapitel 4 geschrieben habe? Dieses AAA-Kriterium besagt: »Die Größe von Text kann ohne Hilfsmittel um bis zu 200 Prozent verändert werden, ohne dass die Nutzerinnen und Nutzer horizontal scrollen müssen, um eine Textzeile in einem Vollbildfenster zu lesen.« In diesem Zusammenhang sind relative Einheiten für die Schriftgröße besonders sinnvoll, da sie je nach den von den Benutzerinnen und Benutzern bevorzugten Schriftgrößen oder der Bildschirmgröße skaliert oder angepasst werden können.

Nun gut, ich habe die *Schriftgrößeneinheiten* beschrieben, aber was genau messen sie eigentlich? Früher, als die Schrift noch mit Bleilettern gesetzt wurde, entsprach die Größe einer Schrift der Höhe der Bleilettern. Selbst die größten Buchstaben hatten am unteren Rand einen minimalen Abstand, wie in Abbildung 5.5 veranschaulicht.

Abb. 5.5
Eine Bleiletter für die Ligatur der Buchstaben i und des langen s (heute in der Typografie nicht mehr gebräuchlich und beim Lesen alter Texte oft mit einem kleinen f verwechselt) in 12 pt Garamond (Quelle: Daniel Ullrich, Threedots, CC BY-SA 3.0, via Wikimedia Commons)

Heutzutage wird die Größe einer Schriftart durch die Höhe des *Begrenzungsrahmens (Bounding Box)* gemessen, also des Rechtecks, das die Grenzen des Zeichens definiert und dessen Höhe für alle Zeichen einer Schriftart gleich ist. Sie haben wahrscheinlich bemerkt, dass selbst bei gleicher Schriftgröße ein und dasselbe Zeichen in verschiedenen Schriftarten oft unterschiedlich groß erscheint (siehe Abb. 5.6).

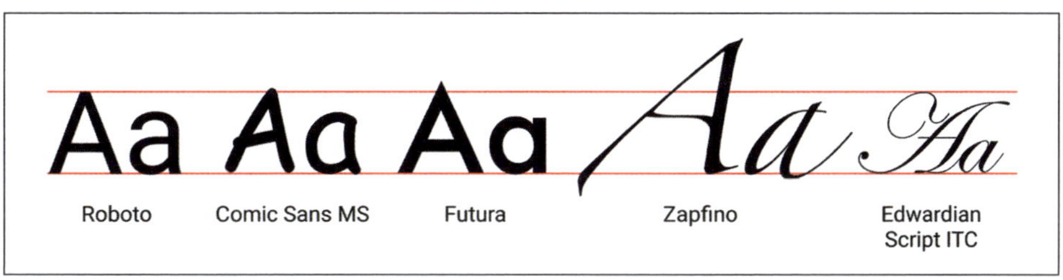

Abb. 5.6 *Fünf verschiedene Schriftarten – sie weisen unterschiedliche Höhen auf, obwohl alle in derselben Punktgröße gesetzt sind und an derselben Grundlinie ausgerichtet sind.*

Diese Höhenunterschiede zwischen den einzelnen Schriftarten, selbst bei gleicher Schriftgröße, tragen zu dem individuellen Charakter bei, der jede Schriftart auszeichnet. Der Charakter jeder Schriftart spiegelt sich darin wider, wie sie den ihr zugewiesenen Raum nutzt, ähnlich wie eine Person den ihr zur Verfügung stehenden Raum nutzt – ein Zimmer, ein Büro, ein Schreibtisch, ein Spind, ein Auto oder ein Stück Land.

5.1.7 X-Höhe oder Mittellänge

Während die Größe einer Schriftart von Ihnen als Designer oder Entwicklerin festgelegt wird, ist die *Mittellänge* eine Eigenschaft der Schriftart selbst: Sie bezeichnet die Höhe der Kleinbuchstaben, gemessen von der Grundlinie. Dies wird in Abbildung 5.7 durch den Abstand zwischen der blauen Grundlinie und der roten Linie veranschaulicht.

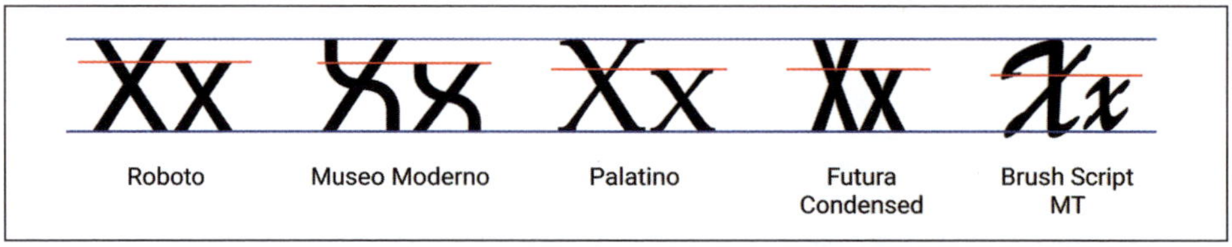

Abb. 5.7 *Unterschiedliche Mittellängen (von der Grundlinie bis zur roten Linie) von fünf Schriften, die alle dieselbe Versalhöhe aufweisen, das heißt, denselben Abstand von der Grundlinie zum oberen Rand der Großbuchstaben (markiert durch die obere blaue Linie)*

Die Mittellänge einer Schrift spielt eine entscheidende Rolle für die Lesbarkeit. Darum wird es im nächsten Abschnitt gehen.

5.2 Optimierung der Lesbarkeit

Bei einer Datenvisualisierung steht die Typografie nicht im Mittelpunkt, aber sie trägt zur Gestaltung bei, ähnlich wie eine gute Bühnenarbeiterin bei einer Theateraufführung. Die Bühnenarbeiter und -arbeiterinnen tragen zwar keine auffälligen Kostüme und sprechen auch keinen Text, aber sie sind von großer Bedeutung für das Theaterstück, da sie dafür sorgen, dass die Bühnendekoration zur richtigen Zeit am richtigen Ort ist. Ein guter Bühnenarbeiter tritt in den Hintergrund und lenkt nicht die Aufmerksamkeit auf sich, während er seine Arbeit verrichtet. Dasselbe gilt für die Typografie in einer Datenvisualisierung. Gute Typografie fällt nicht weiter auf, und obwohl sie farblich so gestaltet sein sollte, dass sie sich so weit vom Hintergrund abhebt, dass gut sie lesbar ist, erfüllt sie ihre Aufgabe am besten, wenn man sie kaum bemerkt (es sei denn, man ist Typografin oder Typograf). Sicherlich haben Sie schon Visualisierungen gesehen, deren Text eine ungeeignete Farbe hat, zu fein oder zu fett, zu gedrängt oder zu weit, zu groß oder zu klein ist oder deren Schriftart sehr ausgefallen und damit schlecht lesbar ist. Um solche Probleme zu vermeiden, sollten Sie Ihre Schriftarten stets auf optimale Lesbarkeit hin auswählen.

5.2.1 Kleine Schriftgrößen

In der alltäglichen Datenvisualisierung verwenden wir selten große, auffällige Typografie, da sie die Geschichte der Daten, die wir erzählen möchten, in den Hintergrund drängen würde. Der Großteil des Texts in einer Visualisierung ist eher klein und beschränkt sich auf Achsen- und Datenbeschriftungen, Anmerkungen, Beschriftungen und gelegentliche Textblöcke. Umfangreiche Textblöcke tauchen in automatisierten Dashboards und Berichten (noch?) nicht sehr häufig auf. Möglicherweise wird sich dies in Zukunft durch KI-Systeme ändern, die automatisch Lesetexte und Kernaussagen erstellen, aber derzeit ist das noch nicht der Fall. Die großen Ausnahmen sind Überschriften und Kopfzeilen. Darauf werde ich gleich noch näher eingehen. Momentan konzentriere ich mich auf die kleineren Elemente wie Schriftstärke, Mittellänge, Buchstabenform und Unterscheidbarkeit.

Schriftstärke

Der einfachste qualitative Test, den Text für die Lesbarkeit in kleinen Größen bestehen muss, betrifft die Schriftstärke – er sollte weder zu mager noch zu fett sein. Die Lesbarkeit in kleineren Graden hängt in hohem Maße von einem ausgewogenen Verhältnis zwischen bedruckter Fläche und *Weißraum* bzw. *Negativraum*, also dem Leerraum um und in Ihrem gesamten Design, ab. Wenn Sie bisher gerne jedes einzelne Pixel oder Millimeter einer Seite ausgenutzt haben, ist es an der Zeit, sich daran zu gewöhnen, Ihren Designs mehr Raum zum Atmen zu geben. Ich beginne ganz von vorne, indem ich eine passende Schriftart auswähle.

Schauen Sie sich dazu Abbildung 5.8 an, in der derselbe Absatz dreimal in derselben Schriftgröße, aber in drei verschiedenen Schriftarten dargestellt ist.

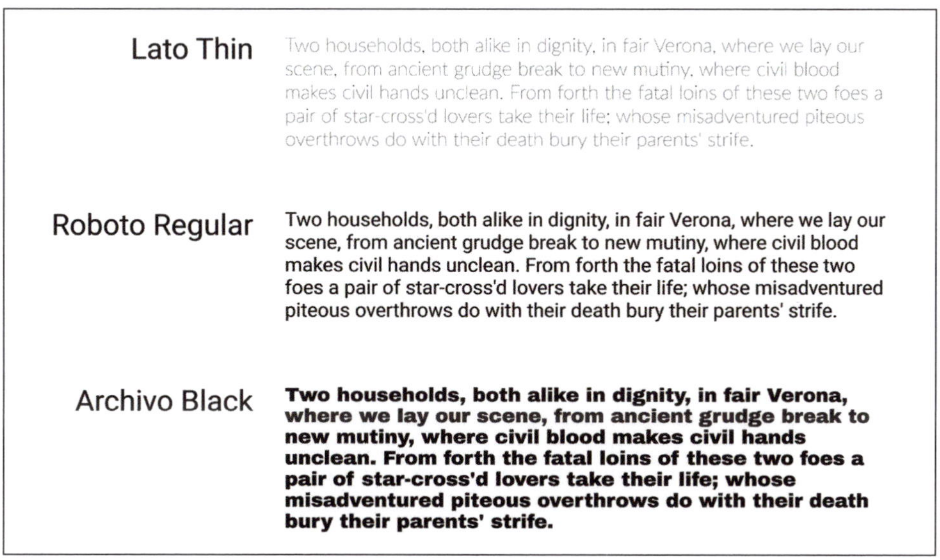

Abb. 5.8 *Ein Textblock in drei Schriftarten mit unterschiedlichen Stärken (Quelle: Prolog von William Shakespeares Romeo und Julia, gemeinfrei)*

Zu viel Weißraum und zu wenig bedruckter Bereich machen das Schriftbeispiel mit der Lato Thin oben in Abbildung 5.8 ziemlich schwer lesbar oder gar erkennbar, und das gegenteilige Problem sehen Sie im in Archivo Black gesetzten Beispiel ganz unten: Durch zu viel bedruckten Bereich und zu wenig Weißraum wirkt es auf mich, als würde es meine Augen attackieren. Tun Sie Ihrem Publikum einen Gefallen: Verwenden Sie die sehr dünnen und sehr dicken Schriftarten nur für größere Überschriften und Titel und bleiben Sie ansonsten bei einer normalen Schriftstärke, außer wenn Sie etwas besonders hervorheben müssen. Nur in diesem Fall sollten Sie fette Schnitte in kleinen Graden einsetzen.

Mittellänge

Die eigentliche Mittellänge ist die Höhe der Kleinbuchstaben; für die Lesbarkeit in kleinen Graden kommt es jedoch eher auf den Abstand zwischen der Mittellänge und der Versalhöhe (der Höhe der Großbuchstaben) an, wie in Abbildung 5.7 durch die blauen Linien dargestellt. Je höher die Mittellänge im Verhältnis zur Versalhöhe ist, desto besser lesbarer ist der Text in kleinen Graden normalerweise, da sich dadurch der Weißraum innerhalb der Buchstaben vergrößert. Abbildung 5.9 zeigt die fünf Schriftarten aus Abbildung 5.7 in einem Textabsatz.

Welche Texte sind Ihrer Meinung nach in Abbildung 5.9 spontan am besten bzw. am schlechtesten lesbar? Behalten Sie diesen Gedanken im Hinterkopf, während ich mit der Betrachtung der Buchstabenform fortfahre.

Buchstabenform

Die Lesbarkeit in kleinen Schriftgraden hängt auch stark von der Buchstabenform ab, genauer ausgedrückt von ihren *Punzenformen*. Als Punze bezeichnet man den Raum innerhalb geschlossener Buchstaben wie o und d, als offene Punze den Raum innerhalb teilweise geschlossener Buchstaben wie a und e. Normalerweise führen stärker gerundete Punzen zu besserer Lesbarkeit, wobei die Betonung auf »normalerweise« liegt. Betrachten Sie in Abbildung 5.10, wie die Punzen der bereits vorgestellten Schriftarten aussehen.

Bisher kann die Lesbarkeit der fünf Schriften bei kleinen Schriftgrößen anhand dreier Kriterien bewerten werden: Schriftgewicht, Mittellänge und Punzenform. Bei der Mittellänge liegt die Roboto an erster Stelle, die Museo Moderno folgt knapp dahinter. Bei der Rundung der Punzen liegt die Museo Moderno mit Abstand an erster Stelle, die Palatino an zweiter und die Roboto dicht dahinter an dritter Stelle. Wenn ich mir Abbildung 5.9 ansehen, denke ich, dass Futura Condensed und Brush Script MT aufgrund des fehlenden Weißraums nicht einmal auf der Rangliste zu finden sind. Sie sind zwar beide in normaler Schriftstärke gesetzt, haben aber die niedrigsten relativen Mittellängen, und ihre Punzen sind sehr gequetscht, die der Brush Script MT fast nicht vorhanden. Diese beiden und ähnliche Schriften sollten Sie auf keinen Fall für Textblöcke verwenden. Futura Condensed ist eine vernünftige Wahl für eine Überschrift oder einen Titel, aber ehrlich gesagt würde ich Brush Script MT ganz vermeiden, auch wenn sie als websicher gilt, weit verbreitet und bereits auf so ziemlich jedem Gerät vorhanden ist (warum, das ist mir allerdings schleierhaft).

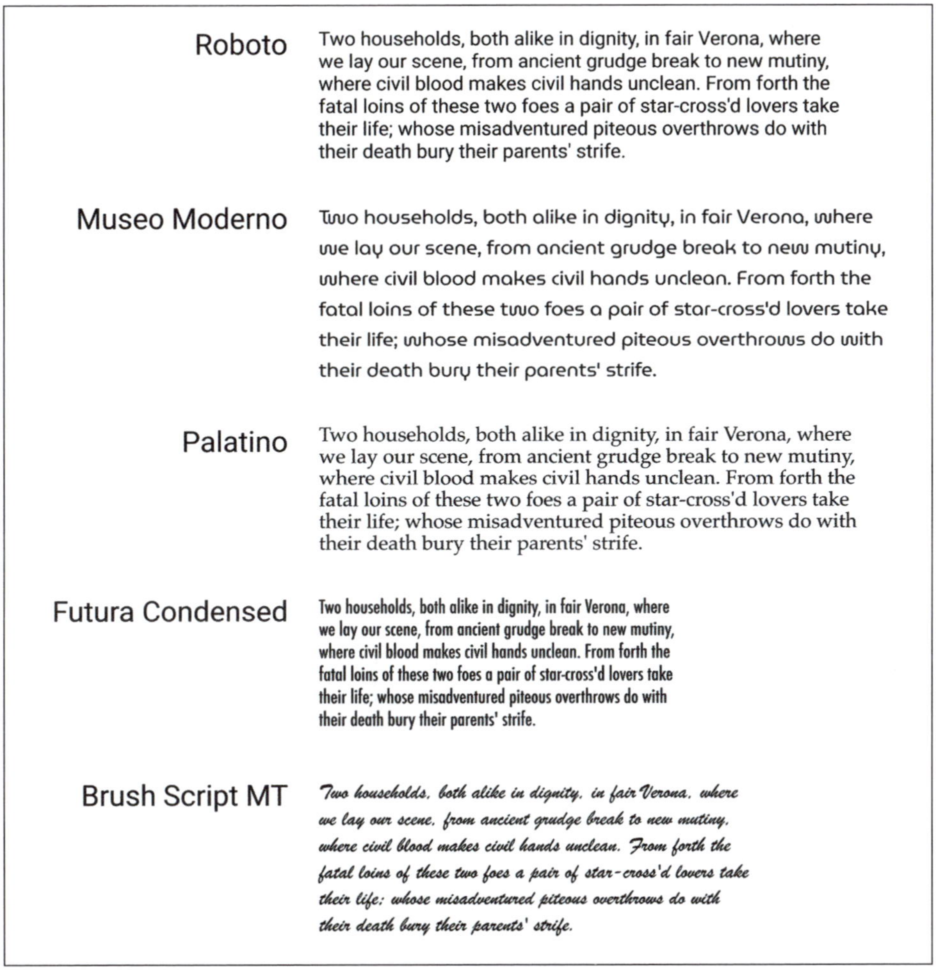

Abb. 5.9 *Die fünf Schriftarten aus Abbildung 5.7 wurden auf dieselbe Versalhöhe gebracht.*

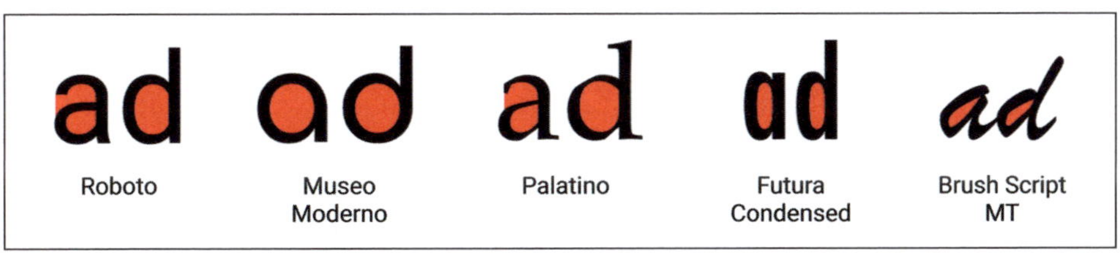

Abb. 5.10 *Die Form der Punze bzw. der Raum innerhalb geschlossener oder teilweise geschlossener Buchstaben (hier rot eingefärbt) beeinflusst die Lesbarkeit. Generell gilt: Je runder die Punze, desto besser ist die Lesbarkeit.*

Welche der drei anderen Schriftarten – Roboto, Museo Moderno und Palatino – ist Ihrer Meinung nach am besten lesbar? Nach unseren drei bisherigen Kriterien sollte Museo Moderno wahrscheinlich die Siegerin sein, aber persönlich würde ich entweder Roboto oder Palatino den ersten Rang zukommen lassen. Nun zum letzten Kriterium: *Unterscheidbarkeit*.

Wie gut können wir schwierige Buchstaben unterscheiden?

Ich würde sagen, dass die Unterscheidbarkeit von unseren vier Grundsätzen der Lesbarkeit am wenigsten quantifizierbar ist. Mit Unterscheidbarkeit meine ich, dass man in der Lage sein muss, einen Buchstaben von einem anderen zu unterscheiden und zu erkennen, um welchen Buchstaben es sich überhaupt handelt. Werfen Sie doch einmal einen Blick auf die w der Museo Moderno in Abbildung 5.9. Mein Blick bleibt daran sofort hängen, als würde ich mit dem Auto über einen Rüttelstreifen fahren, und eine solche Reaktion Ihres Publikums ist unerwünscht, wenn dieses den Text Ihrer Visualisierung lesen soll. Damit kleine Schriftgrade gut lesbar sind, müssen die Buchstabenformen einer Schrift unseren Erwartungen entsprechen.

Dies genügt aber nicht – ebenso wichtig ist es, dass der Unterschied zwischen einem kleinen L, einem großen i und der Ziffer 1 erkennbar ist. Prüfen Sie in Abbildung 5.11, wie meine drei Schriftfavoriten Roboto, Museo Moderno und Palatino bei diesem Test abschneiden.

Abb. 5.11
Wie leicht ist es, diese drei oft verwechselten Zeichen (kleines L, großes i, Ziffer 1) bei den drei Spitzenkandidaten zu unterscheiden?

Roboto enttäuscht mich tief: Das große i ist etwa 5 % kürzer und nur minimal dicker als das kleine L – das reicht nicht aus, um diese beiden Zeichen voneinander zu unterscheiden! Museo Moderno würde auch hier den ersten Platz belegen, wenn wir sie nicht bereits wegen dieser auffälligen w disqualifiziert hätten. Damit ist die Palatino de facto die Gewinnerin dieses Wettbewerbs, denn die obere Serife auf der Eins ist so groß, dass die Unterscheidung zwischen einem kleinen L und der Ziffer 1 leichtfällt.

Was bedeutet all das demnach für lesbaren Text in kleinen Schriftgraden? Glücklicherweise gibt es mehr als fünf Schriftarten auf der Welt, aber Sie können diese Übung ganz einfach selbst mit Schriftarten durchführen, die Ihnen für Ihre eigenen Projekte zur Verfügung stehen. Sie sollten nur wissen, dass Sie sie unter Umständen sehr stark vergrößern müssen (z. B. auf 200+), um die Unterschiede bei den Mittellängen und den Punzen zu erkennen. Verwenden Sie eine normale Schriftgröße und achten Sie darauf, dass die x-Höhe etwa zwei Drittel der Versalhöhe beträgt, dass die Punzen eher rund als gequetscht, die Buchstaben wie echte Buchstaben aussehen und dass leicht verwechselbare Zeichen voneinander unterschieden werden können (denken Sie an den Großbuchstaben O und die Ziffer 0 sowie an das oben demonstrierte I-l-1-Problem). Das klingt umfangreich, aber seien Sie nachsichtig mit sich selbst, denn Sie lernen gerade erst, damit umzugehen. Das Ergebnis muss nicht perfekt sein. Solange Sie es versuchen, ist es besser, als wenn Sie es gar nicht versuchen, auch wenn Sie das Ziel ein wenig verfehlen. Denken Sie daran: Wenn alles andere fehlschlägt, bitten Sie jemanden anderen um Rat, am besten aus Ihrer Zielgruppe!

5.2.2 Tabellen- und dicktenkompatible oder Uniwidth-Ziffern

Dieses Buch beschäftigt sich mit Daten – lassen Sie uns also Zahlen betrachten. Die Wahl der Schriftart kann einen sehr starken Einfluss darauf haben, wie die Zahlen in Ihren Visualisierungen wahrgenommen werden, vor allem, wenn Ihnen nichts anderes übrig bleibt, als die Daten in einer Tabelle darzustellen (Finanzleute, passen Sie gut auf!). Wenn die Zahlen – wie in einer tabellarischen Struktur – dicht gepackt sind, sollten sie möglichst sowohl horizontal (*Tabellenziffern*) als auch vertikal (*Versalziffern*) ausgerichtet sein. Als Bonus gibt es sogar einige ansprechende Schriftarten, die in allen Schriftstärken vertikal ausgerichtet sind; diese werden als dicktenkompatible oder Uniwidth-Schriftarten bezeichnet.

Versalziffern und Mediävalziffern

Die Alternative zu Versalziffern für Tabellen sind proportionale Mediävalziffern, die im Fließtext ansprechend und charmant, für die Darstellung von Zahlen in einer Tabelle jedoch komplett ungeeignet sind. Schauen Sie sich Abbildung 5.12 an: Die proportionalen Mediävalziffern wirken unruhig und unübersichtlich, während die Versalziffern ordentlich und aufgeräumt wirken.

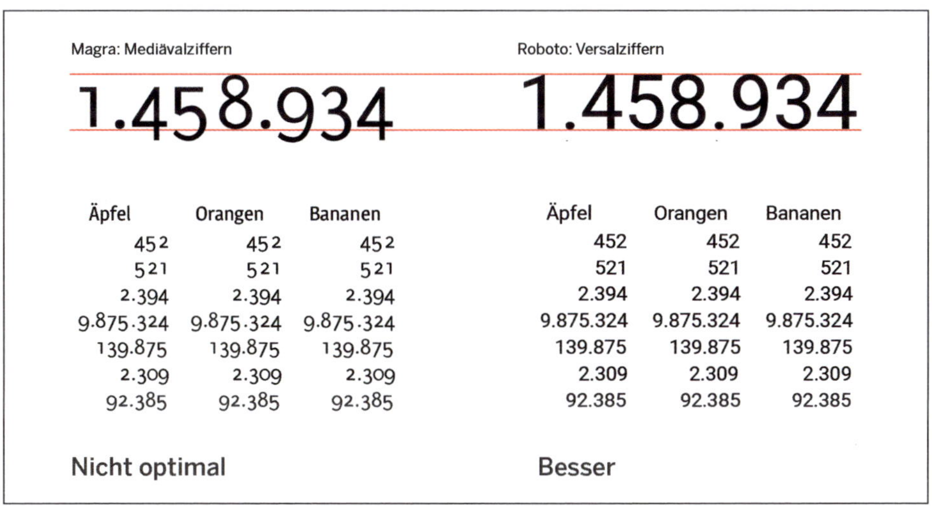

Abb. 5.12 *Die Mediävalziffern links wirken unregelmäßig, fast willkürlich. Auf der rechten Seite sehen Sie eine bessere Art der Zahlendarstellung: Alle Ziffern sitzen auf der Grundlinie und haben dieselbe Höhe; die Tabelle wirkt viel aufgeräumter und leichter lesbar.*

In Anbetracht der Tatsache, dass serifenbetonte Schriften im normalen, alltäglichen Gebrauch eher traditionell und serifenlose Schriften eher modern wirken, hätte ich nicht erwartet, dass es serifenlose Mediävalziffern gibt. Das ist auch der Grund, warum ich Magra für die Demonstration in Abbildung 5.12 ausgewählt habe: Sie ist serifenlos und wirkt wie eine schöne, unaufdringliche, moderne Schrift. Lassen Sie sich also nicht täuschen!

Tabellarische und proportionale Versalziffern

Die Alternative zu Versalziffern für Tabellen sind proportionale Versalziffern, die sich im Fließtext ebenfalls gut machen, da sie sich bestens in diesen einfügen. Für Tabellen sind auch sie jedoch ziemlich ungeeignet. Abbildung 5.13 veranschaulicht dies: Auf der linken Seite sehen Sie proportionale Versalziffern, die es unmöglich machen, auch nur den ungefähren Wert einer Zahl zu erraten, weil sie so unterschiedlich viel Platz einnehmen. Auf der rechten Seite hingegen sind alle Versalziffern gleich breit, wodurch sich die Größenordnung (Faktor 10) einer Zahl mit einem Blick einschätzen lässt.

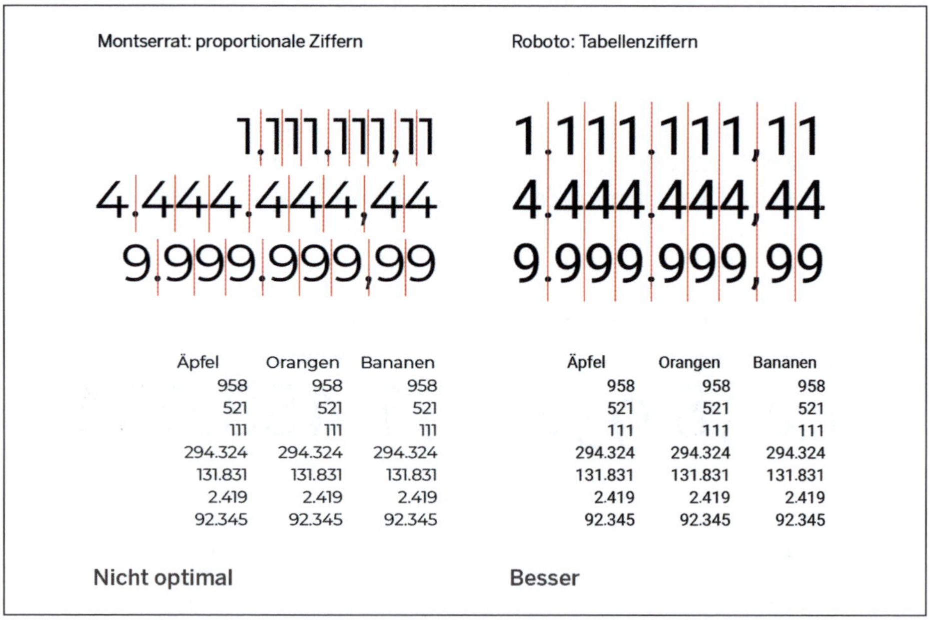

Abb. 5.13 *Links sind die proportionalen Versalziffern nicht vertikal ausgerichtet: Sie müssen sich besonders anstrengen und sich jede einzelne Zahl genau ansehen, um auch nur ihren ungefähren Wert im Verhältnis zu den anderen Zahlen zu erkennen. Auf der rechten Seite sehen Sie eine bessere Art der Zahlendarstellung, bei der alle Ziffern gleich viel Platz einnehmen und somit vertikal perfekt an den anderen ausgerichtet sind. Die Tabelle wirkt viel aufgeräumter und leichter lesbar. In Tabellen sorgen die Zahlen aus Versalziffern für einen schnellen Überblick, die größten und kleinsten Werte nach Größenordnung (Faktor 10) sind sofort ersichtlich.*

Die vertikale Ausrichtung von Tabellenwerten ist immens wichtig. Nicht ausgerichtete Zahlen zwingen die Betrachterinnen und Betrachter, sich jede Zahl genau anzusehen, unabhängig davon, ob sie nur auf den Faktor 10 genau ihre Größenordnung einschätzen oder den genauen Wert ablesen möchten. Bei vertikal ausgerichteten Zahlen (und Ziffern), erkennt man auf einen Blick die größten und kleinsten Werte, weil die großen Zahlen viel stärker herausstechen als die kleinen, wie Abbildung 5.13 gezeigt hat.

Dicktenkompatible oder Uniwidth-Ziffern

Wie ich hoffe, konnte ich Sie inzwischen von der Benutzerfreundlichkeit korrekt ausgerichteter Versalziffern insbesondere in Tabellen überzeugen. Wenn Sie es dabei belassen wollen, wird dies wahrscheinlich für mindestens 90 % Ihrer Anforderungen an Tabellenschriften ausreichen. Arbeiten Sie jedoch in Ihren Tabellen viel mit Hervorhebungen und kombinieren Sie zu diesem Zweck fette mit normalen Schriftschnitten, sollten Sie noch einen Schritt weiter gehen und eine Schriftart wählen, die sowohl Versalziffern für Tabellen als auch dicktenkompatible Zeichen enthält. Die Idee hinter *dicktenkompatiblen* Zeichen, auch *Uniwidth* genannt: Jedes Zeichen in der Schriftart nimmt (in einem bestimmten Schriftgrad) in allen Schriftschnitten die gleiche Breite ein. Wenn Sie schon einmal von dicktengleichen, Monospace- bzw. Nichtproportionalschriften gehört haben, die normalerweise für die Darstellung von Code verwendet werden und an eine Schreibmaschinenschrift erinnern, fragen Sie sich vielleicht, was der Unterschied zwischen *dicktengleich* und *dicktenkompatibel* ist: Bei einer dicktengleichen oder Monospace-Schrift nimmt *jedes einzelne Zeichen* in der Schrift bei einer bestimmten Schriftgröße die gleiche Breite ein – alle Buchstaben, Ziffern, Leerzeichen, Satzzeichen usw. Der Unterschied ist fein, aber bedeutsam: Bei einer dicktenkompatiblen Schrift hat jedes einzelne Zeichen in allen Schriftgraden die gleiche Breite, aber die Breite der einzelnen Zeichen kann sich unterscheiden – kurz, es gibt auch dicktenkompatible *Proportionalschriften* (siehe den vorherigen Abschnitt über Tabellenziffern für die Erläuterung von Proportionalschriften). Aber das hilft uns natürlich nicht viel, denn wir wollen keine proportionalen, sondern Tabellenziffern. Es gibt (während ich dies schreibe) nur sehr wenige Schriftarten, die alle diese Kriterien erfüllen – also über Versalziffern für Tabellen *und* das Merkmal der Dicktenkompatibilität verfügen. Und kostenlose und weitverbreitete Schriftarten mit diesen Kriterien sind noch viel seltener. Glücklicherweise ist in Google Fonts eine enthalten, und zwar Recursive (in der Variante Sans Linear, das heißt, sie ist serifenlos und die Zeichen eignen sich für die tabellarische Ausrichtung besser als die übrigen Stile der Schriftart). Ein Praxisbeispiel zeigt der rechte Teil von Abbildung 5.14, im Vergleich zu Roboto im linken Teil.

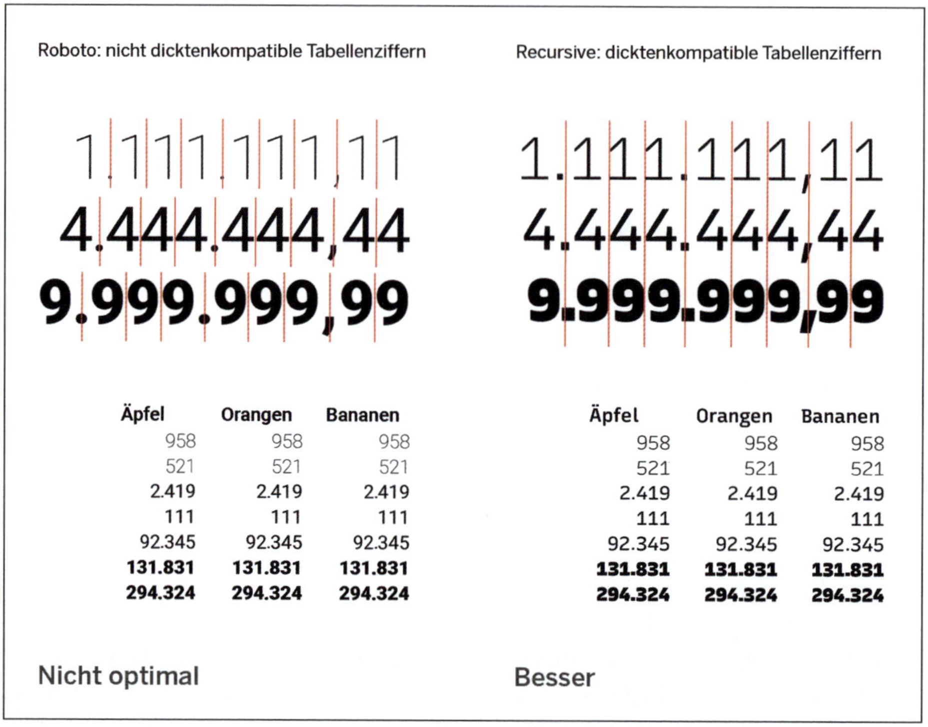

Abb. 5.14 *Die Zeichen der Schriftart Roboto weisen nicht in allen Schnitten die gleiche Breite auf, während die Schriftart Recursive Sans Linear eine einheitliche Zeichenbreite besitzt. Bei kleineren Schriftgraden scheint der Dicktenunterschied bei Roboto nicht sehr ausgeprägt zu sein, obwohl hier der magerste und der fetteste Schnitt als Vergleich zur normalen Schriftart in der Mitte verwendet wurden. Sollten Sie also keine dicktenkompatible Schriftart zur Verfügung haben, ist das in den meisten Fällen kein gravierendes Problem.*

In Abbildung 5.14 sehen Sie jeweils drei verschiedene Schriftschnitte für die Schriftarten Roboto und Recursive Sans Linear – den magersten (Roboto Thin bzw. Recursive Light), den normalen und den fettesten (Roboto Black). Dies dient dazu, den dickteninkompatiblen Charakter von Roboto auf der linken Seite und die Dicktenkompatibilität von Recursive auf der rechten Seite zu demonstrieren. Bei kleineren Schriftgrößen erscheinen die Unterschiede bei Roboto jedoch nicht so dramatisch. Sollten Sie also keine Recursive oder andere dicktenkompatible Schriftart für Ihr Projekt zur Verfügung haben, ist das in den meisten Fällen kein gravierendes Problem. Benötigen Sie dringend die Wirkung einer dicktenkompatiblen Schriftart, haben aber keine zur Verfügung, können Sie stattdessen eine dicktengleiche Schriftart verwenden. Zum Beispiel bietet Roboto eine Monospace-Variante namens Roboto Mono an, die – wie in Abbildung 5.15 zu sehen – durchaus eine gute Alternative darstellen kann.

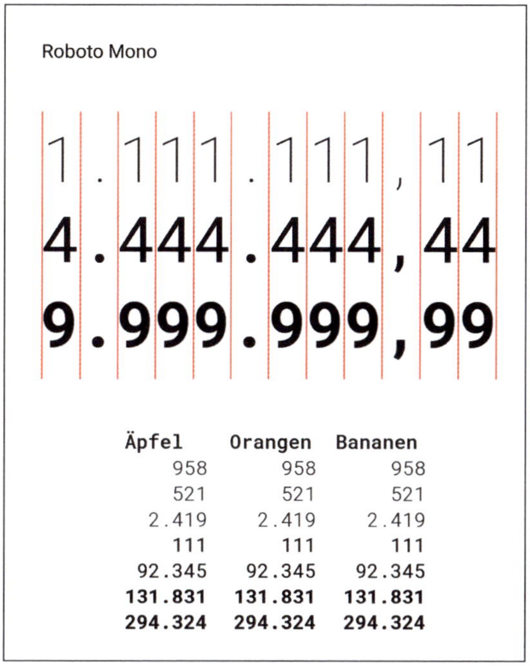

Abb. 5.15
Ich habe ein paar Zeilen hinzugefügt, um zu demonstrieren, dass die Zeichen der Roboto Mono in allen Schriftgraden tatsächlich gleich breit sind. Und die Monospace-Variante sieht in der Tabelle im unteren Abbildungsbereich gar nicht so schlecht aus!

Eine letzte Bemerkung zu dicktenkompatiblen Schriftarten: Wenn Sie mit Tableau arbeiten, wird es Sie freuen, zu lesen, dass alle Schnitte der proprietären Tableau-Schriftart dicktenkompatibel sind! Einmal fragte mich eine Kollegin ganz unvermittelt, welche Schriftart ich in Tableau am liebsten verwende, und meine Antwort kam prompt und eindeutig: »Die Tableau-Schriftart!« Als Tableau seinen Font entwickelte, beauftragte das Unternehmen einen renommierten Typografen und schuf eine sehr solide Schriftart, die sich hervorragend für die Datenvisualisierung eignet, in vielen Stärken verfügbar ist und sowohl in großen als auch in kleinen Graden gut aussieht. (Und nein, weder dieses Buch noch ich sind von Tableau gesponsert. Ich mag diese Schriftart einfach *sehr* und empfehle sie deshalb.)

Nachdem Sie nun gelernt haben, wie Sie Zahlen am besten darstellen können, komme ich zum letzten Punkt hinsichtlich der Optimierung der Lesbarkeit: der Begrenzung der in einem Projekt verwendeten Schriftarten.

5.2.3 Weniger ist mehr

Für eine optimale Lesbarkeit sollten Sie die Anzahl der im Design verwendeten Schriftarten begrenzen – ja, der Schriftarten, nicht der Schriftschnitte. Schließlich entwickeln Sie Datenvisualisierungen und entwerfen keine Pizzakartons (kein Scherz – im Freundeskreis haben wir einmal versucht, die Anzahl der Schriftarten auf dem Pizzakarton einer großen Kette zu zählen, und bei 20 haben wir aufgehört). In Ihren Designs sollte der Text größtenteils eine unterstützende Rolle spielen, er sollte informieren, die Geschichte der Daten erzählen und die wichtigsten Funktionen unterstützen, dabei aber unaufdringlich bleiben.

Wie bei der Farbgestaltung ist es hilfreich, alle Formatierungen und Stilelemente aus dem Text zu entfernen, sodass Sie für Ihr gesamtes Design eine einzige Schriftart in einer einzigen Größe und einer einzigen Farbe verwenden. Oder noch besser: Beginnen Sie das Projekt auf diese Weise. Während Sie die Farbgestaltung in der Regel zumindest etwas aufpeppen, nachdem Ihnen das Design in Schwarz-Weiß gut gelungen ist, brauchen Sie beim Text vielleicht nicht einmal eine weitere Formatierung hinzuzufügen. Wenn Sie für das gesamte Projekt bei einer einzigen Schriftgröße bleiben, bekommen Sie ein sehr sauberes, einheitliches und professionelles Aussehen und eine angenehme, minimalistische Ästhetik. Sinnvoll eingesetzter Weißraum hilft, Elemente voneinander abzusetzen. Soll der Text weniger stark betont werden, können Sie eine hellere Schriftfarbe verwenden; wenn die Überschrift etwas stärker betont werden soll, können Sie sie fett setzen. Sehen Sie sich dazu das Beispiel in Abbildung 5.16 an.

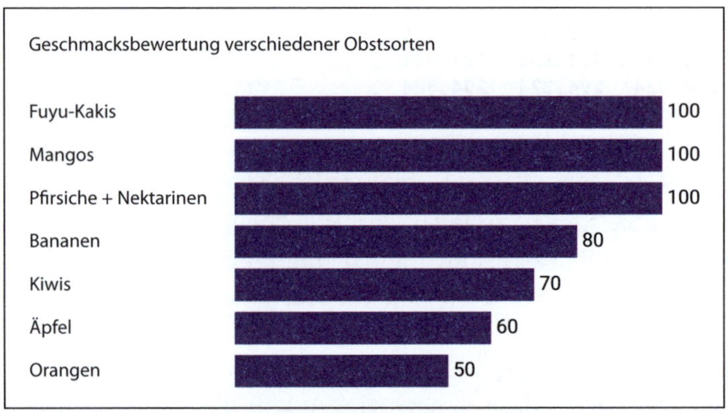

Abb. 5.16 *Unser alter Bekannter, der Obst-Datensatz, in einem sauberen, professionellen Diagramm mit einer einzigen Schriftart in einer einzigen Größe. Dieses Design ließe sich gut für einen automatisierten Bericht verwenden.*

Wenn dieser einfache Look für Ihre Zielgruppe nicht geeignet ist, versuchen Sie es mit einem einzigen zusätzlichen Stil, um etwas Kontrast hinzuzufügen. Kontrast ist die Würze des Designs und macht es interessanter (ich gehe später in diesem Kapitel noch einmal näher darauf ein). Gehört die verwendete Schriftart zu einer sehr großen *Schriftfamilie*, verfügt sie also wie die Roboto über viele verschiedene Schnitte – verschiedene Schriftstärken, nicht-proportionale und Kursivschnitte, Schnitte mit und ohne Serifen usw. –, dann haben Sie es leicht. Am besten setzen Sie zunächst den Titel oder die Überschrift im Kontrast zum restlichen Text, z. B. indem Sie den Titel fetter oder größer und magerer setzen. Wenn Sie einen serifenlosen Schnitt verwenden, versuchen Sie es mit einem Serifenschnitt für den Titel oder umgekehrt. Abbildung 5.17 zeigt eine leicht überarbeitete Version von Abbildung 5.16. Hier habe ich für den Titel einen fetten Schnitt statt des normalen Schnitts verwendet.

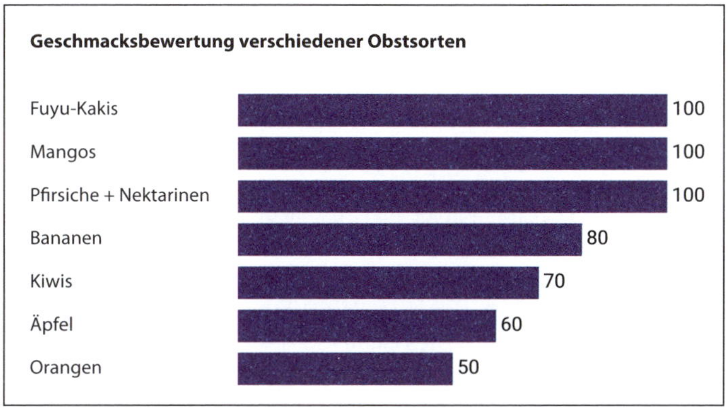

Abb. 5.17 *Gleiches Design wie in Abbildung 5.16, jedoch nun mit fettem Titel*

In Abbildung 5.18 habe ich für den Titel eine Serifenschrift verwendet und ihn ein wenig größer gesetzt.

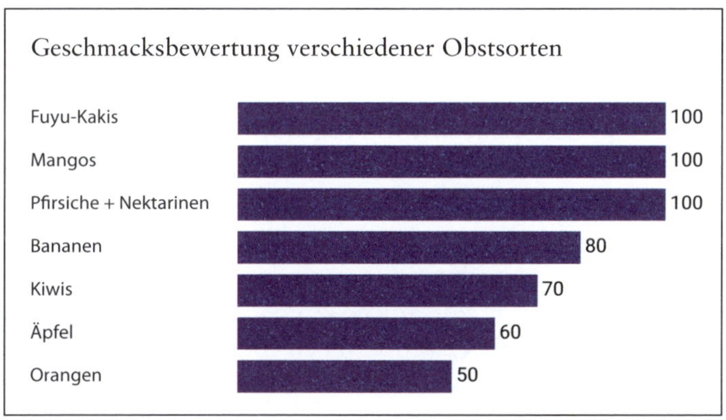

Abb. 5.18 *Eine weitere Variante, bei der ich anstelle einer fettgedruckten serifenlosen Schriftart für den Titel die Serifenversion Roboto Serif in normaler Schriftstärke verwendet und etwas vergrößert habe. Dieser Titel hebt sich nur geringfügig vom restlichen Text ab, sodass ein leichter Kontrast entsteht. Da ich jedoch innerhalb der Roboto-Schriftfamilie geblieben bin, fügen sich die beiden Stile harmonisch zusammen.*

In Abbildung 5.18 habe ich einen ersten Versuch unternommen, Schriften mit und ohne Serifen zu mischen, wobei die Serifen nur im Titel und in einem etwas größeren Grad (18 px statt 16 px) als der übrige Text erscheinen. Da ich mich für Roboto Serif entschieden habe, kann ich sicher sein, dass der Titel aufgrund der ähnlichen x-Höhen und der Formgebung gut mit dem übrigen Text in der regulären Roboto-Schriftart harmoniert.

Mit oder ohne Serifen?

In der Typografie- und Designwelt wird viel darüber diskutiert, was leichter zu lesen ist: Serifenschriften für große Textblöcke und serifenlose Schriften für kürzere Textpassagen oder umgekehrt. Manche behaupten sogar, dass das Medium einen Unterschied macht, also ob der Text auf einer gedruckten Seite oder digital dargestellt wird.

Vermutlich wird die Debatte über die Lesbarkeit von Serifenschriften versus serifenlosen Schriften noch Jahre oder Jahrzehnte andauern. In der Zwischenzeit bietet es sich an, die Empfehlungen der bekannten Datenvisualisierungsdesignerinnen Lisa Charlotte Muth und Tiffany France zu berücksichtigen. Sie sind sich einig, dass sich für Beschriftungen in einer Visualisierung serifenlose Schriften meist am besten eignen. In kleineren Schriftgraden besteht nämlich die Gefahr, dass das Schriftbild durch die Serifen zuläuft. Wenn Sie eine Serifenschriftart bevorzugen, sollten Sie diese daher besser für Titel oder Überschriften verwenden, wo die Serifen besser zur Geltung kommen.

Wenn Sie die beiden in Ihrem Design verwendeten Schnitte aus derselben Schriftfamilie wählen, können Sie sicher sein, dass die beiden Schriftarten wunderbar miteinander harmonieren, ohne dass Sie sich weitere Gedanken machen müssen.

Nachdem Sie den Stil der Überschrift so geändert haben, dass er mit dem übrigen Text in Ihrer Visualisierung kontrastiert, können Sie *einen* weiteren Schnitt hinzunehmen, falls Sie weitere Textarten wie Legenden oder Hinweise vom Haupttext abheben möchten. Behalten Sie diesmal die gleiche Schriftart wie im übrigen Text bei und variieren Sie stattdessen die Schriftstärke, die Größe *oder* die Farbe, um den Kontrast zum Haupttext leicht zu erhöhen, damit der zusätzliche Text etwas stärker ins Auge fällt als seine Umgebung.

Abbildung 5.19 zeigt eine zusätzliche Anmerkung in kleinerem Schriftgrad. Trotz der geringeren Größe hebt er sich dennoch vom restlichen Text ab, ohne dabei jedoch aufdringlich zu wirken.

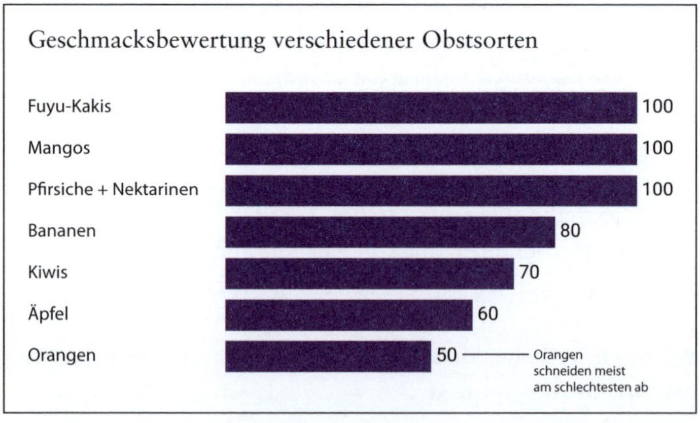

Abb. 5.19 *Ich habe dem Diagramm aus Abbildung 5.18 eine Legende in kleinerem Schriftgrad hinzugefügt. Auch wenn dieser Text kleiner ist als der Rest, hebt er sich dennoch gut von ihm ab.*

Unstrittig ist, dass Sie *niemals* eine ausgefallene Display-Schriftart verwenden sollten, es sei denn, es handelt sich um einen großen Titel. Mit Display-Schriften sind keine typischen Serifen- oder serifenlosen Fonts gemeint, sondern solche mit dekorativen und/oder kreativen Elementen, die oft sehr extravagant wirken. Solche Schriften müssen wirklich groß sein, damit sie trotz des ganzen »Schriftmülls«, um es mit Tufte zu halten, noch lesbar sind. Solche ausgefallenen Titelschriften eignen sich jedoch nicht für unsere alltäglichen Daten – Diagramme, Schaubilder, Berichte, Dashboards, die zur Steuerung und Darstellung von Aspekten unseres täglichen Lebens verwendet werden –, da ihre fantasievolle Ausgestaltung viel eher von der Geschichte hinter den Daten ablenkt als eine schlichtere Serifen- oder serifenlose Schrift. Denken Sie daran, dass Schrift und Text in diesem Zusammenhang die Bühnenarbeiter und nicht die Stars der Show sind. Achten Sie wie immer darauf, dass Lesbarkeit und Verständlichkeit an erster Stelle stehen: Lassen Sie niemals zu, dass Ihre Designentscheidungen der Vermittlung Ihrer Botschaft an das Publikum im Wege stehen!

Wenn es um die Anzahl der Schriftarten geht, empfehlen die meisten Designerinnen und Designer, maximal drei Schriftarten in einem Entwurf zu verwenden. Ich empfehle Ihnen, klein und einfach anzufangen und nur dann zusätzliche Schriften einzusetzen, wenn Sie es wirklich für nötig halten.

5.3 Wie die Schrift den Ton angibt

Als Sie Lesen und Schreiben gelernt haben, haben Sie gelernt, wie verschiedene Buchstaben normalerweise aussehen. Sie haben gelernt, die Formen von Groß- und Kleinbuchstaben zu Papier zu bringen, und mit zunehmender Erfahrung haben Sie gelernt, dass ein und derselbe Buchstabe oder sogar eine Zahl manchmal durch eine etwas andere Form dargestellt werden kann, wie zum Beispiel die offenen und geschlossenen Kleinbuchstaben in Abbildung 5.20.

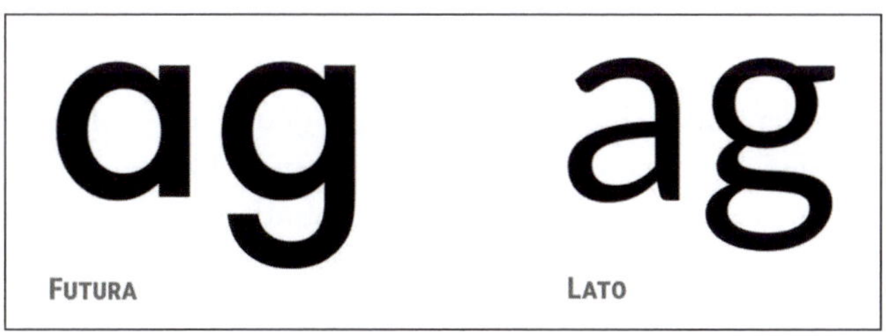

Abb. 5.20 *Schon früh haben wir gelernt, dass manche Buchstaben unterschiedlich dargestellt werden können und dennoch dieselbe Bedeutung haben, wie zum Beispiel die Kleinbuchstaben a und g. Die Schriftart Futura enthält ein geschlossenes »a« und ein einstöckiges »g«, während Lato ein offenes »a« und ein zweistöckiges »g« aufweist.*

Zum Lesen- und Schreibenlernen gehört auch, dass man lernt, wie die Zeichen einer Schriftsprache üblicherweise aussehen sollen. Deshalb können wir Geschriebenes lesen – weil (von wenigen Ausnahmen abgesehen) die allgemeinen Formen der Buchstaben nicht stark von unseren Erwartungen abweichen. Dadurch können wir die Schriftzeichen mit den entsprechenden Lauten und Bedeutungen assoziieren – dies ist die *phonologische* Komponente der Sprache.

Wenn Typografinnen und Typografen neue Schriftarten und -schnitte entwerfen, haben sie diese Erwartungen des Publikums stets im Hinterkopf. Sie ändern dann gezielt kleine Details, fügen vielleicht hier einen zusätzlichen kleinen Strich ein, runden dort eine Buchstabenform ab oder verjüngen an anderen Stellen einen Endstrich eines einzelnen Buchstabens. Diese winzigen Änderungen, diese leichten Abweichungen von den üblichen Buchstabenformen haben dann subtile, aber weitreichende Auswirkungen. Sie tragen erheblich dazu bei, den Charakter und den Tonfall eines Designs zu prägen, auch wenn diese Wirkung meist unterschwellig bleibt.

Zu Beginn dieses Kapitels habe ich den Gedanken erwähnt, dass eine Schriftart den ihr zugewiesenen Raum ganz ähnlich nutzt wie eine Person den ihr zur Verfügung stehenden Raum. Unsere Wahrnehmung dieser Raumnutzung beeinflusst unseren Eindruck von der Person oder Schriftart. Eine Teenagerin, deren Schlafzimmerwände mit bunten Postern bedeckt sind und deren Bettdecke ein riesiges Muster in grellen Regenbogenfarben ziert, macht auf Sie wahrscheinlich den gleichen Eindruck wie ein weiter, abgerundeter Handschriften-Schriftschnitt mit großen Kreisen (oder sogar Herzen!) anstatt der i- und j-Punkte. Ebenso könnte man einen minimalistischen Schreibtisch oder ein Büro, das nur das Nötigste enthält und in dem nicht mal ein einziger Bleistift an der falschen Stelle liegt, mit einer kantigen serifenlosen Schriftart in Verbindung bringen. Abweichungen von unseren Erwartungen und die Weise, wie die Zeichen einer Schriftart den sie umgebenden Raum nutzen oder eben nicht, machen die Typografie lebendig und vermitteln Tonfall, Gefühl, Persönlichkeit und Emotionen, völlig losgelöst von der Bedeutung der damit gesetzten Wörter.

Abbildung 5.21 zeigt drei serifenlose Schriften (Roboto, Source Sans Pro und Lato) sowie drei Serifenschriften (Garamond, Goudy Old Style und Times New Roman). Bevor Sie weiterlesen, nehmen Sie sich einen Moment Zeit, um über die einzelnen Schriftmuster nachzudenken. Wie empfinden Sie sie? Inwiefern sind sie sich ähnlich und inwiefern unterscheiden sie sich? Welche Emotionen, Gefühle oder Eindrücke wecken sie jeweils in Ihnen? Können Sie einige dieser Assoziationen auf die Unterschiede in der Form der Buchstaben oder des Schriftzugs zurückführen?

Serifenschriften werden im Allgemeinen als traditioneller empfunden, und so sollte es nicht überraschen, dass der Auszug aus einem Shakespeare-Sonett in einer Serifenschrift (rechter Bereich von Abb. 5.21) stimmiger wirkt als in einer serifenlosen Schrift (links). Wenn Sie keine ausgebildete Typografin bzw. kein ausgebildeter Typograf sind, könnten Sie nicht genau erklären, warum Roboto dem Sonett ein so anderes Gefühl verleiht als etwa Goudy Old Style. Doch wenn Sie die Nuancen in den Buchstabenformen betrachten, die auf einen Schriftgrad von 200+ vergrößert wurden, wird der Unterschied deutlich. Die starken, quadratischen und nicht spitz zulaufenden Striche von Roboto sowie die fast gleiche Breite der vertikalen und der nicht vertikalen Striche vermitteln einen sehr soliden, nüchternen, unpersönlichen, fast roboterhaften und somit modernen Eindruck. Goudy Old Style hingegen hat eine geringere Mittellänge, und die geschwungenen Striche von Buchstaben wie a, n und d sind an ihrer dünnsten Stelle sehr fein. Das verleiht dieser Schrift einen zierlicheren, wärmeren und traditionelleren Charakter. Daraus lässt sich schließen, dass eine serifenlose Schrift mit stark abgerundeten Ecken beim Publikum einen anderen Eindruck erwecken wird als eine serifenlose Schrift ohne abgerundete Ecken. Abbildung 5.22 zeigt eine abgerundete Schrift im Vergleich zu zwei nicht abgerundeten Schriften.

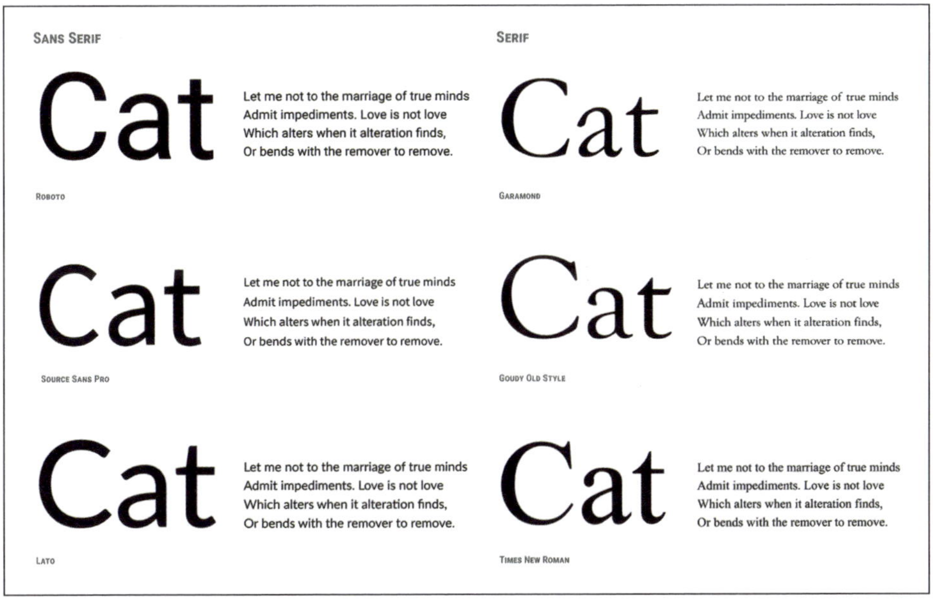

Abb. 5.21 *Die feinen Unterschiede zwischen den sechs Schriftarten werden deutlich, wenn man ein einzelnes Wort stark vergrößert. Wie sich diese Unterschiede auf einen Textblock auswirken, ist jeweils rechts von den vergrößerten Beispielen zu sehen. (Textquelle: Shakespeares Sonnet 116, gemeinfrei)*

Die erste Schrift in Abbildung 5.22 zeigt abgerundete Ecken, die an Luftballons erinnern, was ihr einen freundlichen und offenen Charakter verleiht. Die Helvetica in der Mitte hat eine fast neoklassizistische Anmutung, weil sie so weit verbreitet ist; da sie aber serifenlos ist, wirkt sie nicht komplett altmodisch. Die Recursive Sans Linear im unteren Bereich wirkt eher kalt und unpersönlich und hat einen gewissen Schreibmaschinencharakter. Dieser abweisende Eindruck entsteht wahrscheinlich, weil sie so breit sein muss, damit die Zeichen in allen Schriftgraden den gleichen Raum einnehmen, gerade so, als würden sie sich gegenseitig auf Armeslänge halten, um sich nicht zu nahe zu kommen.

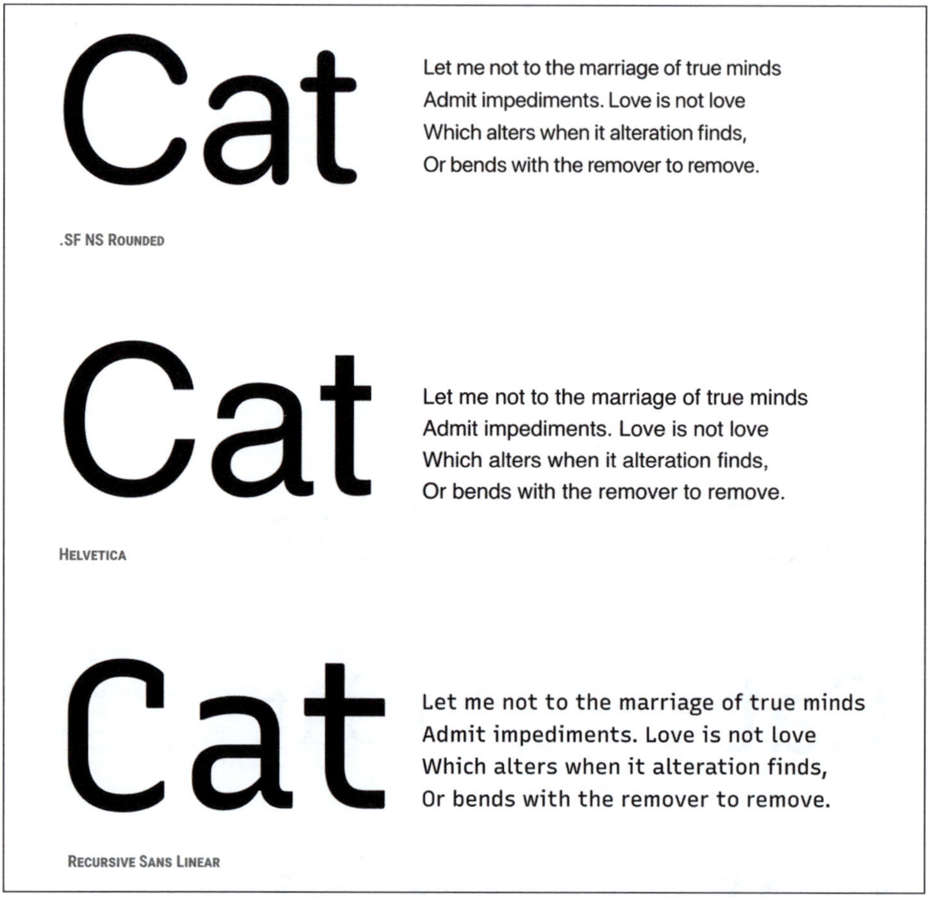

Abb. 5.22 *Hier sehen Sie die unterschiedliche Anmutung dreier verschiedener serifenloser Schriften. Der Rounded-Schnitt oben wirkt offener und freundlicher als die anderen, während die Recursive Sans Linear eher kalt und unpersönlich wirkt, fast ein wenig abweisend.*

Wenn Sie in Ihren Projekten bestimmte Marken- oder Unternehmensschriften verwenden müssen, ist die Schriftwahl etwas weniger schwierig. Dennoch empfehle ich Ihnen, darauf zu achten, dass diese Schriftarten für Ihre Bedürfnisse geeignet sind und den richtigen Ton treffen. Unabhängig davon, ob Sie auf bestimmte Schriftarten beschränkt sind, sollten Sie bei der Schriftwahl für Ihr Projekt verschiedene Schriftarten auf stark vergrößerte Textproben anwenden, um die Unterschiede zu erkennen. Wenn Sie feststellen, dass eine Schriftart, die Sie verwenden müssen, nicht Ihren Anforderungen entspricht – sei es in Bezug auf ihren Charakter oder die Lesbarkeit –, beraten Sie sich mit der Person oder dem Team, das für die Festlegung dieser Richtlinien verantwortlich ist.

5.4 Hierarchien mit Schrift kommunizieren

Nachdem Sie gelernt haben, dass Sie mit Ihrer Typografie den Charakter eines Projekts auf sehr subtile Weise bestimmen können, sollte es nicht überraschen, dass eine weitere Hauptaufgabe der Typografie darin besteht, die Informationshierarchie darzustellen. Dies ist wesentlich, damit sich Ihre Zielgruppe intuitiv in Ihrer Visualisierung zurechtfindet. Wenn Sie dies nicht sorgfältig umsetzen, hat das zwei Konsequenzen: Zum einen wissen die Benutzerinnen und Benutzer nicht, worauf sie ihren Blick und ihre Aufmerksamkeit richten sollen, um die Geschichte zu erkennen, die sich in der Visualisierung entfaltet. Zum anderen haben sie keine Möglichkeit, die wichtigen oder bemerkenswerten Elemente in der Darstellung zu identifizieren. Der Schlüssel zum Aufbau einer klaren Informationshierarchie ist die Schaffung von visuellem Interesse. Und der Schlüssel zur Schaffung von visuellem Interesse ist der *Kontrast*.

Denken Sie einmal darüber nach, was Ihnen in der realen Welt als ansprechend ins Auge fällt – unabhängig von Typografie, Visualisierung oder Berichten. Was hat zuletzt Ihre Aufmerksamkeit erregt? Vielleicht war es ein farbenfrohes Outfit, eine schöne Blume, eine auffällige Reklametafel, ein schnittiges Auto oder – geben Sie es zu – vielleicht auch die Körperform eines anderen Menschen. Was all diese Dinge gemeinsam haben, ist der Kontrast. Ihre Lieblingsblume sticht hervor und erregt Ihre Aufmerksamkeit, weil ihre Blüte eine ganz andere Farbe hat als das Grün um sie herum. Ein toller Sportwagen hebt sich durch seine einzigartige, schnittige Silhouette und oft leuchtende Farbe vom Rest des Straßenbilds ab (und vielleicht auch, weil er auf der Autobahn so schnell an Ihnen vorbeizischt, dass Sie das Gefühl haben, Sie selbst würden rückwärtsfahren).

Damit Sie verstehen, wie Sie Kontraste in der Typografie sinnvoll einsetzen und damit eine Hierarchie aufbauen können, kehre ich zu unseren alten Freunden aus Kapitel 2 zurück – den *Gestaltgesetzen* und *präattentiven Attributen*, insbesondere Farbe, Form, räumliche Position, Nähe und Symmetrie. Zur Veranschaulichung sehen Sie sich Abbildung 5.23 an, auf die ich in diesem Abschnitt häufig Bezug nehmen werde. Bei der Gestaltung dieses Schaubilds im Jahr 2018 habe ich auf Einfachheit und Konsistenz geachtet, indem ich durchgängig nur eine einzige Schriftart, den Tableau-Font, verwendet habe. Wahrscheinlich hätte ich sogar noch mit weniger Schriftschnitten auskommen können, um noch mehr Einfachheit und Klarheit zu erreichen.

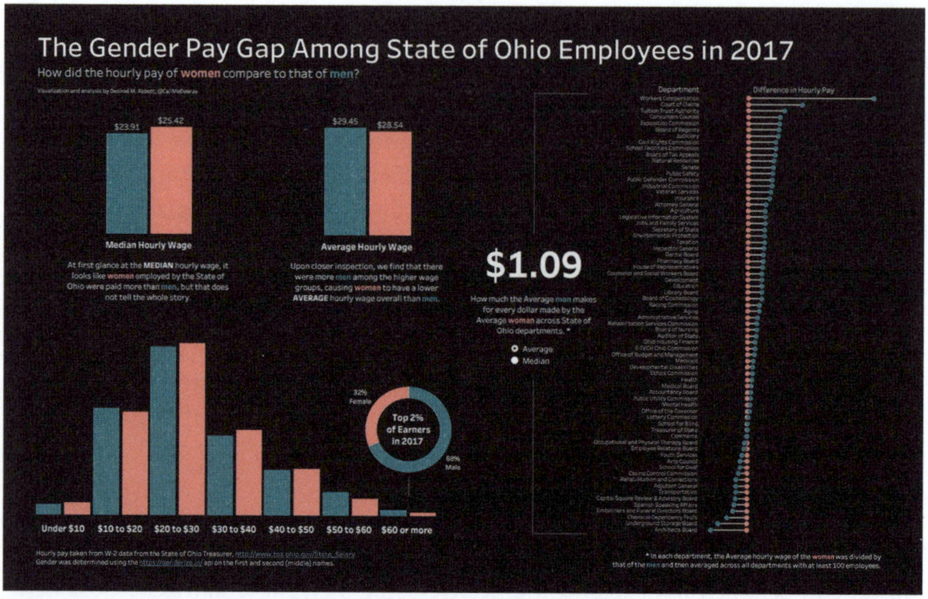

Abb. 5.23 *Diese interaktive Visualisierung habe ich 2018 aufgrund öffentlich zugänglicher Gehaltsabrechnungsdaten für die Beschäftigten des Staates Ohio erstellt (direkter Link zur Visualisierung: http://mng.bz/p1wE). Um Konsistenz und Einfachheit zu wahren, habe ich in der gesamten Visualisierung einzig den Tableau-Font verwendet. Es wäre sogar noch besser gewesen, wenn ich die Anzahl der Schriftschnitte noch weiter reduziert hätte.*

5.4.1 Farbe

Als ich zum ersten Mal erläutert habe, wie unser Gehirn Informationen wahrnimmt, habe ich mit dem präattentiven Attribut der Farbe begonnen. Farbe ist eine der beiden einfachsten Möglichkeiten, den Kontrast in der Typografie zu erhöhen, um die Wichtigkeit (oder die fehlende Wichtigkeit) zu verdeutlichen (auf Letzteres komme ich gleich zurück). Für Fließtext sollte Farbe jedoch sparsam verwendet werden, da es schwierig ist, Farben mit einem angemessenen Kontrast für kleine, zierliche Elemente wie Buchstaben zu wählen. Für Text auf einem hellen Hintergrund ist eine dunkle, neutrale Farbe am besten geeignet, für einen dunklen Hintergrund eine helle, neutrale Farbe. Um an den gewünschten Stellen die Betonung zu *verringern*, können Sie die Helligkeit der Schriftfarbe in Richtung der Hintergrundfarbe anpassen – sie also auf einem hellen Hintergrund aufhellen und auf einem dunklen Hintergrund abdunkeln.

Ein Gestaltungsstil, den ich in Dashboards sehr schätze, ist der monochromatische Look. Hierbei kommt lediglich eine neutrale Grundfarbe wie Schwarz, Weiß oder Grau zum Einsatz, die durch den gezielten Einsatz einer einzigen, nicht neutralen Akzentfarbe in verschiedenen Abstufungen ergänzt wird. Ein hervorragendes Beispiel für eine solche monochromatische Farbpalette finden Sie in Abbildung 5.24.

Diese Visualisierung wurde von Pradeep Kumar G im Januar 2021 im Rahmen von #ProjectHealthViz erstellt und kam sogar in die engere Auswahl für die Information Is Beautiful Awards 2022 (auch wenn er dort in der Kategorie Business Dashboard mit einer anderen, nicht monochromatischen Arbeit den dritten Platz belegte).

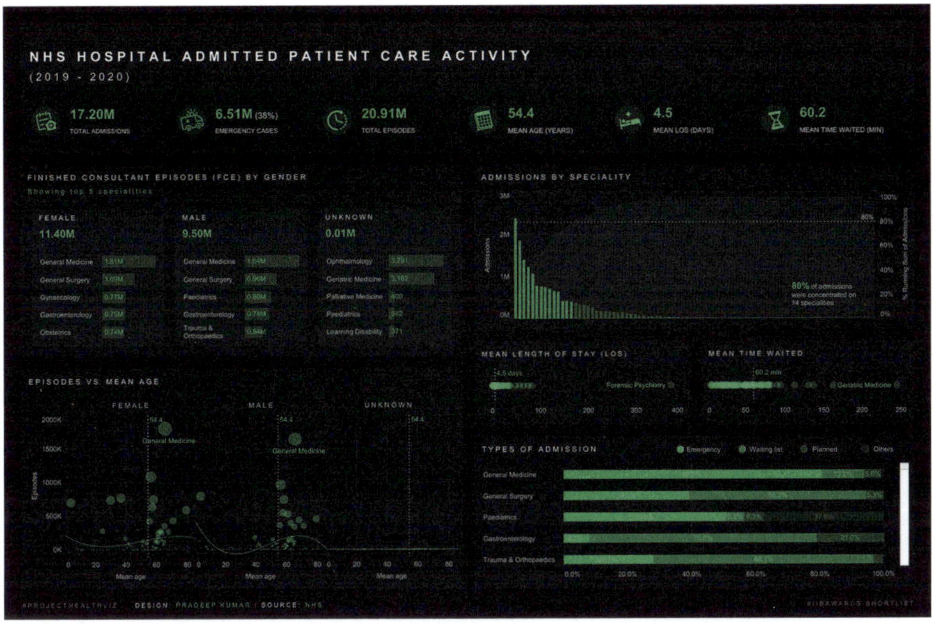

Abb. 5.24 *Wenn Sie sich für einen monochromatischen Dashboard-Look entscheiden, sind die passenden Textfarben von entscheidender Bedeutung. In dieser Visualisierung sehen Sie drei verschiedene Farben für den Text im Haupt-Dashboard (ohne die Fußzeile): Weiß für die Überschriften, Hellgrün für die Datenelemente und ein sehr helles Grün für die Achsenbeschriftungen. Die interaktive Version dieser Visualisierung mit dem Titel »NHS Hospital Admitted Patient Care Activity« von Pradeep Kumar G ist unter der CC BY 4.0-Lizenz verfügbar unter http://mng.bz/lV72. Die Quelldaten stammen aus dem Jahr 2020 und sind urheberrechtlich geschützt von NHS Digital, aber die Veröffentlichung ist unter der Open Government License des Vereinigten Königreichs zulässig.*

In Abbildung 5.24 sehen Sie den gezielten Einsatz verschiedener Schriftfarben. Die Kopfzeilen sind in Weiß gehalten, die Daten in den Datenbeschriftungen und BANs (Big-Ass-Zahlen, ja, so lautet der Fachbegriff) in hellem Grün, die Achsenbeschriftungen in einem sehr hellen Grün. Durch diese Farbgebung hebt Pradeep die Kopfzeilen besonders hervor, da sie den stärksten Kontrast zum Hintergrund aufweisen. Auch durch die Verwendung von Weiß-/Leerraum verleihen die Kopfzeilen dem Dashboard seine Struktur, sodass der Blick gelenkt wird. Als Nächstes fallen die BANs durch ihre Größe auf und weil sie dieselbe Farbe haben wie die Balken und Kreise, aus denen die anderen Datenelemente bestehen. Die BANs können in der Hierarchie dieselbe Ebene einnehmen wie alle anderen Datenelemente, etwa wie die Balken und Kreise und sogar die Datenbeschriftungen; weil es sich bei sämtlichen um Datenelemente handelt, ist es sinnvoll, dass alle dieselbe Farbe haben (wenn auch nicht ganz denselben Farbton). In diesem Dashboard sind die Datenbeschriftungen nicht hervorgehoben, weil sie dieselbe Farbe haben wie die zugehörigen Daten. Das zeigt, dass sie gleich wichtig sind. Schließlich werden die Achsenbeschriftungen etwas in den Hintergrund gedrängt, weil sie einen sehr hellen Farbton der dunkelgrünen Hintergrundfarbe haben. Wäre stattdessen der gesamte Text in genau derselben Farbe gehalten – entweder Weiß oder vielleicht in einem hellen Grün, das zu den BANs passt – und alles andere bliebe gleich, wäre die Hierarchie der Informationen nicht so deutlich, und der Blick würde nicht so gezielt gelenkt.

5.4.2 Form

Bei der Betrachtung des präattentiven Attributs der Form habe ich zunächst die Länge bzw. Größe von Zahlen in einer Spalte oder von Balken in einem Balkendiagramm untersucht. Form umfasst jedoch im weiteren Sinne auch die Größe *und Gestalt*. Im Kontext der Typografie bezieht sich die Form auf die Schriftart, die Schriftstärke und die Groß- und Kleinschreibung, die Größe natürlich auf den Schriftgrad.

Die Größe ist eine der beiden einfachsten Möglichkeiten, Ihrem Text Kontrast zu verleihen. Es wäre sicherlich eine Herausforderung, eine solide visuelle Hierarchie ohne Größenvariationen zu schaffen. Zwar ist es möglich, wie das Diagramm mit nur einer Schriftart in Abbildung 5.16 gezeigt hat, aber dieses Beispiel war äußerst simpel, und wie wir alle wissen, ist das wirkliche Leben normalerweise nicht ganz so einfach. Würde man eine einzige Schriftart oder auch nur eine einzige Größe auf ein ganzes Dashboard mit vielen Diagrammen und viel Text anwenden, würde die Hierarchie leicht verloren gehen. Wenn ein Element deutlich größer ist als die umgebenden Objekte, wird es auf jeden Fall Ihre Aufmerksamkeit erregen. In meiner Grafik zum geschlechtsspezifischen Lohngefälle in Abbildung 5.23 erkennen Sie die Hierarchie der Größe und damit der Bedeutung: Titel und Callout sind sehr groß und ziehen direkt die Aufmerksamkeit auf sich, gefolgt vom Untertitel, dann den Achsen- und Segmentbeschriftungen in den Diagrammen auf der linken Seite der Grafik und schließlich dem kleinsten Text.

Wenn Sie einen Größenkontrast mit einem Kontrast der Schriftart, Schriftstärke oder Groß-/Kleinschreibung kombinieren, können Sie die Aufmerksamkeit gezielt auf das betreffende Element lenken. Dies erkennen Sie beispielsweise im Callout in der Übersicht über das geschlechtsspezifische Lohngefälle und im Ausschnitt in Abbildung 5.25. Dort ist die Angabe »1,09 $« *sowohl* größer *als auch* fetter als der übrige Text. Solche Hervorhebungen sollten jedoch sehr sparsam eingesetzt werden. Denken Sie daran: Wenn Sie versuchen, alles wichtig zu machen, ist am Ende nichts mehr wirklich wichtig.

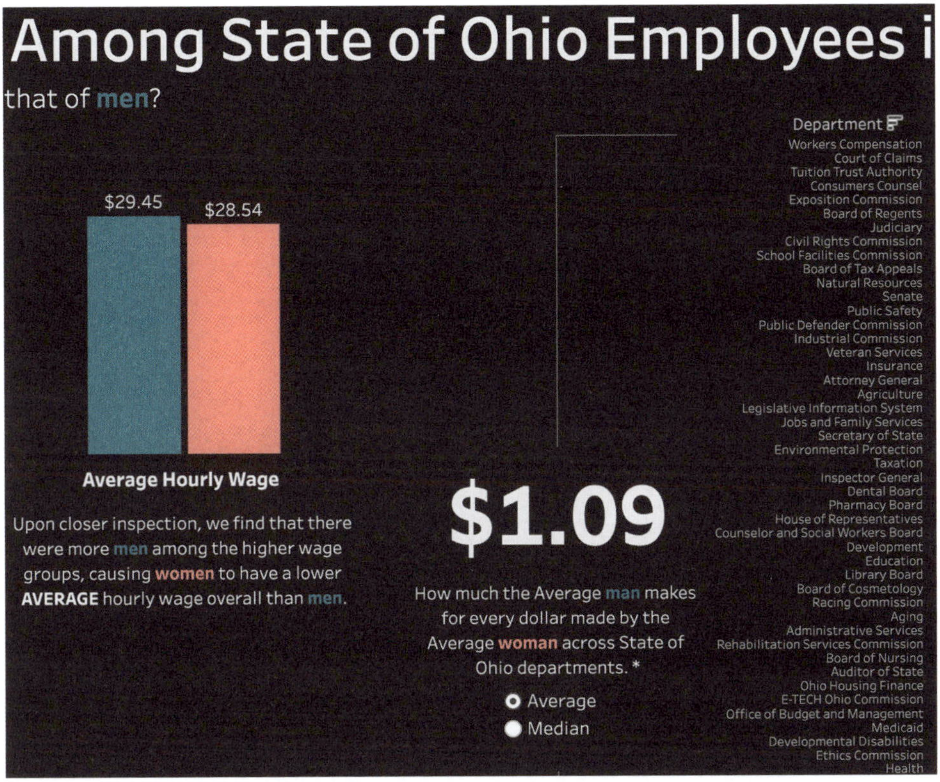

Abb. 5.25 *Das Callout in der Visualisierung zum geschlechtsspezifischen Lohngefälle ist deutlich größer und fetter als der übrige Text. Setzen Sie solche Hervorhebungen sehr sorgfältig ein und übertreiben Sie es nicht!*

5.4.3 Position

Bei der ersten Betrachtung des präattentiven Attributs der räumlichen Position befand ich mich mitten in der Analyse von Fahrradvermietungen in London und erstellte dazu eine Karte. Doch die räumliche Position geht über die rein geografische Verortung von Datenpunkten hinaus. Vielmehr umfasst die räumliche Position auch die Platzierung und Ausrichtung von Elementen auf einer Seite oder Fläche. Sowohl die Positionierung als auch die Ausrichtung sind Möglichkeiten, um die räumliche Anordnung von Text zu gestalten. Die Ausrichtung kann zudem auch als Formattribut betrachtet werden, da sie den Umriss und die Gestalt eines Textblocks beeinflusst. Bei einzelnen Textzeilen steht jedoch eher die Position im Vordergrund.

Abbildung 5.26 veranschaulicht, wie die räumliche Anordnung der Textelemente die visuelle Hierarchie und Leseführung prägt.

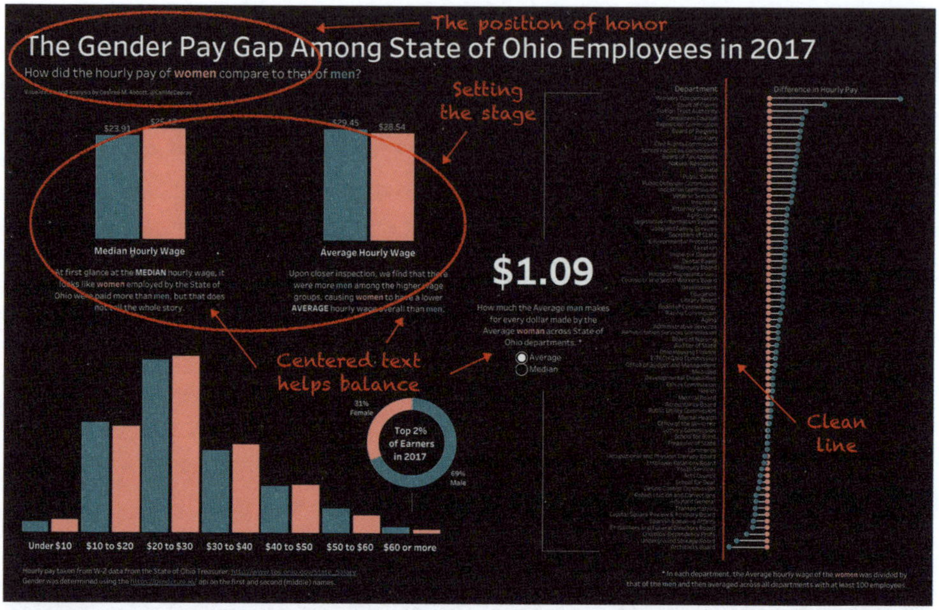

Abb. 5.26 *Die Position und Ausrichtung von Text erreicht hier verschiedene Ziele: Die Position der Überschrift und des Untertitels hebt deren Wichtigkeit hervor, die zentrierte Ausrichtung des Texts in den beiden Balkendiagrammen und dem Callout schafft eine ausgewogene Gestaltung, die rechtsbündige Ausrichtung der Achsenbeschriftungen auf der rechten Seite erzeugt eine klare, einheitliche Linie.*

In Abbildung 5.26 stehen der Titel und der Untertitel im wichtigsten Bereich der Seite, nämlich oben links. In westlichen Kulturen wird von oben nach unten und von links nach rechts gelesen, weshalb die Tendenz besteht, das Wichtigste an dieser Stelle oben links zu suchen. Weniger wichtige Elemente können weiter unten und/oder rechts platziert werden. Nach Titel und Untertitel folgt die erste Reihe von Schaubildern, die den Rahmen für den Rest der Visualisierung bilden. Die beschreibenden Begleittexte zu den einzelnen Diagrammen sind mittig angeordnet, um ein gewisses visuelles Gleichgewicht zu schaffen. Dasselbe gilt für den Text des Callouts. Auf der rechten Seite sind alle Beschriftungen der *y-Achse* rechtsbündig ausgerichtet. So entsteht eine klare Linie, die als partieller Rahmen des Hanteldiagramms dient und die Beschriftungen wie ein einziges Element erscheinen lässt.

5.4.4 Nähe

Im Zusammenhang mit dem Gestaltgesetz der Nähe haben Sie gelernt, dass nahe beieinanderliegende Objekte als zusammengehörig oder gruppiert wahrgenommen werden. Umgekehrt werden Objekte, die weiter voneinander entfernt sind, als nicht zusammengehörig oder gruppiert betrachtet. Hieraus ergibt sich das Konzept des

Weißraums. Dieser Leerraum ist ein entscheidender Bestandteil des Kontrasts, und er ist erforderlich, um mittels Text eine Bedeutungshierarchie zu vermitteln. Ein Textabschnitt mit viel umgebendem Weiß- oder Negativraum hebt sich als insgesamt wichtiger Inhalt hervor, wie das in Abbildung 5.27 vergrößert dargestellte Callout. Textabschnitte, die dagegen dicht neben anderen Elementen platziert werden, sind nur für diese Elemente relevant, wie die Beschriftungen der oberen Balkendiagramme oder der Ringdiagrammsegmente (ebenfalls in Abb. 5.27).

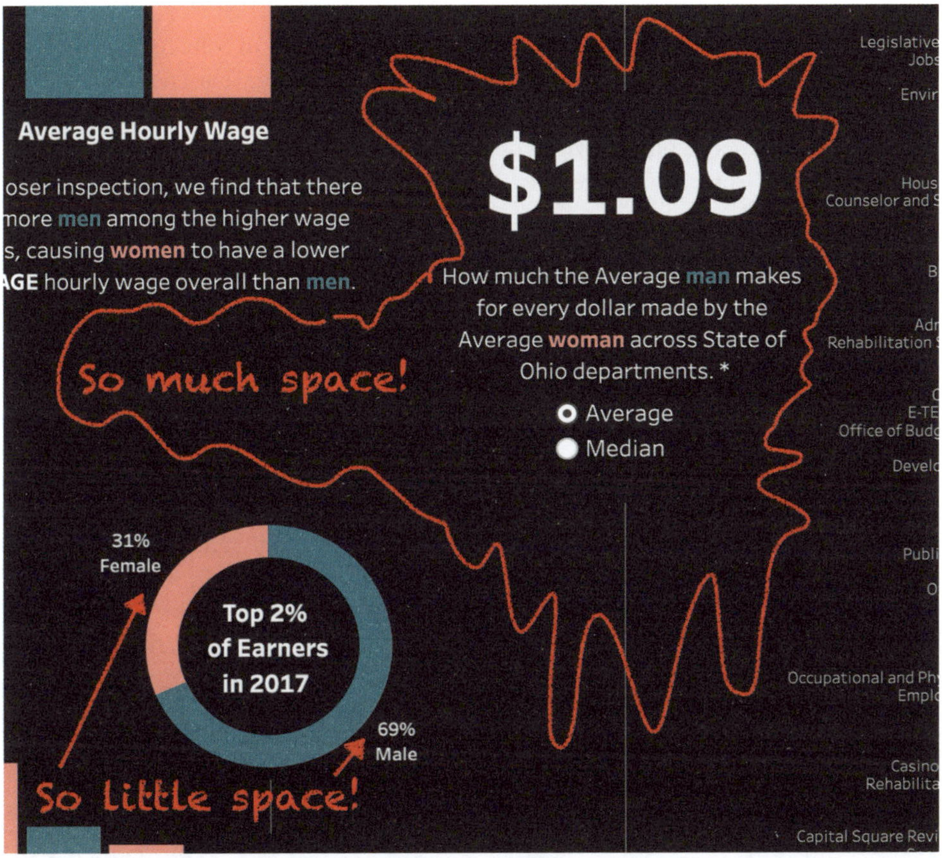

Abb. 5.27 *Der Leerraum um das Callout trennt dieses Element vom Rest der Visualisierung. Im Gegensatz dazu weist die Nähe der Beschriftungen zum Ringdiagramm auf die Zusammengehörigkeit dieser Elemente hin.*

Deshalb ist es wichtig, dass Sie in Ihren Entwürfen viel Weißraum vorsehen. Wenn Sie jeden verfügbaren Platz auf der Seite ausnutzen und keinen Raum lassen, hebt sich kein Element von den anderen ab. Die Visualisierung wirkt dann wie eine überfüllte Tanzfläche, bei der die Elemente sich gegenseitig auf die Füße treten und in die Rippen stoßen, anstatt anmutig und selbstbewusst Walzer zu tanzen.

5.4.5 Symmetrie

Schließlich komme ich zur Symmetrie. Erinnern Sie sich an das Gestaltgesetz der Symmetrie, und hierbei insbesondere an die Verschiebungssymmetrie? Dort ging es um die sogenannten Small Multiples, kleine Mehrfachdiagramme, die gut funktionieren, weil die Benutzerinnen und Benutzer sofort ein Muster darin erkennen. Wird dieses Muster in regelmäßigen Abständen auf der Seite wiederholt, kann das Auge die relativen Unterschiede zwischen den einzelnen Diagramminstanzen leicht erkennen.

Wenn Sie im gesamten Design eine konsistente Auswahl an Schriftstilen verwenden, erleichtern Sie Ihrem Publikum das Verständnis der hierarchischen Bedeutung. Menschen lernen durch Wiederholung sehr effektiv, und genau dieses Prinzip der Translationssymmetrie nutzen wir in der typografischen Gestaltung unserer Visualisierungen. Im Beispiel der Darstellung des geschlechtsspezifischen Lohngefälles zeigt sich dies an den Beschriftungen am unteren Rand der Balkendiagramme – wie dem mittleren Stundenlohn, dem durchschnittlichen Stundenlohn und dem Lohnhistogramm – sowie an der Beschriftung in der Mitte des Ringdiagramms. Da all diese Textelemente den gleichen Schriftstil verwenden, signalisieren sie dem Betrachter ihre gleichwertige Bedeutung. Abbildung 5.28 zeigt eine vergrößerte Ansicht des Balkendiagramms mit dem Histogramm der Lohngruppen und des dazugehörigen Ringdiagramms.

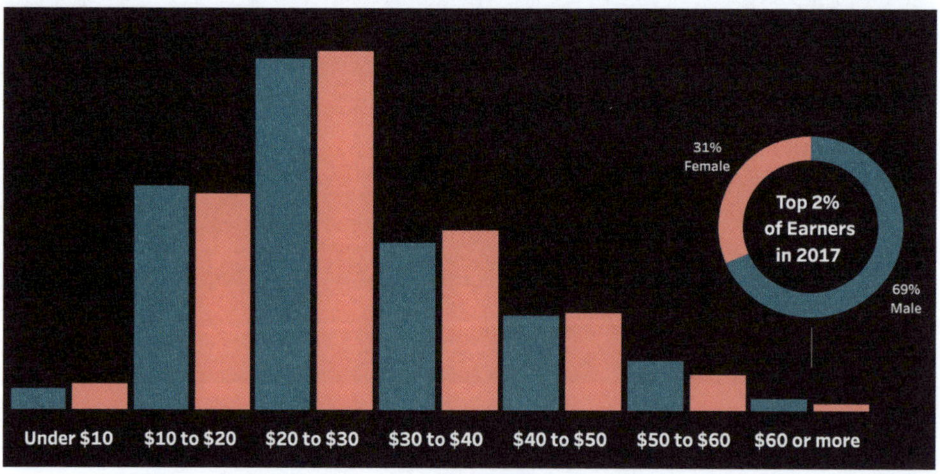

Abb. 5.28 *Die Hauptbeschriftungen des Lohn-Balkendiagramms und des dazugehörigen Ringdiagramms sind in derselben Schriftart formatiert wie die Beschriftungen der beiden oberen Balkendiagramme (die nicht abgebildet sind). Durch diese einheitliche typografische Gestaltung signalisieren diese Textelemente ihre gleichwertige Bedeutung innerhalb der Visualisierung.*

Der Fließtext und die Datenbeschriftungen haben in der Visualisierung zum Lohngefälle ebenfalls die gleiche Größe. In einem automatisierten Dashboard wäre es sinnvoll, jedem Diagramm einen Titel in einer einheitlichen Schriftart und -größe zuzuweisen und diesen an einer konsistenten Position relativ zum jeweiligen Diagramm zu platzieren. Konsistenz ist alles!

Zusammengefasst ist die Vermittlung einer Informationshierarchie durch den Einsatz von Typografie in der Datenvisualisierung gar nicht so schwierig. Wenden Sie die präattentiven Attribute und die Gestaltgesetze konsequent an, um effektive Kontraste zu schaffen, und alles ist gut. Und vergessen Sie nicht: Wenn Sie versuchen, *alles* als gleichermaßen wichtig darzustellen, vermitteln Sie dem Publikum letztlich die Botschaft, dass *nichts* wirklich von Bedeutung ist.

5.5 Barrierefreiheit und Typografie

In meinen 20ern habe ich versucht, meinem Vater etwas auf meinem Handy zu zeigen, und ihn dann geneckt, als er es weiter von seinem Gesicht weghalten musste: »Hey Dad, soll ich es dir hier vom anderen Ende des Raums aus zeigen?« (Eine gewisse Zeit lang konnte ich ihm tatsächlich einfach meine eigene Brille geben, wenn er seine vergessen hatte, und das hatte dann auch funktioniert. Aber egal ...) Bei den meisten von uns lässt mit zunehmendem Alter die Sehkraft nach. Wenn es so weit ist, sind wir den Designern und Entwicklerinnen sehr dankbar, wenn diese es uns ermöglichen, ihre Datenvisualisierungen trotzdem gut lesen zu können. (Ja, ich spreche aus Erfahrung.) Daher ist es wichtig, barrierefreie und inklusive typografische Entscheidungen zu treffen – nicht nur für diejenigen, deren Arm inzwischen zu kurz geworden ist, sondern auch für Menschen mit anderen Sehproblemen und neurologischen Beeinträchtigungen.

In den nächsten Abschnitten lernen Sie die WCAG-Richtlinien und deren Anwendung auf die Typografie in Datenvisualisierungen kennen. Anschließend werde ich näher auf das Thema Legasthenie eingehen.

5.5.1 WCAG und Typografie

Bei der Textgestaltung steht vor allem das Prinzip der Wahrnehmbarkeit im Vordergrund. Die WCAG-Richtlinie 1.4 sagt zur Unterscheidbarkeit: »Erleichtern Sie es den Nutzerinnen und Nutzern, die Inhalte zu sehen und zu hören, dazu gehört die Trennung von Vorder- und Hintergrund.« In Kapitel 4 habe ich bereits mehrere Erfolgskriterien aus Richtlinie 1.4 beschrieben, die für den Einsatz von Farbe relevant sind. Darüber hinaus gibt es jedoch zwei weitere Kriterien, die sich speziell auf die Typografie beziehen. Zusätzlich werde ich an dieser Stelle noch einmal Teile von Richtlinie 1.4.8 aufgreifen, die ich bereits in Kapitel 4 erläutert habe.

TIPP

Falls Ihnen die Hintergründe zu den WCAG nicht mehr präsent sind, blättern Sie zurück zu Abschnitt 4.4.2.

Das Erfolgskriterium 1.4.4 (Konformitätsstufe AA) der WCAG besagt: »Mit Ausnahme von Bildunterschriften und Textabbildungen kann die Textgröße ohne Hilfsmittel bis zu 200 Prozent ohne Verlust von Inhalt oder Funktionalität verändert werden.« Ein ähnlicher Punkt findet sich auch in Kriterium 1.4.8 (Konformitätsstufe AAA). Dieser richtet sich hauptsächlich an Personen, die Visualisierungen von Grund auf neu programmieren. Wenn Sie stattdessen jedoch ein Tool wie eine Tabellenkalkulation oder ein BI-Tool verwenden, liegt die Möglichkeit zur Größenanpassung des Textes nicht in Ihrer Verantwortung, sondern in der Verantwortung der Entwicklerinnen und Entwickler dieses Tools.

HINWEIS

Zur Erinnerung – solange Sie nicht gesetzlich dazu verpflichtet sind, eine bestimmte Konformitätsstufe der WCAG-Richtlinien einzuhalten, haben die verschiedenen Stufen folgende Bedeutung: Konformitätsstufe A *müssen* Sie berücksichtigen, damit Ihre Visualisierungen von möglichst vielen Menschen gesehen, bedient und verstanden werden können. Sie stellt das absolute Minimum dar. Stufe AA bedeutet, dass Sie diese Kriterien berücksichtigen *sollten*, und Stufe AAA bezeichnet Kriterien, die Sie optional umsetzen *können*.

Die übrigen textbezogenen Punkte in Kriterium 1.4.8 der WCAG befassen sich damit, Personen mit visuellen, kognitiven und Lesebehinderungen die Orientierung und die Steuerung des Textflusses zu erleichtern. Eine Begrenzung der Zeilenlänge, ein zusätzlicher Abstand zwischen den Zeilen sowie ein größerer Abstand zwischen den Absätzen helfen den Lesenden, den Blick zum nächsten Textelement zu lenken. Bei der Textausrichtung kann ein ungleichmäßiger Wortabstand, der durch die Anpassung an eine einheitliche Zeilenbreite (Blocksatz) entsteht, aufgrund auseinandergezogener Wortabstände zu ungewollten weißen Lücken auf der Seite führen. Manchmal stehen Wörter dann aber auch zu dicht beieinander, was die Lesbarkeit beeinträchtigt. Insgesamt lenken wir mit unseren Entscheidungen bezüglich Zeilenlänge, -abstand und -ausrichtung – der Kontrolle des Weißraums – nicht nur die Aufmerksamkeit des Publikums, wie in Abbildung 5.26 gezeigt, sondern tragen auch maßgeblich zur Verbesserung der Barrierefreiheit bei.

Kriterium 1.4.12 (Konformitätsstufe AA) besagt, dass Sie die dort angegebenen Maße für die Zeilenhöhe (oder den Zeilenabstand), den Absatzabstand, den Buchstabenabstand (oder die Laufweite) und den Wortabstand verwenden sollten, soweit es in Ihrem Einflussbereich liegt. Dadurch erhalten Sie viel Leerraum um Ihren Text herum, was die Lesbarkeit für alle Menschen erhöht. Sollten Sie sich dafür entscheiden, diese empfohlenen Maße nicht zu verwenden, muss die

Formatierung dennoch ordnungsgemäß funktionieren und denselben Inhalt und dieselben Informationen bieten, wenn jemand die empfohlenen Maße erzwingt, ohne dass er oder sie etwas anderes ändern muss.

5.5.2 Legasthenie

Vor meiner eingehenden Recherche zu diesem Thema hätte ich Ihnen auf die Frage nach Legasthenie wahrscheinlich geantwortet, dass es sich dabei um eine Sehschwäche handelt, bei der Betroffene Buchstaben mit ihrem Spiegelbild verwechseln (etwa d mit b und q mit p) und/oder innerhalb von Wörtern vertauschen. Ich habe sogar einmal gehört, dass sich die Wörter für Menschen mit Legasthenie auf der Seite manchmal zu bewegen oder herumzutanzen scheinen. Von einem Freund und ehemaligen Mitarbeiter – selbst Legastheniker – wusste ich, dass es spezielle Schriftarten geben soll, die Menschen mit einer solchen Lese-Rechtschreib-Störung das Lesen erleichtern. Wir wunderten uns gemeinsam darüber, dass das sehr große Tech-Unternehmen hinter der von unserem Unternehmen eingesetzten Kommunikationsplattform es nicht erlaubte, die Schriftart in diese legastheniefreundliche Variante abzuändern. Bevor ich mich intensiv mit dem Thema befasste, wollte ich Ihnen sogar die fast überall verhasste Comic Sans MS als geeignete Schriftart für Menschen mit Legasthenie empfehlen. (Spoiler: Vielleicht ist sie das in manchen Fällen, vielleicht aber auch nicht – Sie müssen nicht all Ihre Texte auf Comic Sans umstellen!) Oder für Ihre webbasierten Visualisierungen eine der legastheniefreundlichen Schriftarten zu verwenden (nämlich OpenDyslexic, eine frei herunterladbare Schriftart, die auf allen Plattformen verfügbar ist, oder Dyslexie, ein kostenpflichtiger Font, der 2008 vom niederländischen Designer Christian Boer entwickelt wurde). Aber nach meiner eingehenden Lektüre akademischer Texte zu diesem Thema muss ich sagen: Wie immer ist es tatsächlich nicht ganz so einfach.

Laut Definition von Lyon et al. aus dem Jahr 2003 (der aktuellsten zum Zeitpunkt des Verfassens dieses Buchs) ist »Legasthenie eine spezifische Lernbehinderung neurobiologischen Ursprungs. Sie ist gekennzeichnet durch Schwierigkeiten bei der genauen und/oder flüssigen Worterkennung und durch schlechte Rechtschreib- und Entzifferungsfähigkeiten« [1]. Legasthenie ist demnach nicht das Ergebnis einer Sehschwäche, sondern hat ihren Ursprung im Gehirn selbst, »aufgrund eines Defizits in der phonologischen Komponente der Sprache, das angesichts der übrigen kognitiven Fähigkeiten und der guten Auffassungsgabe im Unterricht oft nicht erwartet wird« [1]. Anders ausgedrückt: Legasthenie beruht auf einer Schwierigkeit, Buchstabenfolgen mit den Lauten zu verbinden, die sich daraus ergeben (daher »phonologisch«).

Ist Ihnen aufgefallen, dass die Definition von Legasthenie nichts über gespiegelte oder vertauschte Buchstaben aussagt? Diese Vorstellung ist tatsächlich ein Mythos. Studien zeigen, dass die meisten Menschen mit Legasthenie die Buchstaben nicht spiegeln. Kinder neigen zwar manchmal dazu, wenn sie gerade erst Lesen und Schreiben lernen – aber dieses Verhalten zeigen auch Kinder ohne Legasthenie.

Es gibt zahlreiche Studien über Kinder mit Legasthenie, sodass diese Lernbehinderung im Kindesalter gut erforscht ist. Bei Erwachsenen sieht die Situation jedoch anders aus. Peter et al. wiesen im Jahr 2021 als eine der Ersten in einer Studie nach, dass die Häufigkeit von Buchstabendrehern sequenzieller Art (wie in »two tow«) und räumlicher Art (wie in »cob cod«) bei Erwachsenen mit Legasthenie im Vergleich zu Erwachsenen ohne Legasthenie statistisch signifikant höher ist. Die Autoren betonen jedoch auch, dass »sequenzielle und räumliche Buchstabendreher nicht notwendigerweise für alle Personen mit Legasthenie charakteristisch sind«, sondern dass sie »einen schweren Legasthenie-Subtyp charakterisieren« [2]. Das bedeutet, dass solche Buchstabendreher zwar bei manchen Erwachsenen mit Legasthenie vorkommen, aber nicht bei allen.

Wie können wir diese Erkenntnisse nun nutzen, um in unseren Datenvisualisierungen inklusive typografische Entscheidungen zu treffen? Zwar gibt es derzeit noch nicht genügend empirische Belege für spezielle Schriftarten, die das Leseerlebnis für alle Menschen mit Legasthenie nachweislich verbessern. Allerdings gibt es Hinweise darauf, dass erhöhte Laufweite [3] und Zeilenabstände sowie kürzere Zeilenlängen [4] hilfreich sein können. Das Beste daran ist, dass diese Maßnahmen nicht nur Menschen mit Legasthenie unterstützen, sondern die Lesbarkeit generell für alle Nutzerinnen und Nutzer verbessern – wie Sie bereits bei den WCAG-Richtlinien gesehen haben.

Wenn Sie Ihre Typografie bereits entsprechend den zu Beginn des Kapitels beschriebenen Prinzipien für eine optimale Lesbarkeit gestaltet haben, haben Sie damit bereits mindestens 80 % der Wegstrecke hin zu einer barrierefreien und inklusiven Typografie zurückgelegt – wahrscheinlich sogar noch mehr, wenn Sie ein Drittanbieter-Werkzeug wie ein Tabellenkalkulationsprogramm oder ein BI-Tool verwenden. Sollten Sie Ihre Visualisierung hingegen von Grund auf neu programmieren, müssen Sie sich etwas mehr ins Zeug legen, um alle erforderlichen WCAG-Richtlinien zu erfüllen. (Würden Sie jedoch Mehrarbeit scheuen, würden Sie Ihre Visualisierungen erst gar nicht von Grund auf programmieren.) Die WCAG selbst bieten eine umfangreiche Dokumentation, in der genau beschrieben wird, was die einzelnen Richtlinien und Erfolgskriterien bedeuten, und die Beispiele für die korrekte Umsetzung enthält.

5.6 Zusammenfassung

- Schriften mit viel Weißraum, zum Beispiel solche mit hohen Mittellängen und abgerundeten Punzen, sind in der Regel besser lesbar als solche mit wenig Weißraum.
- Für eine gute Lesbarkeit sollten die Buchstaben in den gewählten Schriftarten leicht unterscheidbar sein (z. B. sollten das kleine L, die Zahl 1 und das große i unterschiedlich aussehen).
- Wenn Sie Zahlenwerte in einer umfangreichen Tabelle darstellen, sollten Sie zumindest Versalziffern verwenden. Noch besser ist der Einsatz einer dickten-kompatiblen Schriftart wie Recursive Sans Linear.
- Um den Charakter oder den Tonfall einer Schriftart zu bestimmen, skalieren Sie ein Textbeispiel auf einen sehr großen Schriftgrad, z. B. 200, um die kleinen Details zu sehen, die der Schrift ihre Persönlichkeit verleihen. Achten Sie auf zusätzliche Striche, die Form der Strichenden (spitz zulaufend, abgerundet, quadratisch), die Form der Punzen und die Ausnutzung des den Buchstaben zugewiesenen Raums.
- Die Gestaltgesetze und präattentiven Attribute von Farbe, Form, räumlicher Position, Nähe und Symmetrie können auch auf Text angewendet werden, um eine Bedeutungshierarchie zu erzielen.
- Wenn alles wichtig erscheinen soll, dann ist nichts mehr von Bedeutung (und Sie überfordern Ihr Publikum wahrscheinlich).
- Zur inklusiven Typografie gehört es, die Lesbarkeit zu optimieren, Textzeilen relativ kurz zu halten und zwischen den Zeilen und Absätzen viel Platz zu lassen.

6 Ein gutes Schaubild erstellen

In diesem Kapitel

- Wie Sie ein »gutes« Diagramm erstellen
- Interessantere Alternativen zu Balkendiagrammen
- Kartendarstellungen, die keine ungewollte, alternative Geschichte erzählen

Sehen Sie sich nun die Werkzeuge zur Erstellung von Visualisierungen an, Ihr Handwerkszeug sozusagen. Zunächst wären da die präattentiven Attribute Farbe, Form und räumliche Position (die Bewegung lasse ich jetzt mal außen vor). Wir können Daten also mithilfe von Farbe, Form, Größe und Position darstellen. Darüber hinaus können wir Beziehungen zwischen unseren Datenpunkten mithilfe der Gestaltgesetze der gemeinsamen Region, Nähe, Ähnlichkeit, Symmetrie, Verbindung, Geschlossenheit und Kontinuität verdeutlichen. Uns stehen alle möglichen Datentypen und -kategorien zur Verfügung, ebenso wie die mächtigen Werkzeuge Farbe und Typografie, die Sie richtig einzusetzen gelernt haben. Jetzt sind Sie also bereit, über Diagramme nachzudenken.

In diesem Kapitel versuche ich, die Frage zu klären, was ein »gutes« Diagramm ausmacht. Dann beschreibe ich einige Möglichkeiten, um Balkendiagramme interessanter und ansprechender zu gestalten, manchmal sogar ganz ohne Balken! Abschließend gebe ich Ihnen noch einige Tipps, wie Sie vermeiden können, dass Ihre kartenbasierten Datenvisualisierungen versehentlich Geschichten erzählen, die Sie eigentlich gar nicht erzählen wollten.

Einen guten Diagrammtyp auswählen: Verwenden Sie einen visuellen Wortschatz!

Ich habe beim Ausarbeiten der Gliederung dieses Buchs monatelang mit dieser Frage gerungen, aber jetzt kann ich es endlich zugeben: Ich glaube wirklich nicht, dass es sinnvoll wäre, hier eine umfassende Liste möglicher Diagrammtypen abzudrucken. Schließlich ist das Internet voller hervorragender Ressourcen, die Ihnen als eine Art Wörterbuch für Datenvisualisierungen dienen können und die bestimmte Datenanforderungen in einen oder mehrere besonders gut geeignete(n) Diagrammtyp(en) übersetzen, genau wie ein englisch-deutsches Wörterbuch englische Wörter ins Deutsche übersetzt. Auf diese Online-Ressourcen können Sie später viel leichter zurückgreifen, als in einem Buch zu blättern, das Sie vielleicht nicht zur Hand haben, wenn Sie es gerade brauchen. Ich lade Sie also ein, sowohl das statische, mit *Visual Vocabulary* betitelte Poster der Financial Times unter *http://ft.com/vocabulary* als auch die von Andy Kriebel in Tableau erstellte interaktive Version auf Tableau Public unter *http://mng.bz/BAJ1* zu betrachten und sich als Lesezeichen zu setzen. (Sollte dieser Link eines Tages nicht mehr funktionieren, geben Sie einfach »Andy Kriebel Visual Vocabulary Tableau« ohne die Anführungszeichen in Ihre Suchmaschine ein. Damit sollten Sie fündig werden.) Im Anhang finden Sie noch einige weitere hilfreiche und inspirierende Ressourcen zu Diagrammtypen.

6.1 Was macht ein gutes Diagramm aus?

In den beiden Kapiteln über Farbe und Typografie konnten wir auf die praktische Erfahrung von Hunderten von Jahren und Millionen von Gehirnen zurückgreifen, um das Hier und Jetzt der beiden Wissensbereiche zu verstehen. Beim Erstellen von Diagrammen haben wir diesen Luxus allerdings nicht. Ich würde behaupten, dass der Computer auf die Visualisierung vergleichbare Auswirkungen hatte wie die Druckerpresse auf die Typografie: Vor diesen technologischen Errungenschaften wurden sowohl Diagramme als auch gedruckte Bücher in mühsamer Handarbeit erstellt, und jedes fertige Exemplar war äußerst wertvoll, weil Hunderte oder gar Tausende von Arbeitsstunden dahinter steckten.

Zu Beginn des 21. Jahrhunderts sind wir noch immer ziemlich innovativ. Die Vorstellung davon, was ein gutes Diagramm ausmacht, ist somit immer noch in der Entwicklung begriffen. Zudem hängt sie auch stark vom Zweck der Visualisierung ab. Trotz dieser beiden Erschwernisse glaube ich, dass wir uns auf vier Aspekte einigen können: Ein gutes Schaubild ist einfach, es hält die Aufmerksamkeit aufrecht, es ist wahrheitsgetreu und es bringt das Wesentliche auf den Punkt.

6.1.1 Ein gutes Schaubild ist einfach

Okay, bevor Sie mich nun zurechtweisen und auf all die schönen, maßgeschneiderten und kunstvollen Visualisierungen hinweisen, die Ihnen bereits über den Weg gelaufen sind, denken Sie bitte daran, dass es in diesem Buch nicht um die Erstellung außergewöhnlicher Kunstwerke geht. Der Titel dieses Buchs lautet *Datenvisualisierung im praktischen Einsatz* – es geht also um Einblicke in Ihr Unternehmen, Ihre Gesundheit, den kleinen roten Klempner in Ihrem Computerspiel und so weiter. Und in neun von zehn Fällen müssen diese Visualisierungen einfach sein.

Was aber bedeutet »einfach« in Hinblick auf ein Diagramm? Es könnte bedeuten, dass es unkompliziert ist, also nicht zu komplex oder überladen. Oder es könnte heißen, dass es schlicht, elegant und frei von überflüssiger Dekoration ist.

Warum müssen Sie alles so kompliziert machen?

Denken Sie an den bekannten Songtext von Avril Lavigne: »Why'd you have to go and make things so complicated?« Einige häufig verwendete Diagrammtypen können ziemlich unübersichtlich werden, wenn Sie sehr viele Kategorien verwenden. Sehen Sie sich also an, wie sich das Chaos ein wenig bändigen lässt.

Zu den schlimmsten Übeltätern in Sachen überkomplizierter (und höchst umstrittener) Diagrammtypen gehört das Kreisdiagramm. Viele Menschen *lieben* Kreisdiagramme. Analystinnen erstellen sie gerne, und Anwender sehen sie oft gerne. *Wenn es sinnvoll ist*, dürfen Sie meiner Meinung nach also gerne beiden Seiten gerecht werden. Aber seien Sie dabei vorsichtig.

Kreisdiagramme und die eng mit ihnen verwandten Ringdiagramme sehen ansprechend aus und können, klug eingesetzt, Teile eines Ganzen sehr effektiv vermitteln. (Ehrlich gestanden verwende ich selbst nicht gerne Kreisdiagramme, wenn ich stattdessen auch Ringdiagramme einsetzen kann, weil ich den Mittelteil des Rings gerne für die Beschriftung nutze.) Es gibt allerdings einen sehr guten Grund, warum Visualisierungsprofis diese Diagrammtypen meiden wie die Pest: Das menschliche Auge kann nur sehr schlecht Winkel abschätzen. Tun Sie also Ihrem Publikum einen Gefallen und beschränken Sie die Anzahl der Segmente auf ein Minimum, wenn Sie ein solches Kreis- oder Ringdiagramm anfertigen. Und wenn einige Segmente eine ähnliche Größe haben, sollten Sie besser auf einen anderen Diagrammtyp ausweichen, denn wie erwähnt: *Wir können Winkel nur sehr schlecht abschätzen.* Abschließend noch ein dringender Hinweis zu Kreis- und Ringdiagrammen: Vermeiden Sie es, mehrere dieser Diagramme vergleichend nebeneinanderzustellen.

Für die Darstellung von Sachverhalten mit lediglich zwei Segmenten greife ich gerne auf Ringdiagramme zurück: »Haben sie oder haben sie nicht ...?«, »bestanden oder nicht bestanden?« oder: »irgendein Sachverhalt gegenüber einem anderen Aspekt«. Werfen Sie einen Blick auf Abbildung 6.1, die die Verkäufe von Avocados der Sorte Hass im vierten Quartal 2022 aufgeschlüsselt nach verpackter und unverpackter Ware zeigt. Sehen Sie selbst, wie einfach und deutlich diese Visualisierung ist!

Dies ist eine gute Gelegenheit, um über mehrzeilige Diagramme und gestapelte Balkendiagramme zu schreiben, die sehr schnell und leicht aus dem Ruder laufen können. Nehmen Sie an, Sie möchten einen zeitlichen Trend für die Verkäufe der einzelnen Produktkategorien von Avocados aufzeigen. Der vollständige Datensatz, den Sie in meinem Code-Repository (Link dazu im Anhang) finden, enthält drei verschiedene PLU-Nummern (das sind die Codes auf den kleinen Aufklebern, wenn Sie Produkte im Laden kaufen; beispielsweise haben konventionell angebaute Bananen die Nummer 4011 – das weiß ich tatsächlich auswendig, weil ich in meinem Leben schon ziemlich viele Bananen gekauft habe). Dazu kommen noch Kennzahlen für die GTIN-Nummer für lose Ware sowie für verpackte Avocados. Tabelle 6.1 zeigt einen Ausschnitt der Daten. Und wie Sie sehen, erhalten wir die Gesamtzahl der in einer bestimmten Woche verkauften Avocados, wenn wir alle Zahlen aus dem Rohdatensatz addieren.

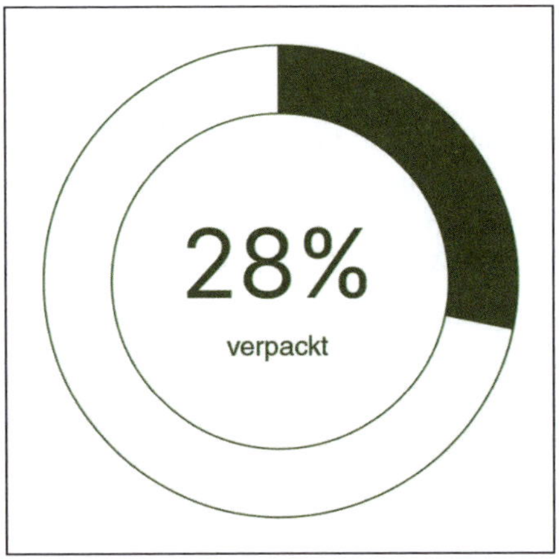

Abb. 6.1
Ein schönes, übersichtliches Ringdiagramm, das den prozentualen Anteil verpackter Ware an den Avocadoverkäufen der letzten drei Monate in grüner Farbe darstellt (öffentlich zugängliche Daten von https://hassavocadoboard.com)

Woche bis zum	Produktkategorie	verkaufte Stückzahl
04.12.22	verpackt	9.943.202
04.12.22	Bulk-GTIN	10.945.411
04.12.22	PLU 4046	9.707.868
04.12.22	PLU 4225	6.151.495
04.12.22	PLU 4770	329.482

Tab. 6.1 *Ein Ausschnitt aus dem Hass-Avocado-Datensatz*

DEFINITION

GTIN steht für Global Trade Item Number, das ist eine 14-stellige Nummer, zu der normalerweise auch ein Strichcode gehört. Die Bulk-GTIN steht hier für nicht spezifizierte PLU-Verkaufsdaten und soll eine bessere Rückverfolgbarkeit zu den Erzeugerbetrieben gewährleisten. Prima! (Und vielen, vielen Dank an die freundliche Seele beim Hass Avocado Board, die sich auf meinen Anruf tatsächlich zurückgemeldet hat, um mir zu erklären, was es mit dieser Bulk-GTIN auf sich hat.)

Sie wissen bereits, warum Sie keine Kreis- oder Ringdiagramme verwenden sollten: a) würden wir sie miteinander vergleichen und b) gibt es fünf Segmente (die drei PLUs + abgepackte Ware + Bulk-GTIN), und das sind mehr als drei. Welche Botschaft wollen wir also mit einem zeitlichen Trend der Avocado-Verkäufe nach Kategorie vermitteln? Die Anwenderinnen und Anwender würden dieses Diagramm wahrscheinlich heranziehen, um die folgenden drei betriebswirtschaftlichen Fragen zu untersuchen:

1. Gibt es eine einzelne Produktkategorie, die besonders hohe oder besonders niedrige Verkaufszahlen aufweist?
2. Sind bestimmte Kategorien zu bestimmten Zeiten besonders beliebt?
3. Wie verteilt sich der Umsatz auf die einzelnen Produktkategorien?

Da es sich um einen zeitlichen Verlauf handelt, wäre es durchaus in Ordnung, ein Liniendiagramm mit fünf Linien zu wählen, also jeweils eine pro Kategorie. Abbildung 6.2 verdeutlicht, was ich damit meine.

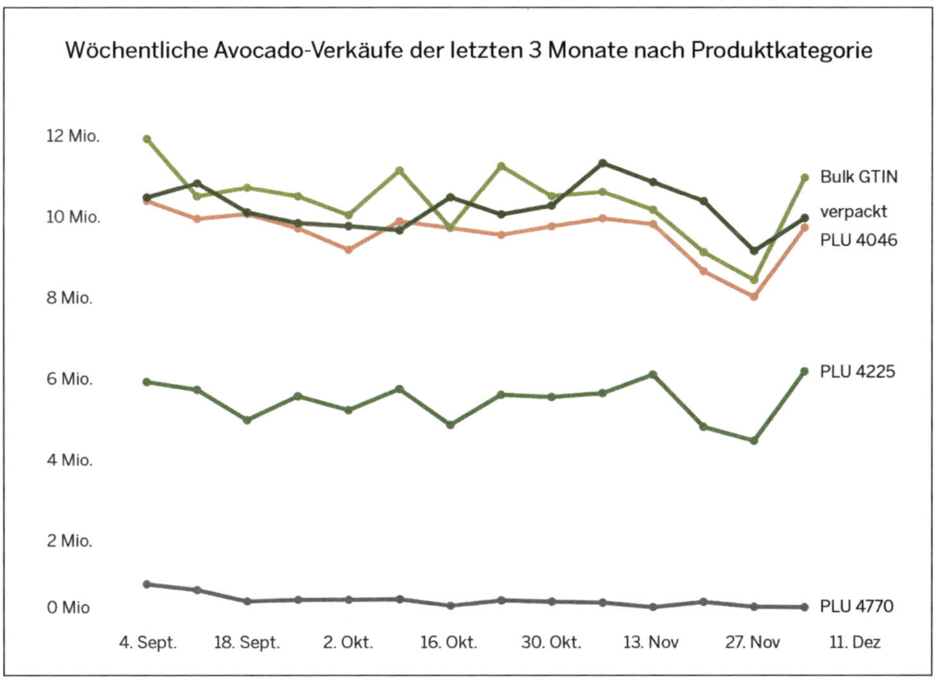

Abb. 6.2 *Dieses Liniendiagramm der Verkäufe nach Kategorien ist »okay«. Aber das können Sie noch besser!*

Aber damit müssen Sie sich nicht zufriedengeben. Warum ist das Liniendiagramm in Abbildung 6.2 also nur »okay«? Erstens ist es recht unübersichtlich, wenn sich die Kategorien ähnlich verhalten – beachten Sie, wie sich die drei Linien am oberen Rand gegenseitig bedrängen und immer wieder überschneiden. Das entspricht einer interessanten Erkenntnis, ist aber in dieser unübersichtlichen Darstellung nur schwer auszuwerten. Außerdem habe ich die Unternehmensfarben des Hass Avocado Board verwendet (so genau, wie ich sie mit einem Browser-Add-on zur Farbwahl von der Website übernehmen konnte). Und dabei handelt es sich um keine besonders inklusive und gut zugängliche Farbpalette. Wenn ein Benutzer überhaupt einen Unterschied zwischen den Farben erkennen kann, fragt er sich vielleicht, warum eine Linie orange und eine weiter grau ist, während die drei übrigen Linien in verschiedenen Grüntönen gehalten sind. Dies ist kein gutes Beispiel für gezielten Farbeinsatz, sondern ein klassisches Beispiel für eine von manchen Leuten in unserer Branche gerne als »Spaghetti-Diagramm« bezeichnete Darstellung – weil es so aussieht, als hätte jemand einen Haufen Spaghetti auf das Arbeitsblatt geworfen und dann Feierabend gemacht. (Ich weiß nicht, wie es Ihnen geht, aber ich esse meine Spaghetti lieber vom Teller und mit Mamas hausgemachter Soße, die zwei Tage lang kochen durfte, und das Ganze dann natürlich großzügig mit Pecorino Romano bestreut.)

Wie können Sie Abbildung 6.2 entflechten? Dazu gibt es mehrere Möglichkeiten: Die Linien können voneinander getrennt werden, sodass sie sich keine gemeinsame y-Achse mehr teilen (Abb. 6.3 oben). Oder Sie verwandeln das Schaubild in Small Multiples (Abb. 6.3 unten), was (überraschenderweise) besonders gut bei einer sehr großen Anzahl von Kategorien funktioniert.

Auch für gestapelte Balkendiagramme sind die Entflechtungsmöglichkeiten in Abbildung 6.3 recht gut geeignet. Diesen Diagrammtyp mag ich überhaupt nicht gerne, und damit bin ich in guter Gesellschaft. Schauen Sie sich Abbildung 6.4 an: Sie zeigt genau dieselben Daten wie Abbildung 6.2, jedoch in Form von gestapelten Balken anstelle von Linien.

Der einzige Vorteil von Abbildung 6.4 (gestapelte Balken) gegenüber Abbildung 6.2 (Spaghetti-Linien) oder Abbildung 6.3 (entwirrte Linien) besteht darin, dass Sie den wöchentlichen Gesamtabsatz erkennen können. Das lässt sich jedoch leicht korrigieren: Fügen Sie einfach in Abbildung 6.2 oder Abbildung 6.3 eine Zeile für den Gesamtabsatz ein, und das Problem ist gelöst.

Einfachheit bedeutet auch, dass die Interessierten ihren Kopf nicht neigen müssen, um etwas zu lesen, auch nicht die Achsenbeschriftungen. Wenn ich ein Balkendiagramm mit kategorialen Daten erstelle, erstrecken sich meine Balken daher nie als vertikale Säulen von der x-Achse aus, sondern beginnen horizontal von der y-Achse aus. Auf diese Weise können die Beschriftungen so lang oder so kurz und so zahlreich oder spärlich sein, wie es die Daten erfordern. Ich komme noch einmal kurz auf die Obstdaten zurück. Sehen Sie sich Abbildung 6.5 an, um zu verstehen, was ich meine.

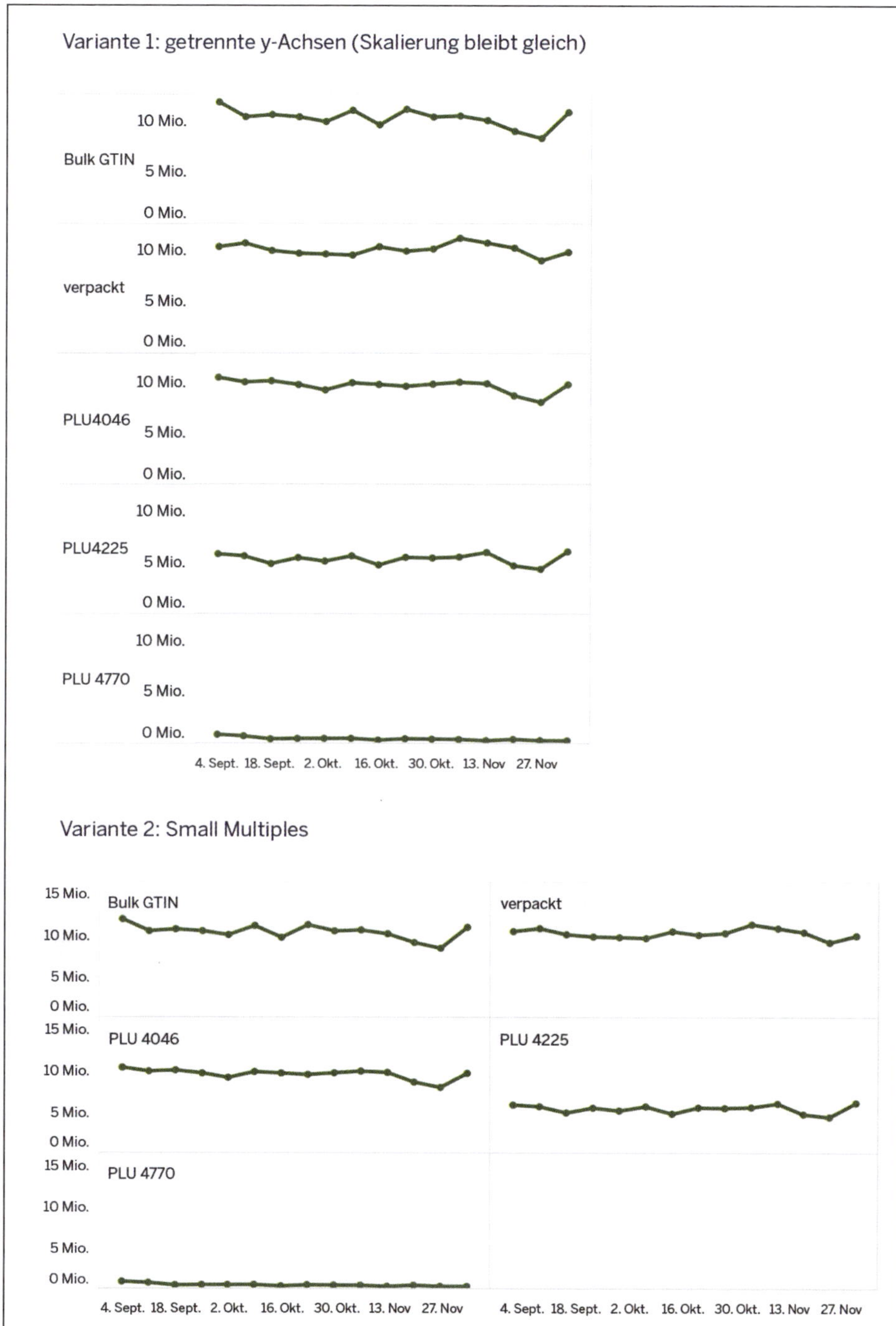

Abb. 6.3 *Zwei verschiedene Möglichkeiten, um Abbildung 6.2 zu entwirren*

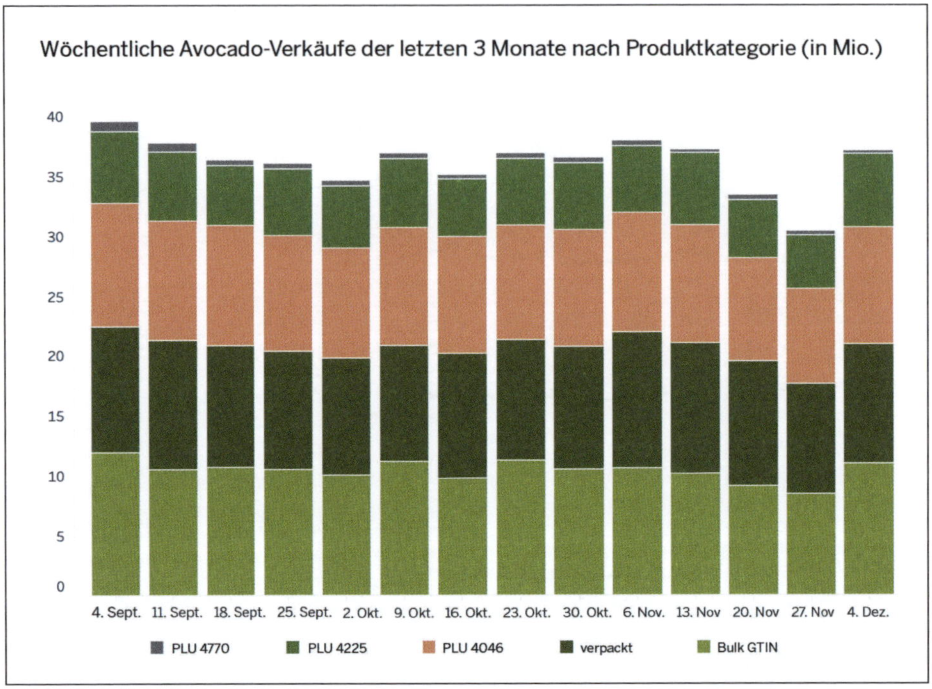

Abb. 6.4 *Dieselben Daten wie in Abbildung 6.2, aber dieses Mal als gestapelte Balken. Meiner Meinung nach ist das Einzige, was für diese Tabelle spricht, dass man die Gesamtverkäufe jeder Woche sehen kann.*

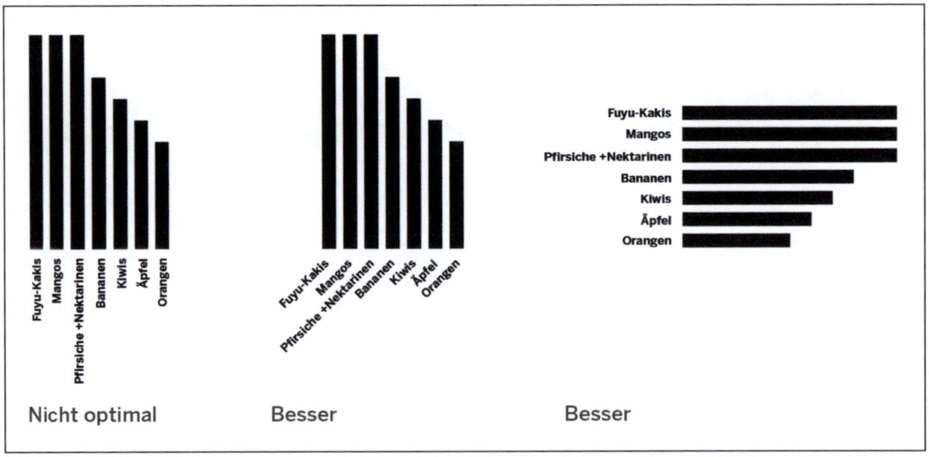

Abb. 6.5 *Anstatt die Leserschaft dazu zu zwingen, beim Ablesen der Achsenbeschriftungen den Kopf auch nur ein bisschen zu neigen, würde ich empfehlen, die Achsen komplett zu vertauschen und die Beschriftungen und Daten waagerecht an der y-Achse statt senkrecht an der x-Achse beginnen zu lassen.*

Ein letzter Hinweis zur Vereinfachung: Wenn es eine offensichtliche Konvention für die Daten gibt, halten Sie sich daran. Sortieren Sie zum Beispiel eine Zeitreihe in aufsteigender Reihenfolge (von links nach rechts), nicht in absteigender. Man wird Sie nicht für avantgardistisch oder »innovativ« halten, wenn Sie die Monate absteigend von Dezember bis Januar (oder schlimmer noch, alphabetisch) sortieren. Stattdessen werden Sie für verrückt gehalten und finden keine Beachtung mehr.

Ausschmücken oder nicht?

In seinen Werken, insbesondere in den Büchern »*Envisioning Information*« und »*The Visual Display of Quantitative Information*«, bezeichnet Edward Tufte *jede* Art von überflüssiger Dekoration als »Diagrammmüll«. Dieser verringert die Glaubwürdigkeit eines Diagramms und lenkt das Publikum von den Daten, der Botschaft und dem eigentlichen Zweck der Visualisierung ab. Ich bin zwar nicht ganz so strikt gegen Ausschmückungen, aber ich gebe zu, dass Elemente in einem Diagramm, die nichts mit den Daten zu tun haben, eigentlich nur die Aufmerksamkeit verwässern.

Wenn ich Menschen dabei unterstütze, ihre Datenvisualisierungen schnell und effektiv zu verbessern, empfehle ich ihnen zunächst, bei der Diagrammerstellung mit ihrem bevorzugten Visualisierungswerkzeug alle standardmäßig hinzugefügten Elemente zu entfernen. Das heißt: Blenden Sie die Gitternetzlinien aus, reduzieren Sie die Farben auf ein einfaches, mittleres Grau und entfernen Sie dann die Datenpunktbeschriftungen und alles, was mit den Achsen zu tun – Linien, Markierungen, Beschriftungen, Titel … Einfach alles. Räumen Sie Ihr Diagramm nach dem Marie-Kondo-Prinzip auf: Bedanken Sie sich bei jedem Element für seine Dienste und werfen Sie es dann in den Müll (natürlich nicht die Daten – die sollten Sie behalten!). Wenn Sie dann eine saubere Ausgangsposition haben, können Sie bei Bedarf wieder Elemente hinzufügen.

Sehen Sie sich ein Beispiel an. Zwar wäre Ihre Chemielehrerin aus der Oberstufe möglicherweise anderer Meinung gewesen, aber Sie brauchen in der Regel nicht beide Achsen zu beschriften, wenn Sie Ihrem Diagramm einen aussagekräftigen Titel geben. Wenn Sie beschließen, jeden Datenpunkt zu beschriften, können Sie die entsprechende Achse auch ganz weglassen. (Eine bemerkenswerte Ausnahme ist das Streudiagramm, für das Sie beide Achsen benötigen, und zwar unbedingt mit entsprechender Beschriftung.) Links in Abbildung 6.6 sehen Sie ein Diagramm, das mit den Standardeinstellungen von Tableau erstellt wurde. Lediglich die Gitternetzlinien habe ich bereits entfernt. Rechts habe ich einen informativen Titel hinzugefügt, die Achsen entfernt und dann die einzelnen Balkenenden direkt beschriftet, wobei die Beschriftungen der besseren Lesbarkeit wegen außen statt innen angebracht wurden. Die Daten stammen wieder vom Hass Avocado Board, daher habe ich ihr Hauptgrün (das ich mit einem Farbwahl-Browser-Add-on ihrer Website entnommen habe) anstelle des standardmäßigen Tableau-Blaus oder gar eines einfachen Mittelgraus verwendet.

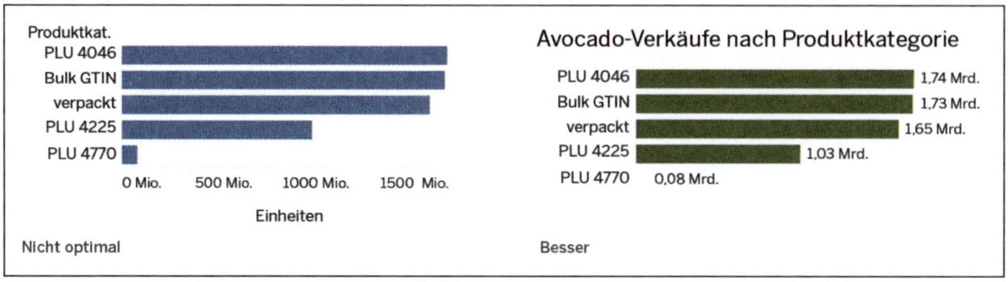

Abb. 6.6 *Obwohl das linke Diagramm schon recht einfach ist, habe ich es durch Weglassen der Achsen und Achsentitel noch weiter vereinfacht, stattdessen einen guten Titel vergeben und die Balken direkt beschriftet. Beim Betrachten ruht der Blick bereits auf der rechten Seite am Balkenende, daher ist es sinnvoll, die Beschriftung dort anzubringen.*

Wie ich schon erwähnte, bin ich nicht ganz so strikt gegen Dekorationen wie Tufte. Sie sollten aber erst einmal lernen, wie Sie einfache und klare Visualisierungen erstellen, bevor Sie versuchen, ihnen irgendeinen Schnickschnack hinzuzufügen. Und ehe Sie irgendwelchen Schnickschnack hinzufügen, überlegen Sie bitte, *warum* Sie das tun möchten. Aber wenn Sie die Warnungen vernommen haben, die abschreckenden Geschichten kennen und sich sicher sind, dass es bei Ihrer Zielgruppe gut ankommt, dann sind Sie bereit, den Sprung zu wagen und Ihrer erstellten Grafik ein wenig Pep zu verleihen. Achten Sie nur darauf, dass dies nicht von der Botschaft ablenkt und die Aufmerksamkeit insgesamt nicht beeinträchtigt! Damit komme ich zum nächsten Punkt: Ein gutes Diagramm hält die Aufmerksamkeit des Publikums aufrecht.

6.1.2 Ein gutes Diagramm hält die Aufmerksamkeit aufrecht

Um noch einmal Tufte in *Envisioning Information* zu zitieren: »Wenn die Zahlen langweilig sind, haben Sie die falschen Zahlen.« Sind Sie versucht, eine Visualisierung aufzupeppen, nur weil sich niemand dafür interessiert? Dann sollten Sie vielleicht noch einmal zurück ans Reißbrett gehen. Denken Sie daran, dass Sie mit Ihren Visualisierungen Fragen beantworten wollen. Ich weiß, dass es hart klingt, aber wenn die Leute sich nicht die Mühe machen, Ihre Visualisierung anzuschauen, weil sie sie langweilt, dann haben Sie die falsche Visualisierung erstellt. Eine gute Visualisierung ist für Ihr Publikum relevant und fesselt seine Aufmerksamkeit. Sie macht Lust, weitere Fragen zu stellen, und sie weckt die Neugierde.

Nehmen Sie das einfache, aber eindrucksvoll schöne Liniendiagramm in Abbildung 6.7. Ash Shih hat dieses Diagramm bereits im Jahr 2019 im Rahmen des #MakeoverMonday-Projekts in der Tableau-Community erstellt, und ich kriege es seitdem nicht mehr aus dem Kopf.

Wie weckt man die Aufmerksamkeit *und hält sie dann auch aufrecht*? Den Anfang macht immer ein guter Titel. Ein ansprechender, informativer Titel für Ihr Diagramm (meist ganz oben) trägt wesentlich dazu bei, die Aufmerksamkeit zu wecken. Ohne Titel können Sie den Kontext nicht richtig einordnen, und Ihr Publikum muss rätseln, was Sie ihm überhaupt sagen wollen. Stellen Sie sich vor, Ashs Darstellung in Abbildung 6.7 hätte den Titel »Anzahl der gewilderten Nashörner pro Jahr«. Das wäre zwar korrekt, aber »Der dramatische Anstieg der Nashornwilderei« ist, nun ja, dramatischer eben, und besagt direkt, dass die Nashornwilderei ansteigt. Die Verwendung des Wortes »*dramatisch*« verdeutlicht, dass die Wilderei schnell und stark zugenommen hat. Bei solch einem Titel weiß man, was man bei der folgenden Visualisierung zu erwarten hat. Auch ich liebe spannende Wendungen in einer Geschichte, aber der Diagrammtitel ist nicht der richtige Ort dafür. Sie wollen Ihr Publikum schließlich nicht durcheinanderbringen oder verunsichern. Sie wollen es zum Handeln anregen und seine Neugierde auf weitere Informationen und Daten wecken. Und wissen Sie, was die Leute auch noch fesselt? Eine gute Geschichte.

Abb. 6.7 *Der dramatische Anstieg der Nashornwilderei, erstellt von Ash Shih im Jahr 2019 für das #MakeoverMonday-Projekt. Bemerkenswert sind der schlichte Farbeinsatz, die Art und Weise, wie die Linien die wichtigsten Aspekte der Daten hervorheben und die kleine Dekoration, nämlich das Bild eines Nashorns hinter dem Diagramm. Es spiegelt den Verlauf der Kurve wider und sorgt für ein Gleichgewicht mit der linksseitigen Beschriftung. Ich habe die Farben der Achsenbeschriftungen und der zitierten Daten leicht aufgehellt, damit sie im Druck besser zu erkennen sind. Das Original finden Sie unter http://mng.bz/A8Po. (Quelle: Ash Shih, mit freundlicher Genehmigung)*

6.1.3 Erzählen Sie Geschichten

Denken Sie einen Moment über die Elemente einer guten Geschichte oder einer guten Handlung nach. Wie bei den Gestaltgesetzen finden sich auch zur Anzahl der »Grundelemente« einer Geschichte stark abweichende Angaben, je nachdem, wen und in welchem Zusammenhang man fragt. Ich beziehe mich hier auf folgende Elemente, die auf Gustav Freytags klassischen Aufbau des fünfaktigen Dramas zurückgeht: Exposition, steigende Handlung, Höhepunkt, fallende Handlung und Auflösung.

Die *Exposition* soll Sie neugierig machen; hier lernen Sie den Schauplatz, die Hauptfiguren und den Grundton der Geschichte kennen. Denken Sie an den Anfang von Shakespeares *Romeo und Julia*: »Zwei Häuser waren – gleich an Würdigkeit – Hier in Verona, wo die Handlung steckt, Durch alten Groll zu neuem Kampf bereit, Wo Bürgerblut die Bürgerhand befleckt.« Was für ein Auftakt: so schön, wortgewandt und klar, dass er uns neugierig auf mehr macht. Bei Visualisierungen gelingt dies meist am besten mit einem tollen Titel, wie etwa Ashs »Der dramatische Anstieg der Nashornwilderei« in Abbildung 6.7. Dieser eingängige Titel, die Exposition, ist der Aufhänger, der Ihr Publikum fesselt und seine Aufmerksamkeit erregt.

Die *steigende Handlung* fesselt die Leserschaft, sobald sie einmal angebissen hat. Hier wird der Hintergrund detailliert beschrieben, die Entwicklung der Charaktere dargestellt und all die Dinge, die Interesse am weiteren Schicksal der Figuren in der Geschichte wecken. Jetzt, in der steigenden Handlung, wird auch der Konflikt eingeführt, wie die Hochzeit in *Romeo und Julia* oder Mufasas Tod in *Der König der Löwen*. Wenn ich mir Abbildung 6.7 noch einmal ansehe, würde ich sagen, dass die steigende Handlung der Untertitel ist – »Eine der größten Bedrohungen für Nashörner« ... – sowie der buchstäbliche »Anstieg« der durch die rote Linie verbundenen Datenpunkte.

Wir alle kennen den Höhepunkt oder die *Klimax* einer Geschichte, den Wendepunkt, das Ereignis, das eintritt, wenn sich die gesamte Handlung zuspitzt und der Konflikt endlich aufgelöst wird. Bei manchen Geschichten kann man das fast schon körperlich spüren: Julia und ihr Romeo, die sich in *Romeo und Julia* das Leben nehmen, oder der *Eine Ring*, der in der Trilogie *Der Herr der Ringe* endlich zerstört wird. Der Höhepunkt einer Visualisierung entspricht der wichtigsten Erkenntnis daraus, den Schlussfolgerungen, die aus einer Analyse gezogen werden, und aus der Frage, wie die Situation enden würde, wenn sich nichts änderte. Im Beispiel der Nashornwilderei in Abbildung 6.7 sind dies der große Hinweis auf der linken Seite, dass die Nashornwilderei von 2007 bis 2014 um fast das Hundertfache zugenommen hat, und der tatsächliche Höhepunkt der Trendlinie im Jahr 2014.

Die *fallende Handlung* ist der Zeitpunkt, zu dem die durch den Konflikt erzeugte Spannung endlich nachlässt. Einige offene Fragen werden vielleicht geklärt, aber wahrscheinlich nicht alle. Dies ist die Entspannung, das Ausklingen, wenn Sie so wollen. Stellen Sie sich vor, wie unbefriedigend es wäre, wenn *Der Herr der Ringe* von Gollum und dem Sturz des Rings in den Schicksalsberg direkt zu Frodos und Bilbos Abreise mit den Elben aus Mittelerde übergehen würde. Nach all der Spannung am Schicksalsberg (und in Isengard und in Helms Klamm und in Gondor und ...)

können wir, das Publikum, nicht einfach direkt mit der Auflösung konfrontiert werden. Wir müssen stattdessen sanft heruntergefahren werden, wie es Tolkien nach dem Schicksalsberg in ausführlicher Weise tut. Im Beispiel des Nashorns in Abbildung 6.7 ist die fallende Handlung die Abnahme der Trendlinie nach ihrem Höchststand: Sie zeigt, dass sich die Situation zu entspannen anfing, aber auch im Jahr 2016 gab es noch viel Raum für weitere Verbesserungen. Ich würde auch sagen, dass die fallende Handlung in dieser Abbildung das Hintergrundbild des Nashorns selbst mit einschließt, das am Ende der Trendlinie endlich vollständig sichtbar ist.

Schließlich kommen wir zur *Auflösung*, auch *Denouement* genannt. Sie kann ganz einfach sein (»Und sie lebten glücklich bis ans Ende ihrer Tage«) oder sie kann die Montagesequenz am Ende einer auf wahren Begebenheiten beruhenden Geschichte (und deren Parodie) sein, in der detailliert beschrieben wird, was den Hauptfiguren im weiteren Verlauf ihres Lebens widerfahren ist.

Am Ende von *Herr der Ringe: Die Rückkehr des Königs* verlassen Frodo und Bilbo mit den Elben Mittelerde und Sam kehrt nach Hause zu seiner wachsenden Familie zurück. In einer Visualisierung entspricht die Auflösung dem Handlungsaufruf, dem springenden Punkt, der Antwort auf die Frage: »Wie können wir dem Einhalt gebieten?« oder »Wie können wir das verhindern?« In Ashs Beispiel zur Nashornwilderei in Abbildung 6.7 ist dies die Frage »Want to help?« in der unteren rechten Ecke zusammen mit dem »Save the Rhino«-Logo.

Nachdem Sie das Nashornschaubild unter den Aspekten der Bestandteile einer guten Geschichte im Detail betrachtet haben, zoomen Sie wieder etwas hinaus und betrachten es als Ganzes. Oben in der Grafik befindet sich die Exposition, gefolgt von der ansteigenden Handlung und dem Höhepunkt – dem Untertitel, der ansteigenden Trendlinie und dem Haupttext. Wenn Sie der Trendlinie von links nach rechts über die Seite folgen und den Höhepunkt hinter sich gelassen haben, folgt die fallende Handlung – die übrigen Datenpunkte und das Bild des Nashorns. Schließlich sind Sie unten rechts angelangt, wo Sie die Handlungsaufforderung und damit die Auflösung der Nashorngeschichte finden. Hut ab, Ash Shih, dass Sie uns alle mit Ihrer einfachen und doch eindrucksvoll schönen Grafik über fast ein Jahrzehnt der Nashornwilderei auf eine unglaublich spannende Reise mitgenommen haben.

6.1.4 Ein gutes Schaubild ist wahrheitsgetreu

Nehmen wir an, Sie wurden mit der Analyse eines Experiments beauftragt, in das Sie große Hoffnungen gesetzt hatten. Doch jetzt sieht es so aus, als wären die Ergebnisse nicht schlüssig oder, noch schlimmer, als würden sie sich genau in die andere Richtung entwickeln, als von Ihnen erhofft. Wir alle kennen diese Situation.

An dieser Stelle könnte die Versuchung groß sein, die Zahlen entweder komplett zu frisieren oder die Erkenntnis quasi unter den Datenteppich zu kehren. Aber beides ist keine gute Idee! Zunächst einmal ist es unsere heilige Pflicht, *die Wahrheit zu erzählen*. Wir haben große Macht, wenn wir Daten visualisieren. Und wie wir alle wissen, geht große Macht auch mit großer Verantwortung einher. Unsere Stakeholder, Kundinnen und die Öffentlichkeit vertrauen darauf, dass wir ihnen die Wahrheit sagen und Schlussfolgerungen und Ergebnisse weder verschleiern noch verfälschen. In der heutigen Zeit, in der selbst der Satz »Die Kamera lügt nicht« nicht mehr stimmt, müssen wir es besser machen. Wir müssen über den Lügen und dem Betrug stehen und eine wichtige Säule des Vertrauens sein, auf die immer Verlass ist.

Falls ich es Ihnen wirklich ausbuchstabieren muss, gebe ich Ihnen hier einige Möglichkeiten an die Hand, damit Ihre Diagramme wahrheitsgetreu und nicht irreführend sind. Dies ist hoffentlich das einzige Mal, dass ich Ihnen ganz offen sage, was Sie *nicht tun* sollten:

- Lügen Sie nicht im Titel. Sagen Sie beispielsweise nicht: »Der Umsatz ist gestiegen«, wenn er in Wahrheit rückläufig ist.
- Es gibt zwar berechtigte Gründe, eine y-Achse (oder x-Achse, falls Ihr Diagramm horizontal verläuft) nicht bei null beginnen zu lassen, aber diese Fälle sind ziemlich selten. Wenn Sie sich dafür entscheiden, sollten Sie einen triftigen Grund dafür haben und diesen auch klar und deutlich angeben. Seien Sie besonders vorsichtig, wenn Sie das bei einem Balkendiagramm tun, da wir in der Regel die Größen der Balken vergleichen, und diese Größenverhältnisse haben nicht mehr die gleiche Aussage, wenn Sie jeweils den unteren Teil der Balken abschneiden.
- Verzichten Sie auf den Einsatz zweier Achsen, um ein Diagramm so aussehen zu lassen, als würde es eine andere Geschichte erzählen. Kürzlich sah ich ein Schaubild über die Rüstungsausgaben im zeitlichen Verlauf nach Ländern, bei dem die Vereinigten Staaten auf der rechten Seite ihre eigene Achse hatten, während alle anderen Länder die Skalierung der linken Achse verwendeten. Und natürlich waren die Achsen nicht synchronisiert, und die 0 wurde nur auf der für die USA gültigen y-Achse entfernt! Auch wenn die Grafik eigentlich nicht log, war sie doch extrem irreführend. Sehr uncool. Bitte tun Sie das nicht.
- Bleiben Sie bei den Fakten und halten Sie Ihre Voreingenommenheit aus Ihren Visualisierungen heraus, insbesondere bei brisanten Themen wie Religion und Politik.
- Achten Sie auf eine einheitliche Skala und lassen Sie äußerste Vorsicht beim Einsatz einer nicht linearen Skala (z. B. logarithmisch) walten, vor allem, wenn sich Ihre Visualisierung an die breite Öffentlichkeit richtet.
- Verstecken Sie eine Erkenntnis nicht hinter ungewöhnlichen Einheiten. Dies ist zwar nicht ganz so gravierend wie einige andere Fälle in dieser Liste, aber ein Hinweis darauf lohnt sich trotzdem: Wenn Sie beispielsweise mit einem Unternehmen zusammenarbeiten, das Gewinne und Verluste in Geldbeträgen einer Währung (z. B. Euro) und nicht in Prozentsätzen ausweist, dann halten Sie sich an diese Konvention. Sie sollten also nicht sagen: »Die Einnahmen sind im letzten Jahr um 0,3 % gesunken«, wenn diese sonst immer als reine Eurobeträge ausgewiesen werden. Denn jene 0,3 % klingen schon etwas rosiger als »Die Einnahmen sind im letzten Jahr um 800.000 € gesunken«.

6.1.5 Und schließlich vermittelt ein gutes Diagramm den springenden Punkt

Erinnern Sie sich noch daran, wie Sie in der Mittel- oder Oberstufe gelernt haben, wie man eine Hausarbeit schreibt? Mein jüngeres Ich wollte die Leserschaft immer bei der Stange halten und daher behandelte ich meine Hausarbeiten wie ein Stück Prosa, bei dem ich krampfhaft versuchte, von Anfang an die Aufmerksamkeit zu erregen und *niemals* das Ende vorzeitig zu verraten. Aber dank guter Lehrkräfte, und ehrlich gestanden auch dank meiner Eltern, die sehr begabte Wortakrobaten sind (vielen Dank, Mum und Dad!), habe ich gelernt, dass dies meist nicht der beste Weg ist, um effektiv *Informationen* zu vermitteln, vor allem dann nicht, wenn man noch in der Lernphase ist. Für ein Essay, eine Forschungsarbeit oder ein Buch ist es am erfolgversprechendsten, mit einer Gliederung zu starten, die als eine Art *Grundgerüst* dient. Darauf gehe ich in einem späteren Kapitel näher ein. (Damit sinkt gleichzeitig auch die Wahrscheinlichkeit, dass Sie sich frustriert die Haare raufen.) Dieses Grundgerüst sollte grob aus Einleitung, Hauptteil und Schlussfolgerung bestehen und kann von dort aus auch noch weiter ausgebaut werden. Meist greife ich auf einen klassischen Ansatz aus der aristotelischen Poetik zurück: Sagen Sie in der Einleitung, was Sie sagen wollen, sagen Sie es auch über den gesamten Hauptteil hinweg und wärmen Sie dann im Schlussteil nochmals auf, was Sie gerade gesagt haben. Während Sie lernen, gute Diagramme zu erstellen, ist es nützlich, immer nach demselben Schema vorzugehen: Im Titel teilen Sie den Menschen mit, was sie gleich sehen werden, dann zeigen Sie es ihnen (sagen es ihnen also auf visuelle Weise) unter Ausnutzung von Gestaltgesetzen und präattentiven Attributen. Abschließend bringen Sie die Aussagen auf den Punkt, indem Sie dem Publikum nochmals mitteilen, was das Diagramm gerade aussagte, dieses Mal aber unter Verwendung von Datenbeschriftungen, Kommentaren und Callouts. »Aber Desireé«, wenden Sie nun ein, »was ist mit dem Storytelling-Aspekt der Datenvisualisierung, *den du erst vor wenigen Seiten erläutert hast?* Wie kann man denn eine gute Geschichte erzählen, wenn man das Ende schon vorher verraten hat?«

Es mag vielleicht so aussehen, als wären diese Konzepte – die Präsentation von Informationen und das Geschichtenerzählen – nicht miteinander vereinbar oder gar verwandt, aber denken Sie noch einmal an das Schaubild zur Nashornwilderei in Abbildung 6.7 zurück. Der Titel »Der dramatische Anstieg der Nashornwilderei« *verriet bereits den Höhepunkt* der Geschichte und es hat trotzdem funktioniert! Ash sagte schon im Titel, was er mitteilen wollte, dann sagte er es mit dem Diagramm selbst durch die Trendlinie, und dann wiederholte er im Callout mit Worten, was das Diagramm gerade bildhaft ausgedrückt hatte. Um zu lernen, in Ihren Visualisierungen die Botschaft zu vermitteln, müssen Sie diese beiden Konzepte – die Präsentation von Informationen und das Geschichtenerzählen – parallel einsetzen und in einem sensiblen Gleichgewicht halten (vergleichbar mit dem orwellschen »Doppeldenk«).

Letzten Endes ist es jedoch egal, ob Sie die empfohlenen Verfahren zur Visualisierung eingehalten oder eine der anderen Regeln befolgt haben. Wenn Sie ehrlich waren und das Publikum das von Ihnen erstellte Diagramm versteht und zu schätzen weiß, können Sie sich beglückwünschen, denn Sie haben gute Arbeit geleistet. Die empfohlenen Praktiken und Regeln sollen Sie auf Ihrem Pfad ins Visualisierungs-Nirwana begleiten und Ihnen manches Rätselraten ersparen. Das ultimative Ziel ist aber stets, die Botschaft so zu vermitteln, dass sie verständlich ist und die Menschen Maßnahmen ergreifen können, wenn sie dies wünschen. Und wissen Sie was? Auch wenn Sie wirklich gut darin geworden sind, werden Sie das Ziel manchmal trotzdem noch verfehlen. Aber wenn Sie den einen oder anderen Rückschlag erleiden, klopfen Sie sich einfach den Staub ab und machen Sie direkt weiter. Denn schließlich *haben Sie dabei etwas gelernt*, und etwas zu lernen ist immer gut. Wenn Sie die Bedürfnisse Ihrer Zielgruppe in den Vordergrund stellen und unaufhörlich weiterlernen, werden Sie immer Erfolg haben. (Und vielleicht sollten Sie sich das auf die Stirn tätowieren oder mit Klebezetteln Ihren ganzen Arbeitsplatz damit vollpflastern, einfach nur für den Fall, dass Ihnen mal wieder Kundinnen oder Stakeholder von außerhalb der Design-Blase diktieren wollen, wie Sie Ihre Visualisierungen für sie zu erstellen haben. Mehr dazu in Kapitel 9 über den Umgang mit Problemen.)

Da Sie nun wissen, was ein gutes Diagramm ausmacht – es ist einfach, hält die Aufmerksamkeit aufrecht, ist wahrheitsgetreu und es bringt letztendlich seine Aussage herüber –, sollen Sie in den nächsten Abschnitten Möglichkeiten kennenlernen, einige einfache Diagrammtypen etwas besser zu gestalten.

6.2 Balkendiagramme, die nicht langweilig sind

Sie wissen nun also, was ein gutes Diagramm ausmacht. Vielleicht haben Sie auch einen Blick auf einen visuellen Wortschatz geworfen, um herauszufinden, welche Art von Diagramm Sie erstellen möchten. Dann sind Sie jetzt eigentlich bereit, ein Diagramm zu erstellen. Wie Sie bereits wissen, gibt es in diesem Buch keine Schritt-für-Schritt-Anleitungen zur Erstellung eines Diagramms mit einem bestimmten Werkzeug; stattdessen vertraue ich darauf, dass Sie diesen Part selbst übernehmen, da alle Werkzeuge unterschiedlich funktionieren und sich im Laufe der Zeit verändern. Ich helfe Ihnen aber, gute Designentscheidungen zu treffen – eine Fähigkeit, die Sie von einem Tool auf das andere übertragen können und von Postern über Folienpräsentationen bis hin zu Webseiten und alles Mögliche andere nutzen können.

Nehmen Sie zum Beispiel das bescheidene Balkendiagramm. Es ist fast schon ein »Universaldiagramm«, weil Balken so einfach und unkompliziert sind. Genau wie ich werden Sie im Laufe der Zeit sehr viele Balkendiagramme erstellen. Und Sie werden sie mit der Zeit definitiv satthaben – so ging es mir auch schon. In so einem Moment bedanke ich mich dann bei Tufte für seinen Ratschlag, nur die absoluten Basics zu verwenden, und lege ihn dann für diesen Moment für mich beiseite. Es gibt Möglichkeiten, balkendiagrammartige Schaubilder zu erstellen, die nicht ganz so eintönig sind wie ein klassisches Balkendiagramm, und in diesem Abschnitt sehen Sie sich einige davon an.

6.2.1 Lollipop-Diagramme

Eine meiner Lieblingsalternativen zum Balkendiagramm ist das *Lollipop-Diagramm.* Anstelle eines rechteckigen Balkens kommt beim Lollipop-Diagramm eine Linie (oder ein sehr dünner Balken) mit einem Kreis am Ende zum Einsatz, so wie in Abbildung 6.8.

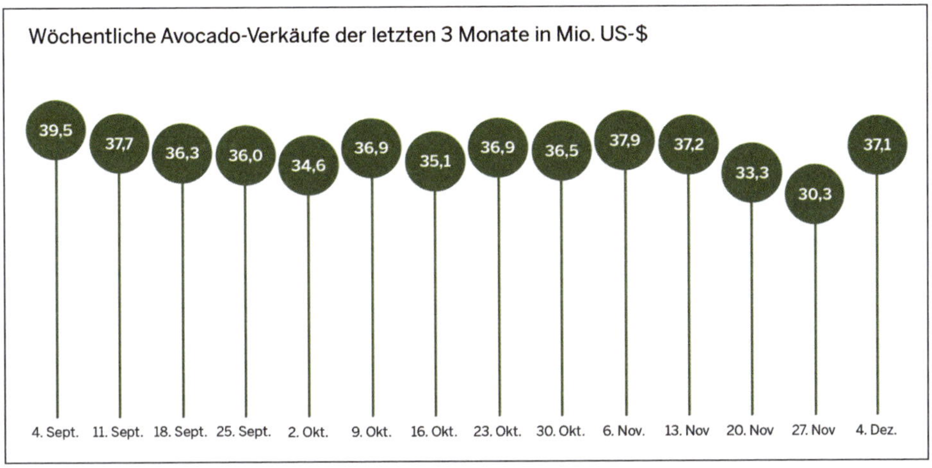

Abb. 6.8 *Das Lollipop-Diagramm ist eine ansprechende Alternative zum Balkendiagramm.*

Ich fertige sehr gerne Lollipop-Diagramme an, verwende sie aber meist nicht als eigenständige Grafik. Vielleicht fällt Ihnen auf, dass Abbildung 6.8 ein bisschen unausgewogen wirkt. Sie ist zwar ganz putzig, aber die Spitzen der Lollis haben im Vergleich zum restlichen Schaubild recht viel Gewicht. Deshalb verwende ich Lollipop-Diagramme nur als Teil eines Dashboards mit mehreren Diagrammen, denn dann können die anderen Elemente die kopflastigen Lollis ausgleichen. Manchmal erstelle ich für Stakeholder oder Kundinnen Dashboards, die ausschließlich aus Balkendiagrammen bestehen, und ehrlich gestanden finde ich, dass auch das komisch aussieht, weil die Anzahl der Balken in den einzelnen Diagrammen sehr wahrscheinlich unterschiedlich ist (und die Balken damit auch unterschiedlich breit sind) und/oder weil zu den horizontalen Balken oft auch noch vertikale Säulen hinzukommen oder umgekehrt. Ich finde, das sieht einfach seltsam aus, und deshalb greife ich in solchen Fällen zum Lollipop-Diagramm. Es erfüllt seine Aufgabe mit etwas Pfiff, ohne damit aber zu übertreiben.

6.2.2 Bilddiagramme

Eine weitere interessante Alternative zu einem Balkendiagramm ist ein *Bilddiagramm*, bei der anstelle von Balken wiederholte Grafiken verwendet werden. Ich habe diese Variante nicht allzu häufig genutzt, da die Berechnungen etwas mühsam einzurichten sind (jedenfalls in Tableau) und das resultierende Schaubild nicht besonders genau ist, weil die einzelnen Grafiken meist nicht für eine einzelne Einheit, sondern für eine bestimmte Anzahl von Einheiten stehen. Ein Beispiel zeigt Abbildung 6.9, in der völlig erfundene Daten zum Einsatz kamen.

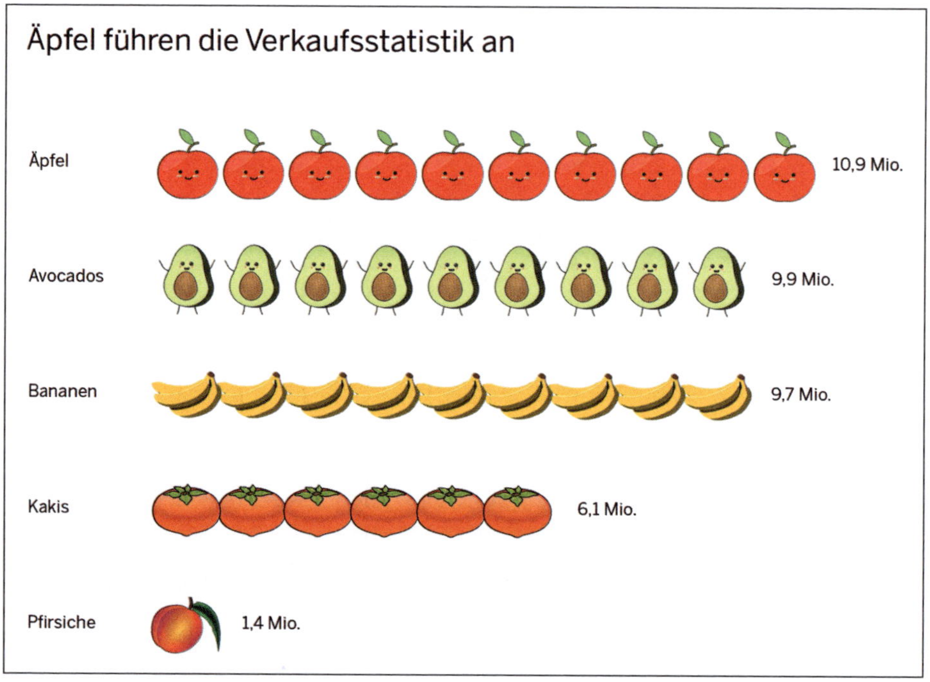

Abb. 6.9 *Ein Bilddiagramm mit fiktiven Absatzzahlen, angeführt von Äpfeln. (Und wie putzig doch diese Avocado ist! Sie wollte unbedingt mit ins Schaubild, und wie hätte ich sie da nur weglassen können?)*

Das Bilddiagramm ist mit Vorsicht zu genießen, zum einen aus dem bereits erwähnten Grund der mangelnden Genauigkeit (deshalb habe ich am Ende jedes »Balkens« eine Beschriftung eingefügt), zum anderen, weil es je nach den von Ihnen gefundenen/erstellten/verwendeten Grafiken zu verspielt wirken könnte. Die gut gelaunten Äpfel und Avocados in Abbildung 6.9 würden beispielsweise im Business-Umfeld wahrscheinlich nicht so gut ankommen, aber für ein persönliches Nebenprojekt könnten sie ganz lustig sein. Trotzdem sind sie so verdammt *niedlich*, dass ich sie hier einfach für Sie einfügen musste.

Besteht ein Bilddiagramm *ausschließlich* aus Diagrammmüll? Ja, wahrscheinlich, und wie ich bereits erwähnte, sollten Sie es nur mit äußerster Vorsicht einsetzen: Machen Sie sich mit den Regeln vertraut, bevor Sie sie brechen! Trotzdem vermittelt das Diagramm die Botschaft über die Verkäufe nach Produktart, und die Beschriftungen am Ende sorgen für Genauigkeit. Ansonsten ist die Visualisierung sauber, klar und übersichtlich, weil ich eine einfache Typografie eingesetzt habe und alles andere im Schaubild reine Daten sind.

6.2.3 Bonus: Nochmals zu den gestapelten Balkendiagrammen

Auch wenn sie meistens nicht langweilig (weil von vorneherein nicht gut) sind, sollten Sie sich noch einmal mit gestapelten Balkendiagrammen beschäftigen. Ich habe bereits ihre Nachteile erwähnt und erläutert, wie Sie sie teilweise in Liniendiagramme überführen können. Aber was ist, wenn ein Liniendiagramm nicht funktioniert, weil Sie z. B. keinen Trend über einen bestimmten Zeitraum darstellen oder nur einen einzigen gestapelten Balken zeigen möchten? (Manche Leute übertreiben es ein wenig mit ihrer Scheu vor Kreisdiagrammen zur Darstellung von Anteilen.)

Besonders für einen einzelnen gestapelten Balken gibt es die Möglichkeit, die darin dargestellten Anteile so wie in Abbildung 6.10 in eigene Balken aufzuteilen.

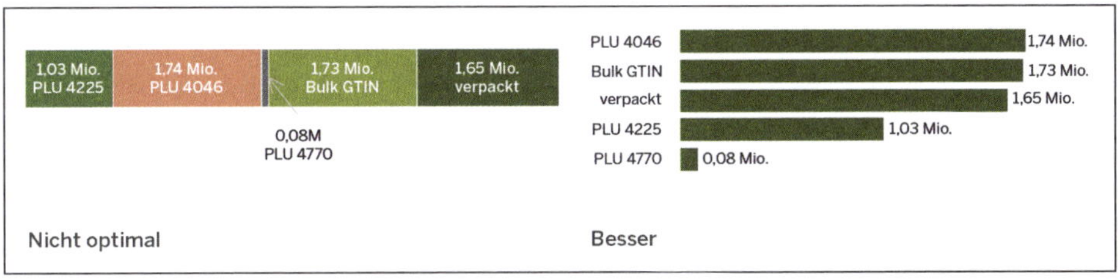

Abb. 6.10 *Die Segmente eines einzelnen gestapelten Balkens (links) lassen sich viel besser als individuelle Balken darstellen (rechts).*

Auch bei mehreren gestapelten Balken funktioniert die Aufteilung der Segmente in Einzelbalken, wie in Abbildung 6.10 gezeigt. Daraus ergibt sich ein sogenanntes *Cluster-Balkendiagramm* (Abb. 6.11). Darin betrachten wir dieselben Daten, dieses Mal aber aufgeteilt nach Verkaufsregion. Wenn wir die Balken auf diese Weise einander gegenüberstellen, können wir viel leichter Muster in den Daten erkennen, z. B. welche Produktkategorie in den einzelnen Regionen am beliebtesten ist.

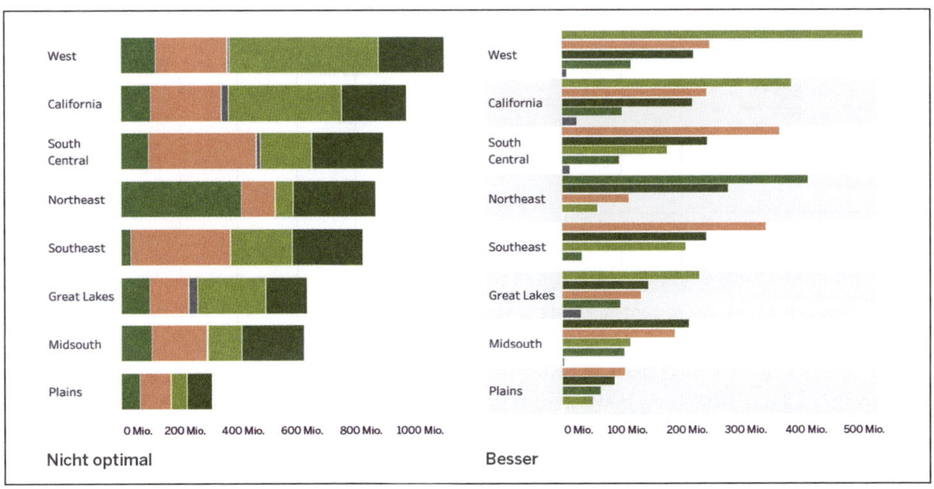

Abb. 6.11 *Die gestapelten Balken auf der linken Seite lassen sich einfach entstapeln und wie auf der rechten Seite untereinander darstellen, um Muster in den Daten besser zu erkennen.*

HINWEIS

Normalerweise würde ich die vertikalen Gitternetzlinien aus den Abbildungen 6.11 und 6.12 nicht mit einbeziehen, weil Sie diese Diagramme im Browser betrachten und mit ihnen interagieren können, um den genauen Wert jedes Segments in einem Tooltipp zu sehen. (Mehr über die Gestaltung interaktiver Grafiken im nächsten Kapitel!) Dies ist jedoch ein Buch, und für die gedruckte Version müssen die Gitternetzlinien den ungefähren Wert jedes Segments vermitteln. Eine Einzelbeschriftung aller Segmente wäre hier zu unübersichtlich.

Werkzeugvergleich zwischen Tableau und d3.js

Die meisten Abbildungen in diesem Kapitel habe ich mit Tableau erstellt, weil ich damit viel schneller bin als mit anderen Tools. Leider kann Tableau aber bei Cluster-Balkendiagrammen nicht wirklich glänzen, weil Sie dabei keine direkte Kontrolle über die Abstände zwischen den Balken haben, ebenso wenig wie über die Abstände zwischen den einzelnen Balken-Clustern (deshalb habe ich mich für die graue »Zeilenbänderung« rechts in Abbildung 6.11 entschieden). Die gute Nachricht ist, dass d3 diese Steuerungsmöglichkeiten bietet. In der nächsten Abbildung vergleiche ich die beiden Tools, wobei Tableau auf der linken Seite und d3 auf der rechten Seite zu sehen ist. Die Visualisierungen versuchte ich ansonsten so ähnlich wie möglich zu halten, ohne dafür übertriebenen Aufwand zu betreiben.

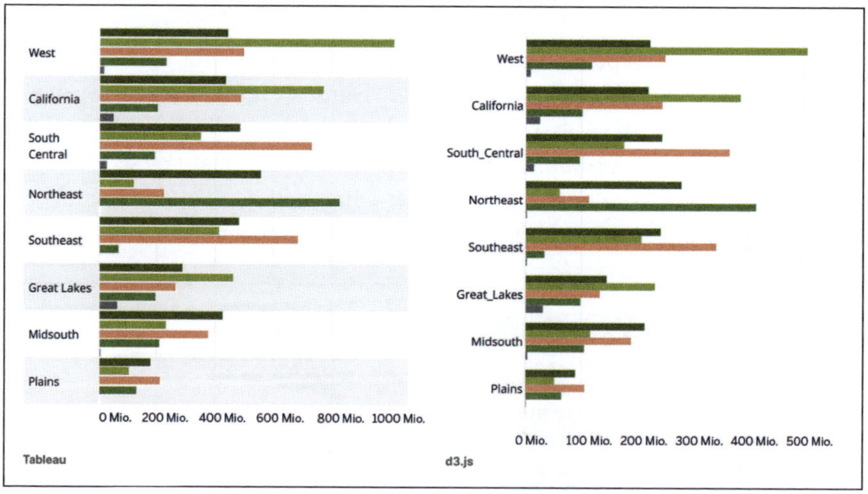

In Tableau (links) können Sie den Abstand zwischen den Balken und den Balken-Clustern nicht steuern, in d3 (rechts) dagegen schon. Achten Sie darauf, dass die d3-Version durch die Abstände zwischen den einzelnen Clustern längst nicht so überladen wirkt.

Die Tableau-Version wirkt unübersichtlicher und ist schwieriger zu interpretieren, auch weil man sich auf die Bänderung im Hintergrund verlassen muss, um zu erkennen, wo ein Cluster endet und ein anderer beginnt.

Unverhältnismäßig schwierig zu bewerkstelligen ist in d3 eine verschachtelte Sortierung der Produktkategorien innerhalb jeder geografischen Gruppe (wie ich sie auf der rechten Seite von Abb. 6.11 vorgenommen habe). Bei der *verschachtelten Sortierung* bildet jeder geografische Cluster eine unabhängige Einheit, wenn es um die Sortierung der darin enthaltenen Produkte geht. Die verschachtelte Sortierung in einem Diagramm wie diesem führt zu ordentlich von groß nach klein sortierten Balken, wodurch sich aber die Reihenfolge der Produktkategorien für jeden geografischen Cluster unterscheiden kann (siehe nochmals Abb. 6.11 rechts). In dem Bestreben, die beiden Diagramme möglichst gut vergleichbar zu machen, habe ich nur für dieses Beispiel die verschachtelte Sortierung auf der Tableau-Seite entfernt, auch wenn ich zugeben muss, dass sie dadurch besonders schlecht aussieht.

Eine weitere Möglichkeit, um mehrere gestapelte Balken zu entstapeln, ist das in Abbildung 6.12 gezeigte *Hanteldiagramm*, das zu meinen persönlichen Favoriten gehört.

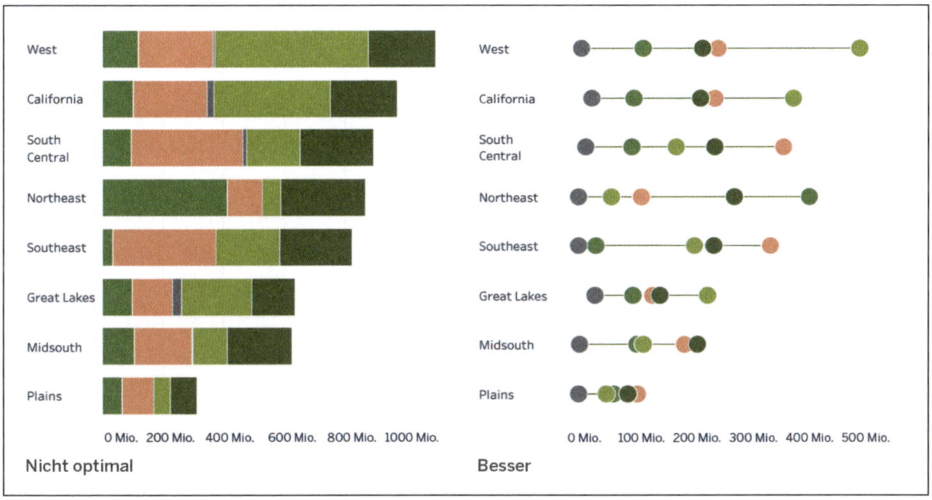

Abb. 6.12 *Ich liebe Hanteldiagramme (siehe rechts), weil sie eine gute Möglichkeit bieten, viele oder wenige Unterkategorien (in diesem Fall Produktkategorien) über viele Kategorien (in diesem Fall geografische Gebiete) hinweg zu vergleichen. Man verliert zwar den Kontext des Gesamtwerts für jede Region, aber ich finde es viel einfacher, zu erkennen, wie sich die einzelnen Produktkategorien in den verschiedenen Regionen unterscheiden (vor allem, wenn es sich um eine interaktive Darstellung handelt).*

Bisher haben Sie in diesem Kapitel viel über die Erstellung eines einfachen, aber attraktiven und vielleicht sogar witzigen Diagramms gelernt. Ich schwenke nun ein wenig um und behandele Karten. Sie sind sehr leistungsfähige Visualisierungsinstrumente, die aber bei falscher Handhabung auch leicht in die Irre führen können.

6.3 Eine gute Kartengrafik erstellen

Wie in Kapitel 1 erwähnt, zählen Karten zu den ältesten Beispielen der Datenvisualisierung. Sie eignen sich hervorragend, um Standortinformationen schnell zu vermitteln, und ich persönlich studiere liebend gerne Karten. Als mein Mann und ich unser Haus in einer uns unbekannten Gegend kauften, die wir eigentlich gar nicht auf dem Schirm hatten, durchforstete ich in den folgenden Wochen bis zum Umzug Google Maps nach Geschäften und Restaurants, die von unserer neuen Bleibe aus zu erreichen wären. Ich sah nach, wie weit der nächste Trader Joe's entfernt ist (zum Glück nur etwa 10 Minuten!), wie wir beide zur Arbeit kommen und dabei den schlimmsten Berufsverkehr vermeiden können usw. Und immer, wenn in der Nähe ein Waldbrand wütet, sehe ich mir als Erstes die CalFire- und die Luftgütekarten an, um zu ermitteln, wo er ausgebrochen ist, wie weit er sich ausgebreitet hat und in welche Richtung der Rauch zieht. Karten sind toll!

Ich glaube, wir halten diese ganzen Online-Karten heutzutage für selbstverständlich. Oder sind Sie doch alt genug und erinnern sich an die Zeit, als Sie zur Planung einer längeren Autofahrt noch einen Straßenatlas brauchten? Die ersten Routenplaner und Online-Karten waren damals revolutionär: Sie konnten die gesamte Route samt Routenführung direkt von Ihrem Computer aus ausdrucken! Erstaunlich! Und jetzt haben wir die ganze Macht des Internets in der Hosentasche und detaillierte Karten von der ganzen Welt sind immer nur einen Wisch entfernt.

Die wachsende Bedeutung und Beliebtheit von Kartensoftware ist den Kartografinnen und Kartendesignern zu verdanken, die wussten, was eine gute, ansprechende und informative Karte ausmacht, und die ihre Designentscheidungen korrigierten, wenn sie feststellten, dass bestimmte Merkmale für Verwirrung sorgten oder dass die auf der Karte angezeigten Informationen vom Publikum fehlinterpretiert wurden. Bei der Visualisierung von Daten auf einer Karte halten Sie viel Macht in Ihren Händen: Macht, zu begeistern und aufzuklären, aber auch zu verwirren und zu verunsichern, oder schlimmer noch, zu täuschen und zu verzerren. Lassen Sie mich Ihnen zeigen, wie Sie die negativen Aspekte vermeiden und für Begeisterung und Aufklärung sorgen.

6.3.1 Über die Choroplethenkarte hinausdenken

Mit Mapbox, Tableau und anderen Tools ist es einfacher denn je, einige Daten auf eine Karte zu klatschen und die Sache als erledigt zu betrachten. Eine *Choroplethenkarte*, bei der bestimmte Daten über die Farbe geografischer Flächen (Landkreise, Bundesländer, Provinzen, Territorien, Staaten usw.) visualisiert werden, ist eine einfache und beliebte Form der Kartendarstellung. Wenn Sie jedoch bei der Auswahl der Kenngrößen oder der Art und Weise ihrer Visualisierung nicht sorgfältig vorgehen, besteht sehr leicht die Gefahr, dass Sie einfach nur darstellen, wo sich das Gebiet befindet. Das geht in Ordnung, wenn Sie versuchen, so etwas wie die Flächennutzung zu visualisieren. Wollen Sie aber stattdessen beispielsweise Wahlergebnisse zeigen, dann müssen Sie deutlicher werden. Sehen Sie sich Abbildung 6.13 an, um zu verstehen, was ich meine.

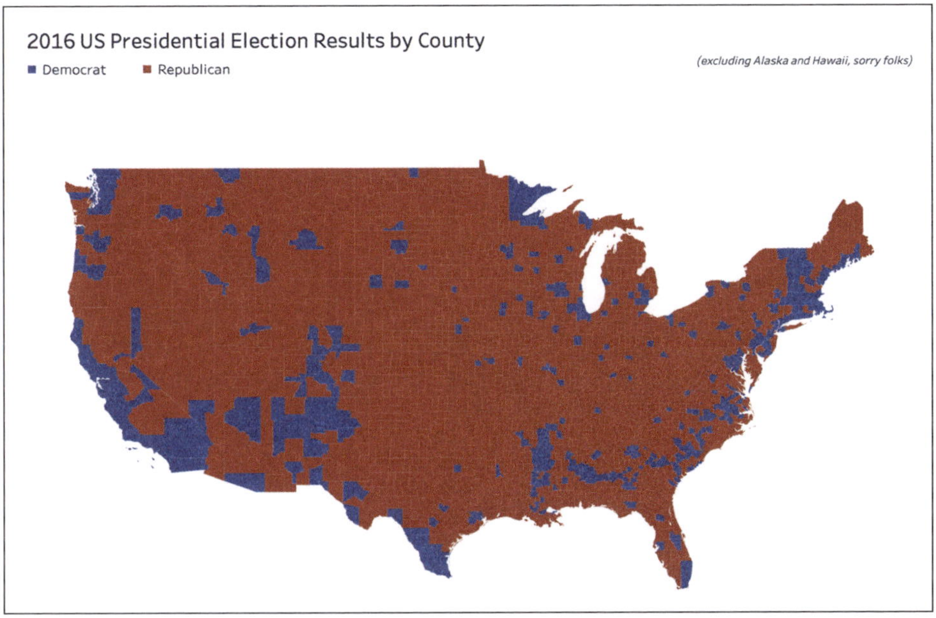

Abb. 6.13 *Eine einfache (ausgefüllte) Choroplethenkarte der Ergebnisse der US-Präsidentschaftswahlen 2016 nach Countys (Datenquelle: McGovern et al. [1])*

Die Karte in Abbildung 6.13 zeigt die Ergebnisse der Präsidentschaftswahlen 2016 in den USA, bei denen Hillary Clinton für die Demokraten und Donald Trump (der Sieger nach Stimmen der Wahlmänner, aber nicht nach Stimmen in der Gesamtbevölkerung) für die Republikaner antrat. Wenn man sich dieses Meer aus Rot ansieht, könnte man sich fragen, wie Trump bei den Wählerstimmen zurückliegen konnte – es gibt so viel mehr Rot als Blau!

Abbildung 6.13 ist zwar eine durchaus akzeptable Karte, da sie zeigt, welcher Kandidat das Rennen in den einzelnen Bezirken gewonnen hat, aber wir können sie leicht abgeändert darstellen, um zu zeigen, dass die Parteivorlieben in den gesamten kontinentalen US-Bundesstaaten durchaus nuancierter sind. Sehen Sie sich Abbildung 6.14 an. Hier wird nicht nur dargestellt, wer gewonnen hat, sondern auch, wie viel Prozent der Wählerinnen und Wähler sich in den einzelnen Bezirken für den siegreichen Kandidaten oder für die Kandidatin entschieden haben.

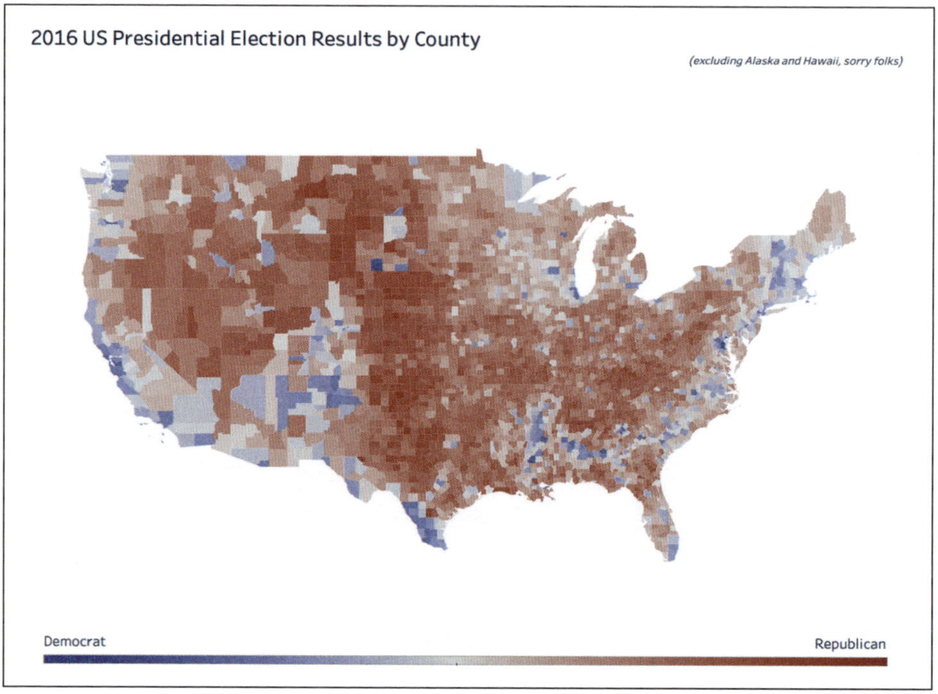

Abb. 6.14 *Eine weniger schlechte Choroplethenkarte, die den prozentualen Anteil der Stimmen in den einzelnen Bezirken zeigt, die für den siegreichen Kandidaten des jeweiligen Bezirks gestimmt haben (Datenquelle: McGovern et al. [1])*

Abbildung 6.14 ist für eine Kartenvisualisierung durchaus akzeptabel und erzählt eine detailreichere Geschichte als Abbildung 6.13. Trotzdem ist das immer noch eine Menge Rot gegen nicht allzu viel Blau. Wie kann es also sein, dass Trump nicht die Mehrheit der Wählerstimmen auf sich vereinen konnte?

Die Antwort ist, dass ich die *Bevölkerung* und nicht die *Bodenfläche* gewählt habe. Die Vereinigten Staaten sind in großen Teilen sehr dünn besiedelt, und ländliche Gebiete sind tendenziell eher konservativ geprägt (Republikaner), während in urbanen Regionen eher liberal gewählt wird (Demokraten).

Aufgrund dieses Flächeneffekts sind Choroplethenkarten meist nicht die beste Wahl für Datenvisualisierungen, es sei denn, Sie wollen wirklich auf das Gebiet selbst bezogene Informationen darstellen, z. B. die Art der Landnutzung (Ackerland, öffentliche Parks, Wohngebiete usw.). Schauen Sie sich einige Alternativen dazu an und untersuchen Sie, was sie aus den Wahlergebnisdaten machen.

Bubble Maps

Eine *Bubble Map*, bei der man ein Kreissymbol an einem bestimmten Längen- und Breitengrad platziert und dieses anhand von Daten entsprechend dimensioniert und eventuell einfärbt, ist eine fantastische Alternative zur Choroplethenkarte, vor allem bei Wahlergebnissen. In Abbildung 6.15 habe ich die Größe der Blasen proportional zur Anzahl der Wählerstimmen bemessen und sie nach dem prozentualen Anteil der Stimmen für die Demokraten und die Republikaner eingefärbt.

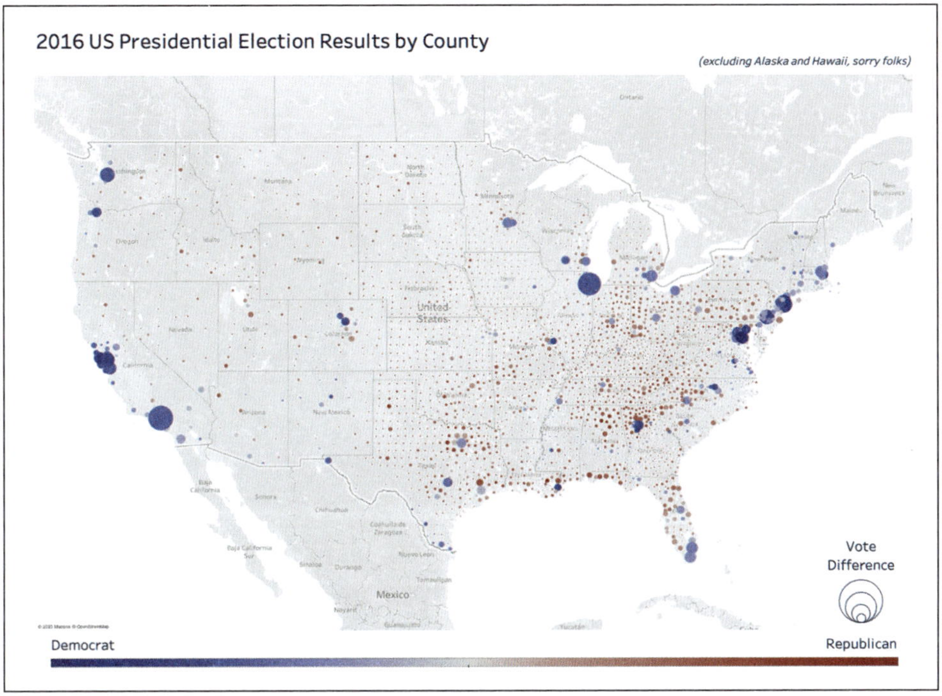

Abb. 6.15 *Anstatt die Flächen der Countys mit Farbe auszufüllen, können Sie einen Kreis verwenden, um die Lage des Countys darzustellen, die Größe des Kreises proportional zur Anzahl der Stimmen anpassen und ihn dann nach dem prozentualen Anteil der Stimmen für Demokraten oder Republikaner einfärben. (Datenquelle: McGovern et al. [1])*

Allerdings gibt es ein Problem mit Abbildung 6.15: Sie verlassen sich ausschließlich auf die Farbe, um den Prozentsatz der Stimmen für die Demokraten oder die Republikaner darzustellen, was, wie Sie aus den WCAG in Kapitel 4 gelernt haben, keine gute Idee ist. Wenn Sie ein paar kleine Änderungen vornehmen, erhalten Sie eine besser zugängliche Visualisierung, die die Botschaft dennoch vermittelt.

Anstatt sich nur auf die Farbe zu verlassen, um darzustellen, wer den Bezirk gewonnen hat, können Sie für jede Partei eine eigene Form verwenden, wie in Abbildung 6.16 dargestellt. Da die demokratische Partei liberaler ist und als »links« bezeichnet wird, während die republikanische Partei konservativer ist und somit eher »rechts« verortet wird, habe ich eine sehr passende Formenwahl getroffen: einen nach links weisenden Pfeil für die Demokraten und einen nach rechts weisenden Pfeil für die Republikaner. Sehr praktisch!

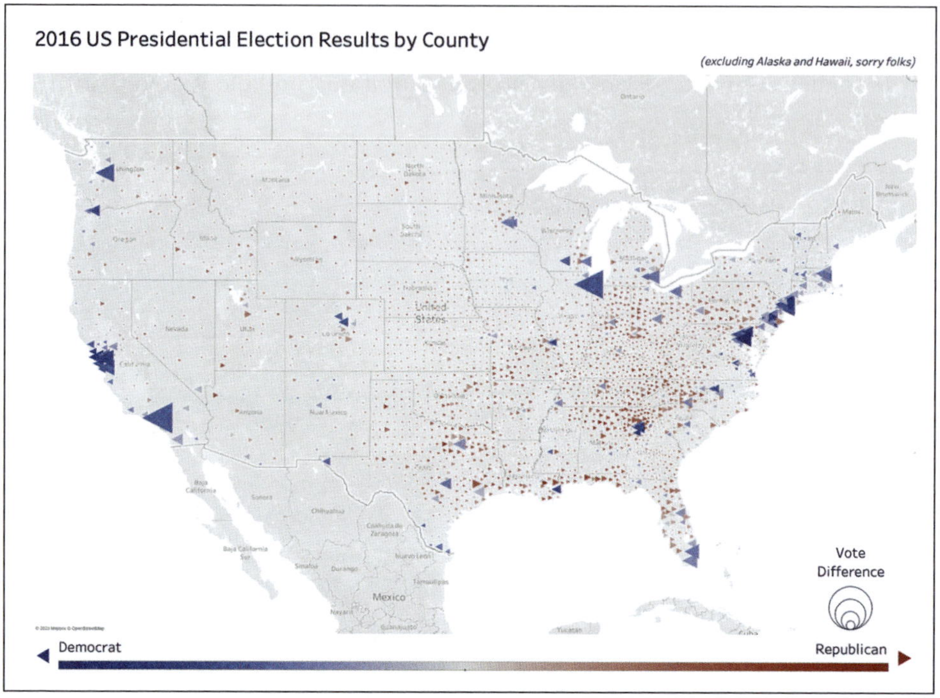

Abb. 6.16 *Um das Diagramm inklusiver zu gestalten, nutze ich neben der Farbe auch Formen zur Kennzeichnung der Stimmen für die Demokraten (Pfeil nach links) und für die Republikaner (Pfeil nach rechts). (Datenquelle: McGovern et al. [1])*

Dichtekarten/Heatmaps

Eine weitere gute Alternative zur Choroplethenkarte ist die *Dichtekarte* oder *Heatmap*, wobei mit Letzterer auch eine tabellarische Visualisierung gemeint sein kann, bei der der Datenwert innerhalb einer Zelle farbig dargestellt wird. Solche Dichtekarten (*Density Maps*) sind eine gute Möglichkeit, die Konzentration eines Phänomens oder eines Sachverhalts darzustellen, insbesondere wenn es Häufungen von Datenpunkten gibt. Beispiele wären eine Karte von Rattensichtungen in Manhattan oder eine Karte der Bevölkerungsdichte. Abbildung 6.17 zeigt eine Kartendarstellung schädlicher Algenblüten in kalifornischen Binnengewässern im Beobachtungszeitraum von 2015 bis 2021, die ich während eines Datenvisualisierungs-Workshops beim State of California Water Board erstellt habe. (Ich habe die Wahlergebnisse für einen Moment beiseitegelassen, weil diese Daten einfach nicht gut zu einer Dichtekarte passen; dort müssen wir wirklich auch die feineren Details in den Daten erkennen.)

Die Farbpalette der Dichtemarkierungen in Abbildung 6.17 verwendet dunklere und gesättigtere Orangetöne für hohe Konzentrationen von Algenblüten, wodurch diese hervorstechen, während die helleren Töne für geringere Konzentrationen in den Hintergrund treten. Trotzdem ist die Aussage der Visualisierung auch in Schwarz-Weiß gut zu sehen.

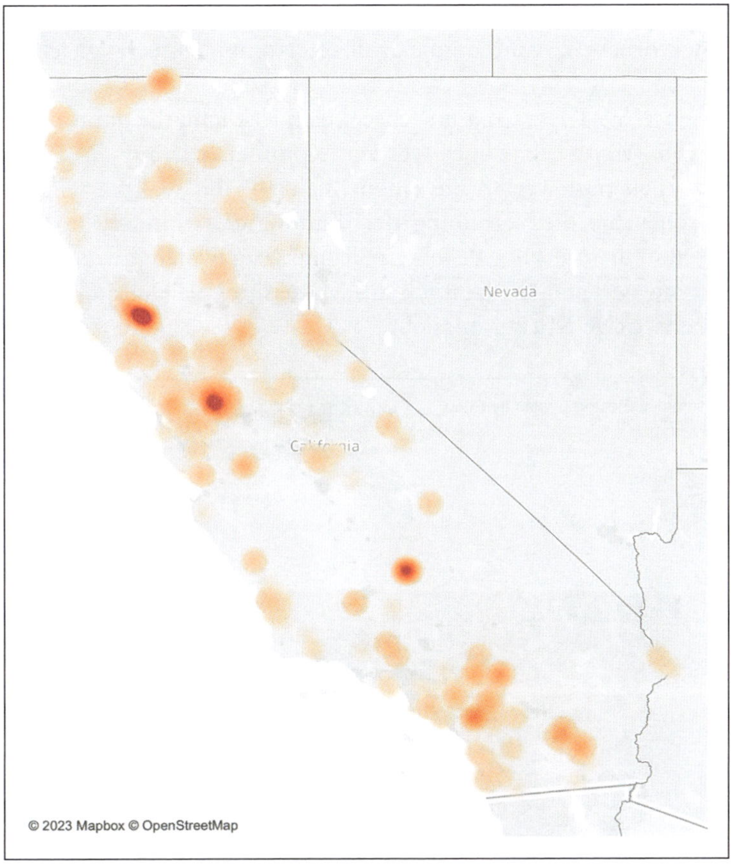

Abb. 6.17 *Eine Density Map der Standorte gefährlicher Algenblüten in Binnengewässern zwischen 2015 und 2021. Anhand der dunkleren, stärker gesättigten Farben können Sie die wenigen Orte mit höherer Konzentration leicht erkennen, und die Karte kann auch in Schwarz-Weiß überzeugen. (Datenquelle: http://mng.bz/ZR8R, retrieved January 3, 2021, Public Domain)*

Density Maps sind *keine* gute Wahl, wenn es darauf ankommt, die feinen Details zu erkennen, wie es bei Wahlkarten notwendig ist. Und da es gerade um Wahlkarten geht, möchte ich gleich noch einmal darauf zurückkommen.

Hexbin- und Tilemaps

Choroplethenkarten sind manchmal problematisch wegen des Flächeneffekts und der sehr großen Flächen, und dann sollten Sie zu Alternativen wie Bubble Maps oder manchmal auch zu Dichtekarten greifen. In anderen Fällen sind Choroplethenkarten aufgrund der kleineren Flächen und der Tatsache, dass diese bei der Darstellung neben ihren größeren Pendants verloren gehen, problematisch. In diesen letztgenannten Fällen sollten Sie auf Optionen wie *Tilemaps* zurückgreifen, bei denen gleich große geometrische Formen im Bereich des tatsächlichen geografischen Ortes platziert werden, den sie repräsentieren. Das funktioniert gut, wenn man ein regionales Muster erkennen möchte, denn so lassen sich die kleineren Komponenten dieser Region hervorheben, während die größeren Komponenten zugleich in den Hintergrund rücken.

Häufig sehen Sie Tilemaps aus sechseckigen Kacheln, die dann wiederum speziell als *Hexbin-Maps* bezeichnet werden. Kommen wir auf die US-Wahlen im Jahr 2016 zurück und werfen Sie einen Blick auf die Wahlkarte in Abbildung 6.18. Dort sehen Sie die Verteilung der Wahlmännerstimmen in den einzelnen Bundesstaaten in diesem Jahr. Beachten Sie, dass sogar die winzigen Neuengland-Staaten jetzt mit den Staaten westlich des Mississippi gleichgestellt sind, und wie schön das sechseckige Muster aussieht!

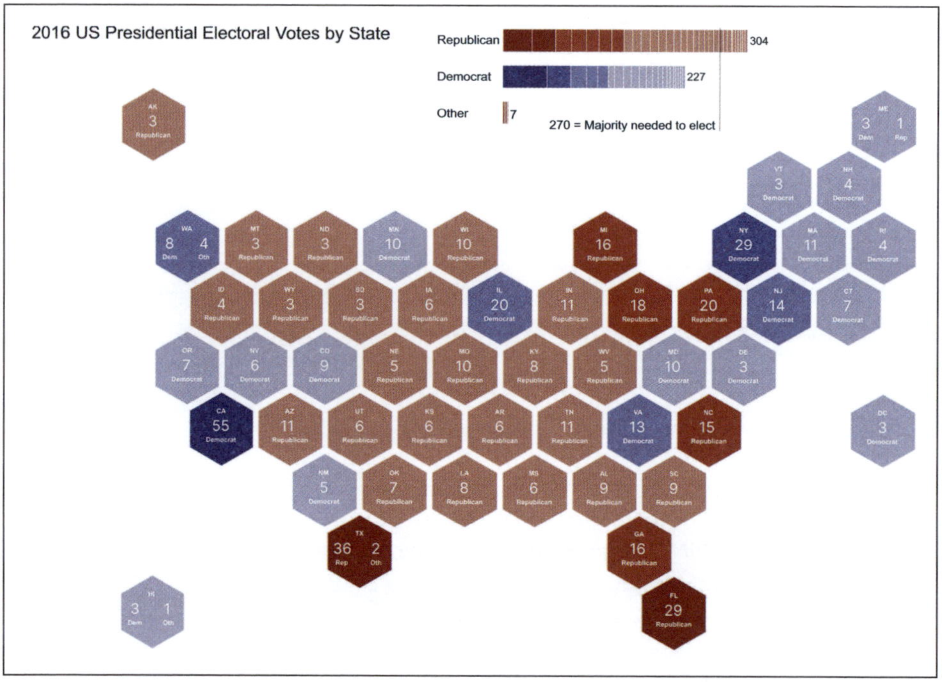

Abb. 6.18 *Eine Hexbin-Map der Ergebnisse des Wahlmännerkollegiums für die US-Präsidentschaftswahlen 2016. Jeder Staat ist nach dem Kandidaten, der diesen Staat gewonnen hat, eingefärbt, entsprechend der Anzahl der Wahlmännerstimmen, die der Staat insgesamt hat, schattiert und mit der Anzahl der Wahlmännerstimmen beschriftet. (Datenquelle: Federal Elections Commission, http://mng.bz/RmYZ, öffentlich abrufbar)*

Wie Sie in Abbildung 6.18 gesehen haben, gab es in einer Handvoll von Staaten Wahlmännerstimmen, die nicht für den Mehrheitskandidaten abgegeben wurden, sodass diese Staaten mehrere Beschriftungen haben, aus denen hervorgeht, wie viele Stimmen an die Kandidaten der Demokraten (Dem), der Republikaner (Rep) oder sonstiger Kandidaten (Oth) gingen. Das Balkendiagramm oben schließlich zeigt die Anzahl der Stimmen für die Kandidatin der Demokraten, den Kandidaten der Republikaner und der sonstigen Kandidaten in der gleichen Schattierung und Farbe wie auf der Karte.

Bevor ich weitermache, möchte ich Ihnen von einer sehr interessanten Verwendung einer Tilemap berichten. Statt nur ein einfaches Sechseck zu verwenden, kann nämlich auch in jede (in diesem Fall meist quadratische) Kachel eine kleine Visualisierung eingebettet werden. Sie können das als eine Art Spezialfall der Small Multiples betrachten, aber hier liegen die Diagramme nicht in einem rechteckigen Raster, sondern in einer geografischen Form. Als ich diese Art von Darstellung die ersten paar Male sah, war ich ziemlich skeptisch. Damals erschienen sie mir zu kompliziert und unnötig überladen, aber nachdem ich mich immer mehr an ihren Anblick gewöhnt hatte, fing ich an, sie zu mögen. (Um es mit den Worten von Steve Wexler zu sagen: Ich bin jetzt eine »professionelle Diagrammanschauerin«, habe nun also auch besseren Zugang zu den fortgeschritteneren Sachen.) Ich könnte hier kein großartiges Beispiel abdrucken, weil diese Darstellungen doch sehr detailliert sind und sich auf dem begrenzten Platz hier nicht gut darstellen lassen. Es würde dem Diagrammtyp auch nicht gerecht werden, denn er ist wirklich eher für die interaktive Nutzung gedacht. Daher verweise ich Sie stattdessen auf Andy Kriebels Blog mit dem Schlagwort »tile map«, den Sie unter *https://www.vizwiz.com/search/label/tile%20map* finden. Er hat noch viele weitere Tilemap-Visualisierungen erstellt, die Sie in seinem umfangreichen öffentlichen Tableau-Portfolio unter *https://public.tableau.com/app/profile/andy.kriebel* finden, aber leider hat er dazu keinerlei Blogbeiträge geschrieben. Wenn Sie sich dafür entscheiden, eine Tilemap mit winzigen Diagrammen anstelle von einfachen Formen zu erstellen, versichern Sie sich vorab, dass dies bei Ihrer Zielgruppe gut ankommt, bevor Sie sich zu sehr darauf versteifen.

6.3.2 Vermeiden Sie den Bevölkerungsdichteeffekt

Bevor ich diesen Abschnitt über Kartenvisualisierungen abschließe, sollte ich noch eine weitere Sache erwähnen: Wenn Sie nicht gut genug aufpassen, könnten Ihre Karten hinter Ihrem Rücken (versehentlich) eine ganz banale Geschichte erzählen, nämlich den sogenannten *Bevölkerungsdichteeffekt*. Lassen Sie mich das in Abbildung 6.19 anhand einer Karte mit den Wahlergebnissen demonstrieren, die die Anzahl der Stimmen in den einzelnen Countys zeigt. Die Angaben zu den politischen Parteien wurden dabei entfernt, damit Sie vielleicht besser verstehen können, worauf ich hinauswill.

Der Bevölkerungsdichteeffekt tritt auf, wenn man versucht, mit einer Karte eine Geschichte zu erzählen, z. B. über Wählerstimmen oder Verkäufe nach Regionen (wie etwa Bundesland, Landkreis, Stadt), die Karte am Ende aber nur zeigt, wo mehr oder weniger Menschen leben. Es sind Menschen, die wählen und einkaufen gehen. Wenn Sie also nur die Stimmen oder Verkäufe nach Standorten auflisten, können Sie dieser Karte eigentlich nur entnehmen, wo die Bevölkerungsdichte höher oder niedriger ist.

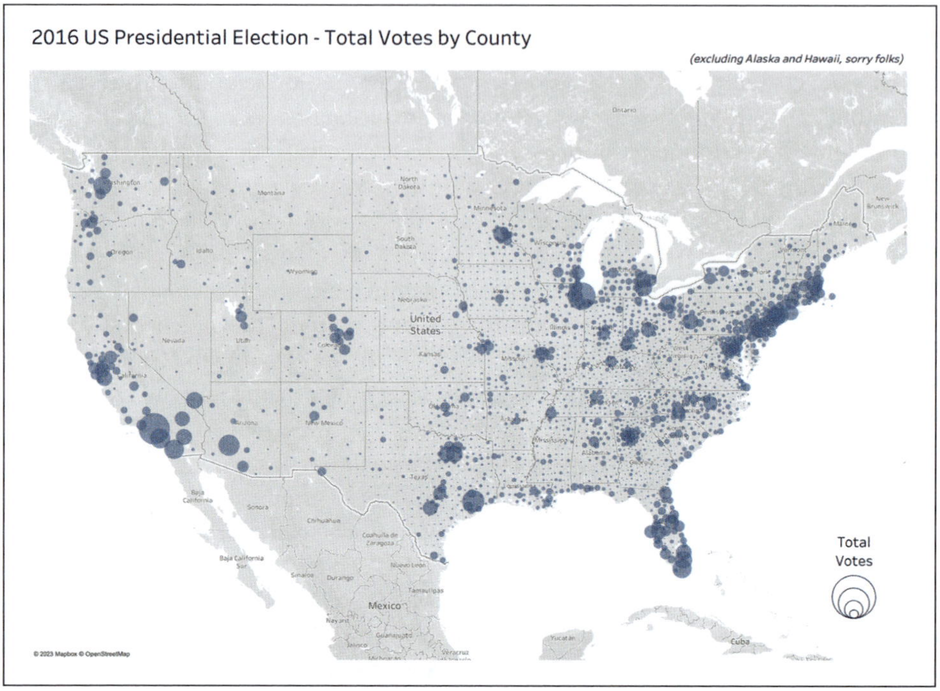

Abb. 6.19 *Diese Karte zeigt zwar wahrheitsgemäß die Gesamtzahl der Stimmen nach County bei den US-Präsidentschaftswahlen 2016, aber sie ist nicht sonderlich aufschlussreich, weil sie eigentlich nur zeigt, wo die meisten Menschen leben. Sie leidet also unter dem Bevölkerungsdichteeffekt (Datenquelle: McGovern et al. [1]).*

Um nicht in diese Falle zu tappen, sollten Sie Ihre Messgrößen (und Ihre Geschichte) mit Bedacht wählen. Zu den einfachsten Möglichkeiten zur Vermeidung des Bevölkerungsdichteeffekts gehört die *Normalisierung* Ihrer Kennzahl, also die Festlegung einer einheitlichen Skala für alle Messungen. In der Praxis arbeiten Sie dann in der Regel mit Verhältnissen anstelle ganzer Zahlen, also zum Beispiel mit dem Umsatz pro Kunde bzw. Kundin anstelle des Bruttoumsatzes oder mit dem prozentualen Anteil der Stimmberechtigten, die zur Wahl gegangen sind, anstelle der Stimmenanzahl (siehe Abb. 6.20).

Abbildung 6.20 stellt die Wahlbeteiligung in den Vereinigten Staaten im Jahr 2016 besser dar als Abbildung 6.19, denn in Abbildung 6.20 wurde das Spielfeld geebnet: Dünn besiedelte Bezirke werden mit dichter besiedelten Bezirken gleichgestellt. Auch wenn eine Choroplethenkarte tendenziell eher die Fläche betont, und da ist diese hier keine Ausnahme (die großen Countys in den westlichen Bundesstaaten ziehen die Aufmerksamkeit stärker auf sich, als es wahrscheinlich nötig wäre), funktioniert sie in diesem Fall sehr gut, weil es nicht darum geht, für welche Seite diese Countys gestimmt haben, wie es in den Abbildungen 6.13 und 6.14 der Fall war. Stattdessen geht es um den Anteil der Menschen, die überhaupt gewählt haben, was nichts mit der Fläche des Wahlbezirks zu tun hat.

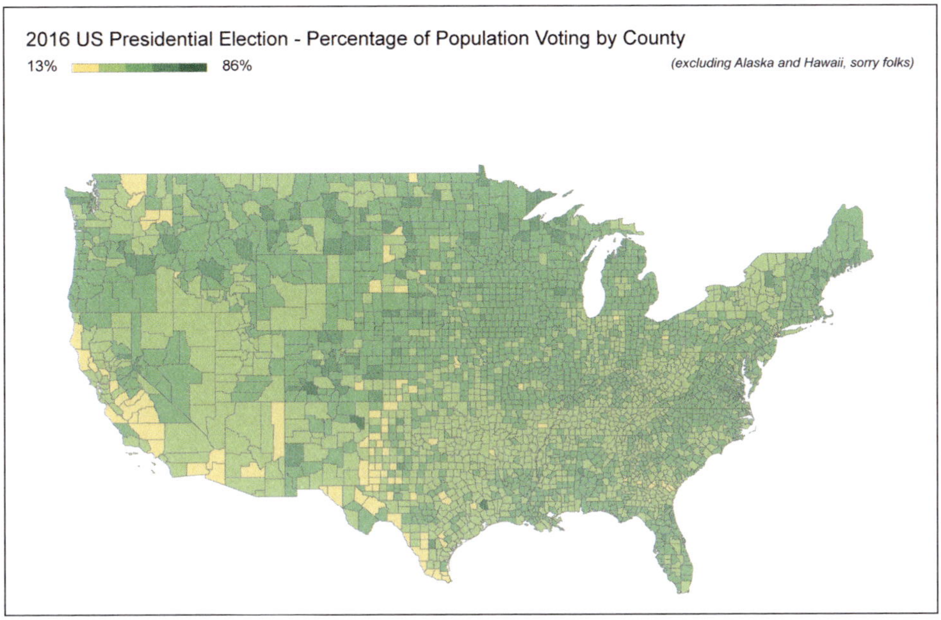

Abb. 6.20 *Statt die absolute Stimmenanzahl in den einzelnen Countys der USA zu zeigen, ist es aufschlussreicher, den prozentualen Anteil der Wahlberechtigten darzustellen, die tatsächlich zur Wahl gegangen sind (also die Wahlbeteiligung). Eine Choroplethenkarte eignet sich hierfür besser als eine Bubble Map, da die meisten Kreise darin in etwa dieselbe Größe hätten, sodass sich regionale Trends nur schwer ablesen ließen. (Datenquelle: McGovern et al. [1], kombiniert mit Bevölkerungsschätzungen des US Census Bureau, die im März 2020 veröffentlicht wurden)*

Zurück zu den vorhergehenden Karten der Wahlergebnisse, mit Aufschlüsselung der Stimmen nach Demokraten und Republikanern (Abbildungen 6.15 und 6.16). Hier könnte man sagen, dass diese technisch gesehen dem Bevölkerungsdichteeffekt zum Opfer fallen. Sie zeigen jedoch, dass die Wählerinnen und Wähler der Demokraten und Republikaner nicht gleichmäßig über die Countys der Vereinigten Staaten verteilt sind. Besonders interessant ist, dass die demokratische Kandidatin Clinton bei dieser Wahl die meisten Stimmen erhielt, was bedeutet, dass sie mehr Wählerstimmen auf sich vereinigen konnte als der republikanische Kandidat Trump. All die roten Formen wurden also überraschenderweise durch offenbar relativ wenige blaue Formen mehr als aufgewogen. In diesem Sinne würde ich also argumentieren, dass diese Karten nicht dem Bevölkerungsdichteeffekt zum Opfer gefallen sind.

6.4 Zusammenfassung

- Bei der Entscheidung, welche Art von Diagramm Sie zur Visualisierung Ihrer Daten verwenden wollen, können Sie sich entweder von den präattentiven Eigenschaften und den Gestaltprinzipien leiten oder von einem »visuellen Wortschatz« im Internet inspirieren lassen, z. B. von jenem der *Financial Times*.
- Halten Sie Ihre Visualisierungen einfach, sagen Sie immer die Wahrheit, fesseln Sie das Publikum mit einer Geschichte und stellen Sie sicher, dass Sie Ihre Botschaft auf verständliche Art und Weise vermitteln.
- Das menschliche Auge kann Winkel nur schlecht abschätzen. Wenn Sie also ein Kreis- oder Ringdiagramm verwenden, sollten Sie die Anzahl der Segmente auf ein Minimum beschränken (oft werden maximal fünf Segmente genannt, aber ich empfehle nur zwei oder höchstens drei). Vermeiden Sie außerdem, dass diese Diagramme miteinander verglichen werden müssen.
- Spaghetti gehören auf den Teller und nicht in ein Liniendiagramm: Ziehen Sie daher in Erwägung, Diagramme mit mehreren Linien über einer gemeinsamen x-Achse und mit getrennten y-Achsen aufzutragen (also in einer einzigen Spalte, aber einer neuen Zeile für jede Linie), oder zerlegen Sie sie in Small Multiples.
- Misten Sie aus! Entfernen Sie alle überflüssigen Gitternetzlinien, Achsen, Beschriftungen usw., die Ihr Visualisierungstool automatisch erzeugt. Fügen Sie nur das hinzu, was Sie wirklich brauchen.
- Wenn Sie eine Visualisierung aufpeppen wollen, überlegen Sie zuerst, warum Sie das tun möchten. Stellen Sie dann sicher, dass es gut ankommt, und achten Sie darauf, dass es nicht von der Botschaft Ihrer Visualisierung ablenkt.
- Gehen Sie bei Kartendarstellungen sicher, dass sie die von Ihnen beabsichtigte Geschichte erzählen und nicht nur die Landfläche oder die Bevölkerungsdichte widerspiegeln.

7 Interaktive Visualisierungen

In diesem Kapitel

- Grundlagen der Interaktionsgestaltung
- Interaktivität für die Erkundung in einer Visualisierung nutzen
- Gestaltung für einige ungewohnte Interaktionsformen
- Anwendung der WCAG auf Interaktivität

In meinem allerersten Job nach dem Studium als Produktanalystin arbeitete ich für ein kleines Unternehmen, in dem wir für alle Berichte ausschließlich Excel verwendeten. Bevor Sie jetzt ein Urteil fällen: Das war, kurz bevor Tableau wirklich populär wurde (laut Google Trends), und einige Jahre, bevor Power BI auf den Markt kam. Nach ein paar Jahren in dieser kleinen Firma, in der ich mich intensiv mit Excel auseinandersetzte, erhielt ich meine nächste Stelle als Produktanalystin bei Ancestry, das zu diesem Zeitpunkt etwa zehnmal größer war und über ein entsprechendes Budget verfügte. Innerhalb eines Monats nach meinem Einstieg setzte mich mein neuer Chef vor Tableau und sagte: »Mach mir ein Dashboard.« Und damit war es geschehen – es war Liebe auf den ersten Blick. Ich entwickelte eine regelrechte Sucht nach Datenvisualisierung und eine ungesunde Besessenheit für Interaktivität. Als ich lernte, wie ich meine Visualisierungen klarer gestalten konnte, begann ich, wichtige Informationen in Tooltipps zu verstecken – diesen kleinen Hinweisen, die erscheinen, wenn der Mauszeiger über einem Element schwebt. Oft ließ ich meine Nutzerinnen und Nutzer zwischen den Schlüsselsegmenten hin- und herschalten oder sie filtern, anstatt die Informationen nebeneinander anzuzeigen. Ich war überzeugt, dass ich meine Dashboards damit übersichtlicher machte. Doch weit gefehlt: Sie waren nicht übersichtlich – sie waren verwirrend! Niemand verstand, was zu sehen war, und ich war sehr frustriert, wenn meine Stakeholder das Dashboard, das ich mit so viel Mühe erstellt hatte, nicht nachvollziehen konnten.

In diesem Kapitel erfahren Sie, wie Sie Interaktivität gezielt einsetzen können, um eine Visualisierung zu verbessern, anstatt sie als Krücke oder überladenen Packesel zu missbrauchen. Zunächst werde ich einige grundlegende Best Practices des Interaktionsdesigns behandeln und dabei darauf eingehen, wie man die Entsprechung der sogenannten *Norman Doors* in der Visualisierung vermeidet. Anschließend widme ich mich verschiedenen Möglichkeiten, dem Publikum die Erkundung einer Visualisierung zu ermöglichen. Danach stelle ich einige weniger bekannte Techniken zur Interaktion mit Visualisierungen und anderen Inhalten auf den unterschiedlichen Geräten vor. Abschließend werde ich die Empfehlungen der WCAG beschreiben, um sicherzustellen, dass die Interaktivität eine möglichst breite Zielgruppe anspricht.

Eine interaktive Datenvisualisierung zu gestalten, kann äußerst wirkungsvoll sein und umfasst weit mehr als nur das bloße Einfügen von Informationen in Tooltipps oder das Hinzufügen von Optionsfeldern und Dropdown-Menüs. Lassen Sie uns also gleich loslegen!

7.1 Grundlagen der Interaktionsgestaltung

Wenn Sie eine Visualisierung erstellen, erhalten Sie die Möglichkeit, mit Ihrem Publikum zu kommunizieren, und wie bei allen anderen Aspekten zwischenmenschlicher Beziehungen ist Kommunikation *absolut* entscheidend. Bislang haben Sie gelernt, mit Farbe und Typografie zu kommunizieren, und jetzt lernen Sie, mit Interaktivität effektiver zu kommunizieren. Laut der Interaction Design Foundation ist *Interaktionsdesign* die Art und Weise, wie wir die Benutzerinnen und Benutzer »in die Lage versetzen, ihre Ziele auf bestmögliche Weise zu erreichen«.

Nehmen Sie zum Beispiel eine bescheidene Tür. Warum drücken wir so oft gegen eine Tür, obwohl wir eindeutig darauf hingewiesen werden, dass wir ziehen sollen, oder schlimmer noch, uns ist überhaupt nicht klar, wie wir sie öffnen sollen, und wir raten falsch? In Wirklichkeit ist das nicht Ihre Schuld. Es ist die Schuld der Tür, oder genauer, die Schuld der Person, die die Tür entworfen hat.

DEFINITION

Ob Sie es glauben oder nicht – es gibt einen Namen für solche verwirrenden Türen: *Norman Doors*. Benannt nach Don Norman, dem Designer, der diesen Design-Fauxpas in seinem Buch *The Design of Everyday Things* erstmals anprangerte, ist eine Norman Door jede Art von Tür, deren Benutzung zu Verwirrung führt. Um festzustellen, ob Sie eine Norman Door vor sich haben, können Sie sie selbst einem Test unterziehen: Wenn Ihre Vermutung, wie sich die Tür öffnet (durch Drücken, Ziehen oder Schieben), falsch ist, hat sie den Test nicht bestanden. Auch wenn Sie sich nicht sicher sind, wie sie sich öffnet, ist sie durchgefallen – und dann handelt es sich um eine Norman Door.

Abbildung 7.1 zeigt drei Norman Doors (mit A, B und C gekennzeichnet), die ich kürzlich bei einem einzigen Besuch im Büro (und in einem kleinen Donut-Laden in der Nähe – ja, ich habe eine Schwäche für Süßes) gesehen habe.

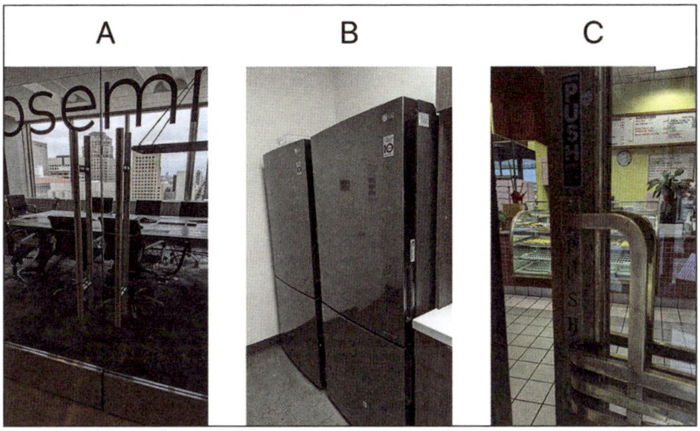

Abb. 7.1
Norman Doors

Wenn es bei Ihnen im Büro Konferenzräume gibt, kann es sehr gut sein, dass deren Türen der Tür A in Abbildung 7.1 ähneln. Sie öffnen sich nach außen zur Kamera hin, sodass es nicht so schwierig ist, in den Raum zu gehen, aber wenn Sie aus dem Konferenzraum herauskommen, haben Sie genau dieselben Griffe auf der anderen Türseite. Bei Tür B handelt es sich eigentlich um zwei Kühlschränke in der Büroküche, und wenn man nicht genau hinschaut und das Scharnier oben am Kühlschrank entdeckt, gibt es absolut keinen Hinweis darauf, auf welcher Seite die Tür geöffnet werden kann. Das liegt daran, dass man bei vielen Kühlschränken die Scharniere auf die andere Seite schrauben und somit die Öffnungsrichtung der Tür selbst wie gewünscht einstellen kann. Der Clou an der Sache? Die beiden Kühlschränke öffnen sich in entgegengesetzte Richtungen. Nachdem ich also endlich herausgefunden hatte, wie sich der vordere Kühlschrank öffnen lässt (ich habe damals nicht nach dem Scharnier gesucht, und ich bin sowieso zu klein, um es gut erkennen zu können), versuchte ich es beim anderen Kühlschrank auf der gleichen Seite und scheiterte. Tür C schließlich sieht so aus, als ließe sie sich durch Ziehen öffnen, weshalb es gleich zwei Schilder gibt, die besagen, dass man drücken soll. Wow!

Wenn man also vor einer Tür mit einem zugewandten Griff steht, wird man höchstwahrscheinlich daran ziehen, weil man das mit Griffen eben so macht, egal wie oft »Drücken« draufsteht. Die Form oder Gestalt dieser zweideutigen Türen ist nicht besonders gut geeignet, um Ihnen mitzuteilen, was Sie damit anstellen sollen, also musste man Beschriftungen anbringen. Aber denken Sie an die präattentiven Attribute. Erinnern Sie sich noch, dass »Beschriftung« nicht dazu gehörte, »Form« hingegen schon? Ihr Gehirn nimmt unbewusst die Form oder Gestalt eines Gegenstands wahr, lange bevor Sie lesen, was auf der Beschriftung steht. Das ist Interaktionsdesign, und in diesem Abschnitt erlernen Sie einige Grundlagen, die Ihnen dabei helfen, aus Ihren Visualisierungen keine Norman Doors zu machen.

7.1.1 Hinweise auf Interaktionsmöglichkeiten geben

Einer der wichtigsten Aspekte des Interaktionsdesigns besteht darin, den Nutzerinnen und Nutzern Hinweise darauf zu geben, wo und wie sie mit Ihrem Design interagieren können und sollen – also Ihre interaktiven Elemente *auffindbar* zu machen. Wenn sie diese interaktiven Elemente nicht finden (oder verstehen, identifizieren oder darauf zugreifen) können, werden sie sie auch nicht nutzen können. Dazu gehört auch der Einsatz von *Affordanzen*, den Aspekten und Merkmalen einer Sache, die die Möglichkeiten zu ihrer Nutzung bestimmen. Ein Schalter ist zum Beispiel dazu da, um betätigt zu werden, eine Türklinke kann heruntergedrückt werden – oder finden Sie es nicht auch seltsam, wenn sich eine Klinke einmal nicht drücken lässt? Wenn Sie die Vorteile von Affordanzen nutzen, wissen die Benutzerinnen und Benutzer laut Don Norman »schon durch bloßes Hinschauen, was zu tun ist: Dazu braucht es kein Bild, keine Beschriftung und keine Anleitung«. Wenn eine Tür eine Beschriftung benötigt, damit Sie wissen, ob Sie drücken oder ziehen sollen, dann ist sie schlecht konzipiert.

Im visuellen Design – und damit auch in der Datenvisualisierung – arbeiten wir als Designer und Entwicklerinnen nicht mit ganz so offensichtlichen Dingen wie Türklinken. Dennoch stehen uns Gestaltungselemente wie Schaltflächen, Kontrollkästchen und Kippschalter zur Verfügung. Wenn Sie also eines dieser Designelemente verwenden, sollten Sie darauf achten, dass seine Funktion eindeutig ist. Möchten Sie, dass jemand auf einen Button klickt? Dann sollte er auch tatsächlich wie eine Schaltfläche gestaltet sein! Ein webspezifisches Beispiel ist unterstrichener Text: Wie oft haben Sie schon unterstrichenen Text auf einer Webseite gesehen und – in der Annahme, es handle sich um einen Link – angeklickt, nur um festzustellen, dass es einfach nur ganz normaler, unterstrichener Text war? Wir sind darauf konditioniert, eine einzelne Unterstreichung in einer Textpassage als Hyperlink zu interpretieren. Vermeiden Sie also Unterstreichungen, es sei denn, Sie verlinken Ihren Text. (Außerdem sieht das Unterstreichen ganzer Textzeilen einfach nicht gut aus – in Kapitel 5 finden Sie bessere Möglichkeiten, eine visuelle Hierarchie zu signalisieren.) Wenn Sie Links nicht unterstreichen wollen, können Sie einfach die Textfarbe so ändern, dass sie sich vom nicht verlinkten Text abhebt. Als typischer Farbton hierfür hat sich seit den späten 1980er-Jahren ein volles, reines Blau mit dem hexadezimalen Farbwert #0000FF etabliert (erinnern Sie sich an Kap. 4?), so wie in Abbildung 7.2 dargestellt.

Hyperlinks im World Wide Web sind in der Regel blau und unterstrichen, was bei langen Dokumenten mit sehr großen Textblöcken ausgesprochen gut funktioniert. In einem Datenvisualisierungsprogramm könnten diese blauen Farbakzente (oder andere kontraststarke Farben, sofern sie einen ausreichend hohen Kontrast zum Hintergrund aufweisen) jedoch die Aufmerksamkeit von den Daten ablenken. In diesem Fall wäre es ratsam, bei der reinen Unterstreichung zu bleiben oder die Unterstreichung mit einer geänderten Helligkeit zu kombinieren. Dabei ist es wichtig, dass die resultierende Farbe genug Kontrast zum Hintergrund hat.

Abb. 7.2 *Verschiedene Möglichkeiten, um zu kommunizieren, dass ein Textabschnitt ein Hyperlink ist*

Sie können sich Affordanzen als fast unterschwellige Hinweise darauf vorstellen, wie und wo man interagieren kann. Es gibt jedoch auch weniger unterschwellige Möglichkeiten, Interaktivität anzuzeigen. In BI-Tools wie Tableau und Power BI erscheint, wenn der Mauszeiger auf ein Datenelement zeigt, ein Rahmen um genau dieses Element, um anzuzeigen, dass es aktiv oder im Fokus ist. Dies ist ein sehr dezenter Hinweis für die Nutzerinnen und Nutzer, dass die gesamte Ansicht interaktiv ist. Tatsächlich geht diese Art der Hervorhebung von Interaktionsmustern auf die Anfänge des Hypertexts zurück und ist sogar älter als das Web.

Auf den Spuren der Anfänge des WWW

Wenn Sie mehr über die Geschichte der Interaktivität und des Hypertexts erfahren möchten, empfehle ich Ihnen, mit dieser wertvollen Ressource auf *https://www.cs.umd.edu/hcil/hyperties* zu beginnen und sich die eingebetteten Videos anzusehen. Ich hoffe, dass auch Sie eine Wertschätzung und Ehrfurcht für den legendären Dr. Ben Shneiderman und sein Team von der University of Maryland entwickeln werden, die in den 1980er- und 1990er-Jahren zu den frühen Innovatoren der Informationsvisualisierung und der Mensch-Computer-Interaktion gehörten. Wahrscheinlich sind Ihnen bereits einige ihrer Arbeiten bekannt, denn sie haben das Baumdiagramm erfunden und Pionierarbeit im Bereich der Hyperlinks geleistet. (Sie sind sogar dafür verantwortlich, dass Hyperlinks blau sind!) Zudem haben sie bedeutende Beiträge zu Hypertext (wie dem HyperText Transfer Protocol, kurz HTTP), Touchscreens und sogar zur Digitalfotografie geleistet, um nur einige Beispiele zu nennen. Ja, ich bin vielleicht gerade viel zu lange in den Kaninchenbau der Internetgeschichte eingetaucht, ähnlich dem Kapitän im Disney-Film *Wall-E*, als er etwas über die Erde lernt. »Computer, definiere *Tanzen* …«

Und wenn Sie schließlich *überhaupt* keine Idee haben, wie Sie subtil andeuten könnten, was die Nutzerinnen und Nutzer mit Ihrer Grafik anstellen sollen, dann sagen Sie ihnen einfach direkt, welche Interaktionsmöglichkeiten sie haben. Wir alle haben zunächst viele »Norman Doors« in unseren Entwürfen, aber eine Beschriftung mit der Anweisung zum Ziehen ist besser, als wenn unschuldige Menschen mit dem Kopf gegen eine Tür stoßen, weil sie fälschlicherweise versuchen, sie aufzudrücken. Besonders wenn Sie den Code nicht selbst schreiben, sind Ihnen bei der Anpassung der Benutzeroberfläche die Hände ein wenig gebunden. Es ist deshalb keine Schande, hilfreiche Anweisungen in Tooltipps und/oder Hilfemenüs einzufügen. Dies ist auch ein guter Ort, um Definitionen und Beschreibungen hinsichtlich der Herkunft der Daten und der Berechnungsmethoden für Ihre Kennzahlen hinzuzufügen – je mehr Fragen Sie bereits im Vorfeld in der Visualisierung selbst beantworten, desto weniger werden Ihnen diese Fragen immer wieder gestellt werden.

7.1.2 Vertraute Interaktionsmuster verwenden

Erlauben Sie mir, Ihnen eine abschreckende Geschichte über eine äußerst intelligente und motivierte Nutzergruppe und ihren Kampf mit einem ungewohnten Interaktionsmuster zu erzählen. Wir spielen seit Jahren im Freundeskreis gemeinsam *Dungeons & Dragons (D&D)*, und noch bevor die Pandemie uns alle zu Hause festhielt, hatten wir bereits zwei vollständige, mehrjährige Kampagnen online abgeschlossen, da wir teils weit voneinander entfernt wohnen. Gerade als die Pandemie ausbrach, begannen wir eine neue Kampagne in einer für uns unbekannten virtuellen Tabletop-Software (VTT), deren Namen zum Schutz der Unschuldigen ungenannt bleiben soll. Tatsächlich läuft genau diese Kampagne immer noch, während ich dies schreibe, und mein Magier hat gerade Level 17 erreicht – ja, Zaubersprüche der Stufe 9! Das ungewohnte VTT war etwas unansehnlich und äußerst schwierig zu bedienen. Meine Gruppe besteht aus sehr klugen und technisch versierten Leuten, und es gab definitiv Momente, in denen wir alle bereit waren, unsere Computer kollektiv gegen die Wand zu werfen, während wir versuchten, unser Spiel und unsere Charaktere im Programm einzurichten. Eine der größten Frustrationsquellen war und ist das seltsame Interaktionsmuster, das niemand von uns je zuvor gesehen hatte: Man muss mit der rechten Maustaste an eine bestimmte Stelle oder auf ein Objekt klicken, um ein radiales Menü zu öffnen, und dies ist der einzige Zugang zu bestimmten Werkzeugen (zum Beispiel um Entfernungen zu messen oder Kreise auf einer Karte zu zeichnen). Einige wirklich wichtige Funktionen sind in diesen radialen Kontextmenüs versteckt, von denen viele sogar wiederum radiale Untermenüs besitzen, anstatt wie in einem vernünftigen Programm als Schaltflächen in den Symbolleisten verfügbar zu sein. Da diese radialen Rechtsklick-Menüs ein so ungewohntes Interaktionsmuster darstellen, hat es lange gedauert und eine Menge frustrierender Internetrecherchen erfordert, bis sie sich endlich in unseren Köpfen verankert hatten. Hinzu kommt, dass diejenigen von uns, die ein Macbook verwenden, nicht einmal auf eine bestimmte Würfelfunktion zugreifen können, ohne eine externe (Nicht-Mac-)Maus anzuschließen: Mac-Trackpads haben keine echte rechte Maustaste, die gleichzeitig mit der linken Maustaste betätigt werden könnte, da die Rechtsklick-Aktion entweder durch Klicken mit zwei Fingern oder durch Gedrückthalten der Befehlstaste beim Klicken ausgelöst wird. Trotz dieser Herausforderungen beim Erlernen des Programms hatten wir viel Geld für dieses VTT ausgegeben, und es gab zahlreiche Funktionen, die es besser beherrschte als unsere vorherige Wahl. Daher waren wir hoch motiviert, dabei zu bleiben und es zum Laufen zu bringen.

Bei Ihren Nutzerinnen und Nutzern wird die Situation jedoch mit Sicherheit anders sein. Tun Sie ihnen einen großen Gefallen und versuchen Sie nicht, das Rad neu zu erfinden: Setzen Sie stattdessen auf Interaktionsmuster, die den Menschen bereits vertraut sind und die sie schätzen. Wie können Sie herausfinden, welche das sind? Überlegen Sie, welche Apps sie regelmäßig verwenden (nicht, welche Apps *Sie selbst* häufig nutzen). Verglichen mit der ganzen Zeit, in der sich Ihr Publikum jeden Tag mit Technologie beschäftigt, verbringt es nur einen verschwindend geringen Teil davon mit Ihrer Visualisierung – dieses Konzept wird als *Jakobs Gesetz der Internet-Benutzererfahrung* bezeichnet und wurde von Jakob Nielsen von der Nielsen Norman Group formuliert (die andere Hälfte dieser Gruppe besteht aus Don Norman – wer hätte das gedacht!).

Im Wesentlichen besagt Jakobs Gesetz, dass Sie keine neuen und innovativen Wege erfinden müssen, damit eine Person mit Ihren Designs interagieren kann. Darüber hinaus sollten Sie versuchen, dies zu vermeiden, denn die Menschen schätzen ihnen bereits Vertrautes und nutzen Dinge, die sie mögen, häufiger als solche, die ihnen unbekannt sind. Erinnern Sie sich an das letzte Mal, als Ihre Lieblings-Social-Media-Website ein größeres Update veröffentlichte und die Benutzeroberfläche neu anordnete oder als Ihr örtlicher Supermarkt umgestaltet wurde? Die Leute regen sich darüber auf, aber in der Regel kommen sie trotzdem immer wieder, weil sie sich das schon zur Gewohnheit gemacht haben. Wenn jedoch etwas Neues angeboten wird, das völlig ungewöhnlich ist und im Widerspruch zu allem steht, was die Menschen bisher kannten, wird es wahrscheinlich auf sehr wenig Anklang stoßen. Es ist dann einfach zu ungewohnt und die Lernkurve erscheint zu steil. Wäre das VTT, das wir für D&D verwenden, unsere erste Begegnung mit dem Spiel gewesen, bezweifle ich stark, dass wir so motiviert gewesen wären.

Wenn möglich, sollten Sie ein wenig recherchieren, wo Ihre Zielgruppe ihre Zeit verbringt, sowohl in Bezug auf ihre Lieblingsanwendungen als auch auf ihre bevorzugten Datenvisualisierungen. Wenn Sie beispielsweise einen Bericht für Stakeholder erstellen, erkunden Sie vorher, ob es bereits Berichte gibt, die diese häufig einsehen, und orientieren Sie sich daran. Sofern es sich nicht um eine eindeutig schlechte Designentscheidung handelt, versuchen Sie, eine ähnliche Anordnung der verschiedenen Funktionen zu verwenden. Notieren Sie sich beispielsweise, wo auf der Seite sich die Filter und Steuerelemente befinden und wo das Hilfemenü platziert ist. Achten Sie als Nächstes darauf, welche Arten von Interaktivität bereits in der Visualisierung selbst vorhanden sind: Welche Informationen sind in einem Tooltipp oder beim Überfahren eines Datenelements zu finden? Gibt es eine Art von Querfilterung in der gesamten Visualisierung, wenn Sie auf ein Datenelement klicken? Ein Beispiel für eine solche Querfilterung wäre, dass ein Klick auf einen Balken für Segment A in einem Balkendiagramm einen Filter auf ein Linien-, ein Donut-Diagramm und ein weiteres Balkendiagramm anwendet, sodass dies nur noch die Daten von Segment A widerspiegelt. Dies wird später im Kapitel demonstriert, wenn ich auf die Anregung zur Datenerkundung eingehe. Bleiben Sie dran für Kapitel 8, in dem ich diese und andere Aspekte bei der Vorbereitung einer neuen Visualisierung ausführlicher beschreiben werde.

Insgesamt sollten Sie, insbesondere wenn Sie etwas Neues entwickeln, bei dem bleiben, was Ihre Zielgruppe bereits kennt. Sobald sich dies etabliert hat und sie Ihre Arbeit schätzen, können Sie schrittweise weitere Verbesserungen einführen, die Sie auf Ihren Designreisen entdecken. Wenn eine Änderung nicht gut ankommt, können Sie sie einfach rückgängig machen, sich metaphorisch den Staub abklopfen und dann zurück an den Entwurfstisch gehen, um es aus einer anderen Perspektive erneut zu versuchen.

7.1.3 Feedback nach einer Interaktion

Waren Sie bei der Interaktion mit einem Diagramm oder Dashboard schon einmal unsicher, ob Ihre Aktion, wie die Änderung eines Filters oder das Umlegen eines Schalters, auch tatsächlich funktioniert hat? Dies ist ein typisches Beispiel für ein mangelhaftes Interaktionsdesign.

Bei der Gestaltung interaktiver Elemente ist es entscheidend, dass die Nutzerinnen und Nutzer ein klares Feedback erhalten, wenn ihre Interaktion erfolgreich war. Diese Rückmeldung kann in verschiedenen Formen erfolgen, beispielsweise durch Animationen oder die Änderung der Beschriftung.

- *Animation.* Beispielsweise können die Höhen von Balken wachsen und schrumpfen, um Veränderungen in den Daten darzustellen. Auch eine Neuanordnung visueller Elemente, um neue Daten widerzuspiegeln, wäre denkbar. Beides kann in Tableau umgesetzt werden. Darüber hinaus kann eine Ladeanzeige eingeblendet werden, während Datenelemente neu geladen werden, wie es bei Power BI der Fall ist. Oder Linien, die sich selbst neu zeichnen, Balken, die von ihrer Grundlinie aus wachsen, sowie Kreis- und Ringdiagramme, die sich wie ein altmodischer Fächer entfalten – all dies lässt sich relativ einfach in d3 realisieren. Solche animierten Rückmeldungen, die signalisieren, dass eine Interaktion erfolgreich war, machen hervorragend von der präattentiven Eigenschaft der Bewegung Gebrauch. Allerdings sollten die Animationen die Leistung der gesamten Seite nicht beeinträchtigen und auch nicht zu sehr ablenken.
- *Ändern der Anzeige einer Beschriftung.* Zum einen kann der Text der Beschriftung selbst geändert werden, um zu signalisieren, welche Daten gerade aktiv sind. Zum anderen kann die Beschriftung auch auf andere Weise angepasst werden, etwa durch das Verschieben einer Markierung oder das Ändern der Schriftart, ebenfalls um anzuzeigen, welche Daten gerade im Fokus stehen. Abbildung 7.3 zeigt ein Beispiel.

Um sicherzustellen, dass das Feedback auch tatsächlich wahrgenommen wird, ist es wichtig, dass zumindest ein Teil der Rückmeldung direkt an oder in der Nähe der Benutzerinteraktion auf dem Bildschirm sichtbar ist.

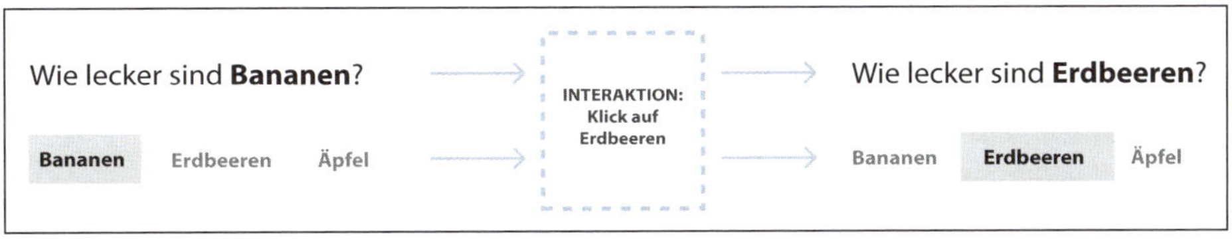

Abb. 7.3 *Einige Möglichkeiten, um zu verdeutlichen, dass eine Interaktion die dargestellten Daten verändert hat: das Ändern von Beschriftungen, wie beispielsweise Titeln, das Verschieben eines Markierungsfelds und/oder das Anpassen der Schriftart*

7.1.4 Fehler vorhersehen

Ich spiele gerne das Wordle-Worträtsel auf der Website der *New York Times* (*https://www.nytimes.com/games/wordle/index.html*). Wenn man ein Wort eintippt, das es gar nicht gibt, dann wackelt die Textzeile nach rechts und links hin und her – fast so, als schüttelte jemand den Kopf, um zu sagen: »Nein, versuchen Sie es noch einmal!« Das ist deutlich intuitiver, als wenn sich das Entwicklungsteam für ein Warnfenster entschieden hätte, das nur durch Anklicken einer Schaltfläche geschlossen werden kann, oder wenn sie Ihren Bildschirm mit riesigen roten Lettern zugepflastert hätten, die auf den Fehler hinweisen, oder wenn sie sich auf den kleinen und unauffälligen Hinweistext »Not in word list« über dem Rätsel beschränkt hätten. Ohne dass Sie nach oben blicken müssen, teilt Ihnen diese einfache und freundliche Bewegung mit, dass Sie zwar eine Antwort übermittelt haben, es sich dabei aber um kein Wort handelt, sodass Sie es noch einmal versuchen müssen.

Fehler sind leider nahezu unvermeidbar, sobald interaktive Elemente in Datenvisualisierungen integriert werden, insbesondere bei fortlaufend aktualisierten Dashboards. Anstatt die Nutzerinnen und Nutzer mit der Frage zurückzulassen, was sie möglicherweise falsch gemacht haben, ist es von entscheidender Bedeutung, proaktiv zu handeln und freundliche, hilfreiche Leitplanken zu schaffen.

Das Publikum Ihrer Visualisierungen sollte die ungetrübte Freude eines Kindes erleben, dessen Bowlingkugel von den Seitenbegrenzungen abprallt und schließlich alle Pins für einen perfekten Strike umwirft. Gleichzeitig sollten Sie ihm die Peinlichkeit und Selbstzweifel ersparen, die ich empfinde, wenn die eigene Kugel mehr Zeit in der Rinne als auf der Bahn selbst verbringt (okay, so schlecht bin ich auch wieder nicht, aber ich bin schon überglücklich, wenn ich überhaupt mehr als 100 Punkte erreiche).

Nur relevante Daten in Filtern und Steuerelementen auswählbar machen

Bei einigen mir bekannten BI-Tools ([hust] Tableau [hust]), ist es leider allzu einfach, eine Unzahl von Filtern zu einer Visualisierung hinzuzufügen, ohne sich ausreichend Gedanken darüber zu machen, wie diese sich gegenseitig beeinflussen können. Nehmen Sie beispielsweise eine hierarchische Datenstruktur wie in Tabelle 7.1.

Familie	Gattung	Art	*deutscher Name*
Canidae	Canis	Latrans	*Kojote*
Canidae	Canis	Lupus	*Wolf*
Canidae	Canis	Familiaris	*Haushund*
Canidae	Vulpes	Vulpes	*Rotfuchs*
Felidae	Felis	Catus	*Hauskatze*

Tab. 7.1 *Biologische Klassifizierung einiger ausgewählter Arten aus der Ordnung der Raubtiere (Carnivora), die der Domäne Eukarya, dem Reich der Tiere (Animalia) und der Klasse der Säugetiere (Mammalia) angehören*

Nehmen wir an, Sie verfügen über Daten zu jeder dieser Arten und darüber hinaus, und Sie möchten den Nutzerinnen und Nutzern die Möglichkeit geben, gezielt die gewünschte biologische Klassifizierung zu filtern. Es wäre verlockend, für jede Familie, Gattung und Art einen eigenen Filter einzuführen. Allerdings zeigen in *manchen* der oben genannten Datenvisualisierungstools (zumindest zum Zeitpunkt der Erstellung dieses Buchs) die Filtermenüs standardmäßig alle möglichen Werte an. Das bedeutet, wenn Sie den Filter auf die Art »Catus« einstellen, wird zwar nur diese Art angezeigt, die anderen Filtermenüs zeigen jedoch weiterhin alle anderen Werte an (z. B. zeigt das Filtermenü für die Familie nach wie vor sowohl die Option »Felidae« als auch »Canidae«).

Das ist nicht nur schlechte Usability, sondern es kann sogar auch das Vertrauen der Nutzerinnen und Nutzer in die Datenqualität untergraben. Und einmal gesätes Misstrauen ist nur schwer wieder zu zerstreuen. Daher liegt es in der Verantwortung der Entwicklerinnen und Entwickler, dies zu verhindern, indem jeder Filter standardmäßig nur die relevanten Werte anzeigt, anstatt alle Werte aus der Datenbank. Ich bin mir bewusst, dass dies aus Leistungsgründen geschieht, da eine Vielzahl gesetzter Filter die Visualisierung erheblich ausbremsen kann. Dennoch sollte die Datenqualität immer Vorrang vor der reinen Performance haben. Tun Sie sich und Ihrem Publikum also einen Gefallen und stellen Sie sicher, dass die Filter gut zusammenspielen. (Und hoffentlich werden diese beiden letzten Absätze eines Tages überflüssig, weil dieses Manko behoben wurde – man darf ja träumen!)

In einem anderen Szenario stellen Sie sich vor, Sie haben eine beeindruckende Visualisierung erstellt, die eine zeitliche Dimension aufweist. Unabhängig davon, ob Sie einen Trend im Zeitverlauf darstellen oder alle Daten zusammenfassen möchten, könnten Ihre Nutzerinnen und Nutzer den Wunsch haben, das angezeigte Zeitfenster einzugrenzen oder zu erweitern. Natürlich fügen Sie dann einen Filter oder eine Art Umschaltfunktion hinzu, häufig in Form einer Datumsauswahl (oder zweier Datumsauswahlen, wenn sowohl der Anfangs- als auch der Endzeitpunkt des Zeitfensters auswählbar sein sollen). Eine solche Datumsauswahl ist äußerst hilfreich, um zu verhindern, dass Daten ausgewählt werden, die keinen Sinn ergeben. Für Personen, die eine Datumsauswahl verwenden, scheint dies selbstverständlich zu sein, doch als Entwicklerin oder Entwickler vergisst man es leicht. Je nach verwendetem Tool kann es zudem etwas schwierig sein, dies zu implementieren, wenn man schließlich daran denkt. Der zusätzliche Entwicklungsaufwand lohnt sich jedoch auf jeden Fall!

Nehmen wir an, Sie erstellen einen webbasierten Bericht über den Traffic auf einer Website. Warum sollte jemand ein Datum in der Zukunft auswählen wollen? Sicher nicht! Diese Personen hat die Website noch nicht besucht, und ohne eine Zeitmaschine (wer hat schon eine?) oder die Fähigkeit, in die Zukunft zu sehen, gibt es keine Möglichkeit, vorherzusagen, was geschehen wird, da es noch keine Daten gibt. Anstatt also die Leute entweder für dumm zu verkaufen oder zu verärgern, weil sie ein zukünftiges Datum ausgewählt haben und dann keine Daten sehen, sollten Sie sicherstellen, dass dieses Datum gar nicht erst auswählbar ist. Die konkrete Umsetzung hierfür hängt stark vom verwendeten Tool ab. In der Webprogrammierung beispielsweise sollten Sie bei einer Kalender-Datumsauswahlkomponente darauf achten, das minimal und maximal zulässige Datum festzulegen. Abbildung 7.4 zeigt dies im Carbon Design System, einer Open-Source-Bibliothek für Webkomponenten von IBM. Ich habe das früheste zulässige Datum auf den 30. Mai 2023 und das späteste zulässige Datum auf den 15. Juni 2023 gesetzt, sodass Daten außerhalb dieses Bereichs in einem hellen Grau angezeigt werden, da sie deaktiviert sind. Als Bonus zeigt dieser Datumspicker automatisch in Blau an, dass heute der 3. Juni ist.

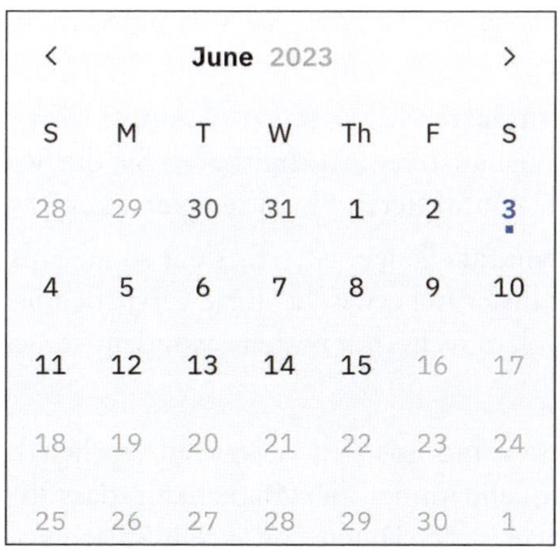

Abb. 7.4 *Die Kalenderauswahlkomponente im Carbon Design System von IBM macht es sehr einfach, die früh- und spätestmöglichen Daten festzulegen, damit Ihr Publikum nicht versehentlich ein sinnloses Datum auswählt.*

Nützliche Fehlermeldungen schreiben

Leider sind wir allzu vertraut mit wenig hilfreichen Fehlermeldungen wie »Ein unbekannter Fehler ist aufgetreten«, »Da ist etwas schiefgelaufen«, »Ein Laufzeitfehler ist aufgetreten« oder »Interner Serverfehler«. Möglicherweise erinnern Sie sich auch an den berüchtigten Bluescreen oder ein wirres Durcheinander aus scheinbar irrelevanten und unzusammenhängenden Codezeilen. Dabei leben wir doch im 21. Jahrhundert, Leute! Wie können solch schlechte Fehlermeldungen immer noch existieren, wo es doch Designerinnen, Texter, Produktmanagerinnen und ganze Abteilungen gibt, die sich um eine benutzerfreundliche Produkterfahrung kümmern? Lassen Sie uns die Veränderung auf den Weg bringen, die wir uns wünschen. Anstatt vage und roboterhaft sollten Fehlermeldungen klar und deutlich kommunizieren, was schiefgelaufen ist, warum es dazu kam und was getan werden kann, um das Problem zu beheben. Scheuen Sie sich nicht, Humor einzusetzen, wenn es angebracht ist – achten Sie dabei jedoch darauf, dass dieser markenkonform und prägnant bleibt (und natürlich im professionellen Rahmen unbedenklich ist). Es gibt nicht die eine Fehlermeldung, die für alle Situationen passt, also nutzen Sie nach Möglichkeit unterschiedliche Meldungen für verschiedene Fehler. Was eine Fehlermeldung sinnvoll macht, variiert zwar von Situation zu Situation, aber einige Beispiele könnten sein:

- Wenn jemand alle Daten herausgefiltert hat und mit einem leeren Bildschirm konfrontiert ist: »Ups, Sie haben alle Daten herausgefiltert! Versuchen Sie, einige Filter zu entfernen, um die Daten wiederherzustellen.«

  Eine Untergruppe dieser Fehlerart tritt auf, wenn jemand nicht über die notwendigen Berechtigungen verfügt, um alle Daten zu sehen. Wo es möglich und sinnvoll ist, sollten Sie eine entsprechende Meldung einfügen: »Es sieht so aus, als hätten Sie nicht die Berechtigung, alle Daten zu sehen. Wenn Sie glauben, dass Sie die Berechtigung haben, wenden Sie sich bitte an einen Administrator, um Hilfe zu erhalten.«
- Wenn ein API-Aufruf leere Nutzdaten zurückgibt: »Tut mir leid, es gibt offensichtlich nichts zu visualisieren. Aktualisieren Sie die Seite, und wenn dies das Problem nicht löst, kontaktieren Sie bitte einen Administrator.«
- Wenn eine Datenbanktabelle leer ist: »Es sieht so aus, als hätten Sie uns mitten in einer Datenaktualisierung erwischt! Bitte versuchen Sie es in Kürze noch einmal. Wenn das Problem weiterhin besteht, wenden Sie sich bitte an einen Administrator.«

Wie Sie vielleicht wissen und aus den Beispielen ersehen können, besteht unabhängig von der Datenquelle immer die Möglichkeit, dass Ihr Dashboard aufgrund eines Fehlers beim Abrufen der Daten von ihrem Speicherort völlig leer angezeigt wird. Dies gilt sowohl für die Nutzdaten eines REST-API-Aufrufs als auch für einen automatisch aktualisierten Datenauszug, der irgendwo auf einem Cloud-Server gespeichert ist. Wenn also bei der Entwicklung von Visualisierungen Ihre verschiedenen Filter und Schalter nicht richtig konfigurieren (zum Beispiel wenn Sie den vorherigen Absatz über die Verhinderung unerwünschter Wechselwirkungen zwischen Filtern nur überflogen haben), könnte eine Nutzerin versehentlich alle Daten herausfiltern und mit einem leeren Bildschirm zurückbleiben. Woher soll sie wissen, was passiert ist und warum sie auf diesem traurigen, leeren Bildschirm gelandet ist? Ohne beschreibende und spezifische Fehlermeldungen weiß die Benutzerin möglicherweise nicht, ob der leere Bildschirm ein Problem ist, das sie selbst beheben kann, oder sie die Hilfe eines Administrators benötigt.

Es gibt noch viel mehr wunderbare Beispiele, als in diesem Buch abgedruckt werden könnten. Wenn Sie also neugierig geworden sind, geben Sie einfach »Die schönsten Fehlerseiten« in Ihre Suchmaschine ein.

7.1.5 Interaktionsdesign ansprechend gestalten

Sobald Sie die grundlegenden Prinzipien eines guten Interaktionsdesigns erfüllt haben, sollten Sie Zeit und Ressourcen darauf verwenden, die Interaktionen sowie die statischen Elemente des visuellen Designs ästhetisch ansprechend zu gestalten. Zahlreiche Studien haben den *Ästhetik-Usability-Effekt* belegt, der besagt, dass Menschen Designs, die ihnen gefallen, als einfacher in der Nutzung empfinden. Wenn sie der Meinung sind, dass ein Design einfach zu bedienen ist, sind sie auch eher bereit, es zu verwenden, unabhängig davon, ob es tatsächlich benutzerfreundlich ist. Aus einer anderen Perspektive betrachtet, bedeutet dies, dass Ihr Publikum Probleme mit der Benutzerfreundlichkeit eher verzeiht, wenn ihm das Erscheinungsbild des Designs zusagt.

Ich habe den Aspekt des visuellen Designs in den vorherigen Kapiteln über Farben, Typografie und die Diagrammgestaltung beschrieben, aber was ist mit der Interaktion? Was macht eine Interaktion ästhetisch ansprechend?

Leider scheint es auf diese Frage keine eindeutige Antwort zu geben. Meiner eigenen Erfahrung nach spielt es oft eine entscheidende Rolle, dass Animationen Spaß machen und befriedigend wirken. Allerdings ist dies äußerst subjektiv und schwer quantifizierbar. Ich kann jedoch sagen, dass eine Animation besonders dann angenehm und zufriedenstellend ist, wenn sie nicht nur schnell, sondern auch unaufdringlich ist. Wenn ich merke, dass ich auf die Fertigstellung einer Animation warten muss, hat es sich für mich bereits erledigt, und damit bin ich sicherlich nicht alleine. Abgesehen von den Animationen sollten Sie auch darauf achten, dass die interaktiven Elemente selbst Spaß machen und zufriedenstellend sind. Das größte Problem dabei ist, dass das, was als »angenehm und zufriedenstellend« empfunden wird, nicht nur höchst subjektiv ist, sondern auch ein bewegliches Ziel darstellt. Das Web entwickelt sich immer weiter, und mit ihm auch die Trends im Design von Benutzeroberflächen. Da Webdesign noch eine so junge Disziplin ist, haben wir (noch?) nicht das zyklische Muster beobachtet, das wir aus der Mode kennen (Stichwort: Schlaghosen und Mom Jeans). Wenn Sie jedoch die Wayback Machine des Internet Archive (*web.archive.org*) nutzen und eine beliebige Website aufrufen, die seit den späten 1990er- oder frühen 2000er-Jahren existiert, werden Sie zweifellos einen Unterschied in der allgemeinen Ästhetik des Webs feststellen. In Abbildung 7.5 sehen Sie die Replik einer Schaltfläche von der Website eines großen Online-Händlers aus dem Jahr 2001 neben der Nachbildung einer typischen Schaltfläche aus einem (im Jahr 2023) sehr beliebten Front-End-Toolkit namens Bootstrap.

Abb. 7.5
Entwicklung des einfachen Buttons in 22 Jahren

Wie Sie an den Schaltflächen sehen können, bleibt das, was als schön und ästhetisch ansprechend gilt, nicht konstant; daher *müssen* Sie mit den Trends Schritt halten, wenn Ihr Design relevant bleiben soll. Im Moment geht der Trend zu sehr minimalistischem Design, mit viel Leerraum und sehr klaren Linien, wie bei der Schaltfläche aus dem Jahr 2023 in Abbildung 7.5. Das bedeutet jedoch nicht, dass dies auch in 10, 20 oder 30 Jahren noch so sein wird. Selbst wenn Sie sich nicht strikt an die Trends halten wollen, sollten Sie zumindest wissen, was in der Designwelt los ist, damit Sie nicht den Anschluss verlieren.

Letztendlich ist der Ästhetik-Usability-Effekt zwar erfreulich, insbesondere wenn Sie gerne ansprechende Designs erstellen, aber deswegen sollten Sie die unter der Oberfläche liegenden Aspekte trotzdem nicht vernachlässigen. Ansprechende Grafiken und unterhaltsame Interaktionen bringen Sie nur bis zu einem gewissen Punkt weiter: Wenn Sie nicht auch dafür Sorge tragen, dass Ihre Visualisierung die wichtigsten Fragen Ihres Publikums beantwortet, wird dieses schnell erkennen, dass Ihr ansprechendes Design völlig nutzlos ist. Und in dieser Situation wollen Sie sich bestimmt nicht wiederfinden.

7.1.6 Bonustipp: Bieten Sie einen Ausweg

Wenn Sie schließlich eine schöne und intuitive Interaktivität in Ihre ohnehin schon beeindruckende Visualisierung implementiert haben, sollten Sie den Benutzerinnen und Benutzern auch eine Möglichkeit bieten, jegliche selbst getroffene Änderung rückgängig zu machen. Dies könnte beispielsweise durch Schaltflächen geschehen, mit denen einzelne Änderungen zurückgenommen und/oder alle Filter gelöscht werden können. Damit können Sie auch dem bereits erwähnten Problem des traurigen, leeren Bildschirms aus Abschnitt 7.1.4 entgegenwirken. Natürlich ist es naheliegend, ihnen die Möglichkeit zu geben, jede Änderung einzeln rückgängig zu machen. Am besten sehen Sie aber auch eine Option vor, die mit einem einzelnen Klick oder Tastendruck alle Änderungen auf einen Schlag zurücksetzt. Dadurch lernen die Menschen mit einem viel unbeschwerteren und sichereren Gefühl, mit Ihrer Visualisierung umzugehen und die Daten zu interpretieren. Schließlich wissen sie, dass sie alle Änderungen, die sie durch ihre Interaktionen vorgenommen haben, problemlos einzeln oder sogar vollständig rückgängig machen können, falls sie sich einmal in eine schwierige Situation manövriert haben – und zwar ohne die Seite dazu aktualisieren zu müssen.

Nachdem Sie nun die Grundlagen des Interaktionsdesigns kennen, erfahren Sie, wie Sie Ihrem Publikum helfen können, Ihre Daten mithilfe dieser Interaktivität zu erkunden.

7.2 Erkundung durch Interaktion

Es gibt zwei Haupttypen von Datenvisualisierungen: erläuternde und explorative. *Erläuternde* Visualisierungen präsentieren die Ergebnisse einer Analyse und erzählen direkt Geschichten. Sie sind statisch, da die Daten nicht verändert oder aktualisiert werden – die Geschichte ist abgeschlossen, und die Visualisierung soll diese vermitteln. Im Gegensatz dazu sind *explorative* Visualisierungen darauf ausgelegt, die Nutzerinnen und Nutzern dabei zu unterstützen, die Geschichte selbst zu entdecken, indem sie die Daten aus verschiedenen Perspektiven und mithilfe verschiedener Aufschlüsselungen betrachten. Daher sind die Daten in diesen Visualisierungen in der Regel dynamisch und unterliegen ständigen Veränderungen. Während explorative Visualisierungen Interaktivität erfordern, können erklärende Visualisierungen sowohl statisch als auch interaktiv gestaltet werden.

Visualisierungen für Führungskräfte

Führungskräfte und andere Personen, die nicht viel Zeit mit Ihrer Visualisierung verbringen können oder *wollen*, werden sich kaum mit einer stark explorativen Darstellung auseinandersetzen. Wenn Sie einen fortlaufenden Bericht für eine Führungskraft erstellen, sollten Sie ihn so aussagekräftig wie möglich gestalten, indem Sie die relevantesten Informationen an die Spitze stellen – in der Regel also Dinge wie etwa die größte, die beste, die schlimmste und die bedeutendste Veränderung.

Ich konzentriere mich in diesem Buch auf das »Alltägliche« und befasse mich in diesem Kapitel daher vor allem mit explorativen Visualisierungen und ihren sich (in der Regel) ständig ändernden Daten. Dazu beschreibe ich verschiedene Ansätze zur Ausstattung einer Visualisierung mit interaktiven Funktionen. Der erste und wahrscheinlich bekannteste ist das *Mantra der visuellen Informationssuche*.

7.2.1 Das Mantra der visuellen Informationssuche

Auf einer Fachkonferenz im Jahr 1996 präsentierte Dr. Ben Shneiderman ein Papier mit dem Titel »The Eyes Have It: A Task by Data Type Taxonomy for Information Visualizations«. In diesem Werk prägte er das von ihm formulierte »Mantra der visuellen Informationssuche«, das besagt: »Zuerst einen Überblick schaffen, dann zoomen und filtern und schließlich auf Anfrage die Details anzeigen.« Er erläutert, dass ihm dieses Mantra als verlässliche Richtschnur bei der Entwicklung von Systemen diente, die es Menschen ermöglichen, große Informationsmengen zu erkunden, sich darin zurechtzufinden und diese zu verarbeiten. Und tatsächlich ist genau das auch der Zweck vieler unserer heutigen Visualisierungen! Wie können Sie dieses Prinzip also auf Ihre eigene Arbeit anwenden?

Bei der Erstellung einer interaktiven Darstellung, sei es ein Dashboard, ein Bericht oder etwas anderes, besteht ein Designansatz darin, den Nutzerinnen und Nutzern zunächst einen Überblick über die Daten und die wesentlichen Erkenntnisse zu bieten. Sobald sie sich orientiert haben und verstehen, was ihnen präsentiert wird, können sie ein- oder auszoomen (im wörtlichen oder übertragenen Sinne) und Informationen herausfiltern, die vom Hauptfokus ihrer analytischen Betrachtung ablenken. Abschließend sollten Sie ihnen die Möglichkeit geben, die verbleibenden Informationen zu vertiefen, um weitere Details zu erfahren. Ob Sie alle drei Schritte auf einer einzigen Bildschirmseite umsetzen oder sie auf drei verschiedene Seiten aufteilen, hängt von Ihnen und Ihrem Publikum ab. Darüber hinaus kann dieser Ansatz sowohl für explorative als auch für erklärende Visualisierungen angewendet werden.

In Abbildung 7.6 sehen Sie ein hochgradig interaktives Dashboard, das ich speziell für dieses Buch entwickelt habe (die Live-Version finden Sie unter *http://mng.bz/z0aA*). Dieses Dashboard basiert auf offenen Daten des California State Water Resources Control Board und thematisiert die Dürrerisiken, denen sich Gemeinden mit eigener Wasserversorgung gegenübersehen. Diese Gemeinden werden als »ländlich« klassifiziert, obwohl viele der im Datensatz enthaltenen Gemeinden in eher städtischen Gebieten liegen. Die Daten stammen aus einer Bewertung, die zwischen 2018 und 2020 durchgeführt wurde. Jede Datenzeile repräsentiert einen sogenannten *census block* oder *census tract*, also eine kleine geografische Einheit zur staatlichen Datenerhebung in den USA. Damit ist eine hohe Detailgenauigkeit gewährleistet und Dr. Shneidermans Mantra lässt sich optimal anwenden.

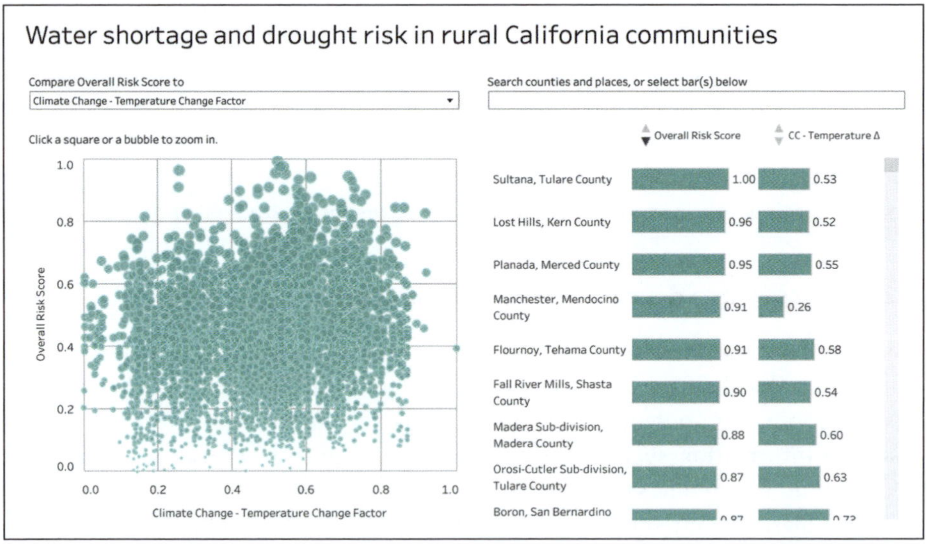

Abb. 7.6 *Ein hochkomplexer und umfangreicher Datensatz, der sich hervorragend für die Anwendung des Mantras der visuellen Informationssuche eignet, um die Informationen übersichtlicher zu gestalten*

Im Dashboard in Abbildung 7.6 habe ich den Gesamtrisiko-Score auf der *y-Achse* eines Streudiagramms gegen einen weiteren Risikofaktor aufgetragen, der in die Berechnung des Scores einfließt. Dieser Parameter kann über ein Dropdown-Menü (oben links) ausgewählt werden. Der Datensatz umfasst insgesamt 51 Spalten, von denen 19 in die Berechnung des Gesamtrisikos einfließen. Die meisten dieser Spalten sind für einen solchen Scatterplot jedoch uninteressant, weshalb ich sie weggelassen habe. Das Streudiagramm bietet einen Überblick über die Dürrerisikolandschaft in den kalifornischen Gemeinden, die sich selbst mit Wasser versorgen. Diese Übersicht wird durch das Balkendiagramm auf der rechten Seite ergänzt, das die durchschnittliche Risikobewertung jeder Gemeinde sowie den Durchschnitt des ausgewählten Vergleichsparameters anzeigt und eine Sortierung in aufsteigender oder absteigender Reihenfolge ermöglicht. Der nächste Schritt des Mantras lautet »Zoomen und Filtern«, was auf diesem Dashboard auf verschiedene Weise umgesetzt werden kann: Sie können auf eine Blase oder ein Quadrat im Streudiagramm klicken, um eine vergrößerte Ansicht dieses spezifischen Quadrats zu erhalten. In diesem Fall wird auch das Balkendiagramm auf der rechten Seite auf die Zählungsblöcke innerhalb des ausgewählten Quadrats gefiltert. Alternativ können Sie über die Suchleiste oben rechts nach einem bestimmten County oder einer bestimmten Stadt suchen, wodurch das Balkendiagramm gefiltert wird und die entsprechenden Blasen im Streudiagramm hervorgehoben werden.

Am besten gefällt mir an diesem Dashboard schließlich der Mantra-Teil »Details auf Anfrage anzeigen«. Wenn man einen Balken oder eine Blase auf dem gezoomten Streudiagramm auswählt, erscheint in der unteren rechten Ecke eine Karte, auf der der entsprechende Bezirk eingezeichnet ist. Sie können dann die Karte zoomen oder verschieben, um zu sehen, wo in Kalifornien sich dieser Bezirk befindet! Schauen Sie sich Abbildung 7.7 an, um zu sehen, wie das funktioniert.

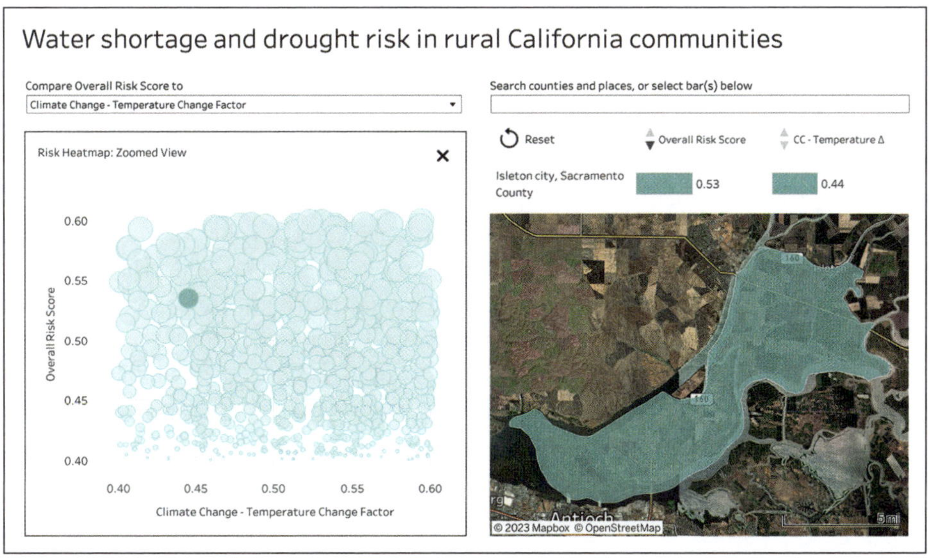

Abb. 7.7 *Der Mantra-Teil »Details auf Anfrage anzeigen« ist das Unterhaltsamste an diesem Dashboard: Sobald Sie eine Gemeinde oder einen Zählbezirk zur näheren Untersuchung ausgewählt haben, wird unten rechts eine Karte eingeblendet, auf der Sie seine Lage im Bundesstaat sehen können.*

Es überrascht nicht, dass Shneiderman in seiner bahnbrechenden Arbeit über das Mantra der visuellen Informationssuche berichtet, dass er dieses Prinzip bei zehn verschiedenen Projekten in Forschungslabors für Informationsvisualisierung in Behörden, Industrie und Hochschulen »wiederentdeckt« hat. Obwohl er darauf hinweist, dass das Mantra lediglich ein Ausgangspunkt für das eigene Design ist, wird es dennoch häufig zitiert und als endgültige Anleitung verwendet. Ich möchte Sie ermutigen, dem Mantra gegenüber aufgeschlossen zu sein und es als Leitfaden und nicht als starre Regel zu verwenden.

7.2.2 Mehr Erkundungsmöglichkeiten

Manchmal besteht die Herausforderung weniger darin, *ob* man alle Informationen präsentieren sollte, sondern vielmehr darin, *wie* man dies am besten umsetzen kann. Häufig müssen wir die Größenordnung einer Kennzahl zusammen mit dem Rang einer bestimmten Dimension im Vergleich zu anderen Dimensionen visualisieren. Verwirrend? Lassen Sie uns ein Beispiel von Steve Wexler betrachten, dem Gründer und »Chef-Diagrammbetrachter« von Data Revelations, einem äußerst talentierten Experten auf seinem Gebiet und einem rundum großartigen Menschen. Steve ist besonders versiert in der Visualisierung von Umfragedaten, und das in Abbildung 7.8 dargestellte Dashboard zählt zu meinen Lieblingsbeispielen seiner Arbeit. Es bezieht sich auf eine Frage des Typs »Kreuzen Sie alles an, was zutrifft«, deren Visualisierung besonders anspruchsvoll ist. Die konkrete Frage lautete: »Geben Sie als Arzt bzw. Ärztin an, welche Gesundheitsindikatoren Sie selbst messen; kreuzen Sie alles Zutreffende an.« Die Ergebnisse werden dabei nach Arztgeneration aufgeschlüsselt visualisiert. Werfen Sie einen Blick auf die Abbildung und staunen Sie über die Fülle an Informationen, die auf so kleinem Raum untergebracht sind.

Ganz oben rechts in Abbildung 7.8 befindet sich ein Dropdown-Menü, das anzeigt, dass Aufschlüsselung nach Generationen ausgewählt wurde. Die weiteren Optionen (nicht abgebildet) in diesem Dropdown-Menü umfassen Geschlecht, Standort (d.h. Kontinent, sogar einschließlich der Antarktis!) sowie der Anzahl der von den Befragten gesetzten Antwortkreuzchen (von eins bis acht). Fährt man mit der Maus über das Fragezeichen, erscheint ein Hilfemenü, das erläutert, worum es in dem Dashboard geht und wie es verwendet werden kann. Links unter der Kopfzeile sehen Sie ein Balkendiagramm, das für jede der neun Optionen darstellt, welcher Anteil der Befragten sie ausgewählt hat. Oben rechts befindet sich ein weiteres Balkendiagramm, das den Prozentsatz innerhalb jeder Ärztegeneration anzeigt, der angegeben hat, den Blutdruck der Patienten selbst zu messen. Damit werden die hervorgehobenen Balken aus dem unteren Diagramm an einer Stelle zusammengefasst. Die mittlere Darstellung ist oben mit den Generationen und entlang der linken Seite nach unten mit den Zeilennummern bzw. der Rangfolge beschriftet. Die dunkler dargestellten beschrifteten Balken kennzeichnen die Auswahl »Blood Pressure« (es handelt sich um dieselben Balken wie in der Übersicht oben rechts, die nun im Kontext der anderen Auswahlmöglichkeiten für jede Generation dargestellt werden), während die Zeilennummer die Beliebtheit dieser Auswahl innerhalb jeder Generation angibt. Das Balkendiagramm am unteren Rand zeigt die Verteilung der Generationen unter den befragten Medizinerinnen und Medizinern: 46 % der Befragten sind Babyboomer, 35 % gehören zur Generation X, 15 % sind Millennials und lediglich 4 % sind Traditionalisten (auch bekannt als Silent Generation, geboren zwischen 1922 und 1945). (Die Generation Z war zum Zeitpunkt der Datenerhebung wahrscheinlich noch zu jung, um als Ärztin bzw. Arzt zu praktizieren.)

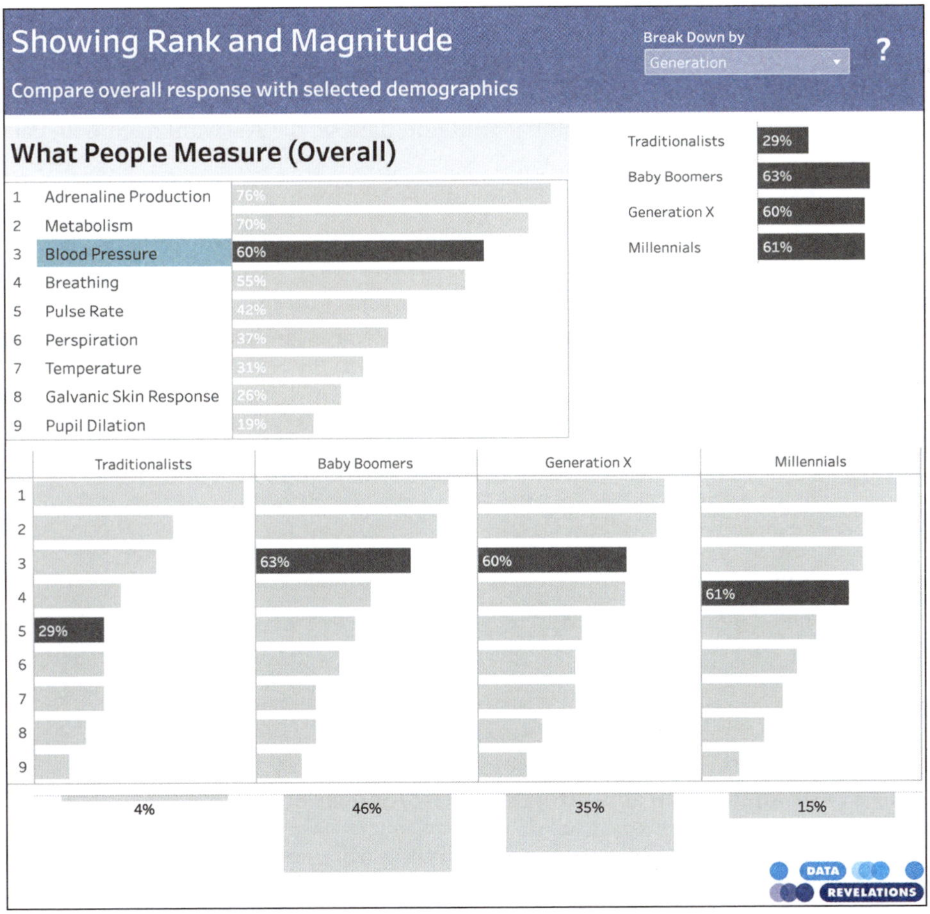

Abb. 7.8 *Die Interaktivität dieses Dashboards ermöglicht es den Nutzerinnen und Nutzern, verschiedene Optionen zur Segmentierung des Datensatzes zu erkunden. Darüber hinaus präsentiert es eine Fülle von Informationen auf kompaktem Raum: Sie erfahren etwas über die Verbreitung der Messung verschiedener Gesundheitsindikatoren durch Ärztinnen und Ärzte, sowohl aggregiert für alle Befragten als auch aufgeschlüsselt nach Generationen. Zusätzlich wird eine separate Aufschlüsselung der Gesamtheit der Befragten nach Generationen bereitgestellt. Auf Steves Blog unter https://www.datarevelations.com/howmany können Sie auch selbst mit der Studie interagieren oder diese herunterladen. (Quelle: Steve Wexler, mit freundlicher Genehmigung)*

Wahrscheinlich würden Sie jemandem, der noch nie einen interaktiven Bericht erhalten hat, nicht einfach das Dashboard in Abbildung 7.8 übergeben. Stattdessen sollten Sie eine Einführung bieten, indem Sie zusätzliche Anleitungen in das Dashboard integrieren und möglicherweise auch direkt erläutern, wie es funktioniert. Es könnte sogar sinnvoll sein, ein Video oder ein animiertes GIF zu erstellen, das die Nutzung des Dashboards demonstriert, damit das Publikum nachvollziehen kann, wie es funktioniert.

Wenn Sie das Dashboard jedoch einer Person präsentieren, die bereits bestens mit BI-Tools umgehen kann, ist weniger Erläuterung erforderlich. Sie können es ihr wahrscheinlich genau so übergeben, wie es in Abbildung 7.8 dargestellt ist. Da diese Person bereits Erfahrung mit interaktiven Visualisierungen hat, wird sie, sobald sie einen der Balken auswählt – in diesem Fall die Option »Blood Pressure« –, erkennen, dass diese Balken auswählbar sind und dass sie die Auswahl nach Belieben ändern kann.

Um zu erkennen, was in den Köpfen Ihrer Nutzerinnen und Nutzer vor sich geht, müssen Sie deren *mentales Modell* kennen – also verstehen, was sie über die Welt um sich herum denken und glauben, einschließlich Ihrer Visualisierung und deren Funktionsweise. Wenn Sie das mentale Modell Ihrer Zielgruppe verstehen, können Sie sie besser dabei unterstützen, Daten eigenständig zu erkunden. In einem späteren Kapitel gehe ich noch ausführlicher auf die Nutzerrecherche ein. Für den Moment möchte ich betonen, dass Sie sich so weit wie möglich in die Gedanken Ihres Publikums hineinversetzen sollten (aber bitte nicht auf die unheimliche Art und Weise), um zu wissen, wonach diese Menschen suchen und was sie zu sehen gewohnt sind. Am besten gelingt dies, wenn Sie etwas Zeit mit ihnen verbringen. Im nächsten Kapitel gehe ich detaillierter darauf ein. Stellen Sie auf jeden Fall viele Fragen und beobachten Sie sie bei der Nutzung einer ihnen unbekannten Visualisierung – sei es eine frühere Version Ihres aktuellen Projekts oder eine völlig andere Visualisierung – sowie bei einer, mit der sie bereits vertraut sind. Wenn sie einverstanden sind, zeichnen Sie Ihr Gespräch auf, damit Sie später darauf zurückgreifen können, ohne sich nebenher Notizen machen zu müssen.

7.2.3 Abwägen, wann eine Interaktion erforderlich ist

Interaktivität sollte, ebenso wie Farbe und Typografie, stets mit Bedacht eingesetzt werden. Wie bei diesen beiden anderen Designelementen besteht der einzige Grund für den Einsatz von Interaktivität darin, den Nutzerinnen und Nutzern zu helfen, sich mit den Daten auseinanderzusetzen und die Botschaft zu verstehen, die Sie vermitteln möchten. In manchen Fällen, insbesondere bei erklärenden Visualisierungen, kann es nur sehr wenig oder gar keine Interaktion geben; das ist vollkommen in Ordnung, wenn dies den Vorlieben Ihrer Zielgruppe entspricht oder wenn die Möglichkeiten Ihres Visualisierungsmediums oder -tools dies nicht zulassen. In Situationen, in denen das Web Ihnen alle Freiheiten bietet und Interaktivität uneingeschränkt möglich ist, geht es darum, ein Gleichgewicht zu finden zwischen dem

Zeitpunkt, an dem Sie Ihre Karten aufdecken (d.h. alles offen zeigen), und dem Zeitpunkt, an dem Sie sich zurückhalten (d.h. Interaktion erforderlich machen, um Informationen zu erhalten). Im Allgemeinen sollten die wichtigsten und relevantesten Informationen sofort sichtbar sein, ohne dass eine Interaktion erforderlich ist. Anschließend können Sie sich einige Fragen stellen, um zu entscheiden, was für den Rest Ihrer Visualisierung angemessen ist.

Beschriftung oder Tooltipp?

Ich war stets der Meinung, dass das absolute Ideal der Datenvisualisierung darin besteht, so intuitiv zu gestalten, dass keinerlei Beschriftungen oder Anweisungen nötig sind. Glücklicherweise habe ich mittlerweile gelernt, dass dies *kein* erstrebenswertes Ziel ist, sondern vielmehr eine ganz *schlechte Idee*. Selbst Alice erhielt auf ihrer Reise ins Wunderland die Anweisungen »Iss mich« auf dem Zauberkuchen und »Trink mich« auf der Zauberflasche. Letztlich führte dies zu einer Katastrophe, da es keinen Hinweis darauf gab, welche Auswirkungen die einzelnen magischen Konsumgüter auf sie haben würden. Ihr Ziel sollte es daher sein, Ihrem Publikum solche Katastrophen zu ersparen, indem Sie ihm die notwendigen Informationen im Voraus bereitstellen. Zudem sollten Sie eine einfache Möglichkeit bieten, aus potenziellen Schwierigkeiten herauszukommen, wie ich bereits weiter oben in diesem Kapitel beschrieben habe.

Bei der Entscheidung, welche Informationen in eine Beschriftung und welche in einen Hover oder Tooltipp gehören, können Sie sich folgende Fragen stellen:

- Wie viel Zeit muss die Zielgruppe mit Ihrer Visualisierung verbringen? Dies ist ein wesentlicher Faktor für Ihre Entscheidung. Wenn Ihr Publikum überwiegend aus Führungskräften und Personen besteht, die alles schon gestern benötigen oder wollen, sollten Sie vermutlich eher zu viel als zu wenig beschriften.
- Welche Informationen sind notwendig, um die Geschichte zu vermitteln, und welche sind optional oder zweitrangig? Wenn eine Information für das Verständnis entscheidend ist, sollte sie wahrscheinlich ausdrücklich beschriftet und dadurch hervorgehoben werden. Handelt es sich hingegen um zweitrangige Informationen – beispielsweise wenn Sie einen Balken beschriften, der die Anzahl der Personen anzeigt, die eine bestimmte Handlung vorgenommen haben, und Sie zusätzlich die Gesamtzahl aller Personen sowie den prozentualen Anteil derjenigen, die aktiv geworden sind, angeben möchten –, sollten Sie diese Informationen in einem Tooltipp bereitstellen. Ein Beispiel hierfür finden Sie in Abbildung 7.9.
- Was erfordert viele Worte oder ganze Sätze (und ist dabei nicht besonders interessant)? Wenn Sie faszinierende Hintergrundinformationen oder wesentliche Erkenntnisse aus einer Analyse präsentieren möchten, sollten Sie diese nicht in einem Tooltipp unterbringen! Hilfetexte und Informationen über die Herkunft der Daten sind jedoch durchaus zulässig. Bei einem Dashboard oder einer Übersicht, die aus mehreren Diagrammen besteht, empfehle ich, diesen hilfreichen

Text so nah wie möglich am jeweiligen Thema zu platzieren – entweder direkt im Tooltipp zu den Daten oder in einem Informationsmenü neben dem entsprechenden Diagramm. Wenn Ihre Übersicht lediglich aus einem einzigen Diagramm besteht, können Sie alle Informationen in ein einziges Hilfe- oder Info-Menü packen, das nicht im Weg steht, aber dennoch leicht auffindbar ist – eine Position oben rechts eignet sich hierfür gut.

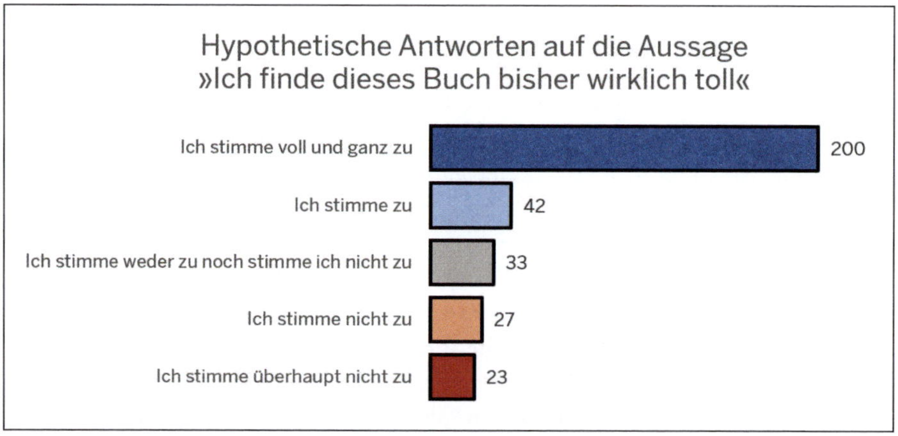

Abb. 7.9 *Wenn die Hauptaussage darin besteht, dass X Personen eine bestimmte Antwort auf eine Umfrage gegeben haben, können Sie dieses X in eine Beschriftung einfügen. Möchten Sie zusätzlich mehr Kontext bieten, etwa die Gesamtzahl der Befragten und den Anteil, der diese Antwort gewählt hat, sollten Sie diese sekundären Informationen in einem Tooltipp bereitstellen. Auf diese Weise erfassen die Nutzerinnen und Nutzer die Hauptaussage, und wenn sie an weiteren Details interessiert sind, brauchen sie nur mit dem Mauszeiger über die einzelnen Balken zu fahren.*

- Darauf werde ich später noch näher eingehen, aber es ist wichtig, herauszufinden, ob Ihre Zielgruppe überhaupt Hover-Menüs sehen kann. Dies ist (Spoiler-Alarm) nicht möglich, wenn sie ausschließlich mit der Tastatur navigiert.

Umschalten oder alles anzeigen?

Ähnlich wie bei der Entscheidung, ob Informationen in einer Beschriftung oder in einem Tooltipp erscheinen sollten, können Sie auch hier anhand bestimmter Fragen entscheiden, ob einzelne Inhalte nur auf Knopfdruck eingeblendet oder bereits standardmäßig angezeigt werden sollen.

1. Wie viel Zeit müssen die Nutzerinnen und Nutzer mit Ihrer Visualisierung verbringen? Ähnlich wie bei der Beschriftung ist dies die erste Frage, die Sie sich stellen sollten. Wenn Sie Visualisierungen für Führungskräfte und Personen erstellen, die wenig Zeit haben, empfehle ich, von Umschaltmöglichkeiten abzusehen, es sei denn, dies ist einzige Möglichkeit, oder der nachfolgende Fall trifft zu.

2. Müssen Sie mehrere Optionen zur Anzeige derselben Daten anbieten, beispielsweise die Möglichkeit, die Temperatureinheit zwischen Fahrenheit und Celsius zu wechseln? Das rechtfertigt durchaus eine Umschaltfunktion, unabhängig von den Antworten auf die anderen hier aufgeführten Fragen. (Sie erhalten einen Bonuspunkt, wenn Ihr Bildschirm die Auswahl der Nutzerinnen und Nutzer speichert und beim nächsten Aufruf automatisch wiederherstellt.)
3. Ist Platz ein limitierender Faktor? Wenn die Größe Ihrer Visualisierung stark eingeschränkt ist, beispielsweise auf einem mobilen Gerät oder wenn die Darstellung in einen iframe eingebettet wird (ein HTML-Element, das eine Webseite innerhalb einer anderen Webseite anzeigt), müssen Sie möglicherweise Platz sparen. Mit einem Umschalter können Sie dann steuern, wann und wo bestimmte Elemente sichtbar sind. Wenn Sie beispielsweise lediglich Platz für zwei Diagramme zu Verfügung haben, aber drei anzeigen müssen, könnten Sie das wichtigste Diagramm links oder oben platzieren und dann einen Schalter einfügen, um rechts oder unten zwischen den beiden weniger wichtigen Diagrammen umzuschalten. Ist dagegen ausreichend Platz vorhanden, sollten Sie einfach alles anzeigen und nichts ausblenden.

In diesem Kapitel haben Sie bereits viel darüber gelernt, wie man effektive Interaktionen gestaltet und wann es sinnvoll ist, auf Interaktivität zu verzichten. Lassen Sie uns nun das Erlernte nutzen und untersuchen, wie es auf verschiedene Geräte anwendbar ist.

7.3 Interaktionen auf verschiedenen Geräten

Ich bin äußerst dankbar, in einer Zeit zu leben, in der ich den *gesamten Umfang und die gesamte Tiefe des menschlichen Wissens* jederzeit verfügbar oder sogar in meiner Tasche habe! Dabei bin ich auch den Designern und Entwicklerinnen unendlich dankbar, die den Zugang zu diesem Wissen so niederschwellig und intuitiv wie möglich gestalten, unabhängig davon, wie groß oder klein mein Bildschirm ist. In diesem Abschnitt zeige ich die verschiedenen Interaktionen, die auf den unterschiedlichen Gerätetypen möglich sind, beginnend mit dem Desktop-Computer. (Und falls Sie nicht seit Anfang der 2010er-Jahre unter einem Felsen leben, wissen Sie wahrscheinlich, dass der Begriff »Desktop« im Kontext der Gerätetypen auch Laptops umfasst.) Bevor ich die Interaktionen auf dem Desktop erläutere, möchte ich Ihnen eine kurze Einführung in die Funktionsweise von Webseiten geben. Wenn Sie darüber bereits Bescheid wissen, können Sie gerne zu Abschnitt 7.3.2 springen.

7.3.1 Eine kleine Einführung in HTML

HTML (HyperText Markup Language) ist die grundlegende Sprache des World Wide Web. Jede Webseite ist in HTML verfasst, selbst wenn sie mit einer anderen Programmiersprache wie JavaScript erstellt wurde. Bei der Ausführung einer Java-

Script-Datei (oder einer anderen Sprache) besteht die Ausgabe stets aus statischen *HTML-Elementen*, die die essenziellen Bausteine einer Webseite darstellen. Um HTML in Aktion zu erleben, können Sie einen Browser auf Ihrem Computer öffnen und eine beliebige Webseite aufrufen. Klicken Sie mit der rechten Maustaste auf eine beliebige Stelle der Seite und wählen Sie »Untersuchen« (oder eine ähnliche Option, je nach Browser). Daraufhin öffnet sich die Entwicklerkonsole, die Ihnen den HTML-Code der Seite in Form eines navigierbaren Baums mit verschachtelten Elementen präsentiert. Das ist wirklich beeindruckend!

Sie werden feststellen, dass HTML-Elemente aus einer Reihe von *Tags* bestehen, also Textfolgen, die von öffnenden und schließenden spitzen Klammern umgeben sind, wie beispielsweise <html></html>. Um Inhalte innerhalb eines HTML-Elements darzustellen, platzieren Sie diese einfach zwischen den öffnenden und schließenden Tags, zum Beispiel so: <html><body>Hello, world!</body></html>.

Ein einfaches Experiment

Öffnen Sie einen einfachen Texteditor wie Notepad unter Windows oder TextEdit unter macOS und geben Sie den folgenden Code genau wie angegeben ein: <html><body>Hello, world!</body></html>. Speichern Sie die Datei auf Ihrem Desktop (oder an einem anderen Ort) unter dem Namen *Hello.txt* und schließen Sie den Texteditor. Suchen Sie nun die Datei und benennen Sie sie um, sodass sie die Dateierweiterung *.html* trägt, also *Hallo.html*. Dies ist notwendig, da einige Editoren versuchen, Sie zu überlisten und allerlei zusätzlichen HTML-Code einzufügen, wenn Sie die Datei direkt als HTML-Datei speichern. Wenn Sie die Datei nun öffnen, sollte sie standardmäßig in Ihrem Browser angezeigt werden und etwa so aussehen:

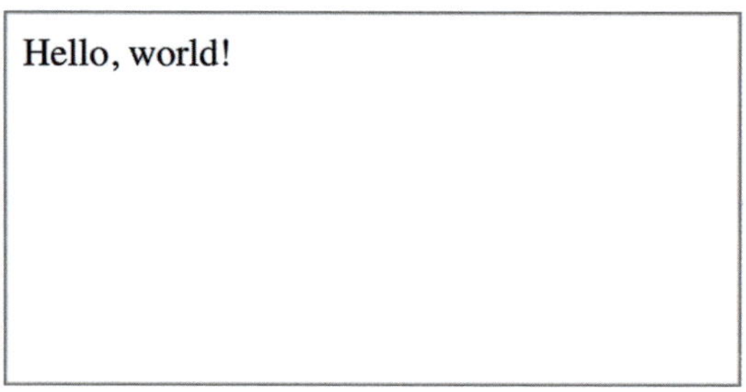

Sie haben gerade eine Webseite erstellt. Gut gemacht!

HTML verfügt über spezifische Tags für verschiedene Zwecke, wie beispielsweise <button> für Schaltfläche, <img> für Bilder, <li> für Listenelemente und <a> für Links. Darüber hinaus gibt es Container-Tags wie <div> und <span>, die dazu dienen, Inhalte zu strukturieren, sowie <p> für Absätze. Wenn Sie ein HTML-Element ändern oder eine Interaktion ermöglichen möchten, muss mittels JavaScript ein *Listener* hinzugefügt werden, der auf ein bestimmtes *Ereignis* wartet, wie etwa einen Mausklick. Es existiert eine Vielzahl weiterer Ereignisse, die erfasst werden können, beispielsweise wenn der Mauszeiger über einem Element verweilt, er diesen Bereich betritt oder verlässt, wenn ein Bildlauf oder ein Doppelklick durchgeführt wird oder wenn ein Element den Fokus erhält (darauf gehe ich gleich noch näher ein) und vieles mehr.

Nachdem Sie nun ein (sehr) grundlegendes Verständnis für die Funktionsweise von HTML erlangt haben, kann ich mich der Interaktion auf verschiedenen Geräten zuwenden. Anfangen möchte ich mit dem Bereich, den wir alle wohl schon fast ein wenig zu gut kennen: unsere mobilen Geräte.

7.3.2 Mobile Geräte

Mobile Geräte sind hauptsächlich Smartphones und Tablets, doch auch Smartwatches erfreuen sich zunehmender Beliebtheit – und wer weiß, welche Innovationen die Zukunft noch bereithält? Diese kompakten Geräte werden uns weiterhin begleiten, weshalb wir uns als Expertinnen und Experten für Datenvisualisierung intensiv mit der Gestaltung dieser kleinen Touchscreens und den nicht ganz so kleinen Fingern, die mit ihnen interagieren, auseinandersetzen müssen. Beim Umgang mit mobilen Geräten stehen unzählige Interaktionsmöglichkeiten zur Verfügung, doch die wahren Stars der Show sind hier die Fingergesten wie Tippen, Drücken und Halten, Ziehen, Pinchen und Wischen.

Der größte limitierende Faktor bei der Gestaltung für mobile Geräte ist der begrenzte Platz auf dem Bildschirm. Diese Herausforderung wird bei der Erstellung von interaktiven Visualisierungen noch komplizierter, weil wir hier ausreichend Raum brauchen, um die Daten mit den Fingern zu erkunden. Sie wissen wahrscheinlich selbst, wie frustrierend es sein kann, auf einem Handy oder einer Smartwatch mit derart kleinen Inhalten zu interagieren, dass man praktisch alles andere um einen herum ausblenden muss, nur um sich auf das Antippen dieser einen kleinen Stelle zu konzentrieren. Ihre Visualisierung muss also nicht nur in diesen begrenzten Raum gequetscht werden, sondern die interaktiven Elemente sollten auch ausreichend groß gestaltet sein. Wenn Sie sich einen riesigen Gefallen tun wollen, dann folgen Sie dem Konzept *mobile first* und gestalten Sie Ihren Entwurf *zuerst für mobile Geräte*. Sie entwerfen Ihr Design also für die anspruchsvolleren kleinen Bildschirme und überführen es dann anschließend in größere und komplexere Anzeigen.

Im Folgenden präsentiere ich Ihnen einige wesentliche Aspekte, die Sie bei der Planung eines mobilen Designs berücksichtigen sollten:

- Kennen Sie Ihr Publikum. Dies bleibt von größter Bedeutung! Wenn Sie bei der Gestaltung stets die Bedürfnisse Ihrer Zielgruppe im Blick behalten, werden Sie zweifellos bessere Ergebnisse erzielen, als wenn Sie lediglich Ihre eigenen Vorlieben berücksichtigen (oft unser Standardansatz). Achten Sie darauf, dass Ihre Entwürfe dem Erfahrungs- und Kenntnisstand der Nutzerinnen und Nutzer entsprechen, sowohl in Bezug auf die Daten als auch auf die verwendeten Geräte. Scheuen Sie sich nicht, Benutzertests durchzuführen: Bitten Sie andere Personen, Ihre Entwürfe zu begutachten oder Ihre Visualisierungen auszuprobieren, um herauszufinden, ob alles für sie nachvollziehbar ist. Notieren Sie sich das Feedback und nehmen Sie gegebenenfalls Anpassungen vor.

- Schaffen Sie auf der linken und rechten Bildschirmseite ausreichend Leerraum zwischen den äußeren Displayrändern und den Inhalten. So ermöglichen Sie ein gefahrloses Scrollen, ohne dass ein versehentliches Tippen zu unerwünschten Aktionen oder Änderungen in der Ansicht führt.
- Blenden Sie einen Tooltipp ein, wenn ein Datenpunkt angetippt wird. Wenn Sie mehrere Diagramme vertikal in einer Spalte anordnen, synchronisieren Sie den Tooltipp für alle Diagramme, wie im Beispiel in Abbildung 7.10 dargestellt.

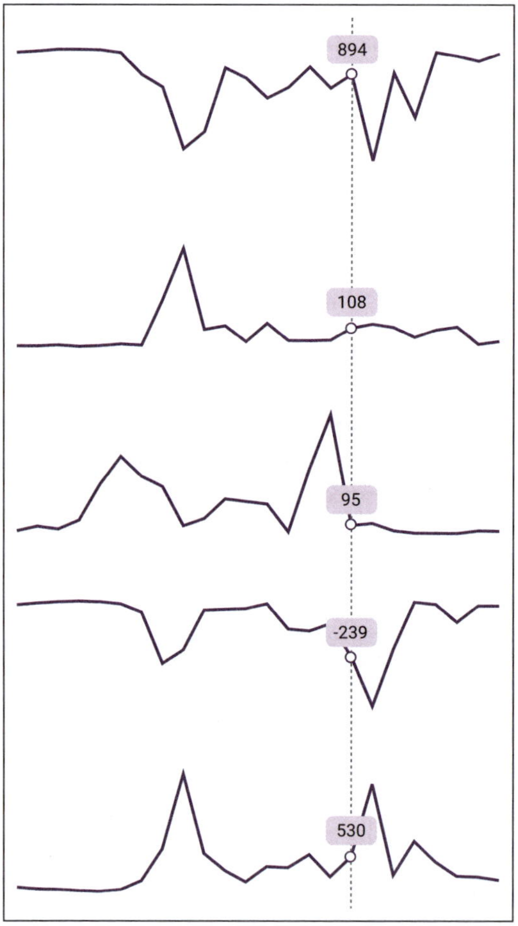

Abb. 7.10
Wenn Sie auf einem mobilen Gerät mehrere Diagramme übereinander anordnen, ist es ratsam, die Tooltipps für alle Diagramme zu synchronisieren, um die Orientierung zu erleichtern.

- Das sollte eigentlich selbstverständlich sein: Wenn Sie eine Visualisierung für ein Smartphone erstellen, sollten Sie sie innerhalb der Grenzen eines einzigen Bildschirms unterbringen, ohne dass in irgendeine Richtung gescrollt werden muss. Es ist akzeptabel, wenn zunächst gescrollt werden muss, um in die Visualisierung zu gelangen. Sobald sie jedoch sichtbar ist, sollten alle vier Ränder der Visualisierung auf dem Smartphone-Display sichtbar sein, wie in Abbildung 7.11 veranschaulicht.

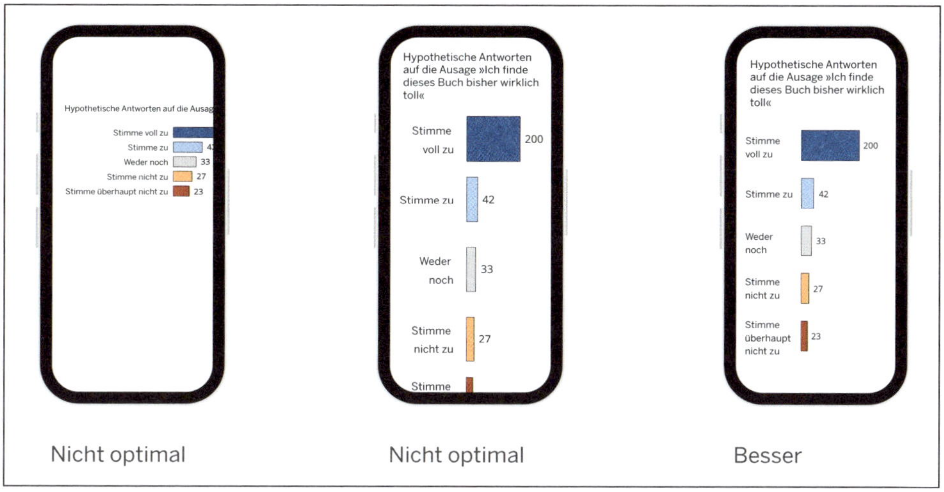

Abb. 7.11 *Stellen Sie sicher, dass jede Visualisierung vollständig auf einen einzelnen Bildschirm des mobilen Geräts passt. Lassen Sie rechts und links außerdem genug Platz für ein bequemes Scrolling.*

Kommen wir nun zum Thema Interaktivität auf Desktop-Computern.

7.3.3 Schreibtisch

Zum Zeitpunkt der Erstellung dieses Buchs verfügen die meisten Desktop- und desktopähnlichen Geräte (noch) nicht über Touchscreens. Um also mit den Bildschirminhalten zu interagieren, sind wir auf Eingabegeräte wie Mäuse, Trackpads, Trackballs, Trackpoints und Tastaturen angewiesen. Es ist einfach und üblich, interaktive Designs für die Maus und mit ihr verwandte Eingabegeräte zu entwerfen, weshalb ich an dieser Stelle nicht näher darauf eingehen werde. Die Gestaltung und Entwicklung für eine reine Tastaturinteraktion hingegen ist bei Weitem nicht so verbreitet, da Ihr Browser leider nicht einfach auf magische Weise alle zeigerbasierten Interaktionen in Tastaturinteraktionen umwandelt.

Die wichtigste Überlegung für eine reine Tastaturnavigation ist, ob ein Element auf der Seite *den Fokus erhalten kann*, das heißt, ob es sich mit der Tastatur ansteuern lässt und Eingaben von ihr entgegennimmt. Lassen Sie uns daher die wesentlichen Tastenanschläge und deren Funktionen näher betrachten:

- *Tab-Sprung*: Mit der Tabulatortaste wechseln Sie in einer festgelegten Fokusreihenfolge von einem fokussierbaren Element zum nächsten. In den meisten Tastaturlokalisierungen erfolgt diese Reihenfolge, ähnlich wie beim Lesen, von links nach rechts und von oben nach unten. In einigen Sprachen hingegen verläuft sie von rechts nach links und von oben nach unten. Diese werden im Internet häufig als RTL (für »right-to-left«) bezeichnet.

- *Umschalt-Tab*: Funktioniert wie die Tabulatortaste, jedoch in umgekehrter Richtung.
- *Leertaste*: Aktiviert oder deaktiviert das fokussierte Element, beispielsweise zum Öffnen und Schließen eines Dropdown-Menüs oder zum An- und Abwählen eines Kontrollkästchens.
- *Return/Enter*: Aktiviert das Element, das sich im Fokus befindet, beispielsweise eine Schaltfläche oder einen Link, oder sendet ein Formular ab – es sei denn, das Element im Fokus ist ein großes Textfeld; dann fügt die Enter-Taste lediglich einen normalen Zeilenumbruch ein. In der Regel wird die Enter- oder Returntaste vom Browser als Mausklick-Ereignis interpretiert, unabhängig davon, ob jemand die Eingabetaste auf einer physischen Tastatur gedrückt hat oder einen Screenreader verwendet (darauf komme ich im nächsten Abschnitt zurück).
- *Pfeiltasten nach oben, unten, links und rechts*: Mit diesen Tasten können Sie das aktive Ansichtsfenster (d. h. das Fenster oder den Rahmen) *verschieben* oder den Wert eines Elements ändern, beispielsweise einen Schieberegler bewegen oder innerhalb einer Gruppe von Optionsfeldern hin- und herwechseln.

Wie Sie vielleicht erwarten, ist nicht jedes Element auf einer Seite fokussierbar – falls dies überhaupt der korrekte Begriff dafür ist. Einige HTML-Elemente, wie Links, Dropdown-Menüs und Schaltflächen, können von Natur aus den Fokus erhalten, andere, die etwa zur Gliederung von Inhalten dienen, dagegen nicht. Wenn Sie das nächste Mal an Ihrem Computer sitzen, versuchen Sie, die Navigation einer Website ausschließlich mit der Tastatur zu bestreiten. Dann werden Sie verstehen, was ich meine. Bei der Navigation mit der Tabulatortaste rücken nicht nacheinander alle einzelnen HTML-Elemente in den Fokus (schließlich besteht die gesamte Seite aus HTML-Elementen!), sondern nur diejenigen, von denen der Browser weiß, dass sie der Tastatur signalisieren: »Hey, diese Elemente können den Fokus erhalten, also springe sie an.«

Die folgenden Absätze stimmen mich immer ein wenig traurig, denn ich habe eine große Vorliebe für Hover-Aktionen.

Es gibt für die Tastatur kein Äquivalent zu einer Hover-Aktion. Alles, was Sie in einen Tooltipp einfügen, der lediglich durch ein Mausereignis ausgelöst wird, bleibt bei reiner Tastaturnavigation völlig unsichtbar und ist auch auf dem Smartphone nicht leicht auszumachen. Traurig, nicht wahr?

Darüber hinaus sind Datenelemente in Diagrammen innerhalb eines Datenvisualisierungsprogramms in der Regel nicht fokussierbar. Das bedeutet, dass bei reiner Tastaturnavigation Ihr Diagramm sichtbar ist und Links angeklickt, Schalter umgelegt, Schieberegler bewegt und Schaltflächen betätig werden können. Es ist jedoch nicht möglich, den Mauszeiger über einen Balken in einem Balkendiagramm zu bewegen oder darauf zu klicken. Wenn Ihre Zielgruppe nur mit der Tastatur arbeitet, müssen Sie zusätzliche Anstrengungen unternehmen, damit sie auf alle Funktionen Ihrer Visualisierung zugreifen kann. Bei meinen Recherchen für dieses Kapitel bin ich auf den Accessibility Developer Guide unter *https://www.accessibility-*

developer-guide.com gestoßen – eine ausgezeichnete Ressource zur Entmystifizierung sämtlicher Berührungspunkte zwischen Webentwicklung und Barrierefreiheit. (Sie finden sie auch im Anhang.) Dieser Leitfaden ist vor allem dann interessant, wenn Sie Code für Ihre interaktiven Visualisierungen schreiben, aber auch beim Einsatz von BI-Tools kann er wertvolle Erkenntnisse liefern.

Lassen Sie uns nun über Screenreader sprechen. Diese bieten eine weitere Möglichkeit, um mit den auf dem Desktop- oder mobilen Bildschirm angezeigten Inhalten zu interagieren.

7.3.4 Screenreader

Ein Screenreader ist eine Software, die genau das tut, was der Name verspricht: Sie liest den auf einem Bildschirm angezeigten Inhalt vor. Die meisten, wenn nicht sogar alle modernen Betriebssysteme sind im Rahmen der Barrierefreiheit bereits standardmäßig mit einer Art Bildschirmleseprogramm ausgestattet. Die erstmalige Nutzung eines Screenreaders kann recht verwirrend sein, und ich muss leider zugeben, dass ich mich bislang nicht ausreichend damit beschäftigt habe, diesen Programmtyp bei der Gestaltung zu berücksichtigen – ebenso wenig wie die reine Tastaturnavigation. Viele Entwicklerinnen und Entwickler von Datenvisualisierungen (einschließlich meines früheren Ichs) sind der Meinung, dass sie eine zugängliche Datenvisualisierung schaffen, indem sie eine Farbpalette verwenden, die für Menschen mit Farbsehschwäche geeignet ist. Kurz: So funktioniert das natürlich nicht. Aber ganz ehrlich: Die Gestaltung für Screenreader stellt die ultimative Herausforderung der Datenvisualisierung dar, weshalb ich früher nicht ernsthaft versucht habe, dieses Thema anzugehen.

Aber behalten Sie immer das Ziel im Auge: Warum visualisieren wir überhaupt Daten? Weil es so schwierig und zeitaufwendig ist, eine Zahlentabelle richtig zu erfassen, und visuelle Darstellungen diesen Prozess erheblich erleichtern und beschleunigen. Aber wie funktioniert dies für Menschen, die nur eingeschränkt oder gar nicht sehen können? Diese Personen verdienen ebenfalls die Möglichkeit, Informationen auf einfache Weise zu erfassen, oder nicht?

Ja, ganz gewiss. Lassen Sie uns also gemeinsam herausfinden, wie wir das umsetzen können.

Fügen Sie möglichst immer einen Alternativtext hinzu

Wenn Sie ein Bild mit einem *Alternativtext* versehen können, sollten Sie dies unbedingt tun – ja, sogar wenn Sie ein Bild in einem Social-Media-Feed posten (auch ich ertappe mich dabei, dies manchmal zu vernachlässigen). Der Alternativtext, kurz Alt-Text, wird angezeigt, wenn ein Bild nicht geladen werden kann (oder noch nicht angezeigt wird, etwa bei langsamen oder instabilen Internetverbindungen). Zudem lesen Screenreader diesen Text vor, wenn sie auf das betreffende Bild stoßen. Von den großen BI-Tools weiß ich, dass Tableau mittlerweile die Möglichkeit bietet, Alt-Texte zu Bildern in einer Arbeitsmappe hinzuzufügen. Auch in Power BI Desktop können Sie für jedes Objekt in einem Bericht Alt-Text bereitstellen. In HTML wird das Alt-Attribut für `<img>`-(Bild-)Tags benötigt, der Alt-Text ist also obligatorisch.

Halten Sie den Alt-Text kurz und prägnant, da sich der Screenreader natürlich nicht unbegrenzt beschleunigen lässt. Amy Cesal, eine Verfechterin von zugänglichen Datenvisualisierungen, erklärt: »Ein guter Alt-Text besteht aus einem Satz, der beschreibt, worum es sich bei dem Diagramm handelt. Dazu gehört der Diagrammtyp für Menschen mit eingeschränktem Sehvermögen, die möglicherweise nur einen Teil des Diagramms sehen können« (*http://mng.bz/46NV*). In Abbildung 7.12 finden Sie ein Beispiel.

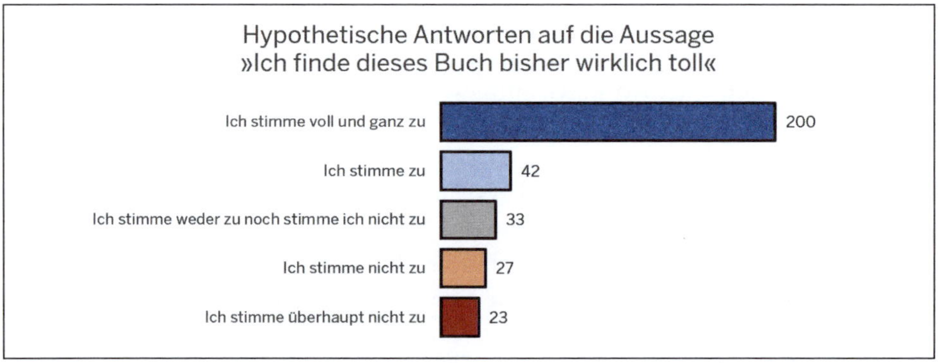

Kein optimaler Alt-Text	Besserer Alt-Text
img0123.jpg	**Ein Balkendiagramm, das hypothetische Antworten auf die Aussage "Ich finde dieses Buch bisher wirklich toll." darstellt. Die Balken stehen für die Anzahl der Antworten pro Kategorie: "Ich stimme voll und ganz zu" mit 200, "Ich stimme zu" mit 42, "Ich stimme weder zu, noch stimme ich nicht zu" mit 33, "Ich stimme nicht zu" mit 27 und "Ich stimme überhaupt nicht zu" mit 23.**

Abb. 7.12 *Zwei Versionen des Alt-Textes für das Balkendiagramm aus Abbildung 7.11, ohne Tooltipp. Auch wenn es oft der Standardeinstellung entspricht, ist die Anzeige des Dateinamens weder hilfreich noch notwendig; stattdessen gewährleistet eine kurze und genaue Beschreibung Zugang für Personen, die Screenreader und andere Hilfsmittel verwenden.*

Amy empfiehlt zudem, zusätzlich zum Alt-Text einen Link zu einer CSV-Datei oder einem anderen einfachen Tabellenformat in der Nähe des Bildes zu platzieren, das sich gut für das maschinelle Lesen eignet. So können die Nutzerinnen und Nutzer die Daten bei Bedarf mit ihrem Screenreader durchsehen. Bei kategorialen Daten würde ich außerdem vorschlagen, diese sinnvoll zu sortieren, damit die wichtigsten Zahlen zuerst sichtbar sind, ohne dass man sich durch die ganze Tabelle wühlen muss.

Kennzeichnungen für barrierefreie Rich-Internet-Anwendungen (ARIA)

Wenn Sie sich nicht mit Programmierung beschäftigen, können Sie diesen kleinen Unterabschnitt überspringen.

Wenn Sie Code schreiben können, stehen Ihnen wie erwähnt alle Möglichkeiten offen. Dank unserer alten Freunde vom W3C (dem World Wide Web Consortium, dem gleichen Gremium, das auch für die WCAG verantwortlich ist) haben Sie nun die Möglichkeit, auch anderen Elementen als den `<img>`-Tags screenreaderfreundliche Beschriftungen hinzuzufügen. Diese Optionen sind in der Veröffentlichung »Web Accessibility Initiative – Accessible Rich Internet Applications«, auch WAI-ARIA oder kurz ARIA, beschrieben.

Mit `aria-label` und `aria-labelledBy` gibt es zwei mögliche Attribute, die einem Element hinzugefügt werden können, um es mit einer für Screenreader geeigneten Beschriftung zu versehen. Die beiden unterscheiden sich wie folgt: `aria-label` sollte verwendet werden, wenn der Text nicht bereits an anderer Stelle auf dem Bildschirm angezeigt wird, während `aria-labelledBy` es ermöglicht, Beschriftungen von anderen Objekten durch Verweis auf deren `id`-Attribut zu beziehen. Mit beiden Attributen lassen sich die erforderlichen Beschriftungen dynamisch zur Laufzeit des Codes generieren – eine gute Nachricht für die von uns so geschätzten alltäglichen Visualisierungen!

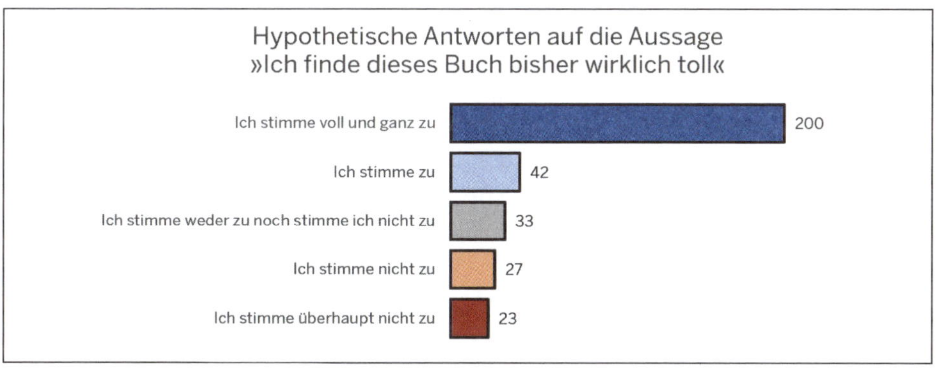

Abb. 7.13
Beim Diagramm aus den beiden vorhergehenden Abbildungen könnten die ARIA-Beschriftungen für diese Balken so aussehen. Jeder Balken erhielt eine eigene Beschriftung, die insgesamt im gelben Kasten auf der rechten Seite angezeigt wird.

Mit ARIA-Beschriftungen können Sie sicherstellen, dass alle Elemente eines Diagramms von einem Screenreader erfasst werden können. Sie sind sogar noch kürzer und prägnanter als Alt-Text und beschränken sich auf maximal drei Wörter. Dies wird im Beispiel in Abbildung 7.13 deutlich, wo die ARIA-Beschriftungen für jeden

Balken des Diagramms aus den Abbildungen 7.11 und 7.12 im gelben Kasten auf der rechten Seite angezeigt werden.

Da der gesamte Text für die ARIA-Beschriftungen in Abbildung 7.13 bereits an anderer Stelle in der Visualisierung angezeigt wird, habe ich das Attribut `aria-labelledby` genutzt, um die Beschriftungen zu generieren.

Und wenn Ihre Möglichkeiten stark eingeschränkt sind?

Und wenn Sie aufgrund der Einschränkungen des von Ihnen gewählten Datenvisualisierungstools keinen Alt-Text oder eine ARIA-Beschriftung zu einer Grafik hinzufügen können? Wenn es nicht anders geht, sollten Sie die Beschriftung mit einem beschreibenden und aussagekräftigen Text versehen, da der Screenreader diesen stattdessen vorlesen kann und die Zielgruppe somit von den wichtigsten Erkenntnissen profitiert, die in der Visualisierung dargestellt sind. Ich erinnere mich, dass ich einmal eine Hörbuchversion eines sehr bekannten Buchs über Datenvisualisierung gehört habe und erstaunt war, wie effektiv das Audiomedium dank der sorgfältigen Beschreibungen der Autorin zu allen visuellen Elementen in ihrem Werk war. Ich weiß, dass solche Beschreibungen bei der Erstellung automatisierter und »alltäglicher« Visualisierungen sehr schwierig (oder sogar unmöglich) sein können, da wir Entwicklerinnen und Entwickler nicht den Wortlaut ändern können, sobald sich die Daten ändern. Aber der Bereich der künstlichen Intelligenz entwickelt sich rasant, und es würde mich nicht überraschen, wenn KI schon bald dazu eingesetzt würde, Visualisierungen auf diese Weise zugänglicher und inklusiver zu gestalten. In der Zwischenzeit sollten Sie Ihr Bestes geben, und wenn Sie in Ihren Newsfeeds auf derartige Innovationen stoßen, nutzen Sie diese sofort! Und wenn Sie Starthilfe für das Verfassen guter Alt-Texte, ARIA-Beschriftungen oder Bildunterschriften benötigen, ist dies ein hervorragender Anwendungsfall für generative KI.

Ich habe in diesem Abschnitt bereits eingehend die Bedeutung von Barrierefreiheit erörtert. Bevor ich das Kapitel jedoch abschließe, möchte ich noch einen Blick auf die Richtlinien der WCAG (Web Content Accessibility Guidelines) werfen, die sich speziell mit der Interaktivität von Webinhalten befassen.

7.4 WCAG und Interaktivität

Der Kern der WCAG-Richtlinien für Interaktivität besteht darin, die Nutzbarkeit und Bedienbarkeit einer Website für ein möglichst breites Publikum sicherzustellen. Dieser Grundsatz umfasst fünf Leitlinien, von denen jedoch lediglich vier für den Bereich der Interaktivität relevant sind:

- Eine Website sollte für Personen, die ausschließlich die Tastatur verwenden, zugänglich sein. Das bedeutet, dass die Interaktionen nicht lediglich auf Mausklicks oder Fingergesten basieren dürfen, sondern auch auf Tastenanschläge reagieren müssen.

- Die Nutzerinnen und Nutzer sollten ausreichend Zeit haben, um den Inhalt in Ruhe zu lesen und mit ihm zu interagieren. Wenn beispielsweise ein automatischer Bildlauf eingesetzt wird, sollte es möglich sein, diesen anzuhalten und zurückzuspulen.
- Die Inhalte sollten so gestaltet sein, dass sie keine bekannten Auslöser für epileptische Anfälle oder andere neurologische und körperliche Beschwerden wie Migräne darstellen. Grundsätzlich sollten stroboskopartige oder blinkende Effekte vermieden werden, und Animationen sollten sich problemlos deaktivieren lassen.
- Die letzte Richtlinie behandelt Eingabemethoden, aber eines ihrer Erfolgskriterien sticht besonders hervor: die Zielgröße. Haben Sie schon einmal versucht, auf Ihrem Smartphone auf eine winzige Schaltfläche mit der Aufschrift »Schließen« zu tippen, und diese immer wieder verfehlt? Genau darum geht es bei diesem Erfolgskriterium: Es ist entscheidend, dass Zielbereiche zum Antippen ausreichend groß sind (mindestens 44 px), damit auch dicke Finger und zittrige Hände sie ohne Schwierigkeiten treffen.

HINWEIS

Wenn Sie sich erneut darüber informieren möchten, was die WCAG sind und warum es diese Leitlinien gibt, blättern Sie zurück zu Abschnitt 4.4.2.

7.5 Zusammenfassung

- Nutzen Sie Vertrautheit, indem Sie Affordanzen einsetzen und sich an bekannte sowie einfache Interaktionsmuster halten.
- Stellen Sie sicher, dass die Nutzerinnen und Nutzer die Wirkung ihrer Interaktionen erkennen, indem Sie zeitnahes Feedback geben.
- Bereiten Sie sich auf mögliche Fehler vor, indem Sie hilfreiche Fehlermeldungen formulieren und diese in räumlicher und zeitlicher Nähe zur Fehlerquelle anzeigen. Bieten Sie den Nutzerinnen und Nutzern zudem einfache Korrekturmöglichkeiten, falls sie einmal vom Kurs abkommen.
- Die wichtigsten Informationen in Ihrer Visualisierung sollten sofort sichtbar sein, ohne dass eine Interaktion erforderlich ist.
- Versuchen Sie, zu verstehen, wie Ihre Zielgruppe über ein Problem denkt. Wenn Sie ihr mentales Modell kennen, können Sie ihnen den Umgang mit Ihren Daten erleichtern.
- Denken Sie bei der Gestaltung zuerst an mobile Geräte, denn es ist einfacher, Größe und Komplexität zu erhöhen, als sie zu verringern.

Teil 3

Sie sind dem Nirwana der Visualisierung jetzt schon ein gutes Stück nähergekommen. Im letzten Buchteil wenden Sie das Gelernte auf eine fiktive Fallstudie an. Ein (kleiner) Kunde beauftragt Sie, von Grund auf ein komplettes Dashboard zu erstellen. Im Anschluss an das Fallbeispiel beschreibe ich einige Probleme, die im Verlauf eines Projekts auftreten können, und zeige Ihnen, wie Sie damit professionell umgehen.

Kapitel 8 ist der Fallstudie gewidmet, in der Sie den gesamten Visualisierungsprozess in seinen drei Hauptphasen durchlaufen: Recherche und Planung, Entwurf und Entwicklung. Schließlich befasst sich Kapitel 9 mit Maßnahmen zum Umgang mit Problemen wie etwa schwieriger Kundschaft und fehlenden Daten.

8 Recherche, Design und Entwicklung

In diesem Kapitel

- Eine Fallstudie zur Erstellung eines Dashboards von Anfang bis Ende
- Recherchieren und planen, was im Dashboard enthalten sein soll
- Aussehen und Funktionalität des Dashboards entwerfen und das Datenmodell abstecken
- Schritt für Schritt zum fertigen Produkt gelangen

Bis hierher habe ich Ihnen kleine Einblicke und Beispiele dafür vermittelt, wie Sie Visualisierungen aufwerten können. Ich habe versucht, Ihnen mein Insiderwissen zu vermitteln, darunter auch Erkenntnisse, die ich mir selbst erst mühsam aneignen musste, da niemand sie mir zuvor erklärt hatte – etwa wie man das Akronym WCAG ausspricht oder wie man verschiedene Farbräume nutzen kann, um eine Farbe exakt so einzustellen, wie man sie sich wünscht. Jetzt ist es an der Zeit, eine Visualisierung von Anfang bis Ende durchzuarbeiten, von einem leeren Dokument und ahnungsloser Zielgruppe hin zu einem schnörkellosen, schönen Produkt mit glücklichem und wohlinformiertem Publikum. Es ist Zeit, die vollständige Entwicklung eines Visualisierungsprojekts zu beschreiben, also gehe ich eine fiktive Fallstudie mit fingierten Daten aus dem Gastgewerbe durch.

In diesem Kapitel führe ich Sie durch die drei Phasen zur Erstellung eines Dashboards: die Recherche- und Planungsphase, in der Anforderungen gesammelt und Stakeholderinnen und Nutzer befragt werden; die Designphase, in der das Dashboard und die Daten gestaltet und entworfen werden, und die Entwicklungsphase, in der das Dashboard iterativ vom Prototyp zu seiner endgültigen schönen Gestalt gebracht wird, wobei in jedem Schritt Feedback eingeholt wird. Der Kunde wartet, also legen wir gleich los!

8.1 Die Fallstudie

Für die Fallstudie stellen Sie sich vor, dass Sie von einer kleinen Hotelgruppe beauftragt wurden, ein Dashboard für die Housekeeping-Verantwortliche, Mariette Crewe (sie/ihr), zu erstellen. Für ihre Personalplanung möchte sie an einer zentralen Stelle Belegungsinformationen für alle drei Häuser der fiktiven Hotelgruppe abrufen können: The Chord, The Sankey und The Marimekko.

Dazu verwenden Sie einen fiktiven Datensatz, der im Jahr 2020 im Rahmen des Gemeinschaftsprojekts »Real World, Fake Data« von Mark Bradbourne erstellt wurde (*https://sonsofhierarchies.com/real-world-fake-data*). Er hat eine Granularität von einer Zeile je Hotelreservierung und Spalten für Aufenthaltsdauer, Check-in-Datum, Anzahl der Erwachsenen und Kinder sowie dem Namen des Hotels (und weitere Kennwerte). In Tabelle 8.1 finden Sie ein Beispiel für die von mir verwendeten Spalten.

Avg. room rate ($)	Reservation ID	Check-in date	Stay duration	Adults	Children	Room type	Property
71.10	779087-Y5-9824-SA	4/15/20	13	3	4	Single	The Chord
71.10	984023-QO-5015-YG	6/12/20	3	3	3	Single	The Chord
172.38	518066-UQ-2315-FK	2/25/20	11	4	2	Queen	The Sankey
172.38	130339-H9-2116-KE	9/15/20	11	4	1	Queen	The Sankey
98.10	050756-9V-7369-IN	5/26/20	8	2	1	Single	The Marimekko

Tab. 8.1 *Einige Zeilen des »Hospitality«-Datensatzes von Mark Bradbourne, beschränkt auf die von mir verwendeten Spalten (für eine übersichtliche Darstellung sind es sonst zu viele)*

Ein solches Projekt gliedert sich in drei Phasen: Recherche- und Planungsphase, Designphase und Entwicklungsphase. Ihre erste Aufgabe in diesem Projekt besteht darin, etwas nachzuforschen, um die Anforderungen und Wünsche von Mariette genau zu verstehen. Dies ist der zentrale Bestandteil der Recherche- und Planungsphase.

8.2 Die Recherche- und Planungsphase

Die Recherchephase eines Projekts besteht hauptsächlich aus der Befragung Ihrer Stakeholder und/oder Nutzerinnen und Nutzer. Sie bildet die Grundlage für die *Erfassung der Anforderungen*, bei der Sie aufschreiben, was Sie entwickeln wollen und warum. Anschließend sollten Sie sich bestätigen lassen, dass Sie alles richtig verstanden haben (siehe Abb. 8.1).

Bevor Sie jedoch anfangen, mit den Leuten zu reden (in diesem Fall hauptsächlich mit Mariette), sollten Sie einen kleinen Schritt zurücktreten und sich den Unterschied zwischen Stakeholdern und Nutzern verdeutlichen.

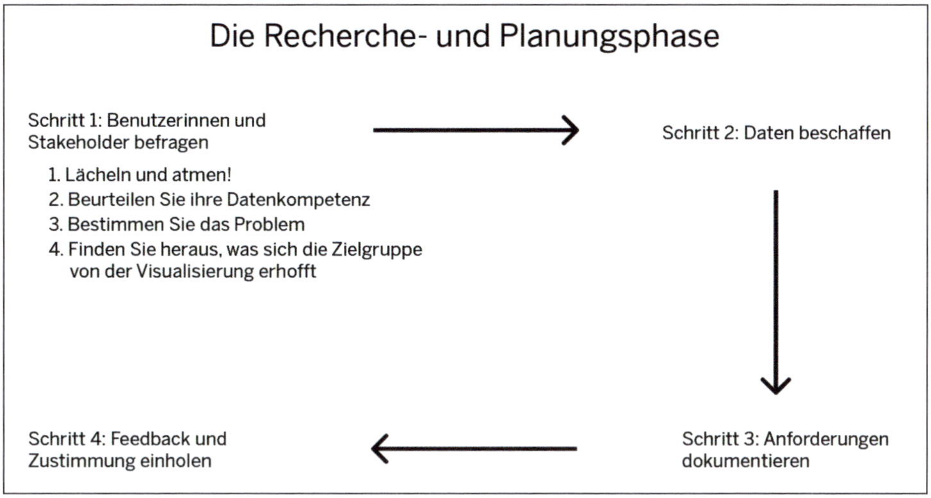

Abb. 8.1 *Die Recherche- und Planungsphase gliedert sich in vier Schritte: Befragung von Stakeholdern und Nutzerinnen, Datenbeschaffung, Dokumentation der Anforderungen sowie Einholung von Feedback und Zustimmung zu den erhobenen Anforderungen.*

Wenn Sie gebeten werden, ein Visualisierungsprojekt umzusetzen, ist die Person, die Sie darum bittet, entweder selbst eine Nutzerin oder sie erteilt Ihnen den Auftrag im Namen anderer. In beiden Fällen gehört diese Person zu den *Stakeholdern*, ein Wort, das ich bereits häufig verwendet habe, meist synonym zu *Nutzerinnen und Nutzern*, aber an dieser Stelle wird der Unterschied wichtig: Der Stakeholder ist die Person (oder die Personengruppe), die Sie darum bittet, das Projekt durchzuführen; sie hat das Sagen, und in der Regel ist es der Stakeholder, der die endgültige Entscheidung darüber trifft, ob Ihr Projekt am Ende zum Erfolg wird. Die *Nutzer* hingegen sind jene Personen, die – Sie haben es erraten – Ihre Visualisierung *benutzen* werden. Die Stakeholder können zum Nutzerkreis gehören, müssen es aber nicht, so wie in Abbildung 8.2 dargestellt.

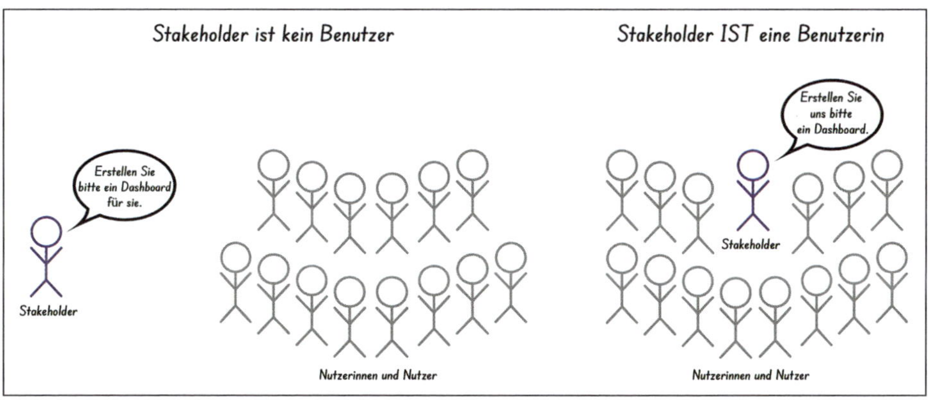

Abb. 8.2 *Manchmal bittet Ihr Stakeholder, also die Person, die die Visualisierung in Auftrag gibt, im Namen anderer darum, und manchmal ist sie auch selbst eine Benutzerin des Dashboards.*

Aus meiner Erfahrung heraus gehören Stakeholder nur dann nicht zur Nutzergruppe, wenn ich ein Dashboard für Endverbraucherinnen und -verbraucher und nicht für einen irgendwie gearteten internen Bericht entwickeln soll. Diese Situation könnte aber auch eintreten, wenn etwa ein Mitglied der Geschäftsleitung ein Dashboard für sein Team anfordert, ohne dieses aber selbst nutzen zu wollen. Unabhängig von den Gründen verändert sich die komplette Dynamik des Projekts, wenn Ihr Stakeholder nicht zu Ihrer Nutzergruppe gehört. Der *Prozess* bleibt zwar weitgehend gleich, aber wenn der Stakeholder kein Benutzer ist, müssen Sie in die nachfolgend aufgeführten Schritte wahrscheinlich etwas zusätzliche Arbeit investieren. Zunächst einmal sollten Sie die Nutzerinnen und Nutzer Ihres Dashboards kennenlernen.

Mariette ist in diesem Fall sowohl Stakeholder als auch Nutzerin des zu entwickelnden Dashboards, also sollten Sie sich zunächst mit ihr unterhalten.

8.2.1 Mit Stakeholdern und Nutzern sprechen

Um Ihre Nutzerinnen und Nutzer kennenzulernen, müssen Sie zunächst mit ihnen sprechen. Wenn Sie nicht wissen, wer die Nutzer sind oder wie Sie mit ihnen in Kontakt treten können, fragen Sie den Stakeholder, der Sie mit der Erstellung der Visualisierung beauftragt hat. Er sollte über alle erforderlichen Informationen verfügen. Bei der Vorbereitung dieser Gespräche ist es sehr hilfreich, die Sitzungen aufzuzeichnen, damit Sie sich ganz auf das Gespräch konzentrieren können. Sollte das nicht möglich sein, lassen Sie eine andere Person Protokoll führen, und nur wenn niemand anderes das für Sie erledigen kann, machen Sie sich selbst Notizen. Sie denken vielleicht, dass Sie sich später an die Besprechung erinnern werden, aber glauben Sie mir, wenn ich das Gegenteil behaupte. Meine Mutter und mein Stiefvater bläuten mir und meinen Brüdern deshalb immer ein: »Ein kurzer Bleistift ist besser als ein langes Gedächtnis.«

Sobald Sie eine Möglichkeit zur Aufzeichnung von Informationen haben, können Sie sich an die Arbeit machen. Egal, ob Ihre Nutzerinnen und Nutzer besonders datenaffin sind oder schon beim bloßen Anblick eines Balkendiagramms die Flucht ergreifen, hier sind einige Schritte, die Sie bei den ersten Gesprächen beachten sollten.

Schritt 1: Lächeln und atmen

Wenn Sie sich zum ersten Mal mit einer Nutzerin zusammensetzen, um sie zu befragen, kann das ein wenig einschüchternd wirken. Bei dieser »Interview«-Situation müssen Sie vielleicht an eine Pressekonferenz denken, wo eine Reporterin ihre Fragen raushaut. Aber so sollte es nun wirklich nicht ablaufen. Entspannen Sie sich und lächeln Sie! Sie haben es mit ganz normalen Menschen zu tun, die, genau wie Sie selbst, einfach nur versuchen, in dieser Welt zurechtzukommen. Ein freundliches Lächeln hilft Ihnen im Leben sehr oft weiter, also zeigen Sie es ruhig. Vergessen Sie auch nicht, zu atmen – atmen Sie tief durch, bevor Sie loslegen. Sie schaffen das!

Schritt 2: Beurteilen Sie die Datenkompetenz Ihrer Nutzerinnen und Nutzer

Es gibt zwei Arten von Nutzern, mit denen Sie bei Ihrer Arbeit zu tun haben werden: diejenigen, die sich mit Daten auskennen, und diejenigen, auf die das eher nicht zutrifft. Ihre erste Aufgabe zu Beginn eines neuen Projekts ist es, nach einem tiefen Atemzug und einem Lächeln herauszufinden, wo auf diesem Spektrum der Datenkompetenz die Nutzerinnen und Nutzer angesiedelt sind, denn das bildet den Ausgangspunkt für Ihren Erfolgsplan. Ich würde nicht direkt fragen: »Wie gut kennen Sie sich mit Daten aus, auf einer Skala von 1 bis 10?«, sondern vielleicht eher: »Können Sie mir einige Auswertungen oder Apps nennen, die Sie regelmäßig nutzen, um für Sie wichtige Informationen im Blick zu behalten, insbesondere quantitative Informationen? Beispiele dafür könnten ein Vertriebs-Dashboard oder eine Banking-App sein.« Selbst wenn sie Ihnen keine Links oder Namen nennen, können Sie in ihrer Reaktion zwischen den Zeilen lesen. Berichten sie Ihnen begeistert von ihrer Portfolio-App? Oder sagen sie vielleicht eher: »Oh, vor etwa fünf Jahren hat mir jemand das letzte Mal einen Bericht geschickt, aber den habe ich mir nie wirklich angeschaut.« (Viel Glück, falls Sie diese Antwort bekommen.)

Als Executive Housekeeper sitzt Mariette nicht den ganzen Tag vor Diagrammen und Schaubildern, aber sie hält sich für technisch versierter als die meisten ihrer Bekannten, auch wenn sie angibt, nicht ganz so »auf Zack« zu sein wie ihre jüngeren Kolleginnen und Kollegen. Sie schätzen ihr Alter auf Mitte 50, und im Gespräch hat sie Ihnen erzählt, dass ihre Kinder erwachsen sind und das Haus bereits verlassen haben. Auf Ihre Frage nach Apps und Auswertungen erzählt sie Ihnen, dass sie sich gerade ernsthaft mit dem Thema Ruhestand beschäftigt und die meisten aktuellen Erfahrungen mit Diagrammen und Daten auf ihrer Banking-Website gemacht hat. Sie berichtet zudem, dass ihr Ältester ihr letztes Jahr zum Geburtstag das neueste Modell eines Smartwatch-artigen Fitness-Trackers geschenkt hat und dass sie die Informationen zwar interessant findet, sie sich aber nicht allzu oft mit der dazugehörigen App beschäftigt. (Ehrlich gestanden werden Sie von den meisten Menschen wahrscheinlich nicht so viele persönliche Details erfahren, aber die fiktive Mariette ist eben besonders mitteilsam.)

Auf die Frage, was Mariette an ihren Erfahrungen mit Daten – auf der Banking-Website und in der Fitness-Tracker-App – gefällt (oder nicht gefällt), verrät sie, dass sie vor allem die Möglichkeiten zur Interaktion und zur Erkundung der Daten schätzt. Die Banking-Website benutze sie gerne, weil sie viele Möglichkeiten zur Erkundung der Daten biete, auch wenn die Farben furchtbar seien und die Gestaltung ein wenig veraltet. Bei der Fitness-Tracker-App treffe dagegen eher das Gegenteil zu: Obwohl die Farben fröhlicher seien und die App ein schlankes und modernes Aussehen habe, benutze sie sie nicht oft, weil sie ihr nicht die gleichen Möglichkeiten zur Erkundung biete, die sie so schätze. Dieses gesammelte Wissen können Sie nun für Ihre eigenen Entwürfe nutzen. Also versuchen Sie, die von Mariette geschätzten Möglichkeiten zur Erkundung einzubinden und die unerwünschte Starrheit zu vermeiden.

Sie können dieses Thema für Ihre eigenen Projekte gerne noch ausführlicher erörtern, wenn Sie den Eindruck haben, dass Sie gute Rückmeldungen erhalten. Sobald Sie das Gefühl haben, dass Sie die Erfahrungen der Benutzerinnen und Benutzer und ihre Vertrautheit im Umgang mit Daten gut einschätzen können, fahren Sie fort.

Schritt 3: Finden Sie heraus, welches Problem sie zu lösen versuchen

Als Nächstes kommt der wichtigste Teil des Gesprächs, der wahrscheinlich auch am längsten dauern wird, weil die meisten Menschen gerne über ihre Probleme sprechen. Jetzt haben sich alle entspannt und fühlen sich wohl – und nun sollten Sie herausfinden, welche Informationen sie benötigen, was sie wissen müssen, was sie momentan nicht wissen, welche Frage(n) sie zu beantworten oder welche Probleme sie zu lösen versuchen. Hier können Sie einfach ganz direkt fragen: »Welche Fragen wollen Sie beantworten? Welches Problem wollen Sie lösen?« Aber verzetteln Sie sich hier nicht, denn die erarbeiteten Antworten dienen Ihnen als Richtschnur für die Durchführung Ihres Visualisierungsprojekts und halten sowohl Sie als auch Ihre Stakeholder auf Kurs. Wenn Sie hier nicht auf Einfachheit achten, werden Sie in alle möglichen unterschiedlichen Richtungen gelenkt, und das Projekt wird sehr wahrscheinlich viel länger dauern als erwartet. Konzentrieren Sie sich auf das Wesentliche, dann profitieren am Ende alle davon.

Möglicherweise sind Sie versucht, diesen Schritt zu überspringen, da Ihnen bereits bei der Auftragsvergabe mitgeteilt wurde, was benötigt wird. *Tun Sie das nicht.* Glauben Sie nicht, es besser zu wissen als die Nutzerinnen und Nutzer, denn das stimmt nicht. Sicher, Sie mögen vielleicht der Visualisierungsexperte sein, aber die Nutzerinnen sind es, die das Problem haben (und die darüber entscheiden, ob Sie Ihr Honorar bekommen). Bei meinem letzten Projekt wurde ich gezwungen, diesen Schritt zu übergehen, und das führte auf einen sehr steinigen Weg. (»Wir sind die Experten, und wir sagen ihnen, welche Anforderungen wir haben«, haben sie gesagt. »Das wird toll«, haben sie gesagt. *Wurde es aber nicht.*) Das nächste Mal höre ich auf mein Bauchgefühl und auf meine eigenen Tipps!

Was wünscht sich Mariette also von einem Housekeeping-Dashboard? Sie erzählt Ihnen noch einmal, dass sie für die Dienstplanerstellung für das Housekeeping-Personal zuständig ist und dass sie die Belegungskennzahlen für alle drei Hotels an zentraler Stelle einsehen möchte. Die wichtigsten Kennzahlen für ihre Einsatzplanung sind die Anzahl der Nächte, in denen ein Hotel voll ausgebucht ist, die Anzahl der Nächte, in denen ein Hotel zu mehr als 90 % ausgelastet ist, die Anzahl der Zimmer, die über die letzte Nacht hinaus belegt geblieben sind, und die Anzahl der Zimmer, deren Gäste an einem bestimmten Tag auschecken. Zur Erstellung der Dienstpläne benötigt sie mindestens eine 30-Tage-Ansicht (mit der Möglichkeit, dieses 30-Tage-Fenster zu verschieben), und sie will die Planungen nur am Computer durchführen, braucht also kein für Mobilgeräte optimiertes Dashboard (hierauf vollführen Sie innerlich ein kleines Tänzchen). Außerdem ist sie so ziemlich die Einzige, die mit diesem Dashboard arbeiten wird, sodass es nicht wirklich nötig ist, weitere Personen zu befragen. Volltreffer!

Im Allgemeinen erhoffen Sie sich von diesem Schritt der Befragung eine Liste mit allen Extras, die die Benutzerinnen und Benutzer im Dashboard haben möchten. Welche Dimensionen (auch *Slicer* genannt) wollen sie zur Filterung oder Aufschlüsselung verwenden? Müssen sie die Daten als Tabellenblatt herunterladen können (die Antwort lautet fast immer ja)? Müssen sie für regelmäßige Präsentationen Screenshots in Folien einfügen können usw.? Sobald Ihnen eine vollständige Liste der Dashboard-Funktionen vorliegt, können Sie zum letzten Schritt übergehen: herauszufinden, ob die Nutzerinnen und Nutzer ein gedankliches Bild von ihrem Traum-Dashboard haben.

Schritt 4: Finden Sie heraus, wie Ihr fertiges Produkt (ganz grob) aussehen sollte

Jetzt, da Sie die Anforderungen gut kennen, ist es an der Zeit, sich Gedanken darüber zu machen, wie das Dashboard aussehen soll. Je nachdem, ob Sie mit einer Nutzerin oder einem Stakeholder sprechen, wird das Gespräch etwas anders verlaufen. Grundsätzlich sollten Sie aber herausfinden, wie sie sich ihr tolles neues Dashboard vorstellen. Auch hier dürfen Sie ruhig ganz offen fragen: »Haben Sie schon eine Vorstellung davon, wie das Dashboard aussehen soll? Gibt es irgendwelche optischen Wünsche und Ideen, die ich umsetzen kann?« Wenn Sie mit einem Stakeholder sprechen, ist dies ein guter Zeitpunkt, um nach Farben, Anforderungen zur Barrierefreiheit, Unternehmensbranding, Logos, Schriften usw. zu fragen. Wenn Sie mit Nutzern sprechen, die keine Stakeholder sind, müssen Sie nicht so spezifisch fragen, weil sie es sowieso nicht wissen. Aber Inspiration kann von überallher kommen, und schließlich entwickeln Sie das Projekt für sie, also kann es nicht schaden, ihre Wünsche zu kennen.

Was Sie aus diesem Teil des Gesprächs mitnehmen, ist von Person zu Person sehr unterschiedlich. Vielleicht erhalten Sie konkrete und aussagekräftige Empfehlungen zu Schriftarten, Farben und Layouts, vielleicht aber auch nur vage und esoterische Vorstellungen, die im späteren Verlauf zu Vorschlägen werden könnten. Manchmal ist es hilfreich, ein paar Skizzenutensilien zur Hand zu haben (Whiteboard und Marker, Stift und Papier usw.), damit die Beteiligten ihre Ideen leichter aus ihrem Kopf in den Ihren übertragen können. Nach dem Treffen bleibt Ihnen eine Fülle von Informationen, die Sie in Ihre wachsende Liste von Notizen und Ideen aufnehmen können. Diese möchte ich in Kürze verdichten. Aber zuerst zu den Daten!

8.2.2 Daten ausgraben

Ich habe das nicht schon früher vorgeschlagen, weil die Stakeholder in den meisten Fällen nicht viel über die Daten wissen, abgesehen davon, wo Sie diese ungefähr herbekommen und mit wem Sie den Zugang dazu abklären sollten. (Und die Nutzerinnen und Nutzer wissen gar nichts darüber, also wäre es sinnlos, sie zu fragen.) Bevor Sie also Ihren Stakeholder wegschicken, lassen Sie sich von ihm den Weg zu den Daten weisen, falls Sie ihn noch nicht kennen.

An dieser Stelle möchte ich Ihnen nur eine sehr grobe Vorstellung davon vermitteln, was Sie im Bereich der Daten erwartet, und ich erkläre Ihnen auch, warum das wichtig ist. Ich habe an Projekten mitgewirkt, bei denen der Datensatz fertiggestellt und in Stein gemeißelt war, bevor ich überhaupt mit der Visualisierung beginnen konnte. Und ich hatte Projekte, bei denen die Entwürfe im Wesentlichen schon fertiggestellt wurden, ohne dass jemals darüber nachgedacht wurde, welche Form die Daten annehmen sollten (oder ob die gewünschten Daten überhaupt existieren, aber das ist ein ganz anderes lustiges Problem). Beide Szenarien sind frustrierend für alle Beteiligten, weil sie dann versuchen müssen, ein eckiges Datenklötzchen in einen runden Designschlitz zu stecken. Glauben Sie mir, Sie sollten niemals zulassen, dass ein Arbeitsschritt (Datenerfassung, Datenmodellierung oder Entwurf) dem anderen zu weit vorauseilt. Das ist genau wie beim Zusammenbau eines Regals, wo Sie alle Schrauben zuerst nur locker eindrehen, bevor Sie die erste davon schließlich ganz versenken. In dieser Projektphase müssen Sie also lediglich sicherstellen, dass Sie Zugang zu den benötigten Daten haben und Antworten auf die folgenden Fragen finden:

- Welche Tools benötigen Sie für den Datenzugriff?
- Liegen alle Daten bereits vor oder müssen einige (oder alle) Daten noch erhoben werden? Wie sieht im letzteren Fall der Zeitplan dafür aus?
- Sind die Daten über viele Tabellen, Dateien oder Speicherorte verteilt? Wenn ja, haben Sie dort überall Zugriff?
- Kennen Sie anhand der Vorgespräche die richtigen Skalierungen und Maßeinheiten, um die Nutzeranforderungen zu erfüllen?
- Wie oft werden die Daten aktualisiert?
- Müssen Sie Ihre Visualisierung mit *zeilenweisen Zugriffsrechten* ausstatten? Das bedeutet, dass die Ansicht, die eine Person beim Öffnen Ihrer Visualisierung zu Gesicht bekommt, davon abhängt, welche Berechtigungen sie für die zugrunde liegenden Daten besitzt. Falls ja, wirkt sich das auf Ihre Datenmodellierung aus. Und auch das Ergebnis sieht wahrscheinlich anders aus, je nachdem, welches Tool Sie für den Datenzugriff und/oder die Erstellung der Visualisierung verwenden.
- Sonstige Fragen, die Ihnen in den Sinn kommen.

Sobald Sie dann Zugang zu den Daten haben, sollten Sie ruhig etwas herumzustöbern, um ein Gefühl für die Daten zu bekommen. Liegen noch keine Daten vor, etwa wenn Sie ein Dashboard zur Visualisierung von Ergebnissen einer Umfrage erstellen, die aber noch gar nicht durchgeführt oder überhaupt erstellt wurde, könnten Sie stattdessen Zugriff auf das Umfragetool erhalten und eine Dummy-Umfrage mit Dummy-Fragen und Dummy-Antworten erstellen und sich auf diese Weise selbst mit einigen Dummy-Daten versorgen. (Auf dieses Szenario, in dem noch keine Daten vorliegen, gehe ich in Kap. 9 näher ein.)

Für diese Fallstudie habe ich natürlich bereits einen fingierten Datensatz. Ich habe ihn herausgesucht und ausgewählt, weil er interessant war und weil die drei Hotels darin »Sankey«, »Chord« und »Marimekko« heißen (die Namen sind zugleich englische Bezeichnungen von Diagrammtypen, und ich mag solche nerdigen Anspielungen). Wie die meisten fiktiven Daten sind diese hier etwas zu makellos, was sich in ein paar seltsamen Eigenheiten zeigt. Zum Beispiel umfasst jede Reservierung unabhängig von der Zimmerart Erwachsene und Kinder, und wenn man alles zusammenrechnet, entspricht die Anzahl der Kinder ungefähr jener der Erwachsenen. Darüber hinaus sind keinerlei Saisonalitäten oder gar Schwankungen nach Wochentag erkennbar, und auch die Kapazität der einzelnen Hotels ist nicht direkt ersichtlich. Und schließlich stammen alle Reservierungen aus dem Jahr 2020, und viele werden sich daran erinnern, dass der Tourismus in jenem Jahr aufgrund der Pandemie nahezu zum Erliegen kam. Aber egal! Es ist ein hübscher Datensatz, der kostenlos genutzt werden kann, und Mark Bradbourne (sein Urheber und Eigentümer) hat mir freundlicherweise gestattet, darauf basierende Visualisierungen zu veröffentlichen.

Es folgt jetzt noch ein weiterer Schritt in dieser Recherchephase, bevor Sie in die Designphase übergehen: Sie müssen alle zusammengetragenen Informationen verdichten und dokumentieren.

8.2.3 Die Anforderungen dokumentieren

Jetzt sollten Sie bereits einen ansehnlichen Stapel an Notizen von Stakeholdern und Nutzerinnen gesammelt und eine vage Vorstellung davon haben, wie die Daten aussehen oder zukünftig einmal aussehen werden. Am besten fassen Sie all diese Informationen in einem einzigen Dokument zusammen, das Sie dann den Stakeholdern vorlegen können, um sich deren Zustimmung zu Ihrer geplanten Vorgehensweise im Rahmen des Visualisierungsprojekts zu holen. Dabei kann es sich um ein sehr formelles Lastenheft handeln, für das manche Unternehmen sogar entsprechende Vorlagen zur Verfügung stellen. Möglicherweise ist Ihr Dokument aber auch weniger formell und kommt ohne Vorlage aus, indem es die einzelnen Punkte und Funktionen einfach auflistet, und zwar zumeist in Form von Aufzählungen.

- *Zweck des Dashboards in maximal einem bis zwei Sätzen* – dies entspricht quasi dem Elevator-Pitch für Ihre Visualisierung.
- *Fragen, die das Dashboard beantworten sollte* – Halten Sie dies, wie erwähnt, möglichst einfach, maximal um die drei Hauptfragestellungen. Alles darüber hinaus ist ein Bonus.
- *Stakeholder und Benutzerzielgruppe.*
- *Was nicht in den Projektumfang fällt* – Ich weise immer darauf hin, wenn ich keine Unterstützung für mehrere Sprachen oder verschiedene Gerätelayouts vorsehe. Sie können hier aber alles vermerken, was Sie nicht zu tun bereit sind. Natürlich kann es passieren, dass die Auftraggeber später einen bestimmten

Punkt nachverhandeln wollen. Dann können Sie aber auf das Anforderungsdokument verweisen und erklären, dass dieser Aspekt nicht zum Leistungsumfang gehört. Falls Sie ihn dennoch umsetzen sollen, müssten dazu die Prioritäten neu abgesteckt oder der Zeitplan neu ausgehandelt werden.

- *Was in den Projektumfang fällt* – Hier führen Sie alles auf, was Sie im Rahmen des Projekts zu entwickeln, zu schreiben oder zu übergeben gedenken. Ein Beispiel wäre die Erstellung eines Dashboards mit einer bestimmten Anzahl von Registerkarten mit dem Tool ABC mit Bereitstellung am Standort PQR, wo es von den Stakeholderinnen und Zielnutzern aufgerufen werden kann. Wenn Sie für die Erstellung einer kompletten Datenpipeline zur Speisung des Dashboards verantwortlich sind, vermerken Sie das. Wenn Sie lediglich eine Verbindung zu ein paar Tabellen oder einer API herstellen und keine umfangreiche Datenverarbeitung vornehmen, dann weisen Sie entweder hier oder im Abschnitt »Nicht im Projektumfang« darauf hin. Und schreiben Sie sich unbedingt auch ins Lastenheft, dass Sie dokumentieren werden, wie alles funktioniert!
- *Anforderungen* – Hier können und sollten Sie sehr spezifisch formulieren. Sie können diesen Teil auch in Abschnitte wie etwa Filter und Bedienelemente, visuelle Elemente und interaktive Funktionalität unterteilen. Fügen Sie außerdem einen Abschnitt zur Barrierefreiheit ein, falls Sie darauf besonderen Wert legen müssen. Ich weiß, dass einige Kolleginnen und Kollegen beispielsweise Dropdown-Menüs und Optionsfelder gerne vermeiden und lieber die Daten selbst interaktiv gestalten. Denken Sie aber immer auch an die Einschränkungen hinsichtlich Tastaturnavigation, die sich aus dem Verzicht auf solche Standardelemente ergeben.
- *Kennzahlen* – Ich nehme diesen Abschnitt gerne separat mit auf, um sicherzustellen, dass die Stakeholder ihn sehen und dass ich die korrekten Definitionen und grundlegenden Berechnungsmethoden verwende, bevor ich mich zu sehr in meine weitere Arbeit vertiefe. Diese Liste stellt eine verbindliche Referenz dar, die definiert, was enthalten sein muss und wo die einzelnen Komponenten zu finden sind. Wenn Sie alles an einem Ort zusammenfassen (in der Regel in einer Tabelle wie etwa Tab. 8.2), können sich die Stakeholder leichter absprechen und sagen, welche Wünsche oder Anforderungen sie für jede Kennzahl haben.
  - Es ist ausgesprochen hilfreich, wenn alle Kennzahlen möglichst früh vollständig definiert werden, vor allem noch im Vorfeld der Datenmodellierungsphase (dazu bald mehr). Denn sonst geraten Sie schnell ins Schwimmen. Beim Plätzchenbacken müssen Sie schon vorab wissen, welche Zutaten Sie brauchen. Nur dann können Sie sicher sein, dass Sie alles da haben und nicht mitten in der Herstellung verzweifelt im Netz nach »Butterersatz zum Plätzchenbacken« suchen müssen. Und mit Daten ist es nicht anders. Es ist gut, genau zu wissen, aus welchen Komponenten Sie die einzelnen Kennzahlen zusammenbauen. Dann können Sie sicher sein, dass Sie alles beisammenhaben, bevor Sie mit der Datenmodellierung beginnen. Für eine Konversions-

rate brauchen Sie beispielsweise einen Nenner (Seitenaufrufe oder Ähnliches) und einen Zähler (Käufe oder Ähnliches). Je nachdem, wie Ihre Stakeholder die Konversionsrate definieren möchten, benötigen Sie wahrscheinlich auch eine Möglichkeit, einen Kauf mit einem bestimmten Seitenaufruf zu verknüpfen.

– Es gibt keine festen Regeln zur Gestaltung dieser Tabelle oder Liste mit Kenngrößen. Ich habe an Projekten gearbeitet, bei denen es mindestens ein Dutzend wichtiger Metriken gab, und ich habe an Projekten mit nur einer oder zwei relevanten Kennzahl(en) teilgenommen. Manchmal brauchen Sie ein Dutzend Spalten, um alle wichtigen Informationen zu erfassen, und manchmal genügen einige wenige, so wie in Tabelle 8.2.

Kennzahl	Berechnung	Liegen die Daten vor?	Anmerkungen
Reservierungen mit Check-in	Anzahl an Reservierungen, deren Aufenthalt an einem bestimmten Tag beginnt	Ja	Kann nachrangig behandelt werden, da diese Zimmer an sich keine Housekeeping-Leistungen erfordern.
Reservierungen mit Check-out	Anzahl an Reservierungen, deren Aufenthalt an einem bestimmten Tag endet	Ja	nur Trend
durchgängig anwesende Reservierungen	Anzahl an Reservierungen, deren Aufenthalt nicht im betrachteten Zeitfenster beginnt oder endet	Ja	nur Trend
voll ausgebuchte Nächte	Anzahl der Nächte, in denen alle Hotelzimmer reserviert sind	Ja	aggregiert und Trend – besonders wichtig!
zu >90 % gebuchte Nächte	Anzahl der Nächte, in denen über 90 % der Hotelzimmer reserviert sind	Ja	aggregiert und Trend – besonders wichtig!
% voll ausgebuchte Nächte	voll ausgebuchte Nächte/Anzahl der Nächte im betrachteten Zeitfenster	Ja	nur aggregiert
% zu >90 % gebuchte Nächte	zu 90 % gebuchte Nächte/Anzahl der Nächte im betrachteten Zeitfenster	Ja	nur aggregiert

Tab. 8.2 *Eine tabellarische Auflistung der Kennzahlen, die im Housekeeping-Dashboard der Fallstudie visualisiert werden müssen.*

Manchmal haben diese Tabellen deutlich mehr Spalten (wie zum Beispiel Datenquelle, Formatierungsbeispiel usw.), manchmal auch weniger. Manchmal enthalten sie deutlich mehr Kennzahlen und manchmal nur eine oder zwei.

Sobald Sie einen Entwurf des Anforderungsdokuments haben, der nicht nur für Ihre eigenen Augen bestimmt ist, ist es an der Zeit, die Meinung Ihrer Stakeholder einzuholen. Damit stellen Sie sicher, dass diese mit Ihren Entwürfen einverstanden sind und sie absegnen. Hier kann es zu einem gewissen Hin und Her kommen, und das ist in Ordnung, ja sogar erwünscht. Wenn sich die Stakeholder engagieren, dann heißt das, dass sie sich Gedanken machen, und damit sollte es dann später weniger Überraschungen geben. Je nachdem, wie verfügbar und reaktionsschnell sie sind, sollten Sie ihnen einige Tage bis zu einer Woche oder mehr Zeit bis zur endgültigen Freigabe des Dokuments einräumen. Bleiben Sie hier hartnäckig, denn ein frühes und häufiges Feedback ist der beste Weg, um den Erfolg Ihres Projekts sicherzustellen.

Sie haben die Anforderungen von Stakeholdern und Nutzerinnen zusammengetragen, Sie haben Datenzugang, Sie wissen ungefähr, welche Daten verfügbar sind, und Sie haben die Zustimmung der Stakeholder zu Ihren Plänen erhalten. Jetzt können Sie endlich zur nächsten Projektphase übergehen: der Designphase.

8.3 Die Designphase

In dieser Projektphase werden die Pläne, die bisher nur als esoterische und vage Vorstellungen existierten, als konkrete Entwürfe zu Papier gebracht. Ein offensichtlicher Bestandteil der Designphase sind Skizzen und Mockups, aber bei der Datenvisualisierung gesellt sich dazu noch eine komplette weitere Unterphase, die leicht vergessen oder zum falschen Zeitpunkt angegangen wird: die Datenmodellierungsphase.

8.3.1 Ein Datenmodell um das Design herum anlegen

Bevor Sie Ihre Fantasie zu weit schweifen lassen und über alle möglichen verrückten Funktionen für Ihr Dashboard nachdenken, sollten Sie etwas über Datenmodellierung erfahren. Denn nur dann wissen Sie, was datentechnisch machbar ist, wenn Sie den Rest der Designphase angehen. Denken Sie daran, dass das *Datenmodell* die Ordnungsstruktur Ihrer Daten ist, einschließlich der von Ihnen genutzten Datentypen und der Art und Weise, wie jeder Datenpunkt beschrieben wird. Ein Datenmodell kann auf eine oder mehrere Datenstrukturen zurückgreifen, seien dies Tabellen, Arrays oder Objekte. (Falls Sie nicht mehr weiterwissen, werfen Sie am besten noch einmal einen Blick in das Kap. 3.) Normalerweise wird eine einzelne Grafik oder Visualisierung von einer einzigen Datenstruktur getragen. Ich möchte hier zunächst die Tabellen beschreiben, mit Zeilen und Spalten und so weiter. Beachten Sie aber, dass diese Gedanken auch für Arrays, Objekte und andere Strukturen gelten können.

Die Daten, die Sie für eine visuelle Darstellung verwenden, sind im Allgemeinen entweder sauber strukturiert oder *tidy*, das heißt, sie haben pro Beobachtung eine Zeile und alle Variablen liegen in einzelnen Spalten vor, oder sie sind nicht so aufgeräumt, sondern *untidy*, liegen also in einer beliebigen anderen Anordnung vor. Mit BI-Tools wie Tableau oder Power BI erhalten Sie die größtmögliche Flexibilität, wenn Sie sich direkt mit einer breiten, sauber strukturierten Tabelle wie etwa Tabelle 8.3 verbinden. Diese Tools machen es nämlich sehr einfach, so viele oder wenige Daten zu aggregieren, wie Sie möchten bzw. wie es Ihr Design erfordert.

ID	Datum	Obstsorte	Geschmackswertung
1	02.06.2022	Apfel	75
2	02.06.2022	Apfel	25
3	02.06.2022	Kiwi	50
4	02.06.2022	Mango	100

Tab. 8.3 *Ein Beispiel für eine ordentlich strukturierte Tabelle mit einer Granularität von einer Zeile pro verzehrter Frucht (Beobachtung) und einer Spalte für jede Kenngröße (Variable)*

Wenn Sie sich Tabelle 8.1 mit den Beispieldaten aus dem Hoteldatensatz ansehen, werden Sie feststellen, dass es sich um eine ordentlich strukturierte Tabelle wie diese hier handelt, mit einer Zeile pro Reservierung. Bingo!

Wenn Sie programmieren, anstatt ein BI-Tool zu verwenden, dann sollten Sie wissen, dass Python, R und d3 allesamt über sehr leistungsfähige Bibliotheken verfügen, die speziell für die Arbeit mit solchen gut strukturierten Tabellen gedacht sind (die Pandas-Bibliothek für Python erkennt darin etwa ein Data Frame). Wenn Sie allerdings keine solche Bibliothek verwenden, ist es wahrscheinlich vorteilhaft, zunächst eine Aggregation vorzunehmen, wie etwa im Beispiel der aggregierten Tabelle 8.4. Und wenn Sie einem Programmierbeispiel folgen möchten, so wie ich es häufig beim Programmieren in d3 handhabe, dann gleichen Sie die Struktur Ihrer Daten am besten an jene des Beispiels an. So kommen Sie am schnellsten ans Ziel.

Obstsorte	Anzahl	durchschnittliche Geschmackswertung
Äpfel	2	50
Kiwis	1	50
Mangos	1	100

Tab. 8.4 *Beispiel für eine aggregierte Tabelle mit einer Granularität von einer Zeile pro Obstsorte*

Wie in Kapitel 3 erörtert, ist es unabhängig von der Wahl des Tools einfacher, mit weniger stark aggregierten Daten zu beginnen. Stärker aggregieren können Sie später schließlich jederzeit immer noch. Eine Disaggregation ist dagegen unmöglich, sobald einmal Informationen bei der Aggregation verworfen wurden.

Es gibt auch noch andere, nicht gerade ordentlich strukturierte Optionen, z. B. eine sehr lange Tabelle mit einer einzelnen Spalte für die Bezeichnung der Kennzahlen und einer weiteren einzelnen Spalte für die Kennzahlen selbst, so wie in Tabelle 8.5.

Die Arbeit mit einer Tabelle wie Tabelle 8.5 kann recht schwierig sein, vor allem, wenn Sie die Kennzahlen innerhalb einer einzigen Spalte unterschiedlich formatieren müssen (z. B. als Prozentsätze oder Dezimalzahlen). In einem solchen Fall sollten Sie sich entweder durch entsprechende Filterung auf jeden Kennzahlentyp einzeln konzentrieren oder alternativ völlig separate Datenstrukturen erstellen – eine für die Prozentwerte und eine für die Dezimalzahlen.

Datum	Bezeichnung der Kennzahl	Wert der Kennzahl
02.06.2022	Anzahl Äpfel	2
02.06.2022	Anzahl Kiwis	1
02.06.2022	Anzahl Mangos	1
02.06.2022	durchschnittliche Geschmackswertung Apfel	50
02.06.2022	durchschnittliche Geschmackswertung Kiwi	50
02.06.2022	durchschnittliche Geschmackswertung Mango	100

Tab. 8.5 *Diese lange (aggregierte) Tabelle, mit einer Granularität von einer Zeile pro Kenngröße und Tag ist »untidy«.*

Natürlich ist es Ihr gutes Recht, alle Kenngrößen in eine Tabelle zu packen. Ich möchte hier aber vor allem verdeutlichen, dass Sie das nicht unbedingt tun sollten, nur weil es möglich ist. Ich habe in der Praxis schon mehrfach mit solchen Tabellen gearbeitet. Aber der einzige Grund, weswegen man dies für eine Visualisierung überhaupt in Betracht ziehen könnte, sind strenge Ressourcenbeschränkungen. In einem Fall mussten wir neue Kennwerte automatisch in die Visualisierung einfließen lassen, ohne dafür irgendetwas auf der Visualisierungsseite anfassen zu dürfen. Der Grund war, dass kein Entwicklungsteam eingeplant war, das sich nach unserem Abrücken um die Aktualisierung der Visualisierung hätte kümmern können. Ein anderes Mal waren die IT-Ressourcen so begrenzt, dass ich als Entwicklerin der Visualisierung gezwungen war, eine solche Tabelle zu verwenden, die speziell als Datenquelle für einen Excel-Bericht erstellt worden war. Der Kunde hatte keine Kapazitäten, um eine zweite Version mit denselben Daten nur für die Visualisierung zu pflegen.

Schauen Sie sich also alle Informationen aus der Anforderungserhebung und den Vorgesprächen mit den Nutzerinnen und Nutzern an, die Sie hoffentlich dokumentiert und von Ihren Stakeholdern haben absegnen lassen. Anhand dieser Liste, in der alle benötigten Kennzahlen, Filter, Slicer und Dicer aufgeführt sind, überlegen Sie sich, wie die Struktur der Tabelle aussehen soll. Wenn Sie Glück haben, können Sie das alles an eine Datenspezialistin übergeben. Diese trägt dann alles für Sie zusammen, während Sie sich dem restlichen Design- und Entwicklungsprozess widmen (wobei Sie natürlich weiterhin engen Kontakt zu ihr halten, falls eine von Ihnen auf etwas Unerwartetes stößt). Wenn Sie die Daten selbst zusammenschustern müssen, ist dies ein guter Zeitpunkt, um die Datenbank oder eine andere Datenquelle zu konsultieren und sicherzustellen, dass Sie die Daten in der gewünschten Form zusammenstellen können. Unabhängig davon, ob Sie die Daten selbst zusammentragen oder ob dies jemand anderes für Sie tut: Werden Sie in diesem frühen Stadium auf fehlende Informationen aufmerksam, haben Sie eher die Möglichkeit, diese entweder von Dritten bereitstellen zu lassen oder Ihre Geschichte zu überarbeiten, falls dies einfach nicht machbar sein sollte.

Jetzt ist es an der Zeit, die Gangart zu wechseln, den »Recherche- und Datenhut« abzulegen und sich den »Zeichen- und Designhut« aufzusetzen. (Das mag ich an der Datenvisualisierung besonders gerne: Ich kann mir beide Hüte aufsetzen! Und ich liebe gute Hüte.)

8.3.2 Skizzieren oder nicht skizzieren

Ich habe förmlich gespürt, wie Ihr Blick im vorherigen Absatz beim Wortfragment »Zeichen-« erstarrt ist. Bin ich gut im Zeichnen? Nein, das bin ich ganz sicher (noch?) nicht. Aber es kann eine sehr hilfreiche Übung sein, mit den Händen mal eben schnell Ideen aus dem Kopf auf ein Blatt zu übertragen, also gehe ich einmal darauf ein.

Um 2019 herum sprachen sich mehrere bekannte Leute aus der Datenvisualisierungs-Community dafür aus, physische Medien wie Stift und Papier oder Whiteboard und Marker zu verwenden, um eine Visualisierung vor ihrer Umsetzung in Bildschirmpixel zunächst analog zu skizzieren. Diese Fachleute argumentierten, dass Menschen (sowohl Nutzer als auch Designerinnen) Pixel eher als ein fertiges Produkt ansehen und daher beim Blick auf einen Bildschirm weniger geneigt sind, neue Ideen, Verbesserungen und Überarbeitungen vorzuschlagen, als wenn sie eine nicht digitale Zeichnung betrachten. Ich bin mir immer noch nicht sicher, ob sie damit wirklich richtig lagen. Aber weil ich damals gerade erst anfing, in der Designwelt Fuß zu fassen, vertraute ich ihnen. Vielleicht habe ich bereits während meines Studiums zu viel Zeit mit Bleistift und Papier verbracht – und dabei diese verräterischen dunklen Flecken am Handballen bekommen, weil ich damit den ganzen Tag über Seiten und noch mehr Seiten voller Gleichungen gewischt hatte – oder vielleicht hatte ich auch einfach Mitleid mit den armen Bäumen – jedenfalls sind Bleistift und Papier inzwischen einfach nicht mehr so mein Ding. Also bestellte ich pflichtbewusst ein Sechserpack Whiteboards im A4-Format und einen Satz bunter, superfeiner, trocken abwischbarer Marker und setzte das Skizzieren an den Anfang meines Entwurfsprozesses.

In den vergangenen Jahren konnte ich seither bei Dutzenden von Projekten feststellen, dass sich das Skizzieren auf diesen physischen Medien für mich viel verbindlicher anfühlt als die Arbeit mit Pixeln. (Vielleicht bin ich aber auch einfach nur faul, denn die Vorstellung, ein Visualisierungselement neu zu zeichnen, nur weil ich es von der rechten auf die linke Seite meiner Skizze verschieben möchte, erscheint mir oft viel zu anstrengend.) Ich würde liebend gerne auch mein Tablet und den dazugehörigen Stift verwenden, habe aber noch nicht die perfekte (kostenlose) App gefunden, die genau meinen Wünschen entspricht (ich glaube aber, dass Figma hier bald auf den Zug aufspringen könnte – wollen wir es hoffen!) Also setze ich weiterhin auf meine Whiteboards und Marker, bis sich etwas Besseres findet.

Bis zu diesem segensreichen Zeitpunkt besteht mein anfänglicher Designprozess darin, meine einzelnen Ideen grob mit einer einzigen Farbe zu skizzieren, ungefähr einen Tag lang darüber nachzudenken, dann Fotos davon zu machen und sie alle miteinander zu vergleichen. Ehrlich gestanden verdient diese Vorgehensweise kaum die Bezeichnung »Prozess«, denn es ist wirklich nur eine lose Aneinanderreihung von Schritten, die ich auch nur irgendwie und manchmal einhalte. In anderen Fällen, wenn die Inspiration flüchtig ist oder viele Informationen auf kleinem Raum dargestellt werden müssen, versuche ich, drei verschiedene Ideen zu entwickeln, bevor ich mich für eine davon entscheide (oder die Stakeholder eine davon auswählen lasse, falls sie sehr engagiert sind) und mit der Entwicklung beginne. Ein paar einzigartige Ideen zu entwickeln, ist nicht nur eine gute Übung. Ich bekomme dadurch auch Ausweichmöglichkeiten, falls die erste Idee nicht funktioniert. Meist sind diese Zeichnungen hauptsächlich für mich selbst, damit ich sehe, wie meine Ideen langsam Form annehmen, und um meine Gedanken zu ordnen, ähnlich wie mit einer visuellen To-do-Liste. Aber hin und wieder hat es sich auch als nützlich erwiesen, meine Vorstellungen einem Stakeholder zu zeigen, statt nur zu versuchen, sie zu beschreiben. Ein Bild sagt schließlich mehr als tausend Worte.

Andererseits gibt es auch Leute, die gerne direkt mit ihrem bevorzugten Entwicklungswerkzeug arbeiten und mit den Daten herumspielen (falls sie bereits Zugang dazu haben). So wissen sie genau, wie die Visualisierung mit echten Daten aussehen wird. Wenn Sie bereits gut mit Ihrem Tool umgehen können und nicht gerne zeichnen, ist das eine gute Alternative zu den Skizzen. Auch so können Sie die Gedanken aus Ihrem Kopf auf ein Arbeitsblatt bringen – achten Sie nur darauf, dass Sie im Vorfeld nicht zu viel Zeit damit verplempern, alles pixelgenau hinzubekommen. Es gibt keinen Grund, wertvolle Entwicklungszeit zu verschwenden. Bei diesen frühen Versionen handelt es sich um *Prototypen*, die keineswegs für den produktiven Einsatz gedacht sind. Stattdessen helfen sie Ihnen, Konzepte zu testen und sich selbst und den Stakeholdern mögliche Varianten aufzuzeigen.

Wieder andere (mich eingeschlossen) wechseln gerne zwischen Skizzen und Prototypen in einem Software-Tool hin und her. Ab und zu habe ich eine Idee, bei der ich mir nicht sicher bin, ob ich sie mit meinem Werkzeug umsetzen kann. Dann lege ich die Filzstifte beiseite und erstelle einen sehr rudimentären Prototyp davon. Sobald ich bewiesen (oder widerlegt) habe, dass es möglich ist, skizziere ich weiter oder gehe, falls ich zufrieden bin, direkt zur Entwicklung über.

Und was skizzieren Sie eigentlich beziehungsweise nehmen es als Grundlage für Ihre Prototypen? Layout-Ideen!

8.3.3 Das Layout für ein Dashboard gestalten

Ganz egal, ob Sie Ihre Ideen zuerst skizzieren oder nicht: Hier soll es nun um die Gestaltung eines Dashboards gehen und darüber, wie Sie entscheiden, was wohin kommt. Wenn Sie eine Auffrischung der präattentiven Attribute und Gestaltgesetze brauchen, überfliegen Sie ruhig noch mal Kapitel 2. Bei der Gestaltung des Layouts sollten Sie allerdings vor allem bedenken, dass das Wichtigste oben links und das Unwichtigste unten rechts stehen sollte – denn so wird in der westlichen Welt gelesen: von links oben nach rechts unten.

Innerhalb dieser groben Richtlinie haben Sie immer noch sehr viel Spielraum zur Anordnung der Elemente in Ihrem Dashboard. Das kann schon auch mal etwas herausfordernd wirken. Aber irgendwo muss man ja anfangen, also beginne ich meist mit einem sehr einfachen Layout: Ich wähle eine Größe, die (jedenfalls weitestgehend) auf einen Laptop-Monitor passt, setze oben links ein Logo ein, füge einen Titel hinzu und platziere dann alle Filter und Bedienelemente auf der rechten Seite. Dann kommt der Hauptinhalt in den verbleibenden Freiraum, so wie in Abbildung 8.3. Denken Sie daran, zwischen den Elementen und auch um das Dashboard herum ausreichend Leerraum zu lassen! Ich beginne gerne mit 20 Pixeln und vergrößere oder verkleinere diesen Wert dann nach Bedarf.

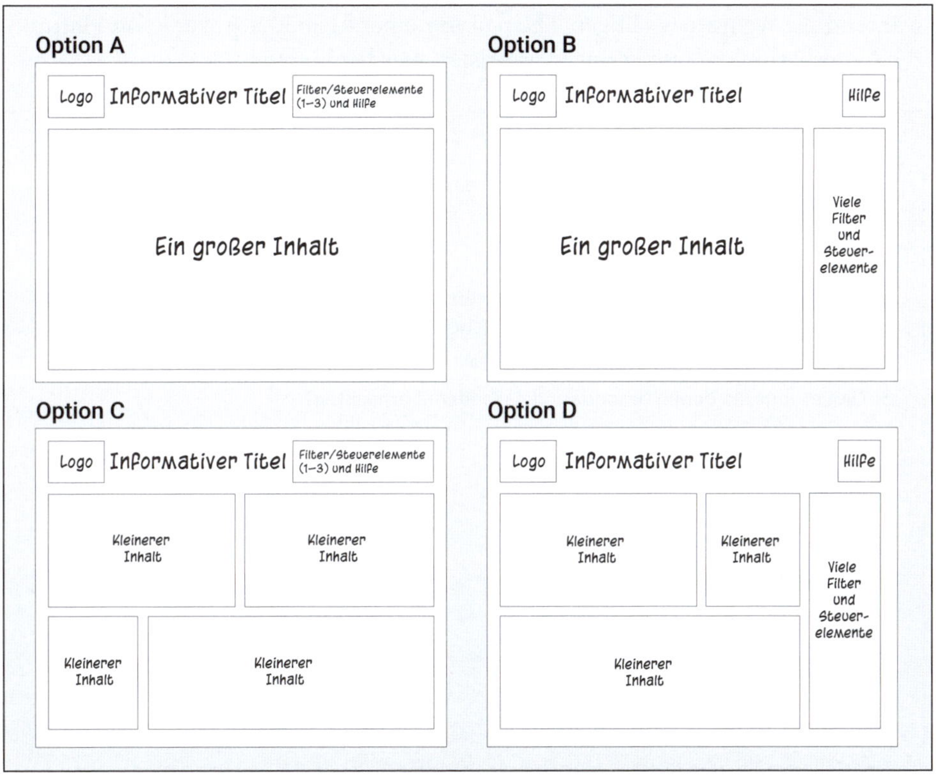

Abb. 8.3 *Ein paar einfache Beispiele für den Aufbau eines Dashboards für Desktop-PC oder Tablet. Beachten Sie, dass zwischen den Elementen und am Rand des Dashboards viel Platz ist.*

Natürlich gibt es noch unzählige weitere Möglichkeiten, die Inhalte auf einem Dashboard anzuordnen, daher sollten Sie aufmerksam auf Datenpräsentationen um Sie herum achten. Man kann nie wissen, woher die Inspiration kommt. Halten Sie also stets die Augen offen und sammeln Sie Ideen, die Sie Ihrem Visualisierungs-Werkzeugkasten hinzufügen können. Entweder machen Sie sich dazu Fotos oder Sie legen eine Art Pinterest-Board an, von dem Sie sich jederzeit inspirieren lassen können.

Doch bevor Sie entscheiden können, was wohin gehört, müssen Sie wissen, was für Ihre Nutzerinnen und Nutzer wichtig ist. Dies ist also ein guter Zeitpunkt, um einen ganzheitlichen Blick auf alle Notizen zu werfen, die Sie bisher bei der Recherche für Ihr Projekt gesammelt haben. Häufig ordnen Designer ihre Gedanken mithilfe von Haftnotizen, entweder physisch oder virtuell (z. B. mit einem Miro-Board oder dem Figjam-Board von Figma). Die übliche Vorgehensweise besteht darin, sich die Aufzeichnungen anzusehen und jeweils eine Idee, eine Anforderung oder ein Konzept auf einen Klebezettel zu schreiben, bis Sie schließlich alles auf Klebezettel übertragen haben. Sie können sogar weitere Ideen hinzufügen, wenn sie Ihnen währenddessen einfallen – der Kreativität sind keine Grenzen gesetzt! Gruppieren Sie die Haftnotizen nach verwandten Themen, und mit der Zeit werden sich die umfangreichsten und wichtigsten Themen als große Gruppen herauskristallisieren, während die weniger wichtigen Themen mit einer kleineren Anzahl von Haftnotizen hinterherhinken und geringer priorisiert werden können.

Fallstudie

Prognose-Dashboard Housekeeping. Housekeeping-Anforderungen für die nächsten 30 Tage oder 5 Wochen.

Fragen:

1. An welchen Tagen muss ich am meisten Housekeeping-Personal einplanen, weil ein Hotel komplett oder nahezu komplett ausgebucht ist?
2. An welchen Tagen gibt es einen großen Gästezu- bzw. -abgang?
3. Gibt es Tage, an denen besonders viele Kinder übernachten?

Kennzahlen:

- Reservierungen mit Check-in
- Reservierungen mit Check-out
- durchgängig anwesende Reservierungen
- voll ausgebuchte Nächte
- zu > 90 % ausgebuchte Nächte
- Anzahl der durchgängig anwesenden oder auscheckenden Erwachsenen
- Anzahl der durchgängig anwesenden oder auscheckenden Kinder

Datenbedarf:

eine Zeile pro Tag und Reservierung (bei einem Aufenthalt von 7 Nächten wären das also 7 Zeilen

Slicer:

- Tag
- Zimmertyp
- Hotelname

Benutzerin:

- Leiterin des Housekeepings
- Person(en), die für die Planung des Housekeeping-Personals verantwortlich sind

Abb. 8.4 *Meine Methode zur Gliederung meiner Notizen zur Anwenderin in der Fallstudie ist nicht ganz so visuell, wie Sie es vielleicht erwarten würden, aber sie erfüllt ihren Zweck.*

Ich verzichte meist auf den Einsatz von Haftnotizen und arbeite lieber mit Aufzählungslisten in einer Notiz-App, so wie in Abbildung 8.4.

Als ich mich mit diesen Notizen für Mariettes Housekeeping-Dashboard auseinandersetzte, wurde mir schnell klar, dass die größte Herausforderung darin bestehen würde, mehrere verschiedene Kennzahlen über einen Zeitraum von mindestens 30 Tagen zu visualisieren (ganz zu schweigen davon, eine Skizze zu erstellen, die ich ohne Scham in diesem Buch veröffentlichen kann). Nicht ganz so schwierig, aber umso wichtiger war es, die Belegungszahlen für alle drei Hotels gleich zu Beginn zu zeigen, damit Mariette sofort weiß, an wie vielen Tagen sie in den einzelnen Häusern alle Leute zur Stelle haben muss. Da dies die wichtigsten Daten sind, sollten sie auch den prominentesten Platz einnehmen: ganz oben quer über den Bildschirm. Die Trends für die übrigen Kennzahlen sollten dann darunter stehen. Ich konnte mich nicht zwischen einer riesigen Ansicht mit allen Kennzahlen und zwei separaten Ansichten für die Trends entscheiden – Ersteres erschien mir erdrückend und unübersichtlich, Zweiteres dagegen redundant und ungewohnt. Ich wusste, dass das Dashboard bei so vielen Kennzahlen leicht unübersichtlich werden könnte, und diese Unübersichtlichkeit kam in meinen Skizzen definitiv zum Ausdruck (siehe Abb. 8.5).

Wie Sie der Abbildung entnehmen können, hatte ich schon früh die Idee, Ringdiagramme zur Darstellung der allgemeinen Belegungszahlen zu verwenden. Dies habe ich dann auch durchgehend beibehalten, und als ich auf den Gedanken kam, die Übernachtungen und Checkouts in einer kalenderähnlichen Ansicht darzustellen, habe ich auch daran festgehalten. Da Balkendiagramme heutzutage so allgegenwärtig sind und Mariette nicht außergewöhnlich datenaffin ist, habe ich mit vielen unterschiedlichen Kombinationen und Ausrichtungen von Balkendiagrammen zur Darstellung der täglichen Kennzahlen experimentiert, aber keine davon hat mich so richtig glücklich gemacht. Wie ich es befürchtet hatte, wirkte das Dashboard mit so vielen Kennzahlen unübersichtlich und überladen. Trotzdem, es musste weitergehen und ich brauchte Fortschritte. Also habe ich meine am wenigsten gering geschätzten Ideen genommen und bin trotzdem zum Wireframing übergegangen. Bei einem *Wireframe* handelt es sich um eine vereinfachte, meist digitale Vorabversion des späteren Designs. In der Regel kommt es ohne Farbe aus, und die Schriftarten sind recht einfach gehalten (ich verwende immer gerne eine handschriftähnliche Schrift, damit klar ist, dass es sich nicht um eine endgültige Version handelt). Sinn des Wireframes ist es schließlich, schnell eine grobe Vorstellung davon zu bekommen, ob das Design seinen Zweck erfüllen kann. Abbildung 8.6 zeigt meine beiden Wireframe-Varianten; das Design so zu sehen, hat mir geholfen, alle Layoutoptionen bis auf eine zu eliminieren. Außerdem war es auch viel einfacher, als all diese winzigen Diagrammelemente mit Filzstift zu zeichnen zu versuchen!

Als ich das Wireframe mit den zahllosen Balkendiagrammen links in Abbildung 8.6 sah, wurde mir klar, dass dies nicht der richtige Weg für Mariettes Housekeeping-Dashboard war. Stattdessen entschied ich mich für die Kalenderansicht und die Liniendiagramme in der rechts dargestellten Version. Passende Legenden dazu würde ich mir später noch ausdenken. Diesen Entwurf legte ich Mariette vor, und sie gab mir grünes Licht, mit der Umsetzung dieser Version zu beginnen.

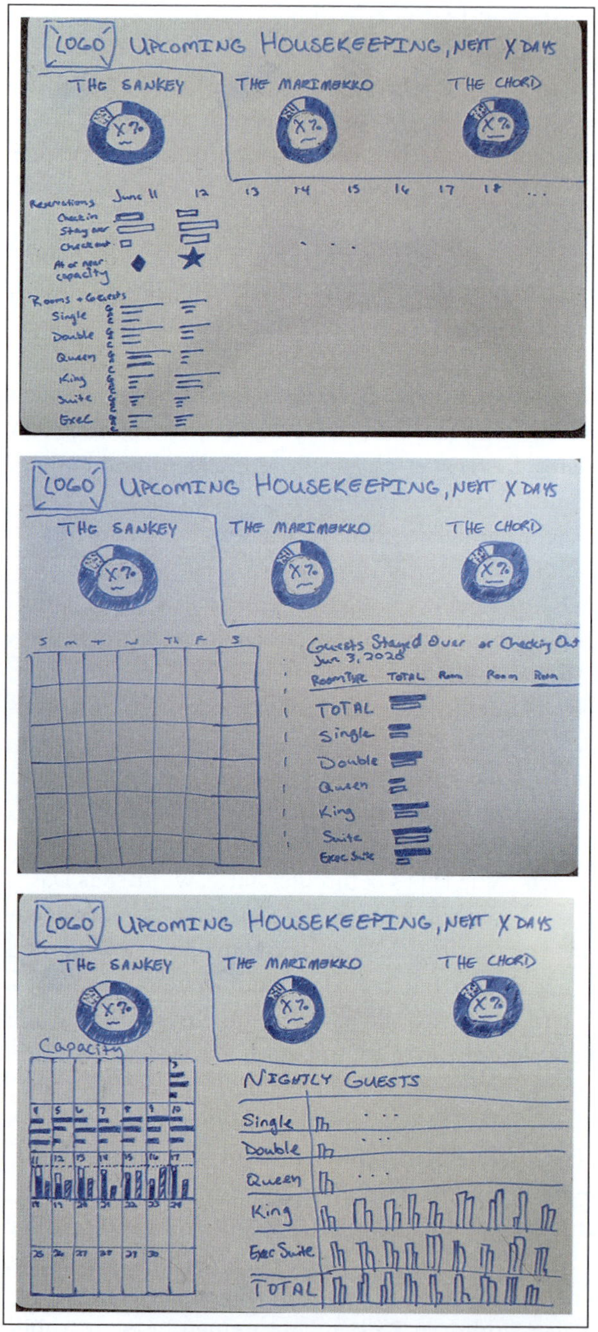

Abb. 8.5

Meine Skizzen in der Reihenfolge ihrer Entstehung. Mir gefielen die Ringdiagramme, also behielt ich diese bei. Als mir dann die Idee für den Kalender kam (links unten in der zweiten und dritten Idee), habe ich mich richtig darauf eingeschossen.

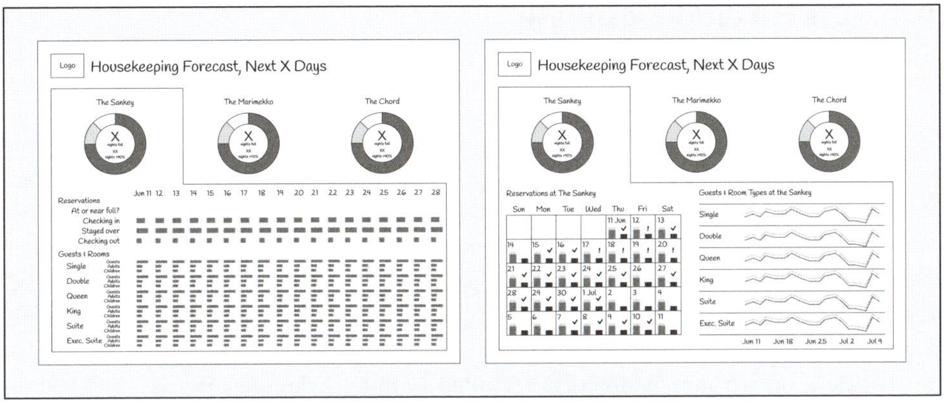

Abb. 8.6 *Es ist sicherlich keine Überraschung, dass Milliarden von Balkendiagrammen (links) sehr unübersichtlich wirken und man davon nahezu erschlagen wird. Mariette und ich haben uns stattdessen für das rechts dargestellte Konzept entschieden. Übernachtungen, Check-ins und Check-outs werden darin in einer Kalenderansicht angezeigt (mit Symbolen, die signalisieren, ob eine Nacht komplett oder nahezu komplett ausgebucht war). Außerdem gibt es ein Liniendiagramm, das die Anzahl der Erwachsenen und Kinder nach Zimmertyp anzeigt (die Legenden werden später noch definiert).*

In einem normalen Designprozess folgen auf das Wireframing mehrere Mockups mit zunehmender Detailtreue oder *fidelity*, die dem echten (digitalen) Produkt immer ähnlicher werden. Ich selbst belasse es ehrlich gestanden meistens dabei, das Wireframe noch etwas einzufärben, um mir die Zustimmung der Stakeholder zur Farbpalette einzuholen. Danach ist für mich dann erst mal Schicht im Schacht. Meistens habe ich gar nicht die Zeit, ein *High-Fidelity*-Mockup zu erstellen, insbesondere wenn ich mit einem BI-Tool arbeite, weil es sich für mich nicht lohnt, genau die richtigen Schriftarten auszuwählen und die Komponenten für Optionsfelder und Dropdown-Menüs so zu gestalten, dass sie wie die realen Elemente des Tools aussehen. Wenn ich allerdings von Hand programmiere, lohnt sich der Mehraufwand für ein detailgetreues Mockup für mich schon deshalb, weil die Entwicklung selbst schon viel mehr Aufwand erfordert. Es geht darum, ob sich der Aufwand lohnt, ob also die Arbeit, die Sie hineinstecken, das Ergebnis dann auch wirklich wert ist.

Ist mir diese Einstellung schon einmal zum Verhängnis geworden? Bisher nur ein einziges Mal, und das war tatsächlich erst kürzlich. Wenn Sie mit Stakeholdern zusammenarbeiten, die sehr großen Wert auf Typografie und Farben legen, lohnt sich die Erstellung eines High-Fidelity-Mockups möglicherweise. So können Sie sich der Zustimmung der Stakeholder versichern, *bevor* Sie von der Design- zur Entwicklungsphase übergehen, die ich nachfolgend behandeln werde.

8.4 Die Entwicklungsphase

Ich habe dieses Projekt mit der Planungs- und Recherchephase begonnen, in der ich eine Menge Fragen gestellt und in kurzer Zeit so viele Informationen gesammelt habe, wie ich nur konnte. Ich habe alle meine Erkenntnisse in einer Zusammenstellung von Anforderungen zusammengefasst, die erfüllt werden müssen, um das Vorhaben zum Erfolg zu führen. Außerdem habe ich mich davon überzeugt, dass diese Auflistung auch wirklich den Wünschen des Kunden entsprach. Als Nächstes bin ich in die Designphase übergegangen, in der ich diese Anforderungen in Ideen umwandelte, die ich dann in physische Bilder (oder natürlich auf einem Bildschirm) umsetzte. Dann präsentierte ich diese Entwürfe meinen Stakeholdern und Nutzerinnen, um zu überprüfen, ob ich ihre Bedürfnisse erfüllen konnte. Erkennen Sie da ein Muster? Ich plane, entwickle und dann bekomme ich Feedback. Das, liebe Leserinnen und Leser, ist der in Abbildung 8.7 dargestellte *iterative Entwicklungszyklus*, und wissen Sie was? Der wird auch in der Entwicklungsphase erneut durchlaufen.

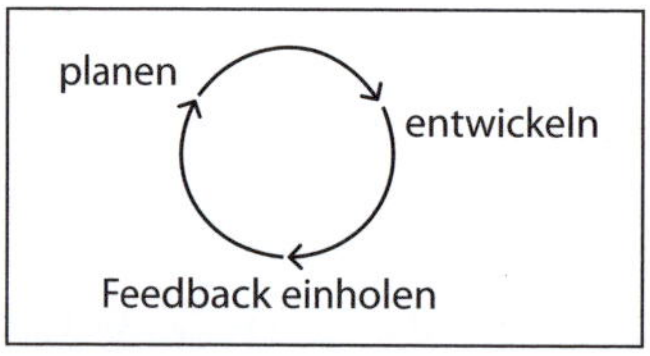

Abb. 8.7
Der dreistufige iterative Entwicklungszyklus: planen, entwickeln, Feedback einholen – und dann wieder alles von vorne

In der Recherchephase habe ich Fragen gestellt und geplant, dann habe ich ein Anforderungsdokument erstellt und schließlich das Feedback der Beteiligten eingeholt. Wenn dem Stakeholder dies oder jenes an meinen Anforderungen missfiel, ging ich mit seiner Rückmeldung wieder zurück an die Planung, veränderte das Dokument und holte dann erneut Feedback ein. Sobald die Kunden zufriedengestellt waren, konnte ich in die Entwurfsphase übergehen, wo ich anhand der Anforderungen weiterplante und Wireframes und Mockups erstellte, zu denen ich dann wiederum Feedback erhielt. Das Ganze geht so lange, bis alle zufrieden sind. Und dann wird mit der Entwicklung begonnen. Als erste Iteration in der Entwicklungsphase wird ein Prototyp erstellt.

8.4.1 Prototyping

Ich habe das Prototyping bereits einige Seiten zuvor erwähnt, als es darum ging, ob Sie Skizzen anfertigen sollten. Ein *Prototyp* ist, wie erwähnt, eine frühe Produktversion, die zum Testen eines Konzepts oder einer Idee gedacht ist, bevor man sich an das eigentliche Produkt macht. Ich persönlich liebe das Prototyping, weil ich im Interesse der Geschwindigkeit so viel herumtricksen kann, wie ich will. Weder müssen die Daten perfekt sein noch mein Code. Hauptsache, der Prototyp funktioniert und tut, was er soll. Ich hatte mal einen Job als User-Experience(UX)-Prototyperin, und das gehörte wirklich zu den spaßigsten Aufgaben, die ich je hatte.

Um mit Ihrem bevorzugten Visualisierungstool einen Prototyp eines Dashboards zu erstellen, benötigen Sie zunächst ein paar Daten. Es müssen keine echten Daten sein, falls Sie diese aus irgendeinem Grund noch nicht haben. Aber sie sollten ungefähr so aussehen wie das Original und auch möglichst weitgehend dieselbe Struktur haben. Wenn Sie zum Beispiel die Ergebnisse einer Umfrage visualisieren, sollten Sie die Umfrage selbst einige Male durchspielen, um ein paar Datenpunkte zu generieren. Wenn Sie etwas sehr Komplexes visualisieren, ist es eventuell schwierig, selbst Zufallsdaten zu erzeugen (ja, das ist wirklich überraschend schwierig). Also suchen Sie im Internet nach einem ähnlichen Datensatz: Kaggle ist ein guter Anfang (*www.kaggle.com/datasets*), genau wie das bereits erwähnte Projekt *Real World Fake Data*, oder Sie greifen auf einen Zufallsdatengenerator zurück (davon gibt es unzählige, geben Sie einfach »random data generator« in die Suchmaschine ein, und los geht's). Und, wie ich im nächsten Kapitel erläutern werde, können Sie auch auf KI und Large Language Models zum Generieren von Beispieldaten setzen.

Sobald Sie die Daten haben, können Sie Ihre Gestaltungsideen mit Ihrem Visualisierungstool ausarbeiten! So einfach ist das. Jetzt können Sie die Interaktionsmuster, die Sie im Kopf haben, testen und sicherstellen, dass sie auch wirklich funktionieren. Und Sie können das auch gemeinsam mit Nutzerinnen und Stakeholdern tun. So vergewissern Sie sich, dass sie auch wirklich nützlich sind und gut angenommen werden.

An dieser Stelle möchte ich ein wichtiges Problem erwähnen: Gutes Feedback zu erhalten, kann schwierig sein. Aber, wie Sie am iterativen Entwicklungszyklus sehen können, ist es essenzieller Bestandteil einer jeder Projektphase.

8.4.2 Holen Sie frühzeitig und häufig Feedback ein

Ließe sich die Entwicklung, wie man so schön sagt, im luftleeren Raum durchführen, ohne jeglichen Input von Stakeholderinnen und Nutzern, bis hin zum fertigen Produkt? Sicher ginge das, aber es wäre für alle Beteiligten äußerst frustrierend. Es gibt nichts Deprimierenderes, als stunden-, tage- oder wochenlang mit Leib und Seele zu arbeiten, nur um dann festzustellen, dass das Produkt nicht einmal annähernd den Wünschen des Kunden entspricht. Ersparen Sie sich den Kummer und bitten Sie um regelmäßige Rückmeldungen! Sie brauchen damit nicht einmal zu warten, bis Sie eine der Entwicklungsphasen abgeschlossen haben – es ist völlig in Ordnung, sich schon währenddessen zu vergewissern, dass Sie auf dem richtigen Weg sind. Ich weiß, dass es manchmal der Unternehmenskultur zuwiderläuft, ein unfertiges oder noch nicht ganz ausgereiftes Produkt zu zeigen. Aber ich bin mir sicher, wenn Sie es richtig angehen und vorab dafür sorgen, dass keine der Beteiligten falsche Erwartungen hegen, dann wird alles gut werden.

Meistens hält uns aber gar nicht die Unternehmenskultur davon ab, so häufig um Feedback zu bitten, wie wir es sollten. Stattdessen sind es meist unsere eigenen Ängste und Unsicherheiten.

Ängste und Unsicherheiten überwinden

Ich weiß, dass es nicht leicht ist, jemandem eine unfertige Arbeit zu zeigen. Und es ist oft sehr schwer, kritische Rückmeldungen zu etwas zu hören, in das wir zahlreiche Überlegungen, Entscheidungen und Anstrengungen sowie Blut, Schweiß und Tränen gesteckt haben. Manchmal kann sich das wie ein persönlicher Angriff anfühlen, besonders wenn wir nicht darauf vorbereitet sind.

Kreative Werke werden häufig mit eigenen Kindern verglichen, und uns, den Kreativen, wird gesagt, dass wir bereit sein müssten, unsere Babys zu töten, um unsere Arbeit in die Welt zu entlassen. Elizabeth Gilbert warnt in ihrem Buch *Big Magic: Nimm dein Leben in die Hand und es wird dir gelingen*, das mir sehr am Herzen liegt, eindringlich davor, die eigenen kreativen Arbeiten auf diese Weise zu betrachten, und schreibt: »Diese Denkweise wird Ihnen nur tiefen seelischen Schmerz bereiten.« Denn dann wird es für Sie nur noch schwieriger zu ertragen, wenn jemand Ihre Arbeit kritisiert oder Sie auffordert, sie abzuändern oder zu korrigieren. Um Ihrer eigenen geistigen Gesundheit und der Qualität Ihrer Arbeit willen müssen Sie sich emotional davon trennen, und ich weiß (glauben Sie mir, ich weiß es!), dass das unglaublich schwierig ist.

Um diese Tendenz zur emotionalen Verstrickung mit Ihrer Arbeit zu überwinden, müssen Sie einfach nur üben, sich davon zu befreien. Dazu sollten Sie am besten klein anfangen – es ist viel einfacher, emotional zu akzeptieren, wenn jemand massive Änderungen an einem noch im Entstehen begriffenen Werk vorschlägt, als wenn dieses bereits fertig ist.

Wenn Sie zu den Menschen gehören, die gerne Vorstellungsgespräche oder Vorträge im Freundeskreis einüben, und wenn es sich nicht um ein vertrauliches Projekt handelt, dann probieren Sie es doch einmal diese Leute als Resonanzkörper für die einzelnen Phasen Ihres nächsten Visualisierungsprojekts aus. Und wenn Sie es keiner Freundin zeigen können, probieren Sie es stattdessen mit einem freundlichen Teamkollegen. Sagen Sie Ihrem Gegenüber vorab, was Sie von ihm erwarten – reichlich Lob für gut gemachte Dinge, behutsame Verbesserungsvorschläge für weniger gut gelungene Aspekte –, und sagen Sie ihm genau, welche Art von Feedback Ihnen wichtig ist. Wenn Sie eine Kritik Ihres Designs hinsichtlich Farben, Formatierung und Stil suchen, dann sagen Sie das, und wenn Sie sich Reaktionen auf die Geschichte, das Layout und die Interaktionsmuster wünschen, dann präzisieren Sie dies. Für andere ist es schwierig, Ihnen wertvolles Feedback zu geben, wenn Sie ihnen einfach nur etwas vor die Nase halten und fragen: »Was hältst du davon?« Geben Sie also eine bestimmte Richtung vor. Sie können mit dieser einfachen Liste beginnen und dann nach Bedarf weitere Fragestellungen hinzufügen:

- Welche Erkenntnisse gewinnst du aus dieser Visualisierung?
- Gibt es etwas, was du besonders verwirrend findest?
- Was gefällt dir an dem, was du siehst?

Wenn Sie keine Lust haben, mit echten Menschen zu üben, geht es Ihnen vielleicht wie mir, und Sie werden dadurch nur noch unsicherer. Wenn ich kurz vor einer Feedbackrunde stehe, richte ich stattdessen ein paar aufmunternde Worte an mich selbst: »Es geht nicht um dich, Desireé. Es geht darum, den Job zu erledigen und die Aussage rüberzubringen.« Sobald ich das Framing der Situation dahin gehend abändere, dass es um die Daten und die Geschichte geht, fällt jedweder Druck von mir ab, und ich kann fast alles ertragen, was die Stakeholder von sich geben (abgesehen von echten persönlichen Beleidigungen, aber ich bin noch nie jemandem begegnet, der mich gezielt und persönlich beleidigt hätte, jedenfalls schon seit meiner Schulzeit nicht mehr, und schon gar nicht im Rahmen meiner Arbeit). Manchmal sage ich den Menschen, die ich um Rückmeldung bitte, sogar ganz offen, dass sie meine Gefühle damit nicht verletzen werden – und wenn ich das laut ausspreche, dann wird es auch für mich ganz plötzlich und auf wundersame Weise zur Realität.

Wenn Sie immer noch übernervös sind und Ihr Verhältnis zu den Stakeholdern es erlaubt, offen über Ihr Unbehagen beim Einholen von Feedback zu sprechen, dann tun Sie das und seien Sie ehrlich. Sie könnten auch versuchen, komplett abseits von Ihrer Arbeit etwas Übung zu bekommen, etwa durch die Beteiligung an einem Gemeinschaftsprojekt wie Makeover Monday (*www.makeovermonday.co.uk*) oder an der »critique«-Diskussion der Data Visualization Society (zum Zeitpunkt des Schreibens in Slack zu finden: *https://data-viz-society.slack.com* im Kanal #share-critique). Denken Sie aber bitte daran, keine vertraulichen Daten zu veröffentlichen. Sie müssen also von Ihnen selbst erstellte Visualisierungen verwenden, die auch öffentlich geteilt werden dürfen. Mit genug Übung werden Sie schließlich an einen Punkt kommen, an dem Sie sich nicht mehr so nervös oder unbehaglich fühlen, und dann können Sie alles mit Leichtigkeit annehmen.

Zurück zur Fallstudie

Zurück in der Fallstudie ist es jetzt Zeit, Mariette eine frühe Version ihres Dashboards zu zeigen, um zu sehen, was sie davon hält. In Abbildung 8.8 sehen Sie, was ich ihr gezeigt habe.

Manchmal durchlaufen unsere Visualisierungen während der Entwicklung eine unangenehme Phase, in der auch wir selbst nicht von ihrer Optik begeistert sind. Aber gerade in solchen Momenten kann es hilfreich sein, sich Input und Verbesserungsvorschläge von außen einzuholen. Ansonsten laufen wir Gefahr, zu lange auf der Stelle zu treten und wertvolle Zeit zu verschwenden, die wir besser darauf verwenden könnten, die Visualisierung nicht nur akzeptabel, sondern richtig großartig zu machen. Als ich endlich den Mut aufbrachte, Mariette mein Dashboard zu zeigen, war sie von meinen Fortschritten sogar richtig begeistert! Das stärkte mein Selbstvertrauen, und so konnte ich mit ihr über einige Dinge sprechen, die mir nicht gefielen. Und über die Herausforderungen, vor denen ich stand, wie etwa dem fehlenden Platz für die Balkenbeschriftungen in der Kalenderansicht. Dank ihres Feedbacks verspürte ich neuen Elan für das Projekt. Endlich erkannte ich, wo ich eine Legende einfüge, wie ich den Platz für den Kalender und das Liniendiagramm besser nutzen und wie ich mehr Farbe und Finesse einbringen konnte, um von der Wireframe-Optik wegzukommen. All dies werden Sie schon bald in der endgültigen Version zu sehen bekommen!

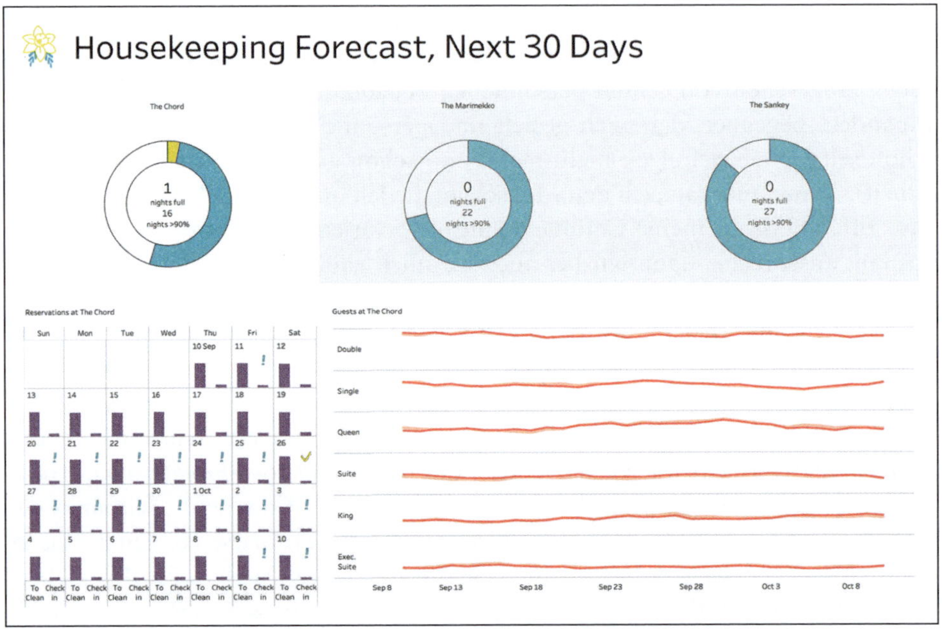

Abb. 8.8 *Es hat mich einiges an Überwindung gekostet, das Dashboard in diesem Entwicklungsstadium mit Mariette zu besprechen (und es hier zu veröffentlichen), denn auch ich war damit nicht wirklich zufrieden.*

Aber woher wissen Sie, wann es fertig ist?

Sie haben den iterativen Entwicklungszyklus also gefühlt eine Million Mal durchlaufen, und es scheint, als könnten Sie dies noch eine weitere Million Mal tun. Trotzdem müssen Sie irgendwann entscheiden, dass Sie fertig sind. Aber wie? Nun, die vorgenommenen Anpassungen sollten im Laufe der Zeit immer kleiner werden, sodass Sie irgendwann einen Punkt erreichen, an dem der Nutzen abnimmt: Die Zeit, die Sie in weitere Anpassungen investieren, lohnt sich nicht, wenn man bedenkt, wie gering die Auswirkungen dieser Anpassungen sind, selbst wenn sie alle zusammen betrachtet werden. Wenn Sie dies bemerken, ist das ein gutes Zeichen, dass es Zeit ist, aufzuhören und das Projekt als »fertig« zu betrachten.

Auch Abgabetermine für Projekte können bei diesem Dilemma helfen, denn sie dienen als harte Vorgabe. Alle wissen dadurch, ab wann keine Änderungen mehr möglich sind. Manchmal gibt es aber auch keine feste Deadline, und Sie sehen sich mit einem Dashboard konfrontiert, das Sie gefühlt bis in alle Ewigkeit pflegen und optimieren müssen. Im nächsten Kapitel geht es um den Umgang mit so einem nicht enden wollenden Projekt. Hier tue ich jetzt fürs Erste einfach so, als hätte jedes Projekt am Ende eine klar definierte Deadline.

Wenn sich der Abgabetermin nähert, sollten Sie an einem Punkt ankommen, an dem die Visualisierung alle Anforderungen erfüllt. Dies ist dann ein hervorragender Zeitpunkt, um während der Feedback-Sitzungen das Anforderungsdokument auf den Tisch zu legen. Sie können auf das Dokument verweisen und zeigen, dass Sie die Anforderungen erfüllt haben. Das Projekt ist also so gut wie fertig und jetzt sollten Sie keine Änderungen mehr daran vornehmen.

Das Housekeeping-Dashboard erfüllt jetzt alle Anforderungen, und die Änderungen sind inzwischen ziemlich minimal, sodass wir es als erledigt betrachten. In Abbildung 8.9 sehen Sie das Endprodukt.

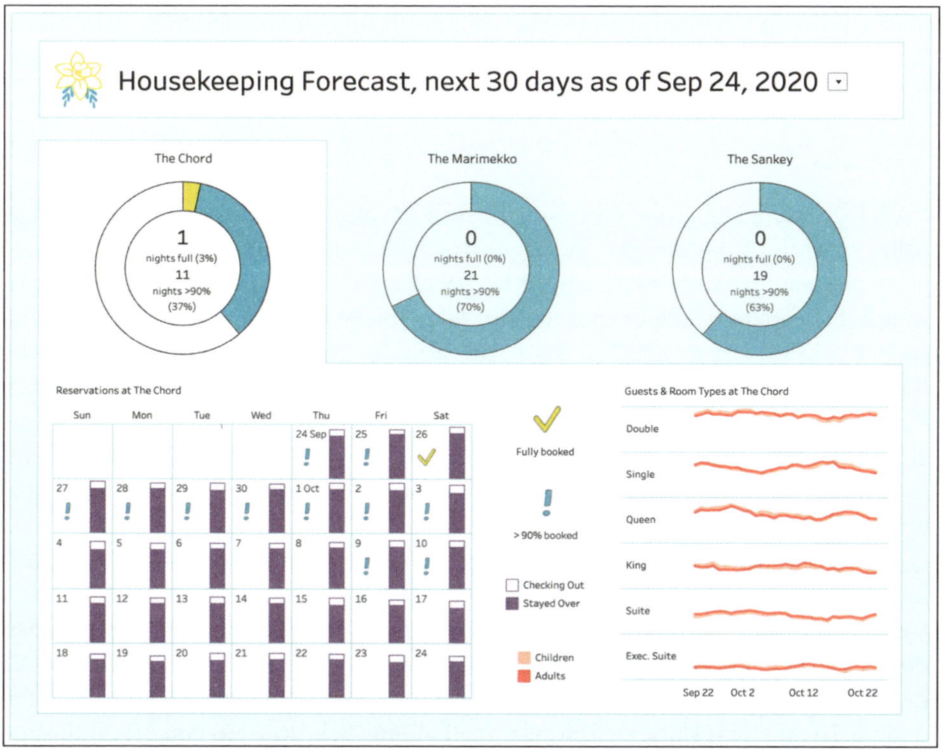

Abb. 8.9 *Die Endversion des Housekeeping-Dashboards, komplett mit den Legenden. Ob ich mir in Tableau die Seele aus dem Leib gehackt habe, um das Ringdiagramm für The Chord und den unteren Bildschirmbereich weiß zu hinterlegen? Das können Sie mir aber glauben. Die interaktive und downloadfähige Version finden Sie unter http://mng.bz/W1px.*

Mariette hatte den Hinweis gegeben, dass Check-ins nicht unbedingt in der Kalenderansicht angezeigt werden müssen, da sie sich ohnehin nicht weiter auf die Koordination des Personaleinsatzes für diesen Tag auswirken sollten. Mit dieser Änderung konnte ich Check-outs und bleibende Belegungen in einem einzigen gestapelten Balken unterbringen, der die Gesamtbelegung der vorhergehenden Nacht anzeigt (das ist die Nacht, auf die es ankommt, weil das Housekeeping-Personal hinter diesen Gästen aufräumen muss und nicht etwa vor ihnen). Auf der anderen Seite des Kalendertags findet nun das Symbol zur Belegungsanzeige Platz. Mein Mann hat mich noch auf einen schönen Nebeneffekt hingewiesen: Die gestapelten Balken sehen jetzt wie niedliche kleine Betten aus – witzig!

Bevor ich das Thema abschließe, möchte ich Ihnen die gestalterischen Entscheidungen hinsichtlich Typografie, Farbe und Interaktion genauer zeigen.

8.4.3 Gestalterische Entscheidungen

Dieses Kapitel stellt eine Art Schlussstein dar. Deshalb sollte es unbedingt auch noch ein wenig um meine gestalterischen Entscheidungen in diesem Projekt gehen. Bevor ich mich also zu weit von Abbildung 8.9 entferne, blättern Sie doch bitte noch einmal zurück und achten Sie dabei zunächst vor allem auf die Typografie.

Typografie

Ich habe durchgängig die Tableau-Schriftart verwendet, weil sie einfach so angenehm zu lesen ist (überfliegen Sie zur Auffrischung ruhig nochmals Kapitel 5, wenn Sie nicht mehr genau wissen, worauf Sie bei einer Schriftart für die Datenvisualisierung achten sollten). Dabei habe ich eine einheitliche Farbe gewählt: Hexadezimalcode #333333. Der größte Teil des Texts ist in Tableau Book mit einer Größe von 8 Punkt gesetzt (eine Schriftart, die eine Spur magerer ist als Tableau Regular). Demnach sollten Ihnen nur wenige Stellen auffallen, an denen sich die Typografie vom Rest unterscheidet. An diesen Stellen habe ich entweder die Größe, die Schriftstärke oder beides variiert, weil ich ganz bewusst eine bestimmte Rangordnung in der Gewichtung der Aussagen herstellen wollte.

Die Hauptüberschrift ist natürlich am größten, denn sie muss den Blick nach links oben lenken und als Startpunkt dienen, fast wie eine »SIE SIND HIER«-Markierung auf einer Landkarte. Ich habe die Schriftstärke Regular verwendet, um sie noch ein wenig auffälliger zu machen. Die einzigen anderen Stellen, an denen sich die Typografie sichtbar unterscheidet, betreffen die Ringdiagramme, die in Abbildung 8.10 zu sehen sind: Der Hotelname hat eine Schriftgröße von 10 Punkt und die Werte der beiden Kennzahlen haben die Schriftstärke Regular, wobei die Größe der oberen Schrift 16 Punkt und die der unteren Schrift 10 Punkt beträgt, anstelle der Standardschriftart Tableau Book in 8 Punkt.

Sie haben vielleicht bemerkt, dass ich jetzt ein paar Mal »sichtbar« geschrieben habe. Das liegt daran, dass diese Visualisierung auch noch über Tooltipps verfügt, die Sie natürlich nur in der interaktiven Version erkunden können. In den in Abbildung 8.11 dargestellten Tooltipps habe ich wieder die Tableau-Schriftart in der gleichen Farbe (#333333) verwendet. Die Standardgröße beträgt hier allerdings 10 Punkt, um die Lesbarkeit zu verbessern und dem Tooltipp einen »herangezoomten« Charakter zu verleihen. Der hervorgehobene Text hat die Schriftstärke Medium, während der übrige Text wie der Fließtext in der Visualisierung selbst die Schriftstärke Book aufweist. Sie werden bemerken, dass sich das Hervorhebungsschema in den einzelnen Tooltipps jeweils etwas unterscheidet. Das ist aber nur der Tatsache geschuldet, dass ich die Hervorhebungen nur dort anbringen wollte, wo sie inhaltlich wirklich notwendig waren, und nicht etwa nur der einheitlichen Symmetrie willens. Manchmal ist es wichtig, diese Verschiebungssymmetrie beizubehalten, aber diese Tooltipps sind so einfach und unterschiedlich, dass das hier nicht wirklich nötig war. Sie dürfen mir aber gerne widersprechen, wenn Sie möchten. Sehen Sie sich dazu Abbildung 8.11 an.

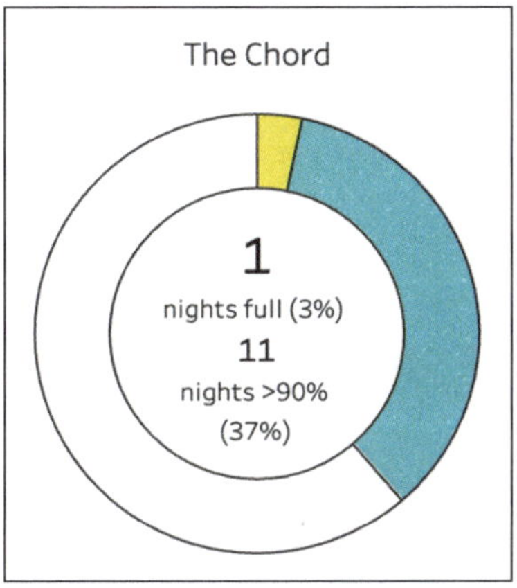

Abb. 8.10 Die meisten sichtbaren Unterschiede in der Typografie finden sich innerhalb der Ringdiagramme: Der Hotelname ist etwas größer (10 Punkt) als der Fließtext (8 Punkt), und die beiden Zahlenwerte sind größer (16 Punkt bzw. 10 Punkt)

Abb. 8.11 Da den Tooltipps eine andere Stellung zukommt als dem Rest der Visualisierung, ist hier auch die Typografie ein wenig anders. Ich habe den Text in der gleichen Farbe gehalten und auch weiterhin auf die Tableau-Schriftart gesetzt, wobei Book die Standard-Schriftstärke ist. Die Hervorhebung ergibt sich nur durch den Wechsel zur Schriftstärke Medium, die eine Stufe fetter ist als Regular. Den Schriftgrad habe ich von 8 auf 10 Punkt erhöht, um die Lesbarkeit zu verbessern und den Zoom-Effekt zu verstärken.

Farbe

Kommen wir von der Typografie zu den Farben, die ich für das Hotellerie-Dashboard gewählt habe. Zur Erstellung meiner Farbpalette übernahm ich die beiden Farben aus dem kleinen Logo (zufälligerweise ist dies ein Teil des Logos meines eigenen Beratungsunternehmens, das ein guter Freund für mich entworfen hat). Diese übertrug ich dann in das Werkzeug Coolors, auf das ich im Anhang verweise. Eine seiner Hauptfunktionen besteht darin, eine oder mehrere Farben nach dem Zufallsprinzip zu generieren, und zwar mit oder ohne vorgegebene Ausgangsfarben. Das können Sie so oft wiederholen, bis Sie etwas finden, das Ihnen gefällt. Anschließend nutzte ich die in diesem Tool integrierte Farbsehschwächenprüfung, um sicherzustellen, dass meine endgültigen Farben auch für Menschen mit Farbsehschwächen geeignet waren. Da sie in den Simulationen der häufigsten Farbsehschwächen akzeptabel aussahen und ich für dieses Projekt keine expliziten Anforderungen an die Barrierefreiheit hatte, genügte mir das. Die vollständige Palette sehen Sie in Abbildung 8.12.

Abb. 8.12 *Eine vergrößerte Ansicht des Logos, das ich für die fiktive Hotelgruppe verwendet habe, und daneben die vollständige Farbpalette für das Dashboard. Die beiden oberen Farben stammen aus dem Logo, die unteren drei wurden von Coolors nach dem Zufallsprinzip hinzugeneriert.*

Dann habe ich die beiden Logofarben zu den Hauptfarben des Dashboards gemacht und sie jeweils einer der beiden wichtigsten Kennzahlen zugewiesen: vollständig ausgebuchte Nächte und zu mindestens 90 % ausgebuchte Nächte. Diese Farben behalten ihre Bedeutung im gesamten Dashboard bei, sodass sich die Benutzerin leicht merken kann, was die jeweilige Farbe darstellt.

Schließlich habe ich den Hintergrund des Dashboards in einer helleren Version des Logo-Blaus gestaltet, um die Informationen im Vordergrund in einem weißen Bereich hervorheben zu können. Hierbei kommen zwei Gestaltgesetze zur Anwendung, das Gesetz der gemeinsamen Region sowie jenes von Figur und Grund (das ich in Kap. 2 nicht vorgestellt habe, das aber besagt, dass unser Gehirn instinktiv gut in der Lage ist, im Vordergrund liegende Objekte von ihrem Hintergrund zu unterscheiden).

Interaktion

Als Nächstes komme ich zur Interaktivität, die in einem gedruckten Buch naturgemäß am schwierigsten darzustellen ist. Ich werde hier aber dennoch mein Bestes geben.

Mariette mag den interaktiven und explorativen Charakter ihrer Banking-App sehr, aber da es bei diesem Dashboard um die Dienstplanung für das Housekeeping geht und nicht etwa um die Finanzplanung für ihren Lebensabend (es steht hier also etwas weniger auf dem Spiel und die Sache ist insgesamt etwas einfacher gelagert), konnte ich mit minimaler Interaktion auskommen. Als einzige echte Anforderung muss es möglich sein, zum Filtern der unteren Darstellung auf eines der drei oberen Hotels klicken zu können, um es auszuwählen.

> **HINWEIS**
>
> Die Datumsauswahl oben rechts neben der Jahreszahl ist in diesem Dashboard statisch, weil die zugrunde liegenden Daten ebenfalls statisch sind. Bei einem echten Projekt hätte ich das Standarddatum so eingestellt, dass es immer das aktuelle Datum anzeigt, an dem Sie den Bericht öffnen. Wollte Mariette dann in der Zeit nach vorne gehen und ein anderes Datum betrachten, dann müsste sie hier ein späteres Datum auswählen. Wollte sie aber nur die nächsten 30 Tage sehen, dann bräuchte sie nichts zu tun.

Auch wenn es nicht unbedingt notwendig war, habe ich ein paar Interaktionen hinzugefügt, die für Mariette vielleicht irgendwann einmal hilfreich sein könnten: Die beiden Visualisierungen am unteren Rand des Dashboards habe ich so eingestellt, dass sie sich gegenseitig filtern und hervorheben, wie in Abbildung 8.13 gezeigt.

Okay. Nachdem ich nun die meisten meiner Designentscheidungen erklärt habe, möchte ich mich wieder in die Spur begeben und die Sache mit der Dokumentation abschließen. In Ihren eigenen Projekten sehen Sie jetzt schon die Ziellinie wie das Licht am Ende eines Tunnels: Je nachdem, wie das Projekt insgesamt verlaufen ist, könnte es sich dabei entweder um einen entgegenkommenden Zug oder tatsächlich um das Ende des Tunnels handeln. Wie dem auch sein, jetzt ist es an der Zeit, alles genauestens zu dokumentieren.

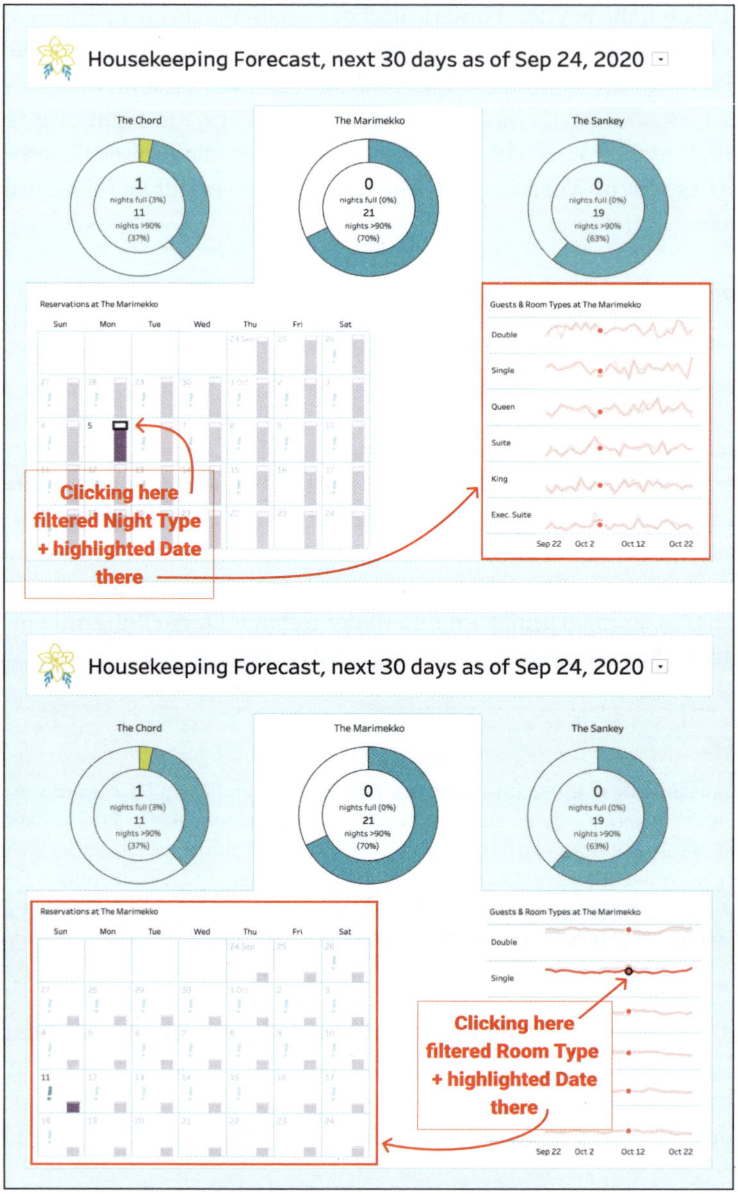

Abb. 8.13 *Für diese beiden Screenshots habe ich zum Marimekko-Hotel umgeschaltet. In der oberen Abbildung sehen Sie, dass ich links in der »Reservations«-Visualisierung auf ein weißes Rechteck geklickt habe, wodurch die »Guests«-Visualisierung auf der rechten Seite nur nach »Check-out« gefiltert und der 5. Oktober darin hervorgehoben wurde. In der unteren Abbildung habe ich im Einzelzimmer-Diagramm der »Guests«-Übersicht auf ein Datum geklickt, wodurch in der »Reservations«-Visualisierung nach Einzelzimmern gefiltert und der 11. Oktober hervorgehoben wurde. (Den Legendenbereich habe ich aus diesen Screenshots zur besseren Lesbarkeit herausretuschiert, aber im interaktiven Dashboard ist er natürlich immer noch enthalten.)*

8.4.4 Dokumentation

Ich möchte Sie nicht anlügen und auch nichts schönreden: Die Dokumentation gehört zu den lästigsten Aufgaben in einem Projekt wie diesem. Ich habe noch niemanden getroffen, der Spaß daran hätte (außer vielleicht technischen Redakteurinnen und Redakteuren). Sie muss aber gemacht werden, also bin ich zur Stelle, um Ihnen da durchzuhelfen.

Eine Dokumentation kann viele Formen annehmen. Das können Kommentare in Ihrem Code sein, eine automatisch generierte Wiki-Seite, ein mühsam manuell erstelltes Dokument, das irgendwo in einem freigegebenen Laufwerk liegt oder irgendetwas anderes, das Beschreibungen, Anweisungen und Erklärungen darüber enthält, was Sie getan haben, warum Sie es so gemacht haben und wie es jemand irgendwann in der Zukunft wieder verändern könnte.

Als Entwicklerin schätze ich es sehr, wenn ich mich auf gut kommentierten Code verlassen kann, sei es in richtigem Code wie Python, JavaScript oder SQL oder in Kommentaren zu Berechnungen in einem BI-Tool. Ein zusätzliches Dokument, das mir die allgemeine Sachlage erklärt, ist ebenfalls sehr nützlich, und Stakeholder lieben Dokumente, die ihnen erklären, wie etwas funktioniert. Natürlich werden sie es fast nie benutzen, aber wenn sie es dann doch einmal tun sollten, dann werden sie es als so hilfreich empfinden, dass sich Ihre ganze harte Arbeit daran lohnt.

Bevor Sie loslegen und seitenweise Dokumente schreiben, sollten Sie herausfinden, ob Sie eine bestehende Vorlage verwenden können oder ob Sie einem bestimmten Standard folgen sollten. Fragen Sie herum! Erkundigen Sie sich bei Ihrem Stakeholder, Ihrer Führungskraft, den Mitgliedern Ihres Teams, der IT-Abteilung, dem Analyseteam, den Softwareentwicklerinnen und allen anderen, die Ihnen in den Sinn kommen. Wenn Ihnen niemand etwas anzubieten hat, probieren Sie es im Internet. Wenn Sie die Erlaubnis dazu haben, können Sie sogar generative KI und Large-Language-Modelle heranziehen, um Sie beim Schreiben der Dokumentation zu unterstützen – das ist besonders dann eine gute Idee, wenn Sie die Dokumentation nicht in Ihrer Muttersprache verfassen oder wenn Sie aus irgendeinem Grund einfach nicht so gut im Schreiben sind (ich meine das völlig wertfrei, denn Schreiben ist schließlich nicht jedermanns Sache). Sie können auch Inhalte aus Ihrem Anforderungsdokument zum Ausfüllen einer etwaigen Vorlage wiederverwenden.

Natürlich sind nicht alle Dokumentationsvorlagen und -standards gleich. Aber egal, womit Sie da draußen konfrontiert sein werden, die folgenden Aspekte sollten Sie auf jeden Fall berücksichtigen:

- *Welche Fragen soll die Visualisierung beantworten?* – Erklären Sie den Leuten, warum sie dieses Dashboard nutzen sollten.
- *Kennwerte* – Erläutern Sie auf allgemeiner Ebene, was jede einzelne Kennzahl bedeutet und wie sie berechnet wird. Sie brauchen hier nicht zu sehr ins Detail zu gehen, aber helfen Sie den Nutzerinnen und Nutzern, zu verstehen, was sie da vor sich haben.

- *Frequently asked questions (FAQ)* – Selbst wenn Ihnen noch niemand eine Frage gestellt hat, können Sie wahrscheinlich einige der häufigsten Fragen vorhersehen, die man Ihnen stellen wird; welche das sind, hängt natürlich vom Thema Ihrer Visualisierung ab.
- *Wichtige Informationen über die Datenquelle(n), Filter und andere Steuerelemente* – Wird die Datenquelle nur bei Vollmond und wolkenlosem Himmel von Hand aktualisiert? Haben Sie die Filter so eingestellt, dass nur die relevanten Werte angezeigt werden? Oder haben Sie die Vorgaben so eingestellt, dass alles angezeigt wird, unabhängig davon, ob dafür überhaupt Daten vorliegen? Schreiben Sie alles auf und erklären Sie, warum Sie diese Entscheidungen getroffen haben.

Dies ist bei Weitem keine vollständige Liste der Punkte, die Sie in Ihrer Dokumentation berücksichtigen sollten. Vergessen Sie zudem auch nicht, für welche Zielgruppe Sie die Dokumentation schreiben. Am besten erstellen Sie gleich zwei Dokumentationen: eine für Endanwenderinnen und -anwender des Dashboards und eine für technisch versierte Personen, die in Zukunft möglicherweise Änderungen daran vornehmen müssen. Sie wären überrascht, was man im Laufe der Zeit alles vergessen kann, etwa, warum man sich für eine bestimmte Berechnungsweise entschieden hat. Und natürlich hat niemand von uns die Gewissheit, den nächsten Tag zu erleben, also hinterlassen Sie der Nachwelt ein paar Brotkrumen und erklären Sie Ihre Überlegungen auf eine Weise, die nicht nur Sie selbst verstehen können.

Stellen Sie schließlich sicher, dass die Beteiligten auch wissen, wo sie die Dokumentation finden können, die Sie so mühsam zusammengestellt haben! Die beste Dokumentation ist wertlos, wenn niemand sie findet. Sie können einen Link dazu in den Bericht selbst einfügen, die Dokumentation auf einem gemeinsam genutzten Laufwerk oder im firmeneigenen Wiki ablegen – Hauptsache, der Ort ist für Ihre Benutzerinnen und Stakeholder sinnvoll.

8.5 Zusammenfassung

- Finden Sie heraus, welche Arten und Aspekte von Datenvisualisierungen Ihren Nutzerinnen und Nutzern gefallen und welche nicht, damit Sie dies in Ihre Entwürfe einbeziehen können.
- Machen Sie sich gründliche Notizen und fassen Sie alle Anforderungen an Ihr Visualisierungsprojekt in einem einzigen Dokument für Ihre Stakeholder zusammen. Diese bestätigen Ihnen dann, dass Sie die Anforderungen richtig verstanden haben und dass sie selbst auch wissen, welche Aspekte zum Projektumfang gehören und welche nicht.
- Konzipieren Sie Ihr Datenmodell zusammen mit Ihren Entwürfen und Diagrammen und ersparen Sie sich dadurch eine Menge Kopfzerbrechen bei der Entwicklung Ihrer Visualisierung.
- Skizzieren Sie Ihre Layoutideen, wenn Sie dadurch einen besseren Überblick behalten oder wenn es Ihren Stakeholdern besser begreiflich macht, was Sie zu entwickeln gedenken. Fertigen Sie auch (oder stattdessen) ein Wireframe-Modell an, falls Ihnen das ebenfalls hilfreich erscheint.
- Scheuen Sie sich nicht, schon frühzeitig einen Prototyp zu erstellen, um sich selbst, Ihren Stakeholderinnen und auch Ihren Nutzern bestimmte Konzepte zu demonstrieren.
- Holen Sie sich frühzeitig und häufig Feedback ein.
- »Fertig« ist besser als Perfektion.
- Dokumentieren Sie alles, auch wenn es keinen Spaß macht. Und sorgen Sie dafür, dass die Leute dann auch wissen, wo sie die Dokumentation finden können.

9 Mit Problemen umgehen

In diesem Kapitel

- Lückenhafte Daten bestmöglich nutzen
- Auf Anfragen oder Aufforderungen zu schlechten Designpraktiken reagieren
- Mit einem Projekt umgehen, dessen Abschluss sich immer weiter nach hinten verschiebt

In diesem letzten Kapitel möchte ich etwas darüber schreiben, was Sie tun können, wenn etwas schiefläuft, wenn der Kuhdung also sozusagen in den Mähdrescher gerät. Ich erkläre, was Sie tun können, wenn Ihre Daten einige Lücken aufweisen, wenn es mehr Lücken als Datenpunkte gibt und wie Sie mit Daten umgehen, die noch gar nicht existieren. Dann stelle ich vor, was zu tun ist, wenn Ihre Kundin oder Ihr Stakeholder Sie bittet, bei der Visualisierung und Gestaltung entgegen Ihrer Intuition zu handeln. Abschließend zeige ich Ihnen, warum sich die Ziellinie bei manchen Projekten immer weiter entfernt, statt näher zu rücken, und wie Sie damit umgehen können.

Dies ist das letzte Kapitel, und Sie haben es bis hierher geschafft – also bleiben Sie dran und folgen Sie mir noch ein Stückchen weiter bis zur Ziellinie. Also, auf geht's mit den fehlenden Daten!

9.1 Wie Sie mit fehlenden Daten umgehen

Im Kapitel über Interaktivität ging es darum, wie Sie Ihre Nutzerinnen und Nutzer für den Fall, dass sie plötzlich keine Daten mehr vorfinden, weil sie diese herausgefiltert haben oder weil es ein Problem in der zugrunde liegenden Datenquelle gab, mit gut formulierten Fehlermeldungen versorgen. Jetzt gehe ich auf zwei weitere Fälle ein, in denen Sie möglicherweise mit fehlenden Daten umgehen müssen: fehlende Datenpunkte und Daten, die bisher noch gar nicht vorhanden sind.

9.1.1 Fehlende Datenpunkte

Lückenhafte Daten sind eine unangenehme Lebensrealität, mit der wir alle zuweilen konfrontiert sind. Dagegen kann man nicht viel tun, denn so ist das Leben nun einmal. Zwei Dinge sollten Sie in solch einem Fall jedoch beachten: Verstecken Sie die Lücken nicht und lassen Sie genügend Platz, um die Daten später noch aufzufüllen.

Verstecken Sie die Lücken nicht!

Ich habe die Darstellung von Verlaufsdaten sowohl mit Linien- als auch mit Balkendiagrammen vorgestellt. In beiden Fällen müssen Sie dafür sorgen, dass fehlende Datenpunkte erkennbar sind. Nehmen Sie an, Sie erstellen ein nach Tagen aufgeschlüsseltes Liniendiagramm. Bei einer bloßen Linie ist es mitunter schwer zu erkennen, wo sich die Datenpunkte befinden und wo nicht. Dabei spielt es keine Rolle, ob sie an den einzelnen Datenpunkten gekrümmt ist oder nicht. Um dieses Problem zu vermeiden, setze ich gerne für jeden Datenpunkt einen Punkt in das Diagramm. So sind die Daten besser erkennbar. Falls die Punkte die Darstellung zu unübersichtlich machen, denke ich entweder über ein komplett anderes Diagramm nach oder ich versuche, einen kleineren Datensatz herauszufiltern. Alternativ probiere ich es einfach mit kleineren Punkten. Gehe ich dann noch einen Schritt weiter und unterbreche die Linie im Fall einer Datenlücke, ist die Sache erledigt. Sehen Sie sich dazu Abbildung 9.1 an.

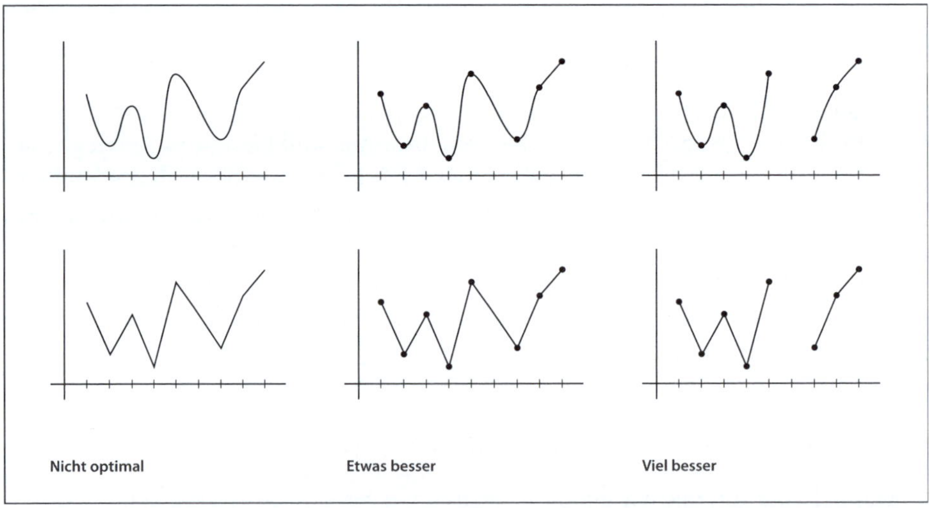

Abb. 9.1 *Beim Auftragen von Verlaufsdaten in ein Liniendiagramm füge ich gerne an jedem Datenpunkt ein Punktsymbol ein, um dessen Lage zu verdeutlichen. Das Schaubild wird dadurch nicht nur leichter verständlich, sondern es fällt auch stärker ins Auge, wenn Daten fehlen. Die bei fehlenden Datenpunkten unterbrochene Linie macht den Sachverhalt noch deutlicher.*

Bei Balkendiagrammen sollte es eigentlich selbstverständlich sein, aber ich betone es trotzdem: Wenn Sie ein Balkendiagramm mit Trenddaten erstellen – z. B. mit einem Verlauf nach Tagen –, lassen Sie auf jeden Fall eine Lücke für die fehlenden Tage. Dann ist es wirklich offensichtlich, dass diese Tage in den Quelldaten fehlen, so wie in Abbildung 9.2.

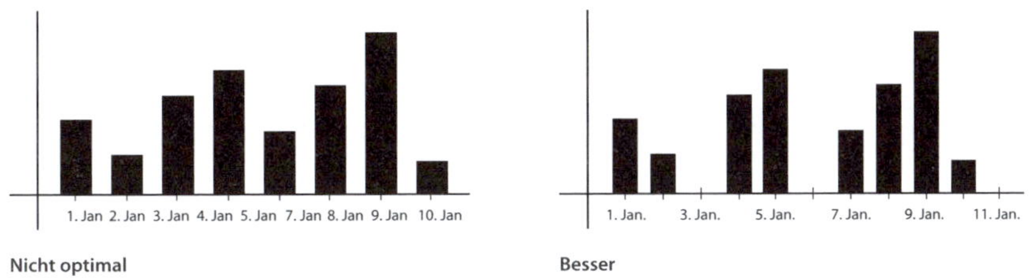

Abb. 9.2 *Verstecken Sie die Lücken in Ihren Balkendiagrammen von Verlaufsdaten nicht. Achten Sie darauf, dass fehlende Tage (Wochen, Monate usw.) klar erkennbar sind.*

Zeigen Sie also grundsätzlich ganz deutlich auf, wenn Ihre Daten lückenhaft sind. Tun Sie dies nicht, dann könnte leicht jemand falsche Schlüsse ziehen, wenn er nicht genau genug hinsieht. Und das ist schließlich das Letzte, was Sie wollen. Erinnern Sie sich an Kapitel 6: Ein gutes Diagramm ist wahrheitsgetreu!

Lassen Sie genügend Platz für verspätet eintreffende Daten

Manchmal weisen Daten also hier und da eine kleine Lücke auf. Diesen Fall habe ich gerade erklärt. Und dann gibt es auch extrem dünne Daten, die mehr Lücken als Datenpunkte haben. Das ist häufig zu Beginn der Datenerhebung der Fall, wenn die Daten gerade erst eintrudeln. Manchmal ist es schwierig, vorauszusehen, inwieweit sich die Datenlage verbessern wird und wie es dann später aussieht. Aber auch hier fahren Sie besser, wenn Sie etwas Aufwand betreiben, als wenn Sie gar nichts tun. Diese vorausschauenden Bemühungen zur Zukunftssicherheit werden auch als *future-proofing* bezeichnet.

In der Tech-Branche habe ich oft die Erfahrung gemacht, dass man sich lieber auf die Gegenwart konzentriert und nicht zu viel oder gar keine Arbeit in mögliche zukünftige Entwicklungen (also die Zukunftssicherheit) steckt. Zweck dieser durchaus pragmatischen Haltung ist es, Zeit und Ressourcen zu sparen. Schließlich ist es unmöglich, jedes mögliche Ergebnis oder jeden Grenzfall vorherzusehen. Manchmal nehmen Produkt-Roadmaps auch völlig unvorhersehbare Wendungen, die dann dazu führen würden, dass Ihre harte Arbeit völlig umsonst war. Daher ist es oft am besten, einfach etwas zu veröffentlichen, auch wenn es noch nicht ganz wasserdicht ist.

Aber wie immer müssen Sie dabei eine heikle Balance finden, wenn Sie nicht wahnsinnig viel Zeit damit verbringen wollen, unzählige Designprobleme auszumerzen, vor allem solche, die sich leicht hätten vermeiden lassen. Die Betonung liegt hier auf *leicht*: Wenn die Durchführung einer Präventivmaßnahme weniger Aufwand bedeutet als die spätere Behebung eines Problems, dann bitte unbedingt die Präventivmaßnahme durchführen! Vorbeugen ist besser als Heilen; investieren Sie in Zukunftssicherheit.

Beim Future-Proofing für besonders spärliche Datensätze geht es vor allem darum, wirklich genug physischen Platz in der Ansicht zu lassen, um die Daten später noch einfügen zu können. In einer Tabelle oder einem Balkendiagramm sollte also genügend Platz für alle Kategorien vorhanden sein und in einem Verlaufsdiagramm ausreichend Platz für eine aussagekräftige Zeitspanne. Alternativ, oder vielleicht zusätzlich, sollten Sie möglichst viele Elemente so konfigurieren, dass sie sich automatisch in die Ansicht eingliedern. Wie diese automatische Einbindung erfolgt und wie viel Kontrolle Sie darüber haben, hängt stark vom verwendeten Werkzeug ab, daher werde ich hier nicht darauf eingehen. Ich kann Ihnen aber versichern, dass es mit den meisten Werkzeugen in der einen oder anderen Ausprägung möglich ist.

Im Falle von Verlaufsdaten kann es die Zukunftssicherheit auch verbessern, die Anzahl der gleichzeitig darstellbaren Datenpunkte zu begrenzen, damit das Diagramm im Laufe der Zeit nicht zu unübersichtlich wird. Alternativ können Sie auch die x-Achse so konfigurieren, dass einige Beschriftungen ausgeblendet werden, um die Lesbarkeit der angezeigten Daten auch zukünftig weiter zu erhalten (siehe Abb. 9.3).

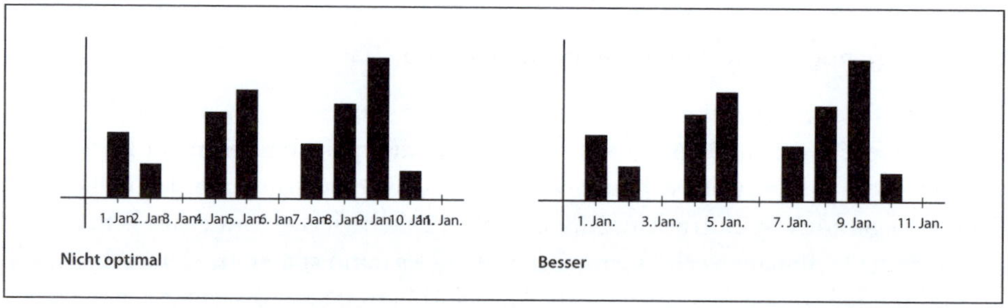

Abb. 9.3 *Ein Balkendiagramm ähnlich jenem in Abbildung 9.2, bei dem jeder Balken beschriftet war. Das war in Ordnung, solange genügend Platz für alle Beschriftungen vorhanden war. Werden weitere Balken eingefügt, wirkt die x-Achse aber bald überfüllt, und einige der Labels sollten ausgeblendet werden, um die Lesbarkeit zu erhalten.*

Einige Tools drehen die Achsenbeschriftungen standardmäßig um bis zu 90 Grad, wenn sie zu überladen wirken. Meiner Meinung nach ist es dann aber besser, einige Beschriftungen wegzulassen (das funktioniert natürlich nur für Verlaufsdaten und nicht für kategoriale Daten). Sehen Sie sich Abbildung 9.4 an, um zu sehen, was ich meine.

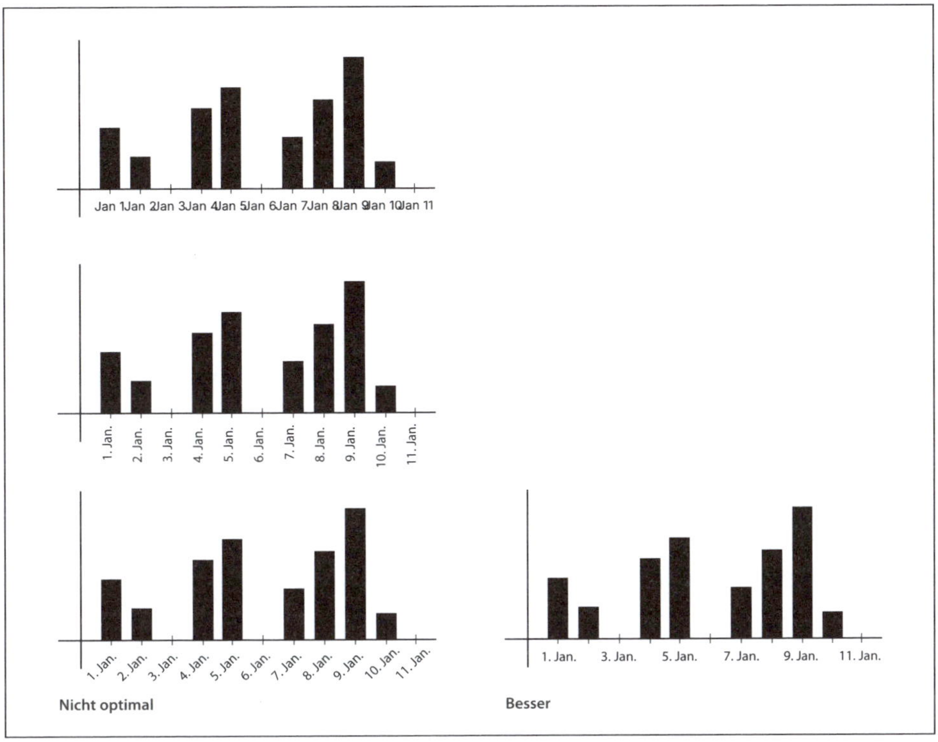

Abb. 9.4 *Warum sollte man jemanden zwingen, den Kopf zu drehen, um vertikale Beschriftungen lesen zu können? Viel besser und genauso verständlich ist es doch, einige Bezeichnungen wegzulassen (natürlich in regelmäßigen Abständen). Die diagonalen Beschriftungen sind in diesem Fall zwar nicht ganz so schlimm, aber nur, weil sie recht kurz sind. Um dem Publikum einen steifen Hals zu ersparen, vermeide ich gedrehte X-Achsen-Beschriftungen, so gut es geht.*

Vielleicht finden Sie, dass die schrägen Beschriftungen unten in Abbildung 9.4 gar nicht so schlimm sind, aber das liegt wohl nur daran, dass sie so kurz sind. Wären sie länger, etwa wenn der gesamte Monatsname wie in Abbildung 9.5 ausgeschrieben wäre, dann würde die Lesbarkeit leiden. Deshalb vermeide ich gedrehte x-Achsen-Beschriftungen am liebsten ganz.

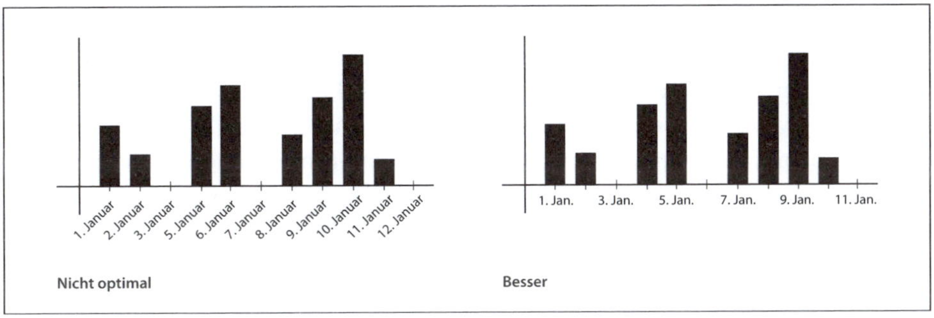

Abb. 9.5 *Ich finde gedrehte Achsenbeschriftungen grundsätzlich nicht gut, aber lange Beschriftungen sind noch schlimmer als kurze.*

ANMERKUNG

Denken Sie daran, dass Sie die Achsen jederzeit vertauschen können, sodass die Beschriftungen untereinander entlang der y-Achse angeordnet sind und die Balken stattdessen waagerecht verlaufen. Nutzen Sie diese Option, wenn Sie kategoriale Daten haben, deren Beschriftungen waagerecht unter der x-Achse keinen Platz finden, oder wenn die Beschriftungen einfach zu lang sind. Gehen Sie zur Veranschaulichung ruhig nochmals zurück zu Abbildung 6.5.

Es gibt viele Möglichkeiten, Ihre Visualisierung zukunftssicher zu gestalten. Am besten und sichersten ist es jedoch, sie in den ersten Tagen der Datenerfassung regelmäßig zu überprüfen. Sehen Sie nach, ob Ihr Schaubild auch dann noch gut aussieht, wenn die Datenpunkte nicht mehr so dünn gesät sind. Setzen Sie sich dafür bei Bedarf Erinnerungstermine. Und wenn Sie nur kurzfristig an einem Projekt arbeiten, nehmen Sie eventuell in den Vertrag mit auf, dass Sie nach einer gewissen Zeit noch einmal zurückkehren, um sich zu überzeugen, dass alles noch gut aussieht und wie vorgesehen funktioniert. Dieser Extraposten könnte sogar dazu führen, dass Sie überhaupt erst den Zuschlag erhalten!

9.1.2 Noch nicht vorhandene Daten

Bis hierher habe ich erläutert, wie Sie mit spärlichen Daten umgehen, egal ob nur hier und da der eine oder andere Datenpunkt fehlt oder ob die Datenlage extrem dünn ist, sodass es mehr Lücken als Daten gibt. Jetzt möchte ich noch einen Schritt weiter zurückgehen, und zwar bis zum Prototyping-Prozess. Dabei ist interessant, wie Sie mit Daten umgehen können, die noch gar nicht existieren.

Ich habe früher mit einem sehr erfahrenen Datenarchitekten zusammengearbeitet, und einer meiner Lieblingssprüche von ihm war: »Ich erstelle keine Berichte zu Daten, die nicht existieren.« Er meinte damit, dass man in einem echten Bericht aus nicht existenten Datenwerten keine Schlüsse ziehen oder Entscheidungen treffen sollte, denn, ob Sie es glauben oder nicht, es gibt Produktmanager, die dies regelmäßig tun. Aber auch wenn ich meinem Freund hier komplett zustimme, müssen wir manchmal Berichte für Daten erstellen, die noch nicht vorhanden sind. Doch wie soll das eigentlich gehen?

Wenn Sie einen Bericht für noch nicht vorhandene Daten erstellen müssen, finden Sie am besten zunächst einmal heraus, wie die Daten generiert werden (anhand von Umfragen, Klick-Tracking, E-Commerce-Transaktionen oder etwas anderem), und testen Sie diese Erhebungsmethode dann selbst ein paar Mal. Die dabei gewonnenen Testdaten können Sie anschließend in Ihren Prototypen verwenden. Wie Sie dabei vorgehen, hängt von der technischen Umsetzung ab, also davon, welche Werkzeuge und Technologieplattformen zwischen der Person oder dem System, das die Daten erzeugt, und Ihrer Visualisierung zum Einsatz kommen (siehe Abb. 9.6).

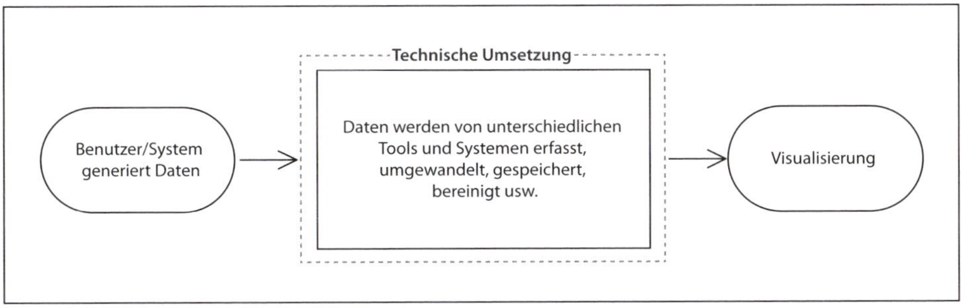

Abb. 9.6 *Wie Sie Testdaten für Ihre Prototypen erstellen und darauf zugreifen, hängt stark von der konkreten technischen Umsetzung der Datenverarbeitung ab.*

Es sind unendlich viele verschiedene technische Umsetzungen möglich, sodass es nicht möglich ist, allgemeingültig darzulegen, wie Sie Testdaten erzeugen und verwenden können. Aber normalerweise sind folgende Schritte notwendig:

1. Generieren Sie ein paar Testdaten. Nehmen Sie dazu beispielsweise an einer Umfrage teil, klicken Sie auf einige Schaltflächen oder durchlaufen Sie einen E-Commerce-Prozess mit einer simulierten Zahlungsmethode. (Sprechen Sie das Entwicklungsteam an, das an dem Prozess arbeitet. Dort kennt man sicherlich Testmethoden, bei denen Sie nicht Ihre eigenen Kreditkartendaten eingeben müssen.)
2. Finden Sie heraus, wo diese Daten landen, also zum Beispiel in einer Datenbanktabelle, in der Ausgabe einer API oder anderswo.
3. Verbinden Sie Ihr Visualisierungstool mit dieser Datenquelle oder suchen Sie nach einer Möglichkeit, die Daten einmalig zu exportieren und diese dann in Ihr Visualisierungsprogramm zu übertragen.
4. Und *voilà*, Sie haben nun Testdaten für Ihre Prototypen!

Vorteilhaft an dieser Vorgehensweise zur Gewinnung von Testdaten ist, dass sie wahrscheinlich die gleiche Struktur aufweisen wie die echten Daten, wenn sie denn endlich vorhanden sind.

Manchmal haben Sie diesen Luxus jedoch nicht und müssen sich mit einer weniger optimalen Lösung zufriedengeben. Falls Sie keine Testdaten mit den realen Systemen erzeugen können, die letztendlich auch die realen Daten erzeugen werden, stehen Ihnen einige andere Auswege zur Verfügung:

- Suchen Sie im Internet nach Datensätzen zu demselben oder einem ähnlichen Thema.
- Verwenden Sie einen Zufallsdatengenerator. Es gibt unzählige davon, und viele sind kostenlos in der Anwendung.

- Setzen Sie ein Large Language Model (LLM) oder eine andere generative KI ein. Ich habe etwa ChatGPT angewiesen, zwei zufällige Antworten für eine Umfrage mit drei Fragen zu generieren, indem ich ihm die Fragen, die gewünschte Struktur und die Spaltennamen mitgeteilt habe. Es bedurfte einiger Versuche, aber schließlich lieferte mir das Tool eine kommagetrennte Liste mit den gewünschten Antworten, so wie in Tabelle 9.1 dargestellt.

Befragte(r)	Frage	Antwort
1	»Wie wahrscheinlich ist es auf einer Skala von 1 bis 5, dass Sie unsere App einem Freund oder einer Freundin weiterempfehlen?«	4
1	»Bitte bewerten Sie die App auf einer Skala von 1 bis 10.«	7
1	»Wie gut hat Ihnen Ihr Frühstück heute Morgen auf einer Skala von 1 bis 10 geschmeckt?«	8
2	»Wie wahrscheinlich ist es auf einer Skala von 1 bis 5, dass Sie unsere App einem Freund oder einer Freundin weiterempfehlen?«	3
2	»Bitte bewerten Sie die App auf einer Skala von 1 bis 10.«	6
2	»Wie gut hat Ihnen Ihr Frühstück heute Morgen auf einer Skala von 1 bis 10 geschmeckt?«	6

Tab. 9.1 *Ein einfaches, von ChatGPT erstelltes Beispiel für eine Umfrage mit drei Fragen und zwei Befragten*

Das Schöne an der Verwendung von ChatGPT oder einem vergleichbaren Produkt anstelle eines Zufallsdatengenerators ist, dass Sie viel mehr Kontrolle über die Werte und die Struktur der zufällig generierten Daten haben. Ihr Hauptziel besteht darin, möglichst realistische Daten zu erhalten, denn dann passen Ihre Designs besser zu den realen Daten, und Sie haben weniger Arbeitsaufwand, wenn diese endlich eintreffen. Tun Sie sich selbst einen Gefallen und befassen Sie sich etwas länger mit dem LLM, um möglichst passgenaue Testdaten zu erhalten:

- Legen Sie realistische Spalten fest, etwa für Datum, Uhrzeit, Name, Adresse (falls erforderlich) usw.
- Gestalten Sie die Werte in den einzelnen Spalten realistisch. Geben Sie also beispielsweise vor, dass Ihre Datenpunkte alle aus einem einzigen Bundesstaat oder Land stammen oder dass alle Daten in der Zukunft liegen sollen usw.
- Sorgen Sie in jeder Spalte für eine möglichst realistische Werteverteilung. Wenn zum Beispiel eine Spalte wiedergeben soll, wie viel jemand für ein bestimmtes Abonnement ausgibt, weisen Sie das LLM an, die tatsächlichen Preisstufen zu verwenden. Oder wenn eine Spalte z. B. den Verkaufspreis eines Hauses enthält, weisen Sie das LLM an, einen Zufallswert zu generieren, der sich aber am durchschnittlichen Verkaufspreis in der betreffenden Region orientiert.

Wenn Sie sich diese zusätzliche Arbeit nicht machen und die Testdaten zu sehr von den echten Daten abweichen (vor allem strukturell), können Sie die Datenquellen hinterher möglicherweise nicht einfach nur umstöpseln und müssen stattdessen von Grund auf alles neu bauen. Wenn das passiert, ist es aber auch kein Weltuntergang. Manchmal ist es sowieso unvermeidlich, und beim zweiten Anlauf ist es auch nicht mehr so schwierig, weil Sie dann schon eine bessere Vorstellung davon haben, was Sie eigentlich brauchen. Ich investiere aber, wann immer möglich, lieber ein bisschen zusätzliche Arbeit (zum Beispiel um die Daten mit dem LLM zu optimieren), als dass ich später viel Extraarbeit habe (weil ich vielleicht alles verwerfen und von Grund auf neu bauen muss).

Okay. Jetzt ist also geklärt, wie Sie mit Situationen umgehen können, in denen aus verschiedensten Gründen Daten fehlen. Lassen Sie mich nun vorstellen, was Sie tun können, wenn Sie aufgefordert werden, wider Ihr besseres Fachwissen in puncto Design zu handeln.

9.2 Was, wenn Sie entgegen Ihrer Visualisierungs-Intuition handeln sollen?

Beachten Sie bitte, dass im Titel dieses Abschnitts »Was, wenn …« steht und nicht »Was, falls …«. Sie werden es garantiert einmal erleben, dass Ihre Stakeholder eine bestimmte Art der Umsetzung von Ihnen verlangen. Und diese Art der Umsetzung wird manchmal genau dem widersprechen, was Sie in diesem Buch und in Ihrer bisherigen Praxis über die Erstellung einer guten Visualisierung gelernt haben. Das liegt dann aber nicht etwa daran, dass Sie die ganze Zeit aus den falschen Büchern oder von den falschen Leuten gelernt hätten, sondern vielmehr daran, dass Ihre Stakeholder nicht wissen, was sie eigentlich brauchen. Manchmal wissen sie sogar noch nicht einmal, was sie wollen. (Oder sie wissen es und sind in ihren Vorstellungen komplett festgefahren.)

Als erste Abwehrmaßnahme sollten Sie in solchen Fällen herausfinden, warum man diese schlechten Praktiken von Ihnen einfordert. Wenn Sie den Grund dafür kennen, können Sie vielleicht eine Alternative vorschlagen, die für alle Beteiligten praktikabel ist: eine Win-win-Situation!

Schlägt dies fehl, liefere ich meist wie bestellt. Nebenbei entwickle oder gestalte ich aber auch etwas, das meiner Meinung nach besser aussieht und den eigentlichen Bedürfnissen der Stakeholder besser entspricht. Dann stelle ich der Kundschaft beide Optionen vor. Meistens sind sie von meiner Lösung begeistert, aber manchmal wollen sie weiterhin ihre eigene Variante. Damit muss man sich dann abfinden. Es ist schließlich ihr Dashboard, ihre Visualisierung, und wenn sie eine bestimmte (grauenhafte) Optik wollen, obwohl Sie ihnen etwas Besseres angeboten haben, ist das ihre Sache.

Es gibt viele mögliche Beispiele für derartige Situationen. Ich möchte Ihnen hier aber zwei konkrete Fälle zeigen, mit denen Sie sehr wahrscheinlich konfrontiert sein werden, und dann untersuchen, wie Sie jeweils damit umgehen können.

9.2.1 Wenn Sie gebeten werden, eine Million Kategorien in verschiedenen Farben zu visualisieren

Ich garantiere Ihnen mit hundertprozentiger Sicherheit, dass Sie eines Tages aufgefordert werden, viel zu viele Kategorien farblich zu visualisieren. Was machen Sie dann? Wie gehen Sie mit dieser Art von Anfrage um?

Zuerst sollten Sie behutsam versuchen, die oder den Anfragenden von dieser Überlegung abzubringen. Probieren Sie es etwa so: »Sind Sie sich sicher? 30 (oder auch nur 20 oder sogar nur 10) Farben in einem einzigen Schaubild können ziemlich erdrückend und unübersichtlich wirken. Und dann wird es schwierig, die Aussage des Schaubilds zu verstehen. Wären Sie auch offen für andere Optionen?« Die meisten vernünftigen Menschen geben einer so höflichen Bitte nach, aber selbst wenn sie darauf beharren, müssen Sie die Hoffnung (noch) nicht ganz begraben.

Meine bevorzugte Methode im Umgang mit solcherlei kurzsichtigem Beharren besteht wie erwähnt darin, den Stakeholdern nicht nur das Verlangte zu geben, sondern parallel dazu auch noch etwas Besseres zu entwerfen. Hier können Sie etwa Konzepte wie Small Multiples auspacken, die ich in Abschnitt 6.1.1 als Option zur Entflechtung eines verworrenen Liniendiagramms durch Aufteilung der Kurven in ein Raster aus vielen kleinen Schaubildern erörtert habe. Sehen Sie sich dazu Abbildung 9.8 an, auch wenn ich hier jetzt schon ein wenig vorgreife. Oder Sie probieren so etwas wie in Abbildung 9.7, in der alle Kategorien in derselben Farbe und Linienstärke dargestellt sind, bis auf eine Hauptkategorie, die Sie mit einer besonderen Akzentfarbe und einer stärkeren Linie hervorheben.

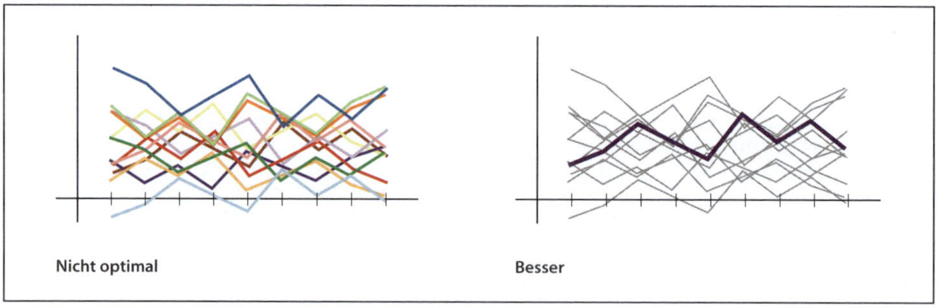

Abb. 9.7 *Wenn der Stakeholder alle Kategorien in einem gemeinsamen Diagramm haben möchte, können Sie mittels Form und Farbe alle uninteressanten Kategorien in den Hintergrund rücken und die Hauptkategorie in den Vordergrund stellen. (Das sind übrigens nur 12 Kategorien – stellen Sie sich vor, wie übel es mit 20 oder 30 aussehen würde!)*

Wollen Sie das Diagramm interaktiv gestalten, können Sie die Schwerpunktkategorie aus Abbildung 9.7 beispielsweise über ein Dropdown-Menü oder ein Optionsfeld veränderbar machen. Die Benutzerinnen und Benutzer können dann auswählen, welche Kategorie in den Vordergrund gerückt werden soll.

9.2.2 Wenn Sie gebeten werden, ein suboptimales Design von Dritten zu verwenden

Bei manchem Visualisierungsprojekt versucht der Kunde, Ihnen Zeit (und sich selbst Geld) zu sparen, indem er sich selbst um das Design kümmert. Denn dann könnten Sie sich ja (in der Theorie) ganz auf die Entwicklungsarbeit konzentrieren. Das kann natürlich zu sehr unterschiedlichen Ergebnissen führen, bei denen das Design irgendwo zwischen großartig und abgrundtief schlecht angesiedelt sein wird. Wenn Sie mit dieser Situation konfrontiert werden, bleiben Sie ruhig aufgeschlossen. Selbst aus suboptimalen Designs kann man viel lernen – niemand setzt sich absichtlich das Ziel, eine schlechte Visualisierung zu entwerfen. Wenn Sie sich also mit einem solchen Design konfrontiert sehen, lassen Sie sich zunächst darauf ein. Betrachten Sie es aus allen Blickwinkeln, um zu sehen, was daran gut ist und was eher nicht.

Mir ist das einmal passiert, als ein Projekt zunächst nur schleppend in Gang kam. Der Kunde wollte dann Zeit sparen, indem er seine eigenen Wireframes erstellte, noch bevor ich an Bord kam. Der Entwurf enthielt insgesamt neun Dashboards, eines für jede der wichtigsten Kennzahlen. Jede Kennzahl ließ sich dabei in ihrem Dashboard nach einer Reihe von Dimensionen wie Geografie, Produkttyp, Marketingkanal usw. filtern und aufschlüsseln. Für mich selbst bezeichnete ich das Design liebevoll und zugleich auch etwas grob als Kotz-Dashboard, denn hätte ich die Dashboards nach diesen Vorgaben umgesetzt, wäre es ein riesiges Durcheinander geworden. Niemand hätte darin etwas finden können oder sich auch nur in dessen Nähe begeben wollen. Ich habe den Stakeholdern gegenüber behutsam und mit dem nötigen Taktgefühl meine Bedenken zum Ausdruck gebracht (man sollte niemals herablassend werden), aber sie wollten, dass ich trotzdem mit ihren Entwürfen weitermache.

Skeptisch wie ich war, tat ich schnell, wie mir geheißen. Weil ich aber so schnell arbeitete, konnte ich nebenbei heimlich mein eigenes Mockup für ein Dashboard erstellen, das dem Mantra der visuellen Informationssuche folgte: »Zuerst eine Übersicht, dann zoomen und filtern, dann bei Bedarf weitere Details.« Meine Idee war ein Übersichts-Dashboard, das alle wichtigen Leistungskennzahlen des Unternehmens in einzelnen Karten darstellt (siehe oben in Abb. 9.8). Klickt der Benutzer auf eine der Karten, gelangt er in ein anderes Dashboard, das sich nur auf diese Kennzahl konzentriert. Dort lässt sich über ein Dropdown-Menü auswählen, in welche Segmente die Kennzahl unterteilt wird, was wiederum zu einer Small-Multiples-Ansicht führt. Darin wird die Gesamtsumme der Kennzahl in jedem Bereich nochmals als hellere Linie dargestellt (siehe Abb. 9.8 unten). Auf diese Weise kann man den Kontext des Segments in Bezug auf die gesamte, nicht aufgeschlüsselte Kennzahl erfassen. Und dies ist meist auch der Grund dafür, warum manche Leute versuchen, unzählige Linien in einem einzigen Diagramm unterzubringen – sie wollen wissen, wie ein bestimmtes Segment mit den anderen zusammenhängt. Abbildung 9.8 demonstriert das Prinzip.

Abb. 9.8 *Als ich gebeten wurde, eine suboptimale Designvorgabe zu verwenden, gab ich dem Kunden, was er verlangte. Nebenbei entwarf ich schnell ein eigenes Wireframe, das seine Bedürfnisse meiner Ansicht nach besser erfüllen konnte. Mein Dashboard folgte dem Mantra der visuellen Informationssuche, es lieferte also zuerst eine Übersicht (oben), dann wird herangezoomt und gefiltert (links unten), und bei Bedarf gibt es schließlich noch detailliertere Informationen (rechts unten).*

Bei meiner Präsentation gefielen den Stakeholdern die neuen Wireframes, aber sie blieben skeptisch und wollten lieber ihre eigenen Ansätze weiterverfolgen. Also lehnte ich mich weit aus dem Fenster und probierte noch etwas aus: Ich begann, unter Verwendung der echten Daten einen Prototyp meines Entwurfs zu erstellen. Wären die Stakeholder beharrlicher und drängender aufgetreten, hätte ich nicht versucht, meinen eigenen Entwurf ein drittes Mal durchzubringen. Sie wirkten aber etwas zögerlich, und ich wusste, dass ich schnell etwas liefern konnte. Also habe ich es gewagt, und es hat sich gelohnt. Als ich ihnen schließlich ein funktionierendes Design mit ihren eigenen Daten zeigte, waren sie begeistert und wollten, dass ich mit meinem Entwurf weitermache. Das endgültige Dashboard wich dann zwar noch etwas von den Wireframes in Abbildung 9.8 ab, aber es war immer noch sehr nahe dran. Schlussendlich waren die Auftraggeber äußerst zufrieden. Sie meinten, ich hätte ihnen die »Macht der Visualisierung« gezeigt, und waren unglaublich dankbar für das übersichtliche und leistungsstarke Dashboard, das ich ihnen geliefert hatte.

Ihre Geschichten werden nicht immer so enden wie diese und auch meine eigenen nicht, aber das ist kein Beinbruch. Mitunter müssen wir uns hier und da etwas aus dem Fenster lehnen und Risiken eingehen, wenn wir uns und andere zum Erfolg führen wollen. Und wenn es einmal nicht klappt und wir unseren Willen nicht durchsetzen können, dann machen wir das Beste aus den Designvorgaben, die uns an die Hand gegeben werden. Schließlich können wir immer noch etwas daraus lernen und daran wachsen.

9.3 Mit Scope Creep und dem niemals enden wollenden Projekt umgehen

Höchstwahrscheinlich werden Sie eines Tages in ein scheinbar nicht enden wollendes Projekt involviert sein, auch wenn es Ihnen zu Anfang mit ziemlicher Sicherheit nicht als solches vorgestellt wurde. Stattdessen wird es wie jedes andere Projekt beginnen. Im Laufe der Zeit stellen Sie dann aber fest, dass das Ende immer weiter in die Ferne rückt, anstatt näherzukommen. Wenn im Projektverlauf ständig neue Anforderungen hinzukommen, statt den ursprünglichen Plan einzuhalten, spricht man vom *Scope Creep*, also der Ausweitung des Projektumfangs. Ein klein wenig Scope Creep ist in der Regel durchaus akzeptabel, weil sich realistischerweise nicht immer alles von Anfang an vorhersehen lässt. Wenn sich der Projektumfang jedoch so stark ausgeweitet hat, dass er das Projektergebnis dramatisch zu beeinträchtigen droht oder das Enddatum um Wochen oder Monate hinausgezögert wird, dann ist das ein echtes Problem. Aber wie kommt es überhaupt dazu, und noch wichtiger, wie können Sie in einem solchen Fall die Notbremse ziehen? Es gibt verschiedene Ursachen, die jeweils unterschiedliche Maßnahmen erfordern, weshalb sie hier getrennt voneinander betrachtet werden.

9.3.1 Die Anforderungen wurden nicht gründlich genug erhoben

Wie ich bereits erörtert habe, ist die Erfassung der Anforderungen unter Einbindung der Stakeholder gleich zu Projektbeginn von entscheidender Bedeutung. Wie so oft im Leben gilt auch hier: Wenn Sie nicht von Anfang an eine solide Grundlage schaffen, dann müssen Sie später mit den Konsequenzen klarkommen.

Um dieses Problem von vornherein zu vermeiden, müssen Sie beim Abstecken des Projektumfangs fast schon peinlich genau vorgehen. Ihr Anforderungsdokument muss so präzise wie möglich sein. Es muss also auflisten, was zum Umfang gehört und was nicht (sprich: die Arbeiten, die Sie durchführen werden, und auch die, die Sie nicht durchführen werden), einschließlich aller Funktionen, Filter, Steuerelemente, Parameter, Visualisierungen, Barrierefreiheitsoptionen usw., ebenso wie sämtliche Daten, die zum Betrieb des Ganzen erforderlich sind.

Um bei der Erhebung der Anforderungen genau zu sein, müssen Sie unbedingt eine ausreichende Anzahl von Stakeholdern und Nutzerinnen befragen. Wenn Sie erfahren, dass eine bestimmte Person oder eine Abteilung die Hauptnutzerin Ihres Dashboards sein wird, sollten Sie ihre Bedürfnisse ganz oben auf die Prioritätenliste setzen. Versuchen Sie, mindestens 45 Minuten bis zu einer Stunde mit ihr zu reservieren. So haben Sie ausreichend Zeit, um die Wünsche und Bedürfnisse dieser Person zu ergründen, und Sie haben einen kleinen Puffer für den Fall, dass sie zu spät zu Ihrem Treffen kommt (die Terminkalender wichtiger Personen sind immer sehr voll).

Das heißt nicht, dass Sie völlig ausschließen können, dass irgendwann unerwartete Anforderungen auftauchen. Niemand ist perfekt, und niemand kann alle möglichen Umstände vorhersehen, aber versuchen Sie einfach Ihr Bestes. Wenn sich Änderungen ergeben, sollten Sie transparent machen, welche Auswirkungen sie auf die Zielvorgabe und das Endergebnis haben werden. Wenn sich die Erfüllung der neuen Anforderung(en) auf das Projektende oder die Endkosten auswirkt, teilen Sie das den Stakeholdern unmissverständlich mit. Sie können dann entscheiden, ob die Änderung es wert ist oder ob stattdessen andere Funktionen zurückgestellt werden sollen. Vergessen Sie nicht, dass es letztlich deren Projekt ist, also sollten auch sie diese Entscheidung treffen.

Außerdem sollten Sie sich im Vorfeld vergewissern, dass Sie alles haben, was Sie brauchen. Nehmen Sie zum Beispiel an, Sie erstellen einen Bericht über die Teamproduktivität. In einem System haben Sie eine Tabelle mit einer Spalte für die Teamnamen und einer weiteren Spalte für den Produktbereich, den das Team verantwortet. In einer weiteren Tabelle in einem anderen System gibt es noch mal eine Spalte mit den Teamnamen, eine Spalte mit einer Liste der Teammitglieder und eine Spalte, die angibt, welche Arbeit jedes Teammitglied in einer bestimmten Woche geleistet hat. Zur Auswertung der geleisteten Wochenarbeitsstunden für jeden Produktbereich müssen Sie diese beiden Tabellen zusammenführen. Sie halten mich jetzt gleich vielleicht für verrückt, aber Sie wären überrascht, auf welch unterschiedliche Weise etwas so Banales wie ein Teamname in verschiedenen Systemen gespeichert werden kann (siehe Abb. 9.9).

Wenn es nur um die Formatierung der Teamnamen links in Abbildung 9.9 ginge, ließen sich die beiden Tabellen mit etwas Datenbereinigung zusammenführen. Da aber die Namen in den beiden Systemen noch nicht einmal gleich strukturiert sind, können Sie dieses Problem leider nicht durch Programmierung lösen. Wenn Sie sie überhaupt irgendwie miteinander verknüpfen wollen, brauchen Sie dafür eine Art Schlüssel, eine Zuordnungstabelle, die aussagt, wie die beiden Tabellen zu verknüpfen sind.

System A	System B
THE-AVENGERS	avengers, the
MEWTOO	team mewtoo
TEAM-AWESOME	TEAM-AWESOME
TINY-CODERS	Tiny Coders
PLATFORM	Platform team
PAYMENTS-TEAM	payments-team
ART-TEAM	ART-Awesome Reporting Team

Abb. 9.9 *System A speichert die Teamnamen im links dargestellten Format, also in Großbuchstaben und ohne Leerzeichen. System B auf der rechten Seite gibt dagegen kein festes Format vor. Wenn Sie versuchen, diese Tabellen zu verknüpfen, indem Sie die Teamnamen von System A mit denen von System B abgleichen, erhalten Sie bestenfalls ein paar Ergebnisse, aber sicherlich nicht alle. Sie müssen einen Weg finden, um die Tabellen zu verknüpfen.*

Diese Situation mag Ihnen weit hergeholt erscheinen, aber sie basiert auf einem realen Erlebnis, das ich mit einem Kunden hatte. Es reicht nicht aus, wenn die Stakeholder erklären, dass alle Daten vorhanden sind; jemand muss noch einen Schritt weitergehen und sicherstellen, dass die vorhandenen Daten auch tatsächlich nutzbar sind. Andernfalls werden Sie auf eine panische Odyssee getrieben, wenn Sie schließlich feststellen, dass Sie mit den vorhandenen Daten nicht wie geplant arbeiten können. Diese endet dann wahrscheinlich auf eine von zwei Arten: Erstens könnten Sie jemanden finden, der eine Verknüpfung für Sie herstellen kann, aber das muss dann vorrangig neben seinen regulären Aufgaben geschehen, und möglicherweise kann er es nicht rechtzeitig schaffen. Und zweitens gibt es vielleicht niemanden, der Ihnen helfen kann; dann ist diese Aufgabe unlösbar. In diesem Fall gibt es keine Rettung mehr. Wenn Sie jedoch bei der Erhebung der Anforderungen die nötige Sorgfalt walten lassen, erhöht sich die Eintrittswahrscheinlichkeit des ersten Szenarios, und Sie sparen Zeit und Nerven.

9.3.2 Zu viele oder nicht genug Köche in der Küche

Eine weitere Ursache für eine schleichende Ausweitung des Projektumfangs sind zu viele Stakeholder oder, wie ich gerne sage, »zu viele Köche in der Küche«. Wenn Sie schon einmal versucht haben, in einer Küche zu kochen, die zugleich auch von vielen anderen Menschen benutzt wird (z. B. bei einem Familientreffen über die Feiertage), dann wissen Sie, wie anstrengend es ist, wenn zu viele Köche in derselben Küche werkeln.

So ist es auch, wenn es zu viele Stakeholder gibt: Stakeholderin Lizzy findet alles gut, wie es ist, aber Stakeholder William ist mit der von Ihnen gewählten Schriftart nicht einverstanden, weil sie seiner Meinung nach zu sehr nach Comic Sans aussieht (obwohl sie überhaupt nicht nach Comic Sans aussieht und eigentlich großartig ist). Er möchte also, dass alles auf Arial umgestellt wird. Eigentlich hätte Stakeholderin Georgiana hier das letzte Wort, aber sie ist jetzt seit Beginn des viermonatigen Projekts bereits zum dritten Mal im Urlaub und kann ihre Meinung dazu erst in zehn Tagen wieder abgeben. Und – Spoiler-Alarm – nach ihrer Rückkehr wird ihr auffallen, dass ihr das hochgradig individualisierte Filtermenü, an dem Sie mehrere Tage gearbeitet haben, nun doch nicht mehr gefällt. (Ist mir genau das bei einem meiner Projekte passiert? Kann sein.)

Wenn zu viele Leute das Sagen haben, ist es nicht nur unmöglich, sie alle zusammen an einen Tisch zu bekommen, sondern es dauert auch ewig, bis sie dabei endlich wichtige Entscheidungen treffen. Zu allem Übel neigen sie dann auch noch dazu, sich gegenseitig an ihrem Unmut hochzuziehen. Wenn Sie nicht alle Beteiligten zusammenbringen können, um Ihre Arbeit abzusegnen, nehmen Sie vielleicht Änderungen vor, die einer Beteiligten gefallen, nur um dann später von einem anderen Stakeholder ein völlig konträres Feedback zu erhalten. Diese Vorgehensweise macht Ihre Arbeit nicht nur frustrierend, sondern praktisch unmöglich. Und sie kostet wertvolle Projektzeit (und Geld).

Manchmal tritt auch das gegenteilige Problem auf: Es sind nicht zu viele Leute involviert, sondern niemand macht sich die Mühe, das Ruder zu übernehmen oder die Richtung vorzugeben, in die es gehen soll. Das kann dann so aussehen: Sie durchlaufen fröhlich die iterativen Schritte Ihres Design- und Entwicklungsprozesses, entwerfen Dinge, zeigen sie den Stakeholdern, um Feedback einzuholen, und erstellen noch weitere Entwürfe und Vorprodukte, nur um dann festzustellen, dass die Reaktionen der Stakeholder immer länger auf sich warten lassen. Oder aber die Reaktionen werden zunehmend weniger enthusiastisch, bis Sie schließlich feststellen, dass Ihr Stakeholder Ihnen kaum noch Beachtung schenkt.

Wie die meisten zwischenmenschlichen Konflikte lassen sich diese beidseitigen Probleme am besten durch Kommunikation lösen. Sprechen Sie mit einer Person, die für Ihre Stakeholder oder Ihr Projekt verantwortlich ist, und schildern Sie Ihre Probleme. Wenn Sie niemanden finden, der Ihnen helfen kann, müssen Sie sich vielleicht ein Herz fassen und selbst mit den Beteiligten sprechen. Wenn es zu viele Leute gibt, die nicht alle an einem Strang ziehen, dann erklären Sie ruhig und sachlich, worin das Problem liegt, wenn es so viele Verantwortliche gibt. Hier müssen Sie wirklich unbedingt einen kühlen Kopf bewahren. Sie dürfen nicht die Beherrschung verlieren, denn sonst klingen Sie womöglich wie ein bockiges Kind, und das bringt Ihnen mit Sicherheit nicht den Respekt Ihrer Kundschaft ein. Wenn das Problem darin besteht, dass Ihre Stakeholder sich insgeheim schon verabschiedet haben und Ihnen keine Aufmerksamkeit mehr schenken, fragen Sie nach, ob sie noch Zeit für Ihr Projekt und Ihre Anfragen finden können und ob sie andernfalls vielleicht eine andere Person hinzuziehen könnten, die ihre Meinung und ihr Fachwissen einbringen kann. (Nicht empfehlen würde ich Ihnen den Vorschlag, das Projekt auf später zu verschieben. Dazu wird es dann oft niemals kommen und Sie könnten das Projekt auf diese Weise verlieren.)

Klare, ruhige und rationale Kommunikation ist immer entscheidend für erfolgreiche Beziehungen. Wenn Sie dies lernen, wird Ihnen die Welt zu Füßen liegen (und natürlich auch alle Ihre Visualisierungsprojekte).

9.3.3 Sie bemühen sich zu sehr

Und schließlich könnte Ihnen der Projektumfang auch aus dem Ruder laufen, wenn Sie zu sehr darauf bedacht sind, es allen recht zu machen. Das kann leicht passieren, vor allem, wenn Sie versuchen, einen neuen Kunden zu beeindrucken oder eine neue Chefin zu begeistern. Natürlich wollen Sie gute Arbeit leisten und für das nächste Projekt wieder engagiert werden. Und deshalb versuchen Sie manchmal, mehr zu leisten, als Sie müssten. Oder Sie haben es sich zur Gewohnheit gemacht, auf jede neue Anforderung eines Stakeholders mit »Ja, natürlich!« zu antworten. Aber eines Tages werden Sie feststellen, dass Sie fast keine Zeit mehr für das Projekt haben und kurz vor dem Burn-out stehen, die Nachfragen der Kunden aber trotzdem noch ungebrochen hereinkommen.

Um das zu vermeiden, müssen Sie unbedingt das richtige Gleichgewicht finden. Es ist besser, gleich zu Beginn ausgewogen zu starten, als später ein wild schaukelndes Boot stabilisieren zu müssen. Lernen Sie, wo Sie die Grenze ziehen und »Nein« sagen. Es gibt Momente, in denen Sie über sich hinauswachsen sollten, und Momente, in denen Sie sich damit zufriedengeben sollten, einfach nur die Erwartungen zu erfüllen, anstatt sie zu übertreffen. Zur Professionalität gehört es auch, Grenzen setzen zu lernen und zu wissen, wann man sie einhält und wann man sie (wenn auch nur geringfügig) verschiebt, um noch etwas besser dazustehen. Das bedeutet nicht, dass Sie, ohne es zu hinterfragen, jede Kleinigkeit erledigen müssen, die von Ihnen verlangt wird. Wenn Sie gute Arbeit leisten, werden Ihre Kundinnen und Stakeholder dies zu schätzen wissen. Den meisten ist es lieber, wenn Sie mit ihnen zusammenarbeiten und ihnen helfen, sich selbst weiterzuentwickeln, anstatt einfach blindlings alles zu tun, was von Ihnen gefordert wird.

9.4 Abschließende Gedanken

Wenn Sie bis hierher gekommen sind, dann danke ich Ihnen wirklich ganz herzlich, dass Sie mich auf dieser Reise begleitet haben. Ich hoffe sehr, dass Sie dieses Buch unterhaltsam und nützlich fanden und dass die Daten Sie genauso sehr inspiriert haben wie mich. Das Schönste an meiner Arbeit als Datenvisualisiererin ist es, anderen Menschen immer wieder spannende Erkenntnisse zu vermitteln. Ich hoffe also, dass auch Sie in diesem Buch viele solcher »Aha!«-Momente erleben durften. Nun wünsche ich Ihnen, dass Sie das hier Gelernte nutzen können, um wundervolle, aufschlussreiche und nützliche Visualisierungen von und für die Welt um Sie herum zu erstellen. Viel Freude und Erfolg beim Visualisieren, liebe Leserinnen und Leser!